ACORDO DE LENIÊNCIA

Fundamentos do instituto e os problemas de seu transplante ao ordenamento jurídico brasileiro

RAFAELA COUTINHO CANETTI

Prefácio
Patrícia Ferreira Baptista
Gustavo Binenbojm

Apresentação
Luiz Fux

ACORDO DE LENIÊNCIA
Fundamentos do instituto e os problemas de seu transplante ao ordenamento jurídico brasileiro

2ª edição revista e atualizada

Belo Horizonte
FÓRUM
CONHECIMENTO JURÍDICO
2020

© 2018 Editora Fórum Ltda.

2020 2ª edição revista e atualizada

É proibida a reprodução total ou parcial desta obra, por qualquer meio eletrônico, inclusive por processos xerográficos, sem autorização expressa do Editor.

Conselho Editorial

Adilson Abreu Dallari
Alécia Paolucci Nogueira Bicalho
Alexandre Coutinho Pagliarini
André Ramos Tavares
Carlos Ayres Britto
Carlos Mário da Silva Velloso
Cármen Lúcia Antunes Rocha
Cesar Augusto Guimarães Pereira
Clovis Beznos
Cristiana Fortini
Dinorá Adelaide Musetti Grotti
Diogo de Figueiredo Moreira Neto (in memoriam)
Egon Bockmann Moreira
Emerson Gabardo
Fabrício Motta
Fernando Rossi
Flávio Henrique Unes Pereira

Floriano de Azevedo Marques Neto
Gustavo Justino de Oliveira
Inês Virgínia Prado Soares
Jorge Ulisses Jacoby Fernandes
Juarez Freitas
Luciano Ferraz
Lúcio Delfino
Marcia Carla Pereira Ribeiro
Márcio Cammarosano
Marcos Ehrhardt Jr.
Maria Sylvia Zanella Di Pietro
Ney José de Freitas
Oswaldo Othon de Pontes Saraiva Filho
Paulo Modesto
Romeu Felipe Bacellar Filho
Sérgio Guerra
Walber de Moura Agra

FÓRUM
CONHECIMENTO JURÍDICO

Luís Cláudio Rodrigues Ferreira
Presidente e Editor

Coordenação editorial: Leonardo Eustáquio Siqueira Araújo
Aline Sobreira de Oliveira

Av. Afonso Pena, 2770 – 15º andar – Savassi – CEP 30130-012
Belo Horizonte – Minas Gerais – Tel.: (31) 2121.4900 / 2121.4949
www.editoraforum.com.br – editoraforum@editoraforum.com.br

Técnica. Empenho. Zelo. Esses foram alguns dos cuidados aplicados na edição desta obra. No entanto, podem ocorrer erros de impressão, digitação ou mesmo restar alguma dúvida conceitual. Caso se constate algo assim, solicitamos a gentileza de nos comunicar através do *e-mail* editorial@editoraforum.com.br para que possamos esclarecer, no que couber. A sua contribuição é muito importante para mantermos a excelência editorial. A Editora Fórum agradece a sua contribuição.

Dados Internacionais de Catalogação na Publicação (CIP) de acordo com ISBD

C221a	Canetti, Rafaela Coutinho Acordo de leniência: fundamentos do instituto e os problemas de seu transplante ao ordenamento jurídico brasileiro / Rafaela Coutinho Canetti. 2. ed. – Belo Horizonte: Fórum, 2020. 344p.; 14,5cm x 21,5cm ISBN: 978-85-450-0703-6 1. Direito Administrativo. 2. Direito Público. I. Título. CDD: 341.3 CDU: 342.9

Elaborado por Daniela Lopes Duarte – CRB-6/3500

Informação bibliográfica deste livro, conforme a NBR 6023:2002 da Associação Brasileira de Normas Técnicas (ABNT):

CANETTI, Rafaela Coutinho. *Acordo de leniência*: fundamentos do instituto e os problemas de seu transplante ao ordenamento jurídico brasileiro. 2. ed. Belo Horizonte: Fórum, 2020. 344p. ISBN 978-85-450-0703-6.

À minha família.

AGRADECIMENTOS

Os desafios para o desenvolvimento desta obra não foram poucos, mas não estive sozinha nessa jornada. Contei com o apoio incansável da família, com a leveza da companhia de amigos e com o brilhantismo de professores e colegas inspiradores.

Sinto-me obrigada a agradecer, em primeiro lugar, à UERJ, minha segunda casa. Mesmo diante de todas as dificuldades possíveis, ela nunca me desamparou. A UERJ, de fato, resiste!

Agradeço à professora Patrícia Ferreira Baptista, que me apresentou ao Direito Administrativo ainda na graduação e me fez querer, desde a primeira aula, dedicar meus estudos a essa matéria que até hoje me encanta.

Devo um agradecimento especial também aos professores Gustavo Binenbojm e Vitor Schirato, cujos apontamentos em muito contribuíram para que este trabalho fosse possível.

Agradeço igualmente ao professor Alexandre Santos de Aragão, com quem aprendi inúmeras lições ao longo dos anos, que se encontram refletidas nesta obra.

Obrigada, Patrícia Sampaio e Carolina Fidalgo, por me ajudarem a desenvolver algumas das ideias aqui propostas.

Agradeço também à Cecilia Alkimin, pelo valioso auxílio na atualização e revisão deste livro para a sua segunda edição.

Agradeço ao Roger, que me apoiou incondicionalmente e cuja motivação e paciência foram essenciais para o desenvolvimento desta pesquisa.

À minha família, meu porto seguro, que sempre me amparou, muito obrigada!

SUMÁRIO

PREFÁCIO
Patrícia Ferreira Baptista, Gustavo Binenbojm 13

APRESENTAÇÃO
Luiz Fux 17

INTRODUÇÃO 19
Colocação do tema 19
Plano de trabalho 22

PRIMEIRA PARTE
ASPECTOS GERAIS SOBRE OS ACORDOS DE LENIÊNCIA

CAPÍTULO 1
AS ORIGENS DOS ACORDOS DE LENIÊNCIA E SEU PROCESSO DE EXPANSÃO 27

1.1 As razões para a leniência: por que negociar com o delator? 29
1.2 As origens da leniência e as lições da experiência norte-americana 32
1.3 O acordo de leniência como produto de exportação norte-americano 38

CAPÍTULO 2
OS FUNDAMENTOS DA LENIÊNCIA 51

2.1 A racionalidade econômica dos acordos de leniência: *carrots and sticks* e *rational choice theory* 55
2.1.1 O dilema do prisioneiro como norte para o desenho dos programas de leniência 68
2.2 Atratividade e segurança jurídica como requisitos centrais de um programa de leniência 76
2.2.1 Quanto à segurança jurídica e institucional dos acordos de leniência 78

2.2.1.1	Previsibilidade do programa: sua natureza *ex ante* e abstrata	78
2.2.1.2	Sigilo das informações apresentadas pelo colaborador	84
2.2.2	Quanto à atratividade do acordo	93
2.2.2.1	Suficiência do benefício a ser obtido pelo particular	93
2.2.2.2	Utilidade e novidade das evidências apresentadas pelo particular celebrante	102
2.2.2.3	Desestabilização da relação entre os agentes em conluio	108
2.3	Conclusões parciais do capítulo	114

CAPÍTULO 3
AS POTENCIALIDADES DO USO DO ACORDO DE LENIÊNCIA COMO FORMA DE COMBATE A ILÍCITOS ASSOCIATIVOS ... 117

3.1	Breves comentários sobre os ilícitos concorrenciais	119
3.2	Atos de corrupção e a incidência dos acordos de leniência	125
3.3	Possíveis dificuldades na transposição do instrumental da leniência antitruste para a seara anticorrupção	134
3.4	Conclusões parciais do capítulo	139

PARTE II
ADEQUAÇÃO DOS ACORDOS DE LENIÊNCIA NO ORDENAMENTO BRASILEIRO AOS FUNDAMENTOS TEÓRICOS E ECONÔMICOS DO INSTITUTO

CAPÍTULO 4
NOVAS TENDÊNCIAS DO DIREITO PÚBLICO BRASILEIRO E OS ACORDOS DE LENIÊNCIA ... 145

4.1	Fuga do direito penal, consensualidade e pragmatismo	146
4.2	O acordo de leniência é um tipo de TAC?	164
4.3	Conclusões parciais do capítulo: o que há de especial nos acordos de leniência?	180

CAPÍTULO 5
OS ACORDOS DE LENIÊNCIA NO DIREITO POSITIVO BRASILEIRO ... 183

5.1	O acordo de leniência do direito concorrencial brasileiro	185
5.1.1	A evolução do programa de leniência concorrencial brasileiro	189

5.1.2	A coexistência entre o programa de leniência do CADE e os termos de compromisso de cessação (TCCs)	198
5.2	O acordo de leniência da Lei nº 12.846/2013	204
5.3	O acordo de leniência do sistema financeiro nacional	223
5.4	Conclusões parciais do capítulo: os acordos das Leis nº 12.529/2011, nº 12.846/2013 e 13.506/2017 são, de fato, acordos de leniência?	232

CAPÍTULO 6
DIFICULDADES INSTITUCIONAIS NA IMPLEMENTAÇÃO DE UM MODELO DE PROGRAMA DE LENIÊNCIA EFICIENTE 239

6.1	Conflitos normativos e institucionais nos acordos de leniência do Direito brasileiro	240
6.1.1	A Portaria Interministerial nº 2.278/2016	261
6.1.2	A posição do TCU quanto aos acordos de leniência e colaborações premiadas	263
6.1.3	Os acordos celebrados pelo Ministério Público Federal	271
6.2	Os conflitos entre os acordos de leniência positivados no ordenamento brasileiro	291

CAPÍTULO 7
ALGUMAS PROPOSTAS DE ADEQUAÇÃO: É POSSÍVEL INCREMENTAR A ATRATIVIDADE E SEGURANÇA DOS ACORDOS DE LENIÊNCIA BRASILEIROS? 305

7.1	A prática administrativa como fator de incremento da segurança jurídica dos Acordos de Leniência brasileiros	309
7.2	A autovinculação administrativa através da edição de atos regulamentares	318

CONCLUSÃO 323

REFERÊNCIAS 327

PREFÁCIO

Crime e castigo no direito administrativo contemporâneo

Dos vários papéis que lhe cabem na vida das Administrações Públicas, espera-se do direito administrativo que atue intensamente na prevenção e repressão de ilícitos. A faceta punitiva do direito administrativo é tão, ou mais, extensa e diversificada que a prestacional ou a organizacional. Das infrações de trânsito às violações à livre concorrência, das transgressões às normas sanitárias às de licitação e contratação pública, o direito administrativo – mais que o direito penal – é chamado a dar conta à sociedade da dissuasão e punição aos infratores, bem como da reparação de danos causados por ilícitos os mais diversos. O desafio não é pequeno e, na sociedade brasileira, não vem sendo bem-sucedido.

O baixo nível geral de conformidade da nossa sociedade[1] acaba apontando para a necessidade de um aparelho repressor cada vez maior. Aparelhos repressores, porém, custam caro e exigem um aparato estatal grande. Drenam energia e recursos que poderiam ser despendidos na prestação de serviços e utilidades públicas.

Ao mesmo tempo, a complexidade e o dinamismo da vida moderna levam à obsolescência algumas das ferramentas mais tradicionais da repressão estatal. Superado o tempo da prisão administrativa, a ameaça punitiva de censuras e de advertências parece tênue demais. A calibragem das sanções pecuniárias igualmente tem seus limites: multas não podem ser baixas ao ponto de se transformarem em incentivos ao ilícito, nem altas demais que inviabilizem o prosseguimento da atividade econômica (eventualmente gerando desemprego, queda na arrecadação e outras possíveis externalidades negativas não desejadas pela sociedade, vítima do ilícito). Sem deixar de mencionar as dificuldades que o aparelho judicial brasileiro oferece para a sua execução.

---

[1] OLIVEIRA, Francisco de. Jeitinho e jeitão: uma tentativa de interpretação do caráter brasileiro. *Revista Piauí*, edição 73, out. 2012. Disponível em: http://piaui.folha.uol.com.br/materia/jeitinho-e-jeitao/. Acesso em: 03 maio 2018.

O cenário, portanto, impõe ao direito administrativo variar as suas estratégias. Incentivar a conformidade às normas por outros caminhos que não o binômio ilícito-sanção. Prospectar instrumentos que permitam a Administração prevenir e apurar infrações, com eficiência, sem precisar de aparatos burocráticos extensos e custosos. Oferecer alternativas de reparação à sociedade lesada sem exaurir a empresa e sufocar a atividade econômica.

Lançar um olhar pragmático, chamar o auxílio das teorias econômicas, dar atenção à sociologia das penas, são caminhos capazes de auxiliar na necessária renovação do direito administrativo sancionador. Abordagens puramente normativistas não bastam para assegurar o aperfeiçoamento dos processos punitivos estatais, sejam eles penais ou administrativos.[2]

É nesse contexto que se insere o estudo que Rafaela Coutinho Canetti ora publica, espelhado na dissertação de mestrado aprovada, com distinção e louvor, na Linha de Direito Público do Programa de Pós-Graduação em Direito da Universidade do Estado do Rio de Janeiro. A obra se dedica precisamente a dissecar uma das ferramentas mais recentes no cardápio do direito administrativo sancionador: os *acordos de leniência*.

Originário do direito antitruste norte-americano, o acordo de leniência foi concebido como uma ferramenta para o desmantelamento de cartéis. A obtenção de provas dessa modalidade de conduta anticoncorrencial é usualmente difícil. Há assimetria de informações que favorece os cartéis em detrimento da Administração. O acordo de leniência funciona, nesse contexto, como meio de sedução para que um dos membros do cartel traia os demais em troca da obtenção de vantagens. Os benefícios vão desde a mitigação até a isenção das sanções aplicáveis. Em troca, a Administração obtém não apenas provas da existência do cartel, como também da participação de seus demais integrantes. A atratividade do acordo é reforçada com a adoção da premissa do *first come, first served*, de tal forma que apenas o primeiro

---

[2] O tema da distinção de naturezas dos ilícitos penais e administrativos é controvertido. Partilha-se aqui da ideia de que não há distinção ontológica entre o ilícito penal e o ilícito administrativo. Ambos situam-se como facetas de um único poder punitivo estadual, variando apenas – de acordo com a gravidade que a sociedade atribua àquela ou outra conduta transgressora – o tipo de reação que desafia por parte do Estado e a esfera onde será apenado. Sobre o tema, cf. HUNGRIA, Nelson. Ilícito administrativo e ilícito penal. *Revista de Direito Administrativo*, vol. 1, n. 1, 1945, p. 24-31. Outra visão distinta e contemporânea acerca do tema, porém, pode ser encontrada em VORONOFF, Alice. *Direito Administrativo sancionador no Brasil*: justificação, intepretação e aplicação no Brasil. Belo Horizonte: Fórum, 2018.

colaborador se habilita ao acordo e, consequentemente, aos favores legais. O modelo se apoia, portanto, em lógica própria à teoria dos jogos, com vistas a estimular um comportamento estratégico que favoreça à traição do cartel e, por conseguinte, à punição dos demais infratores. O processo negocial tem garantia de sigilo até que o acordo seja firmado.

Com esse desenho, o acordo de leniência foi incorporado, no ano 2000,[3] à legislação antitruste brasileira, o qual figura, atualmente, nos arts. 86 e 87, da Lei Federal nº 12.529/2011. Mais recentemente, porém, expandiram-se as possibilidades de adoção do instrumento. Para além do direito antitruste, a Lei Federal nº 12.846/2013 (lei anticorrupção) e a Lei Federal nº 13.506/2017 (processo sancionador no âmbito do sistema financeiro) passaram a admitir a celebração de acordos com pessoas jurídicas infratoras que colaborem com as investigações, fornecendo elementos e informações que levem à comprovação das infrações e à identificação de outros envolvidos. Como compensação aos colaboradores, idênticas isenção de sanções e redução de multas.

Entretanto, como cuidadosamente apontado por Rafaela Canetti, não é tranquila a expansão da ferramenta para contextos sancionatórios distintos daquele de repressão a cartéis. Um dos riscos, a ser evitado, é o de que os programas de leniência *à brasileira* posam vir a se transformar em instrumentos discricionários de complacência do Poder Público com infratores *grandes demais para quebrar*. A melhor solução, porém, não parece ser uma ortodoxa proscrição da ferramenta para além do seu contexto originário, mas assegurar que o acordo se traduza, para a Administração Pública, em vantagens concretas, claramente identificadas e que suplantem proporcionalmente aquelas conferidas ao infrator. A eficiência econômica do acordo deve ser outra condicionante, cotejada com os ônus naturalmente decorrentes da imposição e execução das sanções previstas em lei.

Vale aqui recordar que a sanção administrativa não é, nem deve ser, um fim em si mesma. Fica mais fácil admitir a juridicidade dos acordos substitutivos – de que a leniência parece ser uma modalidade com características próprias – quando se tem presente que a finalidade retributiva não é a principal no que refere às sanções administrativas. A repressão ao ilícito administrativo, mais do que punir o injusto, deve atender a uma finalidade preventiva, de promoção da conformidade aos padrões socialmente desejáveis e dissuasória do cometimento de novas infrações. É com isso em mente que, no direito administrativo

---

[3] Pela Lei Federal nº 10.149/2000, que alterou a Lei Federal nº 8.884/1994.

contemporâneo, admite-se que *castigos* possam ser abrandados ou, mesmo, suspensos, desde que assim seja vantajoso para os interesses que o repressor é encarregado de tutelar.

Outro aspecto particularmente problemático na incorporação e expansão dos acordos de leniência no Brasil é a sua acomodação na complexa engrenagem de instâncias controladoras da Administração Pública no país, como destacado pela autora em diversas passagens da obra. A despreocupação do legislador com a questão surge como entrave ao desenvolvimento do instituto. Melhorar a coordenação e harmonização dos papeis do Ministério Público, da Controladoria Geral da União e do Tribunal de Contas, constitui pré-condição necessária à pactuação de acordos de leniência dotados de segurança e estabilidade mínimas. Sem isso não há incentivo adequado à busca por esse meio alternativo ao exercício do poder sancionatório administrativo.

Acordo de leniência: fundamentos do instituto e os problemas de seu transplante ao ordenamento jurídico brasileiro é uma obra pioneira no direito brasileiro, pela qualidade e amplitude das reflexões que apresenta. Para além dos fundamentos econômicos e jurídicos – sobre que discorre em profundidade –, a autora desenvolve um estudo crítico e analítico do instituto, ancorada em pesquisa extensa e em aportes interdisciplinares. Ao final, propõe sugestões para dotar o modelo de racionalidade e eficiência, buscando evitar, com isso, a produção de *incentivos perversos* e *efeitos sistêmicos*.

A obra tem a virtude de uma pesquisa acadêmica sólida e séria direcionada à discussão de um problema concreto e atual da vida da Administração Pública brasileira. Reflete um direito administrativo contemporâneo: desapegado de dogmas e voltado à realidade em que deve atuar.

Mais um trabalho com o selo do direito público da UERJ, que temos muito orgulho de introduzir ao leitor.

Patrícia Ferreira Baptista
Doutora em Direito do Estado pela Universidade de São Paulo.
Professora Adjunta de Direito Administrativo da Universidade do Estado do Rio de Janeiro. Procuradora do Estado do Rio de Janeiro.

Gustavo Binenbojm
Doutor em Direito Público pela Universidade do Estado do Rio de Janeiro. Professor Titular de Direito Administrativo da Universidade do Estado do Rio de Janeiro.
Procurador do Estado do Rio de Janeiro. Advogado.

APRESENTAÇÃO

A realidade – econômica, jurídica, social, política, tecnológica – apresenta nos dias de hoje a inegável marca da complexidade, que traz consigo novos desafios ao Estado.

Um desses desafios é o combate à criminalidade altamente organizada, presente nos cartéis, na corrupção e nas fraudes financeiras. São esquemas que contam com meios sofisticados de ocultação das práticas ilícitas – como a comunicação em códigos, e a lavagem de dinheiro –, o que pode tornar impossível (ou muito cara) para o Estado a investigação por meios próprios.

Como proceder nesses casos, em que as autoridades públicas sequer conseguem obter as informações necessárias à repressão dos ilícitos, ou não chegam mesmo a ter conhecimento da sua existência? Por vezes, a melhor forma de reduzir essa assimetria de informações consiste em contar com a colaboração de um dos envolvidos no delito.

É esse o objetivo dos programas de leniência. Inspirados em premissas teóricas extraídas do "dilema do prisioneiro", eles constroem um ambiente institucional no qual a colaboração com o Estado se apresenta como a alternativa mais racional ao particular infrator, comparativamente ao seu silêncio ou à continuidade da prática delitiva.

Contudo, a inserção dos acordos de leniência na legislação brasileira não é isenta de controvérsias. Há diferenças significativas entre o modelo originário do instituto e a arquitetura contextual e normativa para a qual ele se expandiu.

Nesse cenário, são comuns conflitos institucionais e incertezas quanto aos efeitos da celebração desses acordos. O Tribunal de Contas da União deve participar dos acordos celebrados pela Controladoria Geral da União? Pode o Ministério Público celebrar acordos de leniência autonomamente, ante a ausência de previsão legal? O Tribunal de Contas da União pode declarar a inidoneidade de sociedade que já celebrou acordo de leniência?

Essas e outras perguntas pendem de análise pela literatura especializada e pela jurisprudência, de modo que a persistência do panorama de incerteza jurídica compromete a eficácia dos acordos de leniência e favorece a sua utilização enviesada.

Em tempo, ao se debruçar sobre os pressupostos teóricos dos acordos de leniência e ao confrontá-los com a realidade institucional para a qual esse instituto foi transplantado, a autora lança luzes para infirmar as dúvidas que pairam sobre o tema.

Primeiro, a autora apresenta os fundamentos do instituto e dos ilícitos a que ele visa combater, especialmente à luz da Análise Econômica do Direito. Segundo, dedica-se a estudar os programas de leniência positivados no direito brasileiro, contextualizando-os em relação às tendências do Direito Administrativo contemporâneo – mais pragmático e consensual. Terceiro, apresenta considerações propositivas.

O ponto alto do trabalho é a sua originalidade. Trata-se de investigação inédita sobre o tema, especialmente pelo seu viés multidisciplinar. A pesquisa foi desenvolvida durante curso de mestrado, perante a Universidade do Estado do Rio de Janeiro, sob a orientação da competente professora Patrícia Ferreira Baptista.

Durante a leitura, percebe-se facilmente como a autora alia os conhecimentos teóricos da academia com a visão pragmática da sua experiência profissional. Desde 2013, Rafaela Canetti advoga nas áreas de Direito Administrativo e de Direito Regulatório, e, desde 2017, atua como minha assessora no Supremo Tribunal Federal, onde tenho sido testemunha do seu amadurecimento intelectual e da sua densidade acadêmica, marcas que impressionam todos ao seu redor.

Honra-me sobremaneira apresentar a sua obra, que certamente será a primeira de muitas outras que muito contribuirão para o Direito brasileiro.

Brasília, 07 de maio de 2018.

Luiz Fux
Ministro do Supremo Tribunal Federal.

INTRODUÇÃO

Colocação do tema

Acordos de leniência são instrumentos bilaterais celebrados entre a Administração Pública e um particular, pelo qual o primeiro oferece mitigações ou isenções das penalidades aplicáveis ao segundo, em troca da sua colaboração num processo sancionador. Trata-se, em essência, de uma forma de obtenção de informações sobre ilícitos realizados em conluio e cuja persecução autônoma pelo Estado se mostre altamente custosa ou mesmo impossível.

O *locus* de aplicação do instituto, usualmente, é o do direito concorrencial, pois os cartéis apresentam todas essas características de ilícitos de difícil repressão pelas vias usuais. Considerando-se a alta sofisticação e sigilo das relações cartelizadas, a colaboração de um dos autores da infração – ofertando elementos probatórios quanto à autoria e materialidade da conduta – pode ser a melhor forma de municiar o Poder Público com dados suficientes para a formulação de políticas públicas preventivas e para a condenação dos agentes envolvidos.

Às complexidades dessas modalidades delitivas, soma-se o reconhecimento da escassez de recursos orçamentários e humanos da Administração Pública, que não permitem que o combate a determinadas condutas infrativas seja realizado a qualquer preço.

A contribuição de particulares inseridos no contexto da atividade ilícita, fornecendo os dados necessários para a investigação da conduta delitiva, por esses motivos, pode ser, na prática, a única forma possível de repressão a determinados ilícitos associativos. Daí a necessidade de se buscar a criação de incentivos aptos a gerar no particular infrator uma vontade efetiva de colaborar com as autoridades.

O instituto jurídico, ao menos a partir de sua fundamentação teórica, é interessante: o acordo de leniência busca incentivar a delação por aqueles que participaram do comportamento ilícito. De um lado, presta-se ao fornecimento de benefícios ao particular, na medida em que mitiga os efeitos das sanções aplicáveis. De outro, oferece, por essa via, ao Poder Público, maiores subsídios para a apuração das infrações e persecução dos demais agentes envolvidos, com menores custos à Administração Pública, já que as informações seriam voluntariamente oferecidas às autoridades pela pessoa física ou jurídica beneficiária do acordo.

Ao mesmo tempo, procura dissuadir a continuidade delitiva, ou mesmo impedir a formação de conluios, inserindo um elemento desestabilizador na relação entre os agentes infratores: todos eles podem, a qualquer tempo, ser traídos por seus parceiros, em troca dos benefícios concedidos pelo programa de leniência. A confiança necessária à manutenção, a médio ou longo prazo, dos vínculos de conluio seria, então, abalada.[1]

O vocábulo leniência, escolhido pelo legislador pátrio, sob a inspiração do direito norte-americano, para caracterizar os acordos a que ora se refere, designa tratamento brando ou tolerante, suave, manso.[2] Trata-se, à primeira vista, de posição absolutamente oposta àquela que se espera do Estado, quando confrontado com indivíduo ou pessoa jurídica violadora de normas e princípios jurídicos em geral. A postura geralmente esperada – tanto pelo cidadão médio quanto, imagina-se, pelo próprio delinquente – em princípio seria diversa. A Administração Pública faria uso de suas capacidades e competências de persecução sancionadora para impor gravames à esfera jurídica do agente em desconformidade com a ordem jurídica.

Contudo, a partir da noção de instrumentalidade da sanção,[3] passa a ser possível cogitar-se da isenção de penalidades como medida premial, cujo objetivo é incentivar a prática de comportamentos desejados pela Administração Pública.

O desenvolvimento de programas de leniência se insere, nesse sentido, numa concepção de atuação pública mais contemporânea e

---

[1] SPAGNOLO, Giancarlo. Divide et Impera: Optimal Leniency Programs (December 2004). *CEPR Discussion Paper n. 4840*. Disponível em: https://ssrn.com/abstract=716143. Acesso em: 5 jul. 2016, p. 3.
[2] Veja-se, exemplificativamente, definição do dicionário Priberam. Disponível em: https://www.priberam.pt/dlpo/leni%C3%AAncia. Acesso em: 5 maio 2017.
[3] Veja-se o Capítulo 4.

pragmática, caracterizada por uma racionalidade mais consensual e pela certeza da finitude dos recursos estatais. Favoravelmente à adoção dos acordos de leniência como uma forma adicional de possibilitar a atuação investigativa e persecutória estatais, portanto, encontram-se argumentos de ordem eminentemente pragmática e econômica. Sopesam-se, em geral, as ineficiências, dificuldades, tempo dispendido e gastos da apuração realizada pelo Poder Público sem a cooperação do agente partícipe no ilícito, bem como os grandes custos sociais, econômicos e políticos causados por determinadas categorias de atividade infrativas,[4] para concluir que, à luz da eficiência que deve nortear toda a atuação administrativa, os acordos de leniência representariam uma estratégia útil de combate a atuações violadoras da concorrência e da probidade administrativa.[5]

Embora inicialmente concebida como uma ferramenta própria do direito concorrencial, seu uso tem se expandido também para outras condutas associativas com características semelhantes, em que igualmente o Estado sofra de assimetria informacional quanto aos ilícitos praticados.[6]

O Brasil, nesse contexto, demonstra aparente entusiasmo na positivação e utilização do instrumento, tendo consagrado programas de leniência nas searas concorrencial, anticorrupção e no bojo do sistema

---

[4] Estudo realizado pela Comissão de Competição da Organização para a Cooperação e Desenvolvimento Econômico – OCDE entre os anos de 1996 e 2000 constatou que os 16 maiores casos de cartéis relatados pelos seus países-membros representaram um volume de comércio afetado na ordem de mais de US$ 55 bilhões. OCDE. Organização para a Cooperação e Desenvolvimento Econômico. Cartéis, seus danos e punições efetivas. p. 3. Disponível em: http://www.oecd.org/competition/cartels/1935129.pdf. Acesso em: 3 abr. 2017.

[5] "Em face da nova realidade, muitos Estados se viram jogados frente a um dilema: negociar e punir com base em processos administrativos fortemente instruídos ou não negociar e aceitar um crescimento da impunidade resultante da fraqueza probatória de processos acusatórios baseados em técnicas tradicionais de instrução. Vários desses Estados (cf. ALBRECHT, 2008, p. 257), inclusive o Brasil, optaram pela via utilitarista: aceitaram negociar com um infrator com o objetivo de enriquecer o processo e lograr punir outros infratores! Diga-se bem: negociar não para beneficiar gratuitamente, não para dispor dos interesses públicos que lhe cabe zelar, não para se omitir na execução das funções públicas. Negociar sim, mas com o intuito de obter suporte à execução bem-sucedida de processos acusatórios e atingir um grau satisfatório de repressão de práticas ilícitas altamente nocivas que sequer se descobririam pelos meios persecutórios e fiscalizatórios clássicos". MARRARA, Thiago. Acordos de leniência no processo administrativo brasileiro: modalidades, regime jurídico e problemas emergentes. *RDDA*, v. 2, n.2, 2015, p. 511

[6] Nesse sentido, por exemplo, REILLY, Peter R. *Incentivizing Corporate America to Eradicate Transnational Bribery Worldwide:* Federal Transparency and Voluntary Disclosure Under the Foreign Corrupt Practices Act. 2015. Disponível em: https://papers.ssrn.com/sol3/papers.cfm?abstract_id=2585789. Acesso em: 22 maio 2017.

financeiro nacional, por meio das Leis nº 12.529/2011, nº 12.846/2013 e nº 13.506/2017, respectivamente.

Todavia, a criação desses diferentes programas de leniência não parece ter sido realizada de forma atenta aos seus pressupostos e fundamentos teóricos. Tampouco foi precedida da necessária harmonização entre o instituto da leniência e o arcabouço normativo e institucional preexistente no ordenamento jurídico. Essa circunstância, por sua vez, pode culminar na redução da utilidade e eficácia do instituto, seja porque ele não oferece os devidos e suficientes incentivos para a cooperação do particular, seja porque não garante que, ainda que atrativos, tais acordos serão efetivamente cumpridos pelo Poder Público.[7]

Ante a ausência de sistematização do instituto em todas as suas potenciais áreas de atuação, buscou-se abordar ordenadamente as três normas mencionadas, utilizando-se da teoria econômica e do direito comparado como pontos de partida para a análise dos diferentes acordos positivados no ordenamento jurídico brasileiro.

Plano de trabalho

Os propósitos desta obra são, em suma, (i) sistematizar o instituto do acordo de leniência,[8] e (ii) realizar alguns apontamentos críticos a respeito do transplante desse instituto do direito comparado.

Para o desenvolvimento lógico da obra, num primeiro momento, e com o objetivo de situar o leitor quanto a temática examinada, é feita a apresentação geral do instituto dos acordos de leniência e de suas principais características.

No primeiro Capítulo, traça-se o perfil desse instrumento, desde o seu nascedouro no contexto da legislação antitruste norte-americana até a sua expansão para os mais diversos ordenamentos. No segundo Capítulo, busca-se destrinchar as premissas teóricas econômicas e normativas apontadas pela literatura especializada como desejáveis para o funcionamento ótimo desses instrumentos. Ainda nessa primeira fração da obra, no Capítulo 3, são apresentadas as características dos ilícitos que podem ser combatidos por meio da adoção de semelhante mecanismo.

---

[7] Trata-se de tema explorado especialmente no Capítulo 6.
[8] Existe vasta literatura estrangeira sobre os acordos de leniência. São, contudo, em sua maioria, estudos econômicos, e não jurídicos. No Brasil, por sua vez, identificou-se uma escassez de textos que atentassem para a análise econômica do instituto e para os seus fundamentos teóricos advindos daquela teoria.

Na segunda seção – já estabelecidas as premissas teóricas, as características e a esfera de aplicação dos acordos de leniência, assim como alguns dos potenciais riscos e críticas a eles aplicáveis –, o foco se volta para a análise dos fundamentos e adequação desses instrumentos no ordenamento brasileiro. Nesse segmento, o mais central, o alvo é a elucidação das perguntas abaixo transcritas, que guiam toda a obra:

(i) Seria(m) o(s) modelo(s) de acordo de leniência atualmente adotado(s) pelo legislador pátrio adequado(s) à eficiente consecução dos fins a que se destina o instituto, à luz das premissas teóricas estabelecidas pela doutrina especializada e pela experiência comparada?

(ii) É possível compatibilizar a proposta brasileira de controle, calcada na superposição de normas e instituições, com os fundamentos econômicos dos acordos de leniência, tendo em vista seus pressupostos de segurança jurídica e atratividade?

Com o fim de elucidar os pontos suscitados acima, no Capítulo 4 são apresentadas algumas das novas tendências do direito público e sua eventual sinergia com as premissas teóricas apresentadas acerca dos acordos de leniência, de modo a aclarar o contexto da inserção do instrumento na ordem jurídico-constitucional brasileira. Notadamente, é discutida a eventual existência, no Brasil, de uma tentativa de fuga do direito penal – ou ao menos, de uma maior disposição para o fortalecimento da sanção administrativa como meio de conformação das condutas individuais – em resposta à pressão por resultados do exercício do poder punitivo estatal, em adição à afirmação da consensualidade e eficiência como vetores da atuação administrativa sancionadora.

Em seguida, o Capítulo 5 se dedica a descrever brevemente as experiências normativas que se utilizam dos acordos de leniência no direito positivo pátrio, cotejando o desenho normativo adotado com aqueles idealmente propostos pela literatura especializada e com as contribuições do direito comparado.

No Capítulo 6, são expostas algumas reflexões especificamente centradas na questão da adequação e das perspectivas de efetividade do instrumentário dos acordos de leniência quando confrontados com o modelo institucional de controle existente atualmente na ordem jurídica brasileira, caracterizado pela pluralidade de instâncias de fiscalização – cujas competências ora se sobrepõem, ora são marcadas, por vezes, por certo expansionismo em sua interpretação por esses mesmos entes controladores. Ao final, no Capítulo 7, são oferecidas algumas propostas para o aperfeiçoamento do instituto no direito nacional.

PRIMEIRA PARTE

ASPECTOS GERAIS SOBRE OS ACORDOS DE LENIÊNCIA

CAPÍTULO 1

AS ORIGENS DOS ACORDOS DE LENIÊNCIA E SEU PROCESSO DE EXPANSÃO

Os acordos de leniência surgiram no contexto do direito concorrencial norte-americano,[9] com o objetivo de aumentar os incentivos para que particulares buscassem a colaboração com o Estado, delatando seus próprios comportamentos ilícitos praticados em situação de colusão. Sua inspiração é o chamado "dilema do prisioneiro",[10] modelo econômico da teoria dos jogos que busca criar uma situação em que, ao menos na percepção do ofensor, a colaboração com as autoridades se apresente como a estratégia de maior e melhor *payoff*.[11]

Sob a perspectiva do particular, apresenta-se como vantagem o fornecimento de benefícios ao celebrante do acordo, na medida em que mitiga (ou mesmo afasta de forma completa) os efeitos gravosos das sanções aplicáveis em razão da prática delitiva. Já para o Poder Público, a atratividade apresentada pelo instituto decorre da obtenção de maiores subsídios para a apuração das infrações e para a persecução de outras pessoas envolvidas, com menores custos à Administração Pública.

Como efeito dos mais relevantes, esses acordos servem para diminuir os incentivos para a formação de cartéis (ou ilícitos associativos com características similares), na medida em que incrementam as chances de o agente ter o seu comportamento delatado por um companheiro. Ao mesmo tempo, fortalecem os meios de fiscalização estatal que poderiam

---

[9] SPAGNOLO, Giancarlo. *Leniency and whistleblowers in antitrust*. 2006.
[10] O "dilema do prisioneiro" é uma das mais conhecidas ilustrações decorrentes da chamada teoria dos jogos, a qual visa a estudar os processos de tomada de decisões por agentes racionais em situações estratégicas (jogos). Esse modelo será pormenorizado no Capítulo 2.
[11] BLUM, Ulrich; STEINAT, Nicole; VELTINS, Michael. On the rationale of leniency programs: a game-theoretical analysis. *European Journal of Law and Economics*, v. 25, n. 3, p. 209-229, 2008.

vir a identificar condutas indevidas (*e.g.* aumento de expertise do Estado em tratar desses ilícitos).[12] Em resumo, a função dos programas de leniência pode ser descrita como de criação de um cenário em que a colaboração com o Estado apresente-se como racionalmente mais vantajosa, comparativamente à continuidade da atividade ilícita, não apenas porque representa uma possível redução das penalidades, mas também porque se aumentam os próprios custos (riscos) de delinquir.

A base lógica e econômica desta ferramenta é a de que um autor ou partícipe em ilícitos realizados de forma associativa sempre correrá riscos de ser ou descoberto autonomamente pelo Estado ou traído pelos seus comparsas.[13] Essa possibilidade de traição é potencializada pela alternativa da delação autointeressada para a obtenção de benesses. Intensificam-se, assim, as mútuas desconfianças entre os infratores, que passam a temer serem traídos uns pelos outros, e, consequentemente, têm incentivos para, eles próprios, serem os primeiros a realizar a traição.

Conforme se verá ao longo do presente estudo, os acordos de leniência nascem em *contexto jurídico-institucional específico*, *i.e.* o do direito concorrencial (de natureza penal) dos Estados Unidos, com *a finalidade determinada* acima descrita. Nada obstante, o instituto se propagou para além dessas fronteiras, chegando finalmente às terras pátrias, onde passa, contemporaneamente, por um processo de expansão em sua utilização e, quiçá, finalidades.

O estudo da experiência norte-americana tem valia não apenas em decorrência da perspectiva histórica que proporciona e da liderança exercida por aquele país na implementação da leniência no cenário internacional,[14] mas pelo fato de ter representado o molde sobre o qual se embasaram os programas de leniência subsequentes.[15] Os erros e acertos incorridos ao longo da implementação dos acordos nos EUA, pois, podem ser utilizados como ilustrações de algumas das possíveis

---

[12] HARRINGTON JR, Joseph E. et al. *The Impact of the Corporate Leniency Program on Cartel Formation and the Cartel Price Path*. 2005. *Passim*.

[13] Os resultados empíricos sobre o grau de incentivos de fato obtido pelos programas de leniência, contudo, variam conforme sua formulação no ordenamento, bem como de fatores conjunturais, como o número de membros do conluio (veja-se HAMAGUCHI, Yasuyo; KAWAGOE, Toshiji; SHIBATA, Aiko. *An experimental study of leniency programs*, 2005. Disponível em: https://www.researchgate.net/publication/5020545_An_Experimental_Study_of_Leniency_Programs).

[14] Veja-se, por exemplo, O'BRIEN, Anne. Leadership of Leniency in: BEATON-WELLS, Caron; TRAN, Christopher (coord.). *Anti-Cartel Enforcement in a Contemporary Age*: Leniency Religion. Oxford: Hart Publishing, cap. 3, 2015.

[15] SPAGNOLO, Giancarlo. *Leniency and whistleblowers in antitrust*. 2006.

dificuldades empíricas a serem enfrentadas por outros ordenamentos jurídicos.

O exame das características iniciais do instrumento em seu nascedouro – e o acordo de leniência, é, certamente, um instrumento e não uma finalidade *per se*[16] – mostra-se útil para verificar *como* e *por que* se vislumbrou sua utilidade nalgum momento histórico, e, consequentemente, para perquirir se, conhecendo-se as condições que tornaram seu manejo bem-sucedido, o transplante para o ordenamento brasileiro se deu com o devido esmero.

1.1 As razões para a leniência: por que negociar com o delator?

Quais, então, poderiam ter sido as razões justificadoras para a institucionalização de um mecanismo autorizador de isenção de penalidades para determinados comportamentos delitivos, em troca da confissão do autor, agregada à delação dos copartícipes no ilícito? Ora, colocada desta forma, a resposta para a indagação é intuitiva: a finalidade almejada pelo Estado nada mais é que a superação de uma barreira que ele dificilmente transporia sozinho para a persecução de atividades ilícitas: a *assimetria de informações* vigente entre quem pratica determinada conduta reprovada e aquele que busca coibi-la. Nas palavras de Thiago Marrara:

> De modo geral, a racionalidade, e, por conseguinte, a fundamentação pública desses ajustes integrativos ao processo administrativo sancionador se assenta sobre diversos fatores, dos quais merecem destaque: (1) as dificuldades operacionais das agências de concorrência no exercício de suas funções punitivas; (2) a complexidade atual das práticas concertadas; e (3) os efeitos não apenas repressivos, mas igualmente preventivos associados à leniência.[17]

---

[16] "O programa de leniência não é um fim em si mesmo, mas um importante mecanismo para dissuadir condutas uniformes lesivas à concorrência, este sim um fim da política de defesa da concorrência. O mesmo se aplica à eliminação de 'obstáculos à persecução administrativa e criminal de cartéis', mandados de busca e apreensão, métodos estatísticos para detecção de cartéis". Foi o que afirmou o CADE, no Processo Administrativo nº 08700.004992/2007-43, de Relatoria do Conselheiro Paulo Furquim, julgado em 17 de dezembro de 2008.

[17] MARRARA, Thiago. *Sistema brasileiro de defesa da concorrência*: organização, processos e acordos administrativos. São Paulo: Atlas, 2015, p 336.

Noutros termos, a leniência foi criada como um instrumento de otimização da atuação repressiva estatal, em duas frentes ao mesmo tempo distintas e complementares entre si: *(i)* permitir ao Estado obter maiores e melhores informações sobre a prática de atos lesivos e reprovados, cujas características específicas dificultam a obtenção do arcabouço probatório apto à imputação da conduta ao agente, e, *(ii)* simultaneamente, diminuir os incentivos e aumentar os potenciais custos da realização desses ilícitos pelos agentes infratores.

O instituto serviu inicialmente para auxiliar a persecução estatal em matéria de alta complexidade e grave lesividade social e econômica: a tutela da concorrência, notadamente em razão das dificuldades intrínsecas ao combate aos cartéis.[18] Na medida em que a ação concertada de agentes econômicos necessariamente é cercada de um alto grau de sigilo, é possível que o Estado se veja impossibilitado de obter todos os dados necessários para a repressão do ilícito em questão.[19]

Como destaca William Kovacic, no direito antitruste, existem incertezas conceituais sobre como distinguir entre uma conduta unilateral lícita e comportamento coletivo ilegal. Nem doutrina nem jurisprudência lograram desenvolver um cálculo satisfatório para determinar cabalmente, sem provas quanto à existência de um acordo ilícito (*i.e.* um cartel), se houve conspiração para restringir a concorrência.[20]

A incorporação de instrumentos negociais dessa variedade no repertório da Administração Pública, portanto, perpassa necessariamente a aceitação da ideia de um Estado que não é onipotente, onipresente e onisciente. O Poder Público encontra, na escassez de seu pessoal, técnica e recursos financeiros, verdadeiras barreiras para a implementação de medidas eficientes para lidar com determinadas

---

[18] ZINGALES, Nicolo. European and American Leniency Programmes: Two Models Towards Convergence? (2008). *Competition Law Review*, v. 5, n. 1, 2008. Disponível em: https://ssrn.com/abstract=1101803, p. 7.

[19] É importante, todavia, atentar para que não se encampe uma visão racional e idealizada da atuação do Estado e da criação de políticas públicas. Outros fatores, sem dúvidas, adentram a equação quanto à priorização de medidas pela Administração Pública, como incentivos advindos da *public choice theory* (ver, a respeito, FARBER, Daniel A.; FRICKEY, Philip P. Law and public choice: a critical introduction. University of Chicago Press, 1991; ROSE-ACKERMAN, Susan. Public choice, public law and public policy. In: Keynote Address, *First World Meeting of the Public Choice Society*. 2007.).

[20] KOVACIC, William E. Antitrust Policy and Horizontal Collusion in the 21st Century. Loy. Consumer L. Rep., v. 9, p. 97, 1996. Sobre o tema, veja-se também KAPLOW, Louis. On the meaning of horizontal agreements in competition law. *California Law Review*, p. 683-818, 2011. Disponível em: http://www.law.harvard.edu/programs/olin_center/papers/pdf/Kaplow_691.pdf.

classes de comportamentos condenáveis.[21] Sopesando-se, assim, os recursos públicos potencialmente dispendidos na investigação de atividades ilícitas[22] (e que, por isso mesmo, não serão aplicados em outras áreas igualmente importantes e que semelhantemente demandam investimentos) e os potenciais benefícios decorrentes dessa mesma atividade repressiva/fiscalizadora estatal, é possível entender que a atuação estatal autônoma no combate a determinado ilícito não apresenta um resultado ótimo.

A consequência do reconhecimento das limitações inerentes à atividade de comando e controle do Estado, por sua vez, é a da busca por mecanismos mais eficientes de atingimento das mesmas finalidades, o que pode incluir uma abertura para a seara da consensualidade. 23

Todavia, como adiantado, os programas de leniência, quando bem formulados, vão além de meros instrumentos de obtenção de provas para consistir, também, e principalmente, em ferramenta de dissuasão da própria prática do ilícito, em três frentes: *(i)* a criação de desconfianças recíprocas que tornem insustentável a associação para o cometimento de infrações; *(ii)* o incremento da atividade sancionadora estatal; e *(iii)* a prevenção quanto à reincidência (reformação dos mesmos cartéis ou organizações), considerando-se a traição inerente à celebração do acordo.[24] [25]

---

[21] BEATON-WELLS, Caron; TRAN, Christopher (Ed.). *Anti-cartel Enforcement in a Contemporary Age:* Leniency Religion. Bloomsbury Publishing, 2015, capítulo 1.

[22] MOTTA, Massimo. *Competition Policy:* Theory and Practice. New York: Cambridge University Press. 2004. p. 195.

[23] 23 Esse ponto será discutido no Capítulo 4.

[24] SPAGNOLO, Giancarlo. Leniency and Whistleblowers in Antitrust (August 2006). *CEPR Discussion Paper n. 5794*. Disponível em: https://ssrn.com/abstract=936400. Acesso em: 12 jun. 2017.

[25] Veja-se que Cesare Beccaria, embora crítico à utilização de acordos em matéria sancionatória, atentava para sua possível utilidade, ao mesmo tempo que frisava a necessidade de sua prévia determinação legal: "[a]lguns tribunais oferecem a impunidade ao cúmplice de grave delito que delatasse os companheiros. Tal expediente tem inconvenientes e vantagens. Os inconvenientes são que a nação estaria autorizando a delação, detestável mesmo entre criminosos, porque são menos fatais os delitos de coragem do que os de vilania: porque o primeiro não é frequente, já que só espera uma força benéfica e motriz que os faça conspirar contra o bem público, enquanto a segunda é mais comum e contagiosa, e sempre se concentra mais em si mesma. Além disso, o tribunal mostra a própria incerteza, a fraqueza da lei, que implora ajuda de quem a infringe. As vantagens consistem na prevenção dos delitos relevantes, que, por terem efeitos evidentes e autores ocultos, atemorizam o povo. Além disso, contribui para mostrar que quem não tem fé nas leis, isto é, no poder público, é provável que também não confie no particular. Parece-me que a lei geral, que promettesse impunidade ao cúmplice delator de qualquer delito, seria preferível a uma declaração especial em caso particular, porque assim preveniria as uniões pelo temor recíproco que cada cúmplice teria de expor-se ao tribunal não tornaria audaciosos os criminosos a prestar

1.2 As origens da leniência e as lições da experiência norte-americana

Não à toa, o primeiro programa de leniência foi desenvolvido no contexto do ordenamento jurídico norte-americano, ele próprio sabidamente marcado por uma lógica negocial, econômica e pragmatista, segundo a qual transacionar com o ofensor pode se revelar como a via mais benéfica (sob uma lógica de custo-benefício típica da *law and economics*)[26] para a sociedade.[27]

Assim sendo, nos Estados Unidos, em que a *praxis* penal cotidianamente faz uso de mecanismos de negociação[28] tais como o *plea bargain*[29][30]

---

socorro num caso particular". (BECCARIA, Cesare. Dos delitos e das penas. rev. Trad. de J. Cretella Jr. e Agnes Cretella. São Paulo: Revista dos Tribunais, 2006, p. 101).

[26] Ver-se POSNER, Richard A. An Economic Approach to Legal Procedure and Judicial Administration. *The Journal of Legal Studies*, v. 2, n. 2, p. 399-458. The University of Chicago Press, 1973, p. 418.

[27] Isso não significa que a negociação das penas ao estilo norte-americano seja a melhor política criminal, comparativamente àquela que preza pelo processo penal como via de imposição de penalidades. Qualquer pretensão negocial na esfera sancionadora – criminal ou administrativa – expõe o particular ao risco a ter seus direitos e garantias fundamentais vulnerados, de modo que, consoante alertam Aury Lopes Jr. e Alexandre Morais da Rosa, ao tratar da recente experiência brasileira, "é necessário caminhar para construção de garantias mínimas sobre o conteúdo do objeto penal na nova perspectiva (irreversível, por enquanto) da Justiça Negocial, porque sem maiores discussões, a porta da manipulação e da seletividade penal permanecerá aberta" (LOPES JR., Aury.; ROSA, Alexandre Morais da. *Saldão penal e a popularização da lógica da colaboração premiada pelo CNMP*. Consultor jurídico (São Paulo. Online), v. 1, p. 1-1, 2017. Disponível em: https://www.conjur.com.br/2017-set-22/limite-penal-saldao-penal-popularizacao-logica-colaboracao-premiada-cnmp. Acesso em: 2 nov. 2017). O presente estudo não visa a uma defesa da adoção de uma política de delações e negociações de toda sorte no Direito Sancionador, mas sim, partindo-se da constatação de uma tendência já consolidada de uso desses mecanismos, proceder à análise quanto à forma de sua implementação no âmbito específico do Direito Administrativo, sob a forma dos acordos de leniência.

[28] De acordo com estudo realizado por Mary Vogel, em 2008, as negociações pelas quais os acusados de ilícitos penais admitiam sua culpa perante o sistema judiciário norte-americano corresponderiam à maior parte das condenações nos Estados Unidos (VOGEL, Mary. The social origins of plea bargaining: An approach to the empirical study of discretionary leniency? In: *Journal Of Law and Society*, v. 35, n. SUPPL. 1, 06.2008, p. 201-232).

[29] Uma definição usual do instituto do *plea bargain* é a de "uma transação realizada no Tribunal, em que a acusação e a defesa trocam benefícios. Quando os réus se declaram culpados, eles recebem alguma consideração, sob a forma de acusações ou sentenças reduzidas, do Estado. O segundo, por sua vez, obtém as condenações que deseja" (tradução livre). (DOUGLAS, Maynard W. *Inside Plea Bargaining*: the language of negotiation. Plenum Press: New York e London, 1984, p. 169).

[30] Conforme indica Vinicius Gomes de Vasconcellos, em dissertação sobre o tema da expansão do processo de consensualização do processo penal brasileiro, "[n]o sistema estadunidense, a plea bargaining é a regra absoluta, ou seja, o seu aclamado modelo acusatório de júri puro é um mito na realidade prática, embora teoricamente previsto como direito a todos os cidadãos processados criminalmente. Em termos médios, aponta-se que 90% dos casos

(ainda que este lá, como cá, esteja sujeito a relevantes críticas),[31] [32] a busca pela resposta consensual às dificuldades investigativas inerentes a determinados ilícitos não surpreende. Contudo, mesmo nesse contexto, a ideia de um programa de leniência propriamente dito representou uma relativa novidade e se diferenciou dos demais institutos bilaterais preexistentes naquele ordenamento. A ideia dos acordos de leniência, mais que meramente diminuir a duração do processo ou aumentar o percentual de condenações, teve como principal objetivo incentivar a *mútua traição* entre os participantes de um mesmo ato ilícito, com todos os efeitos dissuasórios acima indicados.

É dizer, a leniência tem contornos que divergem daqueles do *plea bargain*,[33] na medida em que possui *(i)* objeto mais restrito e específico (a prática de um dado tipo de delito que demanda atuação de uma multiplicidade de indivíduos em conluio); e *(ii)* requisitos predeterminados (e positivados normativamente) que permitem ao acusado fazer jus ao benefício sem depender, para esse fim, do juízo de conveniência e oportunidade da autoridade titular da competência sancionadora. Essas características têm a finalidade de promover um ambiente no qual seja mais racional ao agente cooperar com o Estado

---

de sentença condenatória se fundamentam no reconhecimento de culpabilidade (guilty plea) obtido por meio de acordos entre acusação e defesa e, portanto, sem a necessidade de provas incriminatórias sólidas e lícitas além da dúvida razoável. Nesse sentido, em interessantes dados de 2002, verificou-se que no sistema criminal federal estadunidense 73% das investigações resultam em denúncias (ou seja, não são arquivadas), das quais 89% acabam em condenações, em que 96% se deram por meio de acordos entre acusação e defesa. Recentemente, em 2013, Dervan e Edkins apontaram a estatística de que quase 97% das condenações no sistema de justiça federal se dão com base em acordos para reconhecimento de culpabilidade. Em termos mundiais, embora sejam amplamente reconhecidas as inúmeras e relevantes objeções, especialmente em relação à compatibilização com ordenamentos de origem continental, os mecanismos de barganha estão sendo ou foram implementados nos mais diversos sistemas jurídicos internacionalmente. Há quem avente, inclusive, a hipótese de uma 'marcha triunfal do modelo processual penal norte-americano sobre o mundo', diante da expansão da plea bargaining pelo território europeu e latino-americano" (VASCONCELLOS, Vinicius Gomes de. *Barganha e justiça criminal negocial*: análise das tendências de expansão dos espaços de consenso no processo penal brasileiro. São Paulo: IBCCRIM, 2015. 241 p., p. 15-16).

[31] "Bastante discutível, de outro lado, a supervalorização atribuída à confissão dos acusados no Direito estadunidense, que, quando ocorre, consiste praticamente em um mecanismo de aceitação da acusação e de abreviação do processo. Não se exclui, sobremaneira, a possibilidade de, daí, advirem incontáveis erros judiciais" (MONTEIRO, Mariana Mayumi. *O princípio da não autoincriminação no processo penal brasileiro*. 2013. Dissertação (Mestrado em Direito Processual) – Faculdade de Direito, Universidade de São Paulo, São Paulo, 2013).

[32] ALSCHULER, Albert W. Plea bargaining and its history. *Law and Society Review*, v. 13, p. 211- 245, 1979.

[33] O instrumento é previsto na regra nº 11 do *Federal Rules of Criminal Procedure* norte-americano.

que com os coparticipantes no ilícito – e que, em última análise, sequer seja racional associar-se para delinquir.

Como indica Robert Strang, os próprios objetivos de um e outro acordo são contrastantes. Diferentemente dos *plea bargain*, acordos de cooperação (como são os acordos de leniência ou a colaboração premiada da esfera penal) são instrumentos investigatórios.[34] A admissão de culpa pessoal do cooperante não é o objetivo principal do acordo, mas meio para a obtenção de evidências que permitam persecução de outros participantes no ilícito. Já dentre os objetivos do *plea bargain* se destacam *(i)* a diminuição dos riscos de o processo judicial não alcançar o resultado desejado pelo Estado (*i.e.* a condenação do réu); e *(ii)* a maior celeridade, comparativamente aos processos judiciais.[35]

A grande valia (e atrativo) do programa de leniência, por conseguinte, é fornecer incentivos estáveis, previsíveis e vinculados para a sua procura por agentes privados, de modo a propiciar aos praticantes de ilícitos concorrenciais (que nos Estados Unidos constituem crime) a possibilidade de *calcular* o mais precisamente possível os potenciais benefícios da cooperação com as autoridades públicas. A cooperação, em suma, decorre de um sopesamento entre a possibilidade de mitigar suas penas, delatando a si próprios e a seus companheiros, *versus* os possíveis riscos de permanecer em conluio (e potencialmente ser alvo de delação).

Por esse motivo, Scott D. Hammond[36] destaca que o advento dos programas de leniência transformou o modo como autoridades antitruste lidam com a investigação e a prevenção de cartéis, já que elas passaram a contar com um mecanismo efetivo e bem elaborado que poderia levar à confissão, pelos envolvidos, das atividades criminosas,[37] até mesmo antes que o Poder Público tivesse conhecimento da existência daquele ilícito. O efeito de uma "corrida pela leniência"[38] – pois, em geral, apenas

---

[34] No mesmo sentido entende o STJ, que, em julgamento do REsp nº 1.554.986, definiu o instituto da seguinte forma: "O acordo de leniência é instituto destinado a propiciar a obtenção de provas da prática de condutas anticoncorrenciais, por meio da qual se concede ao coautor signatário benefícios penais e administrativos" (STJ – Resp: 1.554.986 SP, Relator Ministro Marco Aurélio Bellizzi, Data de Julgamento: 08/03/2016, Terceira Turma, Data de Publicação: 05/04/2016).

[35] Strang, Robert. *Plea Bargaining, Cooperation Agreements and Immunity Orders.* 2014. Disponível em: http://www.unafei.or.jp/english/pdf/RS_No92/No92_05VE_Strang1.pdf. Acesso em: 14 maio 2017.

[36] HAMMOND, Scott D. *Cornerstones of an effective leniency program.* Chile, Santiago, set/2009.

[37] Atente-se novamente para o fato de que as condutas violadoras da concorrência, nos Estados Unidos, constituem em ilícitos de natureza penal.

[38] Veja-se o Capítulo 2.

o primeiro a colaborar colhe os frutos plenos desses acordos – poderia desestabilizar as organizações criminosas e possibilitar ao Estado obter os elementos probatórios necessários para punir aqueles que não cooperarem.[39]

Dados da Divisão Antitruste do Departamento de Justiça norte-americano indicam que, entre 1997 e 2009, foram arrecadadas multas da ordem de $5.6 bilhões de dólares como resultado de investigações de infrações à concorrência e que mais de 90% desse montante total foi decorrência da utilização dos acordos de leniência. Embora a Divisão Antitruste conte com um elevado grau de institucionalização e tenha à sua disposição pessoal altamente treinado, assistência de agentes do FBI e Interpol, além de poderes para realizar escutas telefônicas,[40] todas essas formas alternativas de investigação, somadas, não chegam a se igualar ao número de investigações bem-sucedidas fruto do programa de leniência antitruste daquele órgão.[41]

A primeira tentativa de promover os acordos de leniência se deu em 1978, com a versão inicial do *U.S. Corporate Leniency Program* (Programa de Leniência Corporativo norte-americano). Todavia, naquele contexto, até terem sido promovidas alterações, em uma reforma ocorrida em 1993, a média de pedidos de acordos para a Divisão Antitruste do Departamento de Justiça norte-americano era de apenas um por ano. Nos dez primeiros anos do programa, apenas quatro sociedades receberam o benefício[42] e, após esse período, um incremento nos valores

---

[39] Foi o que afirmou o Conselheiro Marcio de Oliveira Júnior, no bojo do Processo Administrativo nº 08012.005255201011, do CADE: "(...) por meio do Acordo de Leniência, temse benefícios à função repressiva do CADE pela persecução de uma conduta de difícil detecção, bem como à função preventiva do CADE, pela desestabilização dos cartéis. Sabe-se que a premissa de um cartel é a lealdade entre concorrentes e a construção de um mecanismo de arrefecimento de competição em troca de ganhos mútuos entre os agentes envolvidos na conduta. Nesse sentido, a confiança entre rivais é o ponto chave da articulação de um cartel, já que facilita a supressão da rivalidade interna entre os infratores. Assim, o Acordo de Leniência vem auxiliar na desestabilização dessa confiança, inserindo mais um elemento de instabilidade entre os participantes do conluio e desconstruindo alinhamentos que resultavam em prejuízos à concorrência. A iminência de que algum cartelista poderá denunciar a prática traz desincentivos à formação e à manutenção de cartéis".
[40] Segundo o *Antitrust Criminal Investigation Act of 2005*.
[41] HAMMOND, Scott D. *Cornestones of an effective leniency program*. Chile, Santiago, set/2009.
[42] FRASER, Stephen A. *Placing the Foreign Corrupt Practices Act on the Tracks in the Race for Amnesty*. 90 TEXAS L. REV. 1009 (2012). Também de acordo com a OCDE, "[u]ma oferta geral para reduzir penalidades em troca de informações pode não ser suficiente para encorajar as empresas a se apresentarem. Os benefícios de permanecer com o cartel podem parecer maiores e mais seguros do que a recompensa desconhecida que resultaria de confessar. O programa original de leniência dos EUA, que fez apenas uma oferta [de mitigação de penas] relativamente geral, produziu apenas cerca de um caso por ano. Uma das mudanças críticas de 1993 que tornaram o programa dos EUA mais eficaz foi tornar a isenção completa

das multas aplicáveis ao crime de cartelização fez com que, entre 1987 e 1993, mais sete empresas lograssem obter a leniência. Até 1993, aqueles que buscassem a cooperação poderiam, em tese, ser isentos da aplicação de qualquer penalidade, inclusive criminais.[43] Contudo, a concessão da isenção não era ato vinculado, havendo significativa margem de discricionariedade na decisão de órgão acusatório (o *Department of Justice* norte-americano) em relação aos benefícios concedidos.[44]

Com as reformas ocorridas naquele ano, passou-se a conceder, automática e vinculadamente, a isenção das penalidades sempre que o particular buscasse a colaboração antes da instauração de qualquer procedimento sancionador pelo Estado, desde que preenchidas as seguintes condições: *(i)* a sociedade não seja a líder do cartel ou tenha coagido os demais participantes à prática das infrações; *(ii)* a sociedade repare os danos eventualmente causados a terceiros; *(iii)* a sociedade coopere de forma permanente e ativa com as autoridades estatais; *(iv)* a sociedade cesse sua participação no ilícito prontamente, a partir do momento em que tenha identificado a sua prática; *(v)* a confissão da infração seja efetivamente um ato da corporação e não apenas uma iniciativa isolada dos dirigentes da sociedade; e *(vi)* sob a perspectiva do Poder Público, a Divisão Antitruste não tenha recebido quaisquer informações sobre a atividade ilegal que está sendo reportada, por qualquer outra fonte.[45]

Criou-se uma segunda modalidade de acordo de leniência, aplicável aos casos em que a pessoa jurídica não se enquadra em todos os requisitos acima referidos. Nessa hipótese, as condições necessárias para que o agente faça jus à celebração são: *(i)* a corporação seja a primeira a se manifestar sobre aquele ilícito (que pode ou não já ser conhecido pelas autoridades antitruste); *(ii)* o Poder Público não tenha elementos probatórios contra a pessoa jurídica, passíveis de resultar em sua condenação; *(iii)* a sociedade cesse sua participação no ilícito

---

automática para o primeiro candidato caso determinadas condições claras especificadas fossem atendidas" (tradução livre) (OCDE. Using Leniency to Fight Hard Core Cartels. Disponível em: http://www.oecd.org/daf/ca/1890449.pdf. Acesso em: 23 set. 2014).

[43] Contudo, a empresa continua a estar sujeita às eventuais condenações de natureza cível em ações ajuizadas por terceiros prejudicados. O que foi recentemente feito, no programa americano, foi isentar essas sociedades da responsabilidade pelo pagamento dessas indenizações em valor triplo àquele dos danos causados.

[44] DRACO, Bruno De Luca. Acordos de Leniência – breve estudo comparativo. *Revista do IBRAC* – Direito da Concorrência, Consumo e Comércio Internacional, v. 14, jan. 2007, p. 49 e ss.

[45] Disponível em: https://www.justice.gov/atr/corporate-leniency-policy.

prontamente, a partir do momento em que tenha identificado a sua prática; *(iv)* a sociedade reporte o ilícito com honestidade e de forma completa, oferecendo toda a cooperação com as autoridades competentes; *(v)* a sociedade repare os danos eventualmente causados a terceiros; e *(vi)* a Divisão Antitruste entenda que a concessão da leniência não será injusta, ponderando a natureza da atividade ilícita, o papel desempenhado pelo delator na organização criminosa, e o momento em que a sociedade busca a cooperação com o Estado.[46]

Outra inovação conduzida pela reforma de 1993 foi o estabelecimento de uma hipótese de acordo de leniência específica para os casos em que a cooperação se desse posteriormente à existência de um processo investigativo. A sociedade poderia, para obter vantagens em relação a um ilícito para o qual não seria elegível para a leniência, reportar a existência de ilícito diverso. Assim, mesmo não preenchendo os requisitos para a realização das modalidades de leniência acima (que permitem a isenção total das penalidades criminais quanto àqueles ilícitos), pode a pessoa jurídica realizar delação quanto a outro fato ainda desconhecido pelas autoridades, recebendo, quanto a esse segundo fato, todos os efeitos de uma leniência completa, e, quanto ao primeiro fato a ela imputado, uma redução das penalidades aplicáveis. Trata-se da chamada leniência *plus*.

Por fim, mais uma alteração promovida naquela revisão foi a inclusão da possibilidade de que, quando uma pessoa jurídica celebrar o acordo, os administradores, dirigentes e empregados daquela mesma pessoa jurídica aderissem àquela mesma negociação, sendo abarcados pelos seus efeitos.[47]

No primeiro ano subsequente à realização de tais ajustes, houve um significativo incremento da procura de pessoas jurídicas e físicas pela celebração dos acordos, com uma média de uma empresa por mês buscando a autoridade antitruste para dar início a negociações. Esse número continuou a aumentar gradativamente, chegando a três empresas por mês em 2003.[48]

---

[46] A aplicação desta última condição ainda assim garante certa carga de discricionariedade para os agentes da autoridade antitruste.
[47] HAMMOND, Scott D.; BARNETT, Belinda. *Frequently Asked Questions Regarding the Antitrust Division's Leniency Program and Model Leniency Letters*. November 19, 2008. Disponível em: http://www.usdoj.gov/atr/public/criminal/239583.htm. Acesso em: 20 jun. 2017.
[48] SPRATLING, Gary R.; ARP, D. Jarrett. *The International Leniency Revolution:* The transformation of international cartel enforcement during the first ten years of the United States' 1993 Corporate Amnesty/Immunity Policy. Disponível em: http://www.gibsondunn.com/fstore/documents/pubs/Spratling-Arp%20ABA2003_Paper.pdf. Acesso em: 20 jun. 2017.

A partir da descrição do instituto, tal como vislumbrado pelo ordenamento norte-americano, é possível desde já apontar para algumas das características que o distinguem das demais formas de consensualidade, assim como para alguns dos seus nortes hermenêuticos:

i. Os acordos visam a garantir a obtenção de informações novas e úteis pelo Estado, preferencialmente sobre ilícitos cuja existência a autoridade pública desconhece. Por esse motivo, quanto mais "cedo" é realizada a delação, em geral, maiores os benefícios para o particular delator;
ii. Da parte do Estado, por isso, o instituto pressupõe a inexistência de informações e provas suficientes para a persecução punitiva ocorrer de forma autônoma;
iii. Um dos objetivos do programa de leniência é enfraquecer os elos de confiança dos agentes envolvidos em ilícitos em conluio, servindo a um só tempo como instrumento de obtenção de provas e como elemento de prevenção das condutas reprovadas;

Para assegurar que haja a procura desse tipo de negociação pelos particulares, buscou-se incluir garantias quanto à efetiva concessão de benefícios, como a previsibilidade do procedimento, sua natureza vinculada e a transparência na atuação do órgão que realiza a negociação. Associado a isso, buscou-se conferir isenções das penalidades que de fato apresentassem atratividade para os indivíduos e pessoas jurídicas que já estivessem em conluio, alternativamente à permanência na conduta infrativa.

1.3 O acordo de leniência como produto de exportação norte-americano

Após o sucesso do programa de leniência das autoridades antitruste norte-americanas, em especial em razão das modificações realizadas por meio das reformas ocorridas em 1993, houve uma onda de implementação de modelos semelhantes na seara concorrencial tanto de uma gama de países[49] (Canadá, Alemanha, França, Inglaterra, Brasil,

---

[49] Para Máximo Langer, desde o fim da Segunda Guerra Mundial, o ordenamento jurídico norte-americano se tornou o mais influente do mundo, tendo inspirado os demais sistemas nacionais em matérias das mais variadas. Cita, como exemplos, o pensamento jurídico pragmatista, a análise econômica do direito e o realismo jurídico (LANGER, Máximo. *From Legal Transplants to Legal Translations:* The Globalization of Plea Bargaining and the Americanization Thesis in Criminal Procedure. Harv. Int'l L.J.1, 2004).

etc.), como também em nível supranacional, com a adoção de sistema análogo na União Europeia.[50]

Esse movimento expansionista dos acordos de leniência pode ser explicado a partir dos dois fatores, elencados por Isabela Ferrari,[51] que justificariam as importações (ou transplantes), em geral, de normas jurídicas de um ordenamento para outro.

Primeiramente, a padronização das normas adotadas em uma pluralidade de ordenamentos teria como objetivo o incremento da eficiência global da sua aplicação. Em segundo lugar, estaria atrelada à necessidade de se darem respostas céleres a problemas jurídicos comuns. Neste cenário,

> [a]o invés de elaborar um panorama normativo *ab nihilo*, criar instituições próprias ou sugerir novas práticas, legisladores, *framers*, doutrinadores, agentes políticos, movimentos sociais e outros formadores de opinião passaram a estudar outras ordens jurídicas, estatais ou extraestatais (supranacionais, internacionais, transestatais, ou internas não estatais), em busca de soluções pré-prontas que, após algumas adaptações, pudessem ser sugeridas ao ambiente em que se situam.
>
> Importar soluções jurídicas pode ser uma estratégia interessante para lidar com o problema da aceleração da vida, pois representa um *atalho mental* que permite economizar tempo e energia em um mundo excessivamente dinâmico. Adotar essa estratégia, portanto, possibilita responder de forma mais célere a situações que demandem a tomada de atitude.[52] [53]

---

[50] Na Europa, o Programa de Leniência é atualmente objeto da Comunicação da Comissão relativa à imunidade em matéria de penas e à redução do seu montante nos processos relativos a cartéis, de 2006, e foi mais recentemente pormenorizado por meio da Diretiva (EU) nº 2019/1, do Parlamento Europeu e do Conselho da União Europeia, que visa atribuir às autoridades da concorrência dos Estados-membros competência para aplicar a lei de forma mais eficaz e garantir o bom funcionamento do mercado interno.

[51] FERRARI, Isabela Rossi Cortes. *Transdministrativismo: dinâmica e complexidade*. 2017. 197f. Dissertação (Mestrado em Direito) – Universidade do Estado do Rio de Janeiro, Rio de Janeiro, 2017, p. 21. Para uma análise sobre as causas de transplantes de políticas públicas, à luz da sociologia, veja-se DOBBIN, Frank; SIMMONS, Beth; GARRETT, Geoffrey. *The global diffusion of public policies: Social construction, coercion, competition, or learning?*. Annu. Rev. Sociol., v. 33, p. 449-472, 2007.

[52] FERRARI, Isabela Rossi Cortes. *Transadministrativismo: dinâmica e complexidade*. 2017. 197f. Dissertação (Mestrado em Direito) – Universidade do Estado do Rio de Janeiro, Rio de Janeiro, 2017, p. 21-22. A autora cita, como um dos exemplos de importação de modelos normativos estrangeiros, a Lei nº 12.846/2013, que copia disposições consagradas pelo *Foreign Corrupt Practices Act* (FCPA), lei federal americana de 1977, e pelo *Bribery Act* britânico de 2010.

[53] No mesmo sentido, NEVES, Marcelo. (Não) solucionando problemas constitucionais: transconstitucionalismo além de colisões. *Lua Nova Revista de Cultura e Política*, São Paulo, n. 93, 2014, p. 205-206. Disponível em: http://www.scielo.br/scielo.

Sob o primeiro enfoque citado acima (incremento de eficiência), pode-se dizer que o caráter cada vez mais globalizado[54] das relações econômicas tornou premente a busca por uma certa convergência entre estratégias de combate a esses mesmos ilícitos,[55] tendo em vista que a eventual existência de jurisdições com legislação deficitária em relação a tais temas poderia comprometer a eficácia das iniciativas implementadas em outras localidades.[56]

Mamadouh *et al*[57] destacam o papel importante da globalização e do consequente fortalecimento das trocas internacionais e transnacionais na intensificação dos processos de transplantes.[58] Em razão das novas

---

php?script=sci_arttext&pid=S0102644520140003000008&lng=en&nrm=iso. Acesso em: 22 jan. 2017: "Dois problemas foram fundamentais para o surgimento da Constituição em sentido moderno: de um lado, a emergência, em uma sociedade com crescente complexidade sistêmica e heterogeneidade social, das exigências de direitos fundamentais ou humanos; de outro, associada a isso, a questão organizacional da limitação e do controle interno e externo do poder (inclusive mediante a participação dos governados nos procedimentos, sobretudo nos de determinação da composição de órgão de governo), que também se relacionava com a questão da crescente especialização das funções, condição de maior eficiência do poder estatal. O fato é que, mais recentemente, com a maior integração da sociedade mundial, esses problemas tornaram-se insuscetíveis de serem tratados por uma única ordem jurídica estatal no âmbito do respectivo território. Cada vez mais, problemas de direitos humanos ou fundamentais e de controle e limitação do poder tornam-se concomitantemente relevantes para mais de uma ordem jurídica, muitas vezes não estatais, que são chamadas ou instadas a oferecer respostas para a sua solução. Isso implica uma relação transversal permanente entre ordens jurídicas em torno de problemas constitucionais comuns".

54 Segundo Anne-Marie Slaughter e David Zaring, "para além das estatísticas, a globalização dá um novo significado à interdependência: não apenas a vulnerabilidade mútua entre os estados desencadeada por uma medida recíproca de dependência dos bens e serviços uns dos outros, mas uma interconexão profunda sobre a qual as identidades são verdadeiramente transnacionais, pelo menos entre certos segmentos da população, e a política nacional não pode ser totalmente implementada sem repercussões transnacionais. Nesse mundo, os círculos ordenados que demarcam a jurisdição nacional, mesmo com base em uma concepção expandida de territorialidade, tornam-se impossíveis ou sem sentido" (tradução livre) (SLAUGHTER, Anne-Marie; ZARING, David T. *Extraterritoriality in a Globalized World*. Disponível em: https://ssrn.com/abstract=39380. Acesso em: 20 jan. 2018).

55 MARRARA, Thiago. *Sistema brasileiro de defesa da concorrência*: organização, processos e acordos administrativos. São Paulo: Atlas, 2015, p. 337.

56 Veja-se MENDES, Dany Rafael Fonseca; CONSTANTINO, Michel; HERRERA, Gabriel Paes. Balcão único para os primeiros a tocar o sino em acordos globais de leniência. *Revista do Direito Público*, v. 13, n. 3, p. 41-55, 2018, p. 50.

57 DE JONG, Martin; LALENIS, Konstantinos; MAMADOUH, V. D. (Ed.). *The Theory and Practice of Institutional Transplantation*: Experiences with the transfer of policy institutions. Springer Science & Business Media, 2002, p. 07.

58 Os autores usam a denominação de "transplantes institucionais" para englobar a noção de trocas de ideias, normas, procedimentos, ideologias, ações, políticas, etc. (DE JONG, Martin; LALENIS, Konstantinos; MAMADOUH, V. D. (Ed.). *The Theory and Practice of Institutional Transplantation*: Experiences with the transfer of policy institutions. Springer Science & Business Media, 2002, p. 21)

tecnologias de comunicação e informação, há mais oportunidades de observar instituições e soluções políticas promissoras em outros países. Além disso, a globalização reforça a necessidade de os Estados aperfeiçoarem as condições para competir nos mercados globais: "[i]nteração e comparação estimulam emulação, mas ela também é encorajada diretamente por agências internacionais, como o Fundo Monetário Internacional (FMI), o Banco Mundial ou o Comércio Mundial Organização (OMC) para ser aceita no cenário mundial como parceiro legítimo".[59] Uma característica desse processo acelerado de trocas, ainda na visão dos autores, é que os transplantes ocorrem em uma velocidade crescente, o que pode culminar na importação de normas e instituições antes que elas consigam provar a sua eficácia.

A partir dessas observações, é possível agregar que, quanto aos acordos de leniência, o processo de transplante tem se dado (i) também em razão de pressões internacionais; e (ii) sem que o instituto tenha sido inteiramente teorizado. Tendo em vista suas características econômicas (Capítulo 2) e as qualidades dos ilícitos que visam a coibir (Capítulo 3), a definição do desenho ótimo do instituto ainda é motivo de celeuma na literatura econômica especializada.

A respeito da preocupação com o estabelecimento de programas de leniência nos mais diversos países, e de uma certa convergência entre eles, é interessante notar que organismos internacionais como a Organização para a Cooperação e Desenvolvimento Econômico (OCDE)[60] [61] e até mesmo a Organização das Nações Unidas (ONU) passaram a recomendar e monitorar a implementação de programas de leniência no âmbito internacional.

Tratando dos países da região do norte da África e do Oriente Médio, relatório da Conferência das Nações Unidas sobre Comércio e Desenvolvimento afirmou, por exemplo, que

---

[59] DE JONG, Martin; LALENIS, Konstantinos; MAMADOUH, V. D. (Ed.). *The Theory and Practice of Institutional Transplantation:* Experiences with the transfer of policy institutions. Springer Science & Business Media, 2002, p. 281.

[60] Segundo Maria Bigoni *et al.*, na maioria dos países-membros da OCDE, programas de leniência que reduzem as sanções para o agente cartelizado que realiza a autodenúncia são agora a principal ferramenta para descobrir e combater cartéis. (BIGONI, Maria et al. Fines, leniency, and rewards in antitrust. *The RAND Journal of Economics*, v. 43, n. 2, p. 368-390, 2012).

[61] OCDE. *Using Leniency to Fight Hard Core Cartels.* Disponível em: : http://www.oecd.org/daf/ca/1890449.pdf. Acesso em: 23 set. 2014; OCDE. *Fighting Hard Core Cartels:* Harm, Effective Sanctions and Leniency Programmes, 2002. Disponível em: https://www.oecd.org/competition/cartels/1841891.pdf. Acesso em: 4 mar. 2017.

programas de leniência em um país podem ser comprometidos pela falta de leniência ou pela adoção de tratamento diferente para cartéis em outro. (...) programas de leniência convergentes ou semelhantes [em diversos países] podem se reforçar mutuamente (tradução livre).[62]

Não é difícil imaginar que a existência de grandes assimetrias, em diferentes jurisdições, sobre como lidar com as mesmas categorias de ilícitos, poderia tornar o instrumento (e, em última análise, toda atividade repressiva estatal) mais ou menos eficaz. Se uma mesma infração – a exemplo de um cartel – está simultaneamente ocorrendo em dois ou mais Estados, cada qual com atitudes distintas quanto à leniência, isso pode contribuir de forma crucial para a decisão racional de se autodelatar ou não. Existindo programa de leniência numa parte do mundo, mas não em outra, e na certeza de que expor o comportamento anticoncorrencial num mercado nacional poderá ensejar investigações em outro, mesmo isenções de penalidades face a uma jurisdição podem não ser suficientes para suplantar a certeza da apenação por outro Estado.[63]

---

[62] UNCTAD. *Competition Guidelines:* Leniency Programmes. UNCTAD/DITC/CLP/2016/3. Disponível em: http://unctad.org/en/PublicationsLibrary/ditcclp2016d3_en.pdf.

[63] Essa é uma das justificações apresentadas pelo Parlamento Europeu e pelo Conselho da União Europeia, nas *consideranda* que precedem a recente Diretiva (EU) nº 2019/1, que visa atribuir às autoridades da concorrência dos Estados-membros competência para aplicar a lei de forma mais eficaz e garantir o bom funcionamento do mercado interno. Segundo os itens 11, 12, 50 e 51 do documento, "são necessárias regras pormenorizadas no que diz respeito às condições de concessão de clemência a cartéis secretos. As empresas só revelarão que participaram em cartéis secretos se dispuserem de um grau suficiente de segurança jurídica de que irão beneficiar da não aplicação de coimas. As diferenças acentuadas entre os programas de clemência nos Estados-membros geram insegurança jurídica para os potenciais requerentes de clemência. Tal circunstância poderá desincentivá-los à apresentação do pedido de clemência. A possibilidade de os Estados-membros implementarem ou aplicarem regras mais claras e harmonizadas em matéria de clemência no âmbito abrangido pela presente diretiva não só contribuirá para o objetivo de manter os incentivos aos requerentes para revelar os cartéis secretos, com vista a tornar a aplicação das regras de concorrência na União tão eficaz quanto possível, como também garantirá a igualdade das condições de concorrência para as empresas que exercem atividades no mercado interno.(...) Os programas de clemência são um instrumento essencial para a deteção de cartéis secretos e contribuem, assim, para a instauração de processos eficazes e para a aplicação de sanções relativas às infrações mais graves ao direito da concorrência. No entanto, existem atualmente diferenças acentuadas entre os programas de clemência aplicáveis nos Estados-membros. Essas diferenças geram insegurança jurídica para as empresas infratoras no que diz respeito às condições em que podem apresentar um pedido de clemência, bem como insegurança jurídica quanto ao seu estatuto em termos de dispensa da coima no âmbito do programa de clemência em causa. Essa insegurança pode tornar menos atrativos os incentivos para que os potenciais requerentes apresentem o pedido de clemência. Esta circunstância, por seu turno, pode conduzir a uma aplicação menos eficaz das regras da concorrência na União, uma vez que se descobrem cada vez menos cartéis secretos. As diferenças entre os programas de clemência a nível dos Estados-membros também comprometem a igualdade das condições de concorrência para as empresas que exercem atividades no mercado interno.

Catarina Marvão, em estudo empírico sobre o uso da leniência pela União Europeia, afirma que, até 2014, pelo menos 25% dos casos reportados à Comissão Europeia por um membro de cartel teriam sido, antes, objeto de condenação nos Estados Unidos, e cerca de outros 20% teriam sido sancionados no mesmo ano pelas autoridades norte-americanas e comunitárias, o que parece corroborar a ideia de que os programas e iniciativas antitruste nas diferentes jurisdições acabam por se retroalimentar.[64]

Quanto ao segundo enfoque citado por Isabela Ferrari – qual seja, o da utilização de transplantes como uma resposta célere e relativamente simples, calcada na experiência comparada para a resolução de problemas comuns –, também é notável sua adequação ao caso. Há, decerto, uma atratividade na importação desse modelo, considerando-se a aparente simplicidade na implementação de programas de leniência. Em contraste, outros instrumentos para auxiliar na investigação e persecução de ilícitos pelo Estado apresentam custos e demandam técnicas que podem estar fora do alcance de alguns países ou estruturas administrativas (como a utilização de agentes infiltrados, auditorias fiscais, interceptações de comunicações, buscas e apreensões).[65]

Frise-se, contudo, tratar-se de simplicidade apenas superficial, uma vez que, para se mostrar verdadeiramente efetivo, os programas de leniência devem *(i)* revestir-se de um desenho ótimo[66] à luz da teoria econômica e das finalidades a que se propõe; e *(ii)* contar com investimentos estatais na criação de entes competentes, confiáveis e aparelhados para a sua celebração, assim como de um ambiente institucional que dê azo ao cumprimento desses acordos da forma como

---

É, assim, necessário aumentar a segurança jurídica para as empresas no mercado interno e reforçar a atratividade dos programas de clemência em toda a União, reduzindo estas diferenças ao permitir que todas as ANC, nas mesmas condições, concedam dispensa e redução da coima, e aceitem pedidos sumários. No futuro poderão ser necessários mais esforços da Rede Europeia da Concorrência em matéria de alinhamento dos programas de clemência".

[64] MARVÃO, Catarina Moura Pinto. *The EU Leniency Programme and Recidivism*, 2014. Disponível em: https://ssrn.com/abstract=2491172. Acesso em: 15 nov. 2017.

[65] Para Zingales, seria até mesmo difícil para um Estado conseguisse justificar a não implementação de um programa de leniência antitruste, tendo em conta seus custos, comparativamente a outros mecanismos de tutela da concorrência (ZINGALES, Nicolo. European and American Leniency Programmes: Two Models Towards Convergence? (2008). *Competition Law Review*, v. 5, n. 1, 2008. Disponível em: https://ssrn.com/abstract=1101803, p. 8).

[66] É evidente que o desenho normativo e institucional dos programas de leniência tem como baliza a própria ordem jurídico-constitucional, não sendo possível falar, por isso mesmo, em uma plena correspondência entre os modelos matemáticos e aqueles contemplados na realidade jurídica.

negociados (evitando-se, por exemplo, excessivos questionamentos judiciais do instrumento).[67]

A fiscalização do Poder Público a respeito da sua execução a contento pelos particulares beneficiados é igualmente importante, já que de nada adiantaria a promessa de cooperação sem o respectivo cumprimento.[68]

Essa "febre" ou "revolução"[69] da leniência, nos mais diversos ordenamentos, foi ainda fomentada pela percepção a respeito da alta lesividade dos ilícitos referentes a condutas anticoncorrenciais (em especial os cartéis), bem como, mais recentemente, da corrupção em situações de colusão (como nas hipóteses de fraudes em contratações públicas).[70]

Todos esses aspectos somam-se, atualmente, para tornar os programas de leniência a regra (e não mais a exceção) no que toca, ao menos, ao combate aos cartéis[71] – e, como se verá, sua relevância tem crescido também no âmbito dos esforços no controle de certas

---

[67] Andreas Stephan agrega que "ferramentas 'convencionais' de combate a cartéis, como multas elevadas e leniência generosa, podem ser abusadas por instituições corruptas. Seus efeitos também podem ser paralisados por três questões intimamente relacionadas: subfinanciamento, controle político direto e altos níveis de crime organizado". O autor ainda ressalta que fatores como as normas ou convenções sociais podem ter papel relevante no sucesso das medidas antitruste, em razão de pelo menos três fatores: (i) a aceitabilidade social de determinadas práticas colusivas, em algumas culturas; (ii) o fato de que a tipificação da cartelização como acordo ilícito é relativamente recente em alguns ordenamentos; e (iii) a característica de algumas culturas de forjar relações econômicas intimamente atreladas a laços de amizade, o que poderia prejudicar o elemento da traição intrínseco aos acordos de leniência. (STEPHAN, Andreas. *Beyond the Cartel Law Handbook*: How Corruption, Social Norms and Collectivist Business Cultures can Undermine Conventional Enforcement Tools. 2008. Disponível em: https://papers.ssrn.com/sol3/papers.cfm?abstract_id=1277205. Acesso em: 12 jun. 2017). Para uma análise crítica da importação de modelos normativos norte-americanos por países latino-americanos, em matéria concorrencial, veja-se OWEN, Bruce M. *Competition Policy in Latin America*. 2003. Disponível em: http://papers.ssrn.com/paper.taf?abstract_id=456441. Acesso em: 12 jun. 2017.

[68] O efetivo monitoramento dos acordos por parte da Administração Pública é um dos temas que apresentam maiores dificuldades práticas. Se, por um lado, não se pode estender ao particular o benefício da leniência na hipótese de a sua cooperação se mostrar inefetiva ou fraudulenta, a prática de rescindir acordos deve ser pautada em critérios objetivos e levar em conta as situações do caso concreto, sob pena de reduzir a aferição do cumprimento do acordo à discricionariedade do Poder Público.

[69] SPAGNOLO, Giancarlo. Leniency and Whistleblowers in Antitrust (August 2006)0. *CEPR Discussion Paper* n. 5794. Disponível em: https://ssrn.com/abstract=936400. Acesso em: 12 jun. 2017.

[70] Veja-se o Capítulo 3, *infra*.

[71] SPAGNOLO, Giancarlo; LUZ, Reinaldo Diogo. *Expanding Leniency to Fight Collusion and Corruption*. Disponível em: https://www.hhs.se/en/about-us/news/site-publications/2016/expanding-leniency-to-fight-collusion-and-corruption/. Acesso em: 12 jun. 2017.

formas de corrupção.⁷² Tine Carmeliet chega a afirmar tratar-se de um "segredo aberto" o fato de que quase 60% dos casos de cartel no âmbito da União Europeia são descobertos por meio da celebração de acordos de leniência.⁷³

O programa de leniência europeu⁷⁴ ⁷⁵ é considerado de grande valia pela Comissão Europeia, que já destacou que

> a colaboração de uma empresa para a detecção da existência de um cartel possui um valor intrínseco. Uma contribuição decisiva para o início de uma investigação ou para a determinação de uma infração poderá justificar a concessão de imunidade em matéria de penas à empresa em questão.⁷⁶

Diante desse cenário, parece em alguma medida inescapável a adoção de semelhante instituto na ordem jurídica brasileira, como forma de resposta às tendências mundiais de uniformização das medidas antitruste e anticorrupção.⁷⁷ Na terminologia utilizada por Isabela

---

[72] LAMBSDORFF, Johann; NELL, Mathias. *Fighting corruption with asymmetric penalties and leniency*. Disponível em: https://www.econstor.eu/dspace/bitstream/10419/32012/1/524498032.pdf. Acesso em: 12 jun. 2017.

[73] CARMELIET, Tine. *A critical analysis of the procedural fairness of the leniency instrument*: finding the right balance between efficiency and justice in EU competition law. Disponível em: https://www.law.kuleuven.be/jura/art/50n2/carmeliet.pdf. Acesso em:12 jun.2017

[74] O atual art. 101 (antigo art. 81) do Tratado de Roma fornece as bases para o Direito Antitruste comunitário, ao estabelecer que "[s]ão incompatíveis com o mercado interno e proibidos todos os acordos entre empresas, todas as decisões de associações de empresas e todas as práticas concertadas que sejam suscetíveis de afetar o comércio entre os Estados-membros e que tenham por objetivo ou efeito impedir, restringir ou falsear a concorrência no mercado interno, designadamente as que consistam em:.a) Fixar, de forma direta ou indireta, os preços de compra ou de venda, ou quaisquer outras condições de transação; b) Limitar ou controlar a produção, a distribuição, o desenvolvimento técnico ou os investimentos; c) Repartir os mercados ou as fontes de abastecimento; d) Aplicar, relativamente a parceiros comerciais, condições desiguais no caso de prestações equivalentes colocando-os, por esse facto, em desvantagem na concorrência; e) Subordinar a celebração de contratos à aceitação, por parte dos outros contraentes, de prestações suplementares que, pela sua natureza ou de acordo com os usos comerciais, não têm ligação com o objeto desses contratos. (...)"

[75] Jornal Oficial da União Europeia. Disponível em: http://eur-lex.europa.eu/legal-content/PT/TXT/PDF/?uri=CELEX:52006XC1208(04)&from=EN. Acesso em: 01 out. 2016

[76] Comunicação da Comissão Relativa à imunidade em matéria de coimas e a redução do seu montante nos processos relativos a cartéis (2006/C 298/11). Disponível em: http://institutoeuropeu.eu/images/stories/comunicacao_Imunidade_coimas_-_Clemencia.pdf. Acesso em: 15 mar. 2017.

[77] Embora a difusão do uso dos acordos de leniência seja menos intensa em matéria anticorrupção, existem estudos que incentivam a adoção do instituto também nessa área, e instrumentos normativos internacionais que a recomendam. É o caso Convenção das Nações Unidas contra a Corrupção, que, em seu art. 37, prevê a adoção de mecanismos de colaboração com os acusados de atos de corrupção nos Estados signatários.

Ferrari, houve verdadeira *comoditização* (transformação em *commodity*) do acordo de leniência.[78]

Todavia, tal como toda sorte de transplantes jurídicos,[79] a inserção dos acordos de leniência no contexto da legislação brasileira traz consigo desafios e perplexidades – alguns quais não são, tampouco, exclusividade do ordenamento nacional.[80]

Desse modo, a constatação de que atualmente os acordos de leniência consistem em verdadeiro *produto de exportação* não prescinde de uma análise quanto às condições em que o transplante normativo será realizado.

Além disso, como bem indica a experiência pioneira dos Estados Unidos, a criação de um programa de leniência *per se* não corresponde a uma garantia de seu sucesso.[81] Para tal, faz-se necessária a conjunção de uma série de fatores institucionais, normativos e culturais complexos.

---

[78] FERRARI, Isabela Rossi Cortes. *Transadministrativismo: dinâmica e complexidade*. 2017. 197f. Dissertação (Mestrado em Direito) – Universidade do Estado do Rio de Janeiro, Rio de Janeiro, 2017, p. 22.

[79] Segundo destaca Isabela Ferrari, a expressão "transplante jurídico" costuma ser alvo de críticas, por denotar que o objeto transplantado não seria alterado ao adentrar novo ordenamento, bem como por fazer transparecer uma ideia de "cura" resultante do processo. Robert Langer propõe o uso do termo *tradução* para indicar a circulação de ideias, normas, práticas e instituições jurídicas, por entender que uma metáfora mais condizente com o fenômeno descrito. Isso porque permitiria traçar uma distinção entre o texto ou a ideia original e o resultado do processo de transferência (LANGER, Máximo. *From Legal Transplants to Legal Translations:* The Globalization of Plea Bargaining and the Americanization Thesis in Criminal Procedure, Harv.Int'l L.J.1, 2004, p.33). Em que pese a posição desse autor, entende-se que, como também ressalta Isabela Ferrari, o significado de transplante, para os fins ora almejados, são mais claros que o de outros sinônimos possíveis. (FERRARI, Isabela Rossi Cortes. *Transadministrativismo: dinâmica e complexidade*. 2017. 197f. Dissertação (Mestrado em Direito) – Universidade do Estado do Rio de Janeiro, Rio de Janeiro, 2017, p. 42). Para Mamadouh, de Jong e Lalenis, a expressão mais correta seria "transplante institucional", numa acepção ampla, e não legal ou normativo, pois a expressão abarcaria a transposição de ideias, ideologias, normas, dentre outras (MAMADOUH, Virginie; DE JONG, Martin; LALENIS, Konstantinos. An introduction to institutional transplantation. In: *The theory and practice of institutional transplantation*. Springer, Dordrecht, 2002. p. 1-16).

[80] Tratando do contexto da União Europeia, e, em especial, de suas consequências na legislação francesa, Pierre Desbrosse afirma que "[s]e a exportação do modelo de leniência era relativamente simples para aqueles países familiarizados com a *common law*, o seu 'transplante' para os países da Europa da *civil law* parecia no entanto menos fácil, a priori" (tradução livre) (DESBROSSE, Pierre. *Les programmes de Clémence à l'épreuve de la globalisation des marchés*. Disponível em: https://www.cairn.info/revue-internationale-de-droit-economique-2012-2-page-211.htm#no136. Acesso em: 2 ago. 2020).

[81] Essa conclusão são se limita ao campo dos acordos de leniência. Como relata Bruce Owen, "decisões e políticas não criam incentivos apenas por meio da promulgação. Basicamente todas as ferramentas antitruste e outras políticas microeconômicas disponíveis para o governo funcionam através das leis, que Oliver Wendell Holmes, Jr. caracterizou como 'profecias sobre o que os tribunais farão e nada mais'. A força de um incentivo econômico criado através da lei está diretamente relacionada à confiabilidade e ao preço dessas

Existente um programa, mas que *(i)* não apresente vantagens aos potenciais beneficiários em troca da sua delação, por não diminuir o escopo de sua apenação; *(ii)* não demande a prestação de informações novas e úteis às autoridades estatais e não pressuponha a ausência de elementos probatórios à disposição do Estado; *(iii)* não seja confiável para os particulares que o busquem, por poder ser facilmente desfeito pelas autoridades; *(iv)* esteja inserido num ordenamento que não tem como prática o *enforcement* da legislação repressiva (de modo que não se configure qualquer temor das sanções ali dispostas); ou *(v)* havendo barreiras culturais intensas à delação e consensualidade no âmbito sancionador,[82] a mera previsão normativa não será capaz de transpor essas barreiras para dar utilidade ao instrumento.

O desarranjo em algum desses elementos pode significar o desuso do instituto, que passaria a ser mera letra morta (por exemplo, em razão de uma extrema desconfiança dos particulares quanto à capacidade estatal de cumprir as promessas realizadas por meio do termo de leniência, ou por conta de uma completa rejeição cultural à ideia de concederem-se benesses a delatores), ou, ao contrário, a sua ampliação desmedida, em detrimento do real objetivo do programa *(i.e.,* uma vontade das autoridades de "mostrar serviço", celebrando múltiplos acordos inúteis, ou mesmo uma captura dos entes públicos competentes que transformasse a leniência em verdadeira impunidade por vias transversas).

Destaca Wouter Wills que cartéis bem-sucedidos tendem a ser organizações sofisticadas e, por isso, capazes de aprender. Há riscos, portanto, de que o cartel e seus respectivos participantes tentarão adaptar sua organização às políticas de leniência, não só para minimizar o efeito

---

profecias. Se o que os tribunais farão (com fatos dados) pode ser previsto com grande confiabilidade, e se tais previsões estão disponíveis de forma econômica, a lei se torna um remédio extraordinariamente poderoso e potencialmente eficiente para as patologias do mercado" (Tradução livre) OWEN, Bruce M. *et al.* Competition Policy in Emerging Economies. *Stanford Institute for Economic Policy Research Discussion Paper*, n. 04-10, 2005, p. 9).

[82] A questão das barreiras culturais à negociação da pena não necessariamente se limita ao fato de que tal proceder pode ser considerado, por alguns, imoral. Tratando dos transplantes dos *plea bargains*, Langer destaca a dificuldade da transposição, para os países de *civil law*, de conceitos existentes no direito penal norte-americano e que decorrem de sua lógica adversarial. Os conceito de "confissão" *(confession)* e de "assumir-se culpado" *(guilty plea)* são exemplos dessa barreira cultural e linguística: o primeiro diz respeito à admissão de culpa perante a autoridade policial, enquanto que o seguinte se dá perante a corte, com consequências processuais – e pode, inclusive, conviver com a manutenção de um discurso de inocência do réu (como em North Carolina v. Alford, 400 U.S. 25 (1970). LANGER, Máximo. *From Legal Transplants to Legal Translations:* The Globalization of Plea Bargaining and the Americanization Thesis in Criminal Procedure, Harv.Int●l L.J.1, 2004, p.10-11.

desestabilizador do instituto, mas também, sempre que possível, para explorar tais acordos de modo a facilitar a colusão.[83]

O equilíbrio ótimo dos incentivos, pois, não depende apenas da existência de um programa de leniência no ordenamento nacional. Nenhum instituto jurídico oriundo do direito comparado adentra um novo sistema num vazio institucional ou normativo e olvidar das características do ordenamento e cultura do receptor pode significar a negativa de eficácia do instrumento transplantado, ou a sua transmutação em coisa diversa daquela inicialmente cogitada.[84]

Daí não se quer dizer que a alteração e/ou adaptação do instituto à realidade que o recepciona não deva ser realizada – pelo contrário –, mas sim que a tal adequação deve ter em conta, de maneira clara, de que forma os incentivos delineados pelo ordenamento jurídico afetam o resultado final da importação normativa.[85] A importação de

---

[83] WILS, W. *Efficiency and Justice in European Antitrust Enforcement*. Hart Publishing, 2008. p. 137. Crítica semelhante é feita por Johan Ysewyn e Siobhan Kahmann, que afirmam haver duas possíveis explicações para o progressivo declínio no número de pedidos de negociação de leniência no âmbito europeu: "[u]ma explicação – muito otimista – é que a mensagem de conformidade finalmente chegou ao mercado e as empresas se envolveram menos em comportamentos cartelizados, e, portanto, menos solicitações de leniência são enviadas. Provavelmente, uma explicação mais realista é que as empresas, ao descobrirem seu envolvimento no comportamento de cartel ilegal, não têm mais a reação automática de se engajar em uma corrida pela leniência, mas procuram encontrar formas alternativas de cessar o comportamento e proteger seus interesses, sem necessariamente combinar isso com um pedido de leniência" (tradução livre). YSEWYN, Johan; KAHMANN, Siobhan. The decline and fall of the leniency programme in Europe, *Concurrences Review*, nº 1, Feb. 2018, p. 44-59. Disponível em: https://ssrn.com/abstract=3126172. Acesso em: 20 fev. 2019).

[84] "Os transplantes institucionais chamam a atenção para a tensão inerente entre a resolução de uma política constitucional ou de um problema prático através de ação ambiciosa de design, por um lado, e a realidade orgânica do complexo ambiente social em que este problema está entrelaçado, no outro. (…) Por outro lado, as diferenças entre o país doador e país anfitrião podem ser tão vastas, ou o curso evolutivo dos sistemas institucionais ser tão imutável, que pegar políticas emprestadas de outros lugares será um esforço ingênuo e supérfluo". (tradução livre). DE JONG, Martin; LALENIS, Konstantinos; MAMADOUH, V. D. (Ed.). *The Theory and Practice of Institutional Transplantation*: Experiences with the transfer of policy institutions. Springer Science & Business Media, 2002, p.23.

[85] A respeito, são pertinentes as lições de Diogo Coutinho, para quem "cada política pública – social, econômica, regulatória, descentralizada ou não em termos federativos – deve ser compreendida em sua especificidade, de modo que sua estruturação e modelagem jurídicas sejam concebidas e estudadas em função de seus traços próprios, não como aplicação de modelos pretensamente gerais ou universais. Dito de outra forma, são as peculiaridades – o setor a que se refere, sua configuração administrativa e institucional, os atores, seu histórico na administração pública, entre outras variáveis – que permitem a discussão sobre o direito das políticas públicas, não uma teoria jurídica auto-centrada e distanciada da realidade" (COUTINHO, Diogo R. *O direito nas políticas públicas*, p. 24).

instrumentos advindos de outros contextos (institucionais, culturais, etc.) não é tarefa simples.[86] Adianta-se que o caso brasileiro, quando confrontado com o modelo norte-americano, desponta como diverso em uma série de elementos-chave que cercam os acordos de leniência. O exame de algumas dessas particularidades será feito mais à frente,[87] mas vale indicá-las brevemente desde já.

Em primeiro lugar, como mencionado, o *locus* de aplicação dos acordos de leniência no Direito da Concorrência estadunidense é o do processo criminal, enquanto que, no caso brasileiro, a seara de utilização por excelência do mesmo instituto se dá em meio aos processos administrativos sancionadores – ainda que seja possível que os efeitos dos acordos transbordem para o âmbito penal (tal como ocorre na disciplina da Lei nº 12.529/2011). Um motivo para tal distinção consiste na impossibilidade, em regra, de imputação de prática de crimes *stricto sensu* a pessoas jurídicas no Direito pátrio, à exceção dos ilícitos praticados conta o meio-ambiente, *ex vi* do art. 225, §3º da Constituição Federal[88] e da Lei nº 9.605/1998.[89]

Em segundo lugar, existem claras divergências entre as duas culturas quanto à aceitação da via negocial como forma de mitigação da pena administrativa ou criminal.[90] Ainda que, mesmo nos EUA,

---

[86] São esses, igualmente, os apontamentos de Leslie: "[c]omo as agências de fiscalização antitruste podem aprender lições de outras jurisdições e como o estudo comparado pode informar as políticas de leniência antitruste? Embora muitas outras jurisdições tenham adotado programas de leniência antitruste, os vários programas em operação em todo o mundo diferem significativamente. Embora o programa americano de leniência tenha tido sucesso, a experiência dos EUA é transferível para outros países? Afinal, a composição global do regime antitruste americano é distinta. Por exemplo, enquanto os Estados Unidos criminalizam a fixação de preços, outras nações não. Enquanto os Estados Unidos aprisionam os fixadores de preços condenados, a maioria das nações, mesmo as que criminalizam a fixação de preços, não; eles dependem, em vez disso, de penalidades monetárias. E alguns países têm responsabilidade solidária pela fixação de preços; Os Estados Unidos não" (LESLIE, C. *Editorial*: antitrust leniency programmes. *Compet Law Rev*, v. 7, p. 175-179, 2011).

[87] Especialmente, será o tema do Capítulo 6.

[88] Art. 225, §3º. As condutas e atividades consideradas lesivas ao meio ambiente sujeitarão os infratores, pessoas físicas ou jurídicas, a sanções penais e administrativas, independentemente da obrigação de reparar os danos causados.

[89] Esse tema é objeto do Capítulo 4.

[90] Robert Strang ressalta que a adoção de mecanismos de *plea bargaining* e outros institutos negociais com ofensores se dá mais facilmente por sistemas jurídicos adversariais ou acusatórios. Nos países de *civil law*, a ideia de busca pela verdade material como resultado necessário do processo judicial dificultaria o transplante completo desse tipo de acordo, porque a confissão impediria a obtenção de uma plena reconstituição dos fatos que se quer provar (Strang, Robert. *Plea Bargaining, Cooperation Agreements and Immunity Orders*. 2014. Disponível em: http://www.unafei.or.jp/english/pdf/RS_No92/No92_05VE_Strang1.

o uso de acordos entre acusação e defesa não seja isento de críticas por parte da literatura especializada, é cediço que a tradição jurídica norte-americana incorpora maiores espaços para a consensualidade na seara sancionatória do que aqueles conferidos pelo Legislador nacional.[91]

Em terceiro lugar, pode-se apontar para diferenças institucionais relevantes no processamento dos ilícitos, notadamente no que toca às autoridades competentes para a persecução destes, como será explorado no Capítulo 6 adiante.

Todas essas questões, que envolvem a adequação do modelo, do paradigma daquele país pioneiro para a realidade brasileira, portanto, não representam preocupações apenas teóricas, mas verdadeiros pressupostos para que os acordos de leniência não se tornem mera retórica acadêmica, ou sejam desvirtuados para usos incompatíveis com a sua finalidade precípua.

---

pdf. Acesso em: 14 maio 2017. Para uma visão crítica do transplante dos *plea bargains* para os ordenamentos que têm com matriz a *civil law*, veja-se LANGER, Máximo. *From Legal Transplants to Legal Translations*: The Globalization of Plea Bargaining and the Americanization Thesis in Criminal Procedure, Harv. Int'l L.J.1, 2004.). No Brasil, o papel da verdade no processo penal é causa de contenda na doutrina, havendo autores que discordam da ideia obtenção da verdade material como resultado possível do processo. Aury Lopes Junior nega a obtenção da verdade como função do processo, haja vista a sentença não exteriorizar uma *verdade* e sim o *convencimento* do magistrado, que pode ou não estar de acordo com o que a realidade que de fato se pretendeu reconstruir (LOPES JUNIOR, Aury. *Direito Processual Penal e sua Conformidade Constitucional*. 7. ed. Rio de Janeiro: Lumen Juris, 2011. v. I, p. 553. Ver também, sobre o tema: SAMPAIO, Denis. *A Verdade no Processo Penal* – A permanência do Sistema Inquisitorial através do discurso sobre a verdade real. Rio de Janeiro: Lumen Juris, 2010).

[91] Essa dificuldade específica, concernente à rejeição da figura do colaborador-delator, ao menos sob o prisma da legislação e da praxe administrativa, pode estar em vias de progressiva diminuição. Não são raros os projetos de lei que têm como objetivo ampliar o uso de instrumentos negociais pelas autoridades, tanto no âmbito do processo administrativo quanto, especialmente, no do direito processual penal, ainda que sob fortes críticas tecidas por parte da literatura especializada. Para uma síntese dessa tendência "negocial" no processo penal, bem como das respectivas críticas, veja-se, por exemplo, LOPES JR., Aury. *Adoção do plea bargaining no projeto "anticrime": remédio ou veneno?*. Disponível em https://www.conjur.com.br/2019-fev-22/limite-penal-adocao-plea-bargaining-projeto-anticrimeremedio-ou-veneno. Acesso em: 3 mar. 2019.

CAPÍTULO 2

OS FUNDAMENTOS DA LENIÊNCIA

Atualmente, como visto, os programas de leniência são relativamente comuns no cenário antitruste internacional e no direito concorrencial comparado.[92]

O motivo para isso, *grosso modo*, é que, dadas as dificuldades para a atuação repressiva e preventiva estatais,[93] decorrentes das características desses ilícitos, a mera *existência* de uma previsão de sanção, penal ou administrativa, pode não ser suficiente para gerar efeitos dissuasórios no comportamento dos particulares: se a probabilidade de imposição de penalidades é mínima, pouco importará tratar-se de uma punição teoricamente grave. A cooperação de entes privados com o Estado como forma de suprir esse déficit informacional do Poder Público, então, pode significar a diferença entre a efetividade e inefetividade de um sistema sancionador.

No entanto, como adiantado acima, um programa de leniência bem-sucedido depende da presença de alguns fatores, a compor uma adequada *dosimetria de incentivos*.[94]

É essencial que a adesão ao instituto seja atraente ao delator, oferecendo benefícios significativos e superiores àqueles decorrentes da continuidade das atividades ilícitas (cujo descobrimento, por isso

---

[92] Para um estudo comparativo sobre os diversos programas de leniência antitruste, ver *The International Comparative Legal Guide to*: A practical cross-border insight into cartels and leniency. 10th Edition. ICLG. Cartels & Leniency 2017, Global Legal Group Ltd, London.

[93] Consoante observa Fábio Medina Osório, "o Direito Punitivo, em especial o Direito Penal, teve que se adaptar à nova dinâmica da criminalidade invisível e organizada, cedendo lugar às demandas pragmáticas em detrimento das elucubrações teóricas, descomprometidas com a realidade" (OSÓRIO, Fabio Medina. *Direito Administrativo Sancionador*. São Paulo: Revista dos Tribunais, 2015, p. 386).

[94] No mesmo sentido, BEATON-WELLS, Caron; TRAN, Christopher (Ed.). *Anti-cartel Enforcement in a Contemporary Age*: Leniency Religion. Bloomsbury Publishing, 2015, p. 92.

mesmo, deve ser custoso), sob pena de tornar-se letra morta. Por evidente, entretanto, o programa não pode ser tão generoso nas benesses oferecidas ao colaborador a ponto de não desincentivar a prática de infrações administrativas, tornando a prática delitiva seguida da colaboração algo trivial ou lucrativo[95] (como seria o caso, por exemplo, de um programa que beneficiasse igualmente todos os infratores, ou que gerasse vantagens mercadológicas para o cooperador).[96]

A criação de um programa que contrarie a lógica econômica que subjaz a esse instrumento pode ter consequências sistêmicas negativas, como o próprio fortalecimento das práticas infracionais que se quer

---

[95] Tratando da colaboração no processo penal, mas em colocação aplicável também ao âmbito dos acordos administrativos, Thiago Bottino aduz que "em determinados cenários, onde há muita assimetria de informação, isto é, quando a parte acusatória não promoveu investigações independentes relacionadas à atuação de determinada pessoa ou sobre determinados fatos, os quais são 'revelados' pelo colaborador, o criminoso colaborador pode optar pela cooperação falsa, calculando que os benefícios esperados são mais altos que os custos. Significa dizer que se outros acusados afirmam determinada coisa, ele poderá confirmar algo que não é necessariamente verdade apenas para se beneficiar com a cooperação, uma vez que a probabilidade de que se identifique a falsidade de suas declarações é pequena. Da mesma forma, se houver necessidade de que novos autores sejam identificados (porque já houve outras cooperações no sentido de identificar meios pelos quais a prova será produzida), esse colaborador poderá indicar pessoas com participação de menor importância, ou que atuaram sem saber que estavam inseridas em um processo criminoso, maximizando a importância dessas pessoas, com a finalidade de receber as enormes vantagens do acordo de colaboração. Nesse sentido, é imperioso analisar os aspectos ligados à quantidade ótima de dissuasão do crime. Os custos para a dissuasão do crime podem envolver recursos monetários (mais recursos para as agências de combate ao crime, como polícia e Ministério Público) e não monetários (penas mais gravosas, por um lado, e medidas de cooperação mais vantajosas, por outro), mas devem sempre ser calculados de modo que os custos da dissuasão do crime não sejam mais elevados que os custos do próprio crime. Em outras palavras, o custo para dissuasão do crime não pode ser tão alto que acabe gerando incentivos ainda mais prejudiciais para o sistema" (BOTTINO, Thiago. Colaboração premiada e incentivos à cooperação no processo penal: uma análise crítica dos acordos firmados na "Operação Lava Jato". *Revista Brasileira de Ciências Criminais*, n. 122, p. 359-390, 2016).

[96] Ana Paula Martinez indica a importância inclusive de que se considerem as sanções a serem aplicadas pela autoridade sobre os demais membros da associação delitiva, nesse cálculo dos incentivos: "[n]os casos de leniência, especialmente naqueles em que o signatário do acordo faz jus à imunidade e não apenas à redução da sanção pecuniária, é necessário que se considerem cuidadosamente os tipos de sanções que serão impostos aos demais integrantes do cartel, de modo a não criar condições heterogêneas de mercado em favor do, agora sim, beneficiário do acordo. Atenção especial deve ser dada às sanções de proibição de participar de licitações públicas, pelo prazo de ao menos 5 (cinco) anos, proibição de contratar com instituições financeiras oficiais e a recomendação aos órgãos públicos competentes para que não seja concedido ao infrator parcelamento de tributos federais por ele devidos ou para que sejam cancelados, no todo ou em parte, incentivos fiscais ou subsídios públicos. Em todos esses casos, corre-se o risco de desnivelar o mercado em favor do signatário da leniência, o que não está no espírito do programa". (MARTINEZ, Ana Paula. *Repressão a cartéis* – interface entre direito administrativo e direito penal. São Paulo: Singular, 2013, p. 268).

coibir.[97] Um programa de leniência bem normatizado e estruturado, em tese, pelo menos sob o aspecto da sua teoria econômica fundante, não seria instrumento de impunidade, mas forma de otimização dos custos da persecução estatal e instrumento dissuasório da atividade ilícita.[98]

Quanto à efetividade a longo prazo dos programas de leniência, contudo, deve-se fazer uma ressalva: a maior parte da literatura especializada – e das entidades que os implementam – considera a utilização dos acordos de leniência uma medida bem-sucedida e com potenciais vantagens para o ordenamento que os implementam.[99] Não se pode, contudo, depositar esperanças messiânicas na adoção de qualquer único instrumento de dissuasão de comportamentos lesivos – o que se pode esperar é que a criação de uma rede de medidas multifacetadas, mas coesas entre si, diminua a realização dessas condutas a níveis menos lesivos à sociedade em geral.[100]

Ainda que, num momento inicial, a inclusão de um programa de leniência possa levar a uma dissolução dos cartéis/conluios/associações mais instáveis, caso não exista um esforço adicional e progressivo do Estado em fiscalizar o cumprimento dos acordos e aparelhar suas instituições para que ajam com a transparência e eficiência necessárias, os efeitos de médio e longo prazo poderão ser desanimadores.[101]

Isso não significa que os acordos de leniência não sejam um meio útil à obtenção de informações, mas que, se tais informações não forem utilizadas a contento pela Administração Pública, de nada valerão. Caso,

---

[97] WILS, Wouter P. J. The Use of Leniency in EU Cartel Enforcement: An Assessment after Twenty Years (June 10, 2016). *World Competition: Law and Economics Review*, v. 39, n. 3, 2016; King's College London Law School Research Paper No. 2016-29. Disponível em: https://ssrn.com/abstract=2793717., p. 15 e seguintes.

[98] Neste sentido, WILS, Wouter P. J. Leniency in Antitrust Enforcement: Theory and Practice. *World Competition: Law and Economics Review*, v. 30, n. 1, March 2007. Disponível em: https://ssrn.com/abstract=939399., p. 35.

[99] SPAGNOLO, Giancarlo. Leniency and Whistleblowers in Antitrust (August 2006). *CEPR Discussion Paper* No. 5794. Disponível em: https://ssrn.com/abstract=936400. Acesso em: 12 jun. 2017.

[100] É, por isso, corrente a afirmação, por parte da doutrina, de que a corrupção (um dos ilícitos a que se voltam, atualmente, os acordos de leniência em âmbito nacional) consiste num problema *perverso* (*wicked problem*), cuja solução perpassa uma multiplicidade de ações conjuntas (SABET, Amr. Wickedness, Governance and Collective Sanctions: Can Corruption be Tamed? In: SALMINEN, Ari (Ed.). *Ethical Governance*: a citizen perspective. Vaasa, Finlândia: Vaasa University Press, 2010. p. 91-129).

[101] Wils destaca a possibilidade de que a agência antitruste passe a depender exclusiva ou excessivamente dos acordos para operar, deixando de lado outras necessárias estratégias. WILS, Wouter P. J. The Use of Leniency in EU Cartel Enforcement: An Assessment after Twenty Years (June 10, 2016). *World Competition: Law and Economics Review*, v. 39, n. 3, 2016; King's College London Law School Research Paper No. 2016-29. Disponível em: https://ssrn.com/abstract=2793717., p. 25.

mesmo após diversas colaborações, o índice de resolução e condenação desse tipo de ilícito não apresente efetivos riscos de descobrimento, cartéis e organizações semelhantes voltarão a se formar – ou, ainda, aqueles que não se abalaram poderão permanecer firmes ou até mesmo obter maiores lucros.[102]

As mesmas características que tornam esses ilícitos associativos tão difíceis de serem combatidos tornam também complexa a aferição a respeito do sucesso ou não das políticas utilizadas para a sua dissuasão. Não sendo possível saber a quantidade de cartéis, organizações criminosas ou esquemas de corrupção preexistentes numa dada sociedade, dificilmente será possível averiguar se houve a respectiva diminuição após a implantação do programa de leniência.

Assim, embora modelos matemáticos indiquem, em geral, a racionalidade da implementação desse tipo de instrumento e a experiência das autoridades antitruste aponte para o aumento do número de condenações e do volume de multas impostas, não há como categoricamente afirmar que os acordos de leniência levem a uma diminuição, por exemplo, no nível de formação de cartéis ou na duração destes.[103] Os dados existentes sobre os efeitos da adoção dessas medidas nos ordenamentos jurídicos em geral decorrem de estudos econômicos, os quais, todavia, podem apresentar resultados destoantes a depender da metodologia utilizada.[104] Em suma, há ainda certo grau de experimentalismo na formulação desse instituto.

---

[102] Veja-se, a respeito: STEPHAN, Andreas. An empirical assessment of the european leniency notice. *Journal of Competition Law & Economics*, v. 5, n. 3, p. 537-561, Sept. 2009; e YSEWYN, Johan; KAHMANN, Siobhan. The Decline and Fall of the Leniency Programme in Europe, 2018.
No caso brasileiro, embora não seja possível traçar um diagnóstico acerca do nível de aproveitabilidade das informações obtidas em razão das colaborações administrativas, foi noticiado que, até o fim de 2018, não teriam sido ajuizadas ações de improbidade fundamentadas nos acordos de leniência até então celebrados, bem como que haveria dificuldades no processamento de todas as informações ofertadas pelos colaboradores (Estadão. AGU reforça "grupo de elite" para recuperar dinheiro de corrupção. Disponível em: https://politica.estadao.com.br/blogs/fausto-macedo/agu-reforca-grupo-de-elite-para-recuperar--dinheiro-de-corrupcao/. Acesso em: 2 abr. 2019).

[103] Sobre o tema, ver BIGONI, Maria *et al*. Fines, leniency, and rewards in antitrust. *The RAND Journal of Economics*, v. 43, n. 2, p. 368-390, 2012.

[104] Exemplificativamente, enquanto Apesteguia, Dufwenberg e Selten indicam em seu estudo que o efeito dissuasório da leniência não seria incrementado pela implementação de recompensas para os agentes colaboradores, Maria Bigoni *et al*. vão no sentido oposto, afirmando a eficiência de sistema de recompensas agregado à delação (veja-se APESTEGUIA, Jose; DUFWENBERG, Martin; SELTEN, Reinhard. Blowing the whistle. Economic Theory, v. 31, n. 1, p. 143-166, 2007; BIGONI, Maria et al. Fines, leniency, and rewards in antitrust. *The RAND Journal of Economics*, v. 43, n. 2, p. 368-390, 2012). No experimento realizado por Maria Bigoni *et al.*, por exemplo, o resultado encontrado foi o de que a aplicação isolada da

Não se trata, pois, de aclamar tal instituto como panaceia, solução imediata de todos os males que assolam um ordenamento. Evidentemente, a ideia é apenas a de inclusão dessa ferramenta, juntamente com tantas outras, como uma forma de fortalecimento da repressão e, principalmente, prevenção de atividades lesivas.

2.1 A racionalidade econômica dos acordos de leniência: *carrots and sticks* e *rational choice theory*

Como dito, o reconhecimento, pelo Estado contemporâneo, de certas limitações quanto a sua própria capacidade investigativa faz com que o campo de aplicação dos acordos de leniência, por sua própria natureza, seja o dos ilícitos associativos – é dizer, perpetrados necessariamente por uma pluralidade de agentes em conluio[105] – cuja complexidade e organização representem barreiras para a persecução punitiva estatal.

Em especial, os ditos ilícitos de colarinho branco, marcados pelo seu nível organizacional sofisticado, pela inexistência de uma vítima imediatamente identificável (já que os danos podem ser difundidos e diluídos por toda a sociedade) e pela maior escassez de marcas claras e naturalísticas de sua materialidade, são o terreno mais propício para a sua aplicação.[106]

Basta cogitar-se de um incremento nos preços em um dado mercado, causado por acordo indevido entre os concorrentes naquele nicho – é bem possível que esse aumento dos valores nos produtos seja

---

legislação antitruste tradicional, sem a inclusão de um programa de leniência, apresenta efeitos dissuasórios na criação de cartéis (*i.e.* menos cartéis se formam), mas ocasionaria, paradoxalmente, um forte efeito pró-colusivo na forma de preços mais altos para os cartéis que consigam se ligar – deste modo, os preços globais não cairiam. Neste cenário, ainda para os autores, os programas de leniência incrementariam ainda mais a dissuasão quanto ao comportamento cartelizado, mas também estabilizariam os cartéis sobreviventes, aumentando ainda mais os preços dos cartéis. Contudo, após a inclusão desses sistemas de autodelação, haveria um benefício adicional: a diminuição do número de cartéis que, após descobertos, voltariam a se formar (diminuição da reincidência). O melhor cenário, na conclusão do experimento, seria o da utilização de sistemas de leniência com o de recompensas.
[105] A imperatividade do uso dos acordos de leniência, apenas, em situações de conluio é, no Brasil, ponto controvertido, tendo em vista, especialmente, sua aproximação teórica e prática com outros instrumentos consensuais, como os TACs e os TCCs. A teoria econômica subjacente ao instituto, todavia, parece corroborar que esse é o *locus* de aplicação dessa modalidade de acordo. Veja-se, por exemplo, ZINGALES, Nicolo. European and American Leniency Programmes: Two Models Towards Convergence? (2008). *Competition Law Review*, v. 5, n. 1, 2008. Disponível em: https://ssrn.com/abstract=1101803, p. 7-8.
[106] Veja-se o Capítulo 3, *infra*.

mascarado de forma bastante verossímil como uma mera flutuação de preços normal em situação de livre concorrência. Como indica Victor Santos Rufino, "[o] aumento de preços decorrente de um cartel dificilmente pode ser comparado, no mundo extremamente complexo das transações econômicas, com o preço que poderia ter existido caso a competição tivesse ocorrido de forma plena".[107]

Para que a autoridade estatal suspeite de conluio entre os agentes econômicos, deverá, além de estar atenta àquele mercado, também possuir suficiente expertise sobre o tema e meios de realizar sua investigação para comprovar a prática de conduta anticoncorrencial.[108]

Tudo isso demandará investimentos do Poder Público na contratação e treinamento de servidores para ocupar suas instâncias fiscalizadoras, bem como na implementação de ferramentas aptas a otimizar sua atuação (computadores, *softwares*, instalações, etc.). Ademais, por vezes, ainda que o Estado disponha de indícios da realização do ilícito, nem sempre poderá *(i)* compreender de maneira completa tais sinais (como na hipótese de comunicações criptografadas, codificadas ou por interpostas pessoas), ou *(ii)* comprovar a contento a materialidade e autoria do delito num processo sancionador administrativo ou judicial.[109]

A contribuição de particulares inseridos no contexto da atividade ilícita, fornecendo os dados necessários para a investigação da conduta delitiva, por esses motivos, pode se mostrar, na prática, como a única forma possível de apuração de determinados ilícitos associativos, seja face aos custos que seriam demandados para que o Estado obtivesse

---

[107] RUFINO, Victor Santos. *Os fundamentos da delação*: análise do programa de leniência do CADE à luz da teoria dos jogos. 2016. 101 f., il. Dissertação (Mestrado em Direito) — Universidade de Brasília, Brasília, 2016, p. 12

[108] Sobre o tema, veja-se KOVACIC, William. *The Identification and Proof of Horizontal Agreements under the Antitrust Laws*. Antitrust Bulletin, v. 38, n. 1 (1993).

[109] "(...) independentemente do grau de dificuldade na obtenção de provas – em atenção às garantias fundamentais previstas pela Constituição Federal e em nome da segurança jurídica – uma condenação pelo Conselho Administrativo de Defesa Econômica (CADE) só é admissível caso a conduta ilícita esteja comprovada os autos do processo administrativo. Isto significa que a mera observância de indícios de conduta concertada, como, por exemplo, a estabilidade na curva de preços de um mercado relevante, não é suficiente para determinar a existência de um acordo para a eliminação da concorrência. A uniformização dos preços pode ser decorrência do estado normal daquele mercado e tanto outros indícios podem ter explicações lógicas e plausíveis. Assim, verificadas evidencias que levem a crer que em um mercado relevante possa existir um cartel, a produção de prova da ocorrência deste ilícito é indispensável para que se possa condenar um agente econômico" (FÉLIX, Natália. *Direito concorrencial*: considerações sobre a repressão aos cartéis no Brasil. Disponível em: http://www.conjur.com.br/2008-jul-22/consideracoes_repressao_aos_cartéis_brasil. Acesso em: 13 nov. 2017).

por sua própria conta todos os elementos probatórios necessários, seja porque em algumas circunstâncias a Administração Pública sequer viria a ter ciência da prática daquela infração.[110]

É claro, todavia, que, em se tratando de um particular que tem a sua atuação em desconformidade com o ordenamento jurídico e que, por isso mesmo, seria passível de aplicação de penalidades em decorrência de sua conduta, não se poderia esperar (embora até teoricamente desejável) que a cooperação se desse única e exclusivamente por motivos éticos, morais ou cívicos. O particular, em regra, apenas delatará seus comparsas caso seja confrontado com uma série de condições (normativas e fáticas) que tornem a cooperação a melhor estratégia, sob uma perspectiva racional.

Daí o porquê de haver uma disposição, nos ordenamentos jurídicos de uma pluralidade de países – dentre os quais se inclui o Brasil –, no sentido de criarem mecanismos que incentivem a colaboração dos agentes autores desses delitos com as autoridades estatais.

Esse fenômeno se associa às chamadas sanções premiais,[111] características de uma lógica denominada de "o porrete e a cenoura" (*"carrots and sticks"*).[112] Conjugam-se elementos dissuasórios de comportamentos

---

[110] Amadeu Ribeiro e Maria Eugênia Novis listam, como meios de descobrimento de ilícitos concorrenciais, três possibilidades: "[a] primeira é o monitoramento constante dos mercados, especialmente daqueles cujas condições estruturais, como elevada concentração, produtos e custos homogêneos e elevadas barreiras à entrada, facilitam a colusão. A segunda, terceiros que venham a ter conhecimento da conduta, como clientes e concorrentes que sofram seus efeitos, ou ainda, empregados ou familiares de executivos das empresas do cartel. A terceira e sem dúvida melhor das fontes é a própria empresa envolvida na conduta" (RIBEIRO, Amadeu. NOVIS, Maria Eugênia. Programa Brasileiro de Leniência: Evolução, Efetividade e Possíveis Aperfeiçoamentos. *Revista do IBRAC*, São Paulo, v. 17. Editora Revista dos Tribunais, 2010, p. 157).

[111] "As sanções premiais são, como já dito anteriormente, posições de vantagem que o particular poderá galgar, desde que voluntariamente adapte a sua conduta às condições previstas na disciplina ordenadora. Enquanto as normas ordenadoras de comando e controle são estruturadas a partir do binômio prescrição-sanção, as normas de indução de comportamentos baseiam-se na atribuição de uma situação ampliativa de direito a quem se dispuser a adotar previamente os comportamentos exigidos (...). Em alguns casos, o incentivo consiste em não se expor ao risco da sanção, com todo o estigma que ela carrega, além de seus efeitos patrimoniais mais imediatos; em outros casos, o incentivo advém do estímulo pela vantagem a que a conformação da conduta habilita o particular a desfrutar" (BINENBOJM, Gustavo. *Poder de polícia, ordenação, regulação*: transformações político-jurídicas, econômicas e institucionais do direito administrativo ordenador. Belo Horizonte: Fórum, 2016, p. 107).

[112] Sobre a estratégia, veja-se BALCH, George I. The stick, the carrot, and other strategies: A theoretical analysis of governmental intervention. *Law & Policy*, v. 2, n. 1, p. 35-60, 1980 e ANDREONI, James; HARBAUGH, William; VESTERLUND, Lise. The carrot or the stick: Rewards, punishments, and cooperation. *American Economic Review*, v. 93, n. 3, p. 893-902, 2003.

indesejados pelo Estado (*i.e.* sanções punitivas – o "porrete") com incentivos positivos à tomada de decisões tidas pelo Poder Público como salutares (as ditas sanções premiais – "cenoura"),[113] [114] a partir de uma ótica instrumental do Direito.[115]

A ideia de que o Direito tem como pretensão a conformação dos comportamentos sociais não é novidade. A função da ordem social, nas palavras de Hans Kelsen, é "motivar certa conduta recíproca dos seres humanos: fazer com que eles se abstenham de certos atos que, por alguma

---

[113] Segundo Ana Paula Martinez, "Apesar dos diferentes modelos de programas de leniência, em todos eles está presente a lógica 'da cenoura e do porrete' (*stick-and-carrot approach*): garantir um tratamento leniente (cenoura) para aquele que decide pôr fim à conduta de delatar a prática que de outra forma estaria exposta a sanções severas (porrete)" (MARTINEZ, Ana Paula. *Repressão a cartéis* – interface entre direito administrativo e direito penal. São Paulo: Singular, 2013, p. 260). Um exemplo da utilização desse mecanismo é a existência simultânea, nos Estados Unidos, de uma medida de *Amnesty Plus* e de *Penalty Plus*: a *Amnesty Plus* (ou leniência *plus*) permite, durante investigação já instaurada, às pessoas jurídicas informarem às autoridades competentes a existência de uma infração ainda desconhecida pelo órgão, obtendo com isso isenção quanto às penalidades referentes a esse ilícito e mitigações em relação ao ilícito pela qual estava sendo inicialmente investigado. Todavia, caso a sociedade opte pelo silêncio, não delatando a participação em outro ilícito (não realizando, pois, a leniência *plus*, na hipótese de a Divisão Antitruste mesmo assim tomar conhecimento da realização desse crime, recomendará a imposição de penalidades acima daquelas recomendadas pelos *Sentencing Guidelines*, em razão da maior culpabilidade da pessoa jurídica que, podendo colaborar com as autoridades, não o fez.

[114] A possibilidade de que o poder de polícia estatal se manifeste tanto repressiva quanto indutivamente é assim resumida nas palavras de Gustavo Binenbojm:"(...) o poder de política caracteriza-se pela estruturação de um sistema de incentivos: de um lado, desestímulos a condutas indesejáveis, lastrados em sanções de natureza punitiva (penas ou medidas restritivas de direitos); de outro lado, estímulos a condutas desejáveis, fundados em sanções de natureza premial (prêmios ou medidas ampliativas de direito). As prescrições são formas de ordenação da vida econômica e social baseadas em normas de comando e controle; sua efetividade é calcada numa estrutura punitiva que represente a retribuição adequada a quem infringe a lei, assim como um desestímulo à reincidência – do infrator e de outros membros da coletividade. As induções, a seu turno, são formas de ordenação da vida privada baseadas em estímulos a comportamentos virtuosos; sua efetividade é calcada numa estrutura de vantagens ou benefícios voltados à produção dos melhores resultados para a sociedade" (BINENBOJM, Gustavo. *Poder de polícia, ordenação, regulação*: transformações político-jurídicas, econômicas e institucionais do direito administrativo ordenador. Belo Horizonte: Fórum, 2016, p. 99).

[115] "Características institucionais do ente administrativo legitimado a impor as sanções administrativas e o desenho do processo sancionador – considerado em sentido amplo, abrangendo fiscalização, sancionamento, e execução – terminam por questionar a eficácia da regulação por meio da coerção (o 'porrete' – big stick). Com base em estudos empíricos sobre o enforcement da atuação administrativa sancionatória, uma linha do direito administrativo norte-americano defende que a regulação por incentivos, fundada na atividade de fomento estatal pode ser mais efetiva que a regulação punitiva. Embora a consensualidade não se confunda com a atividade de fomento estatal, há em comum a análise instrumental da atuação sancionatória e a conclusão de que em determinados casos outros mecanismos que não a sanção podem ser eficazes" (PALMA, Juliana Bonacorsi de. *Sanção e Acordo na Administração Pública*. São Paulo: Malheiros, 2015, p. 300).

razão, são considerados nocivos à sociedade, e fazer com que executem outros que, por alguma razão, são considerados úteis à sociedade".[116] Dessa forma, o ordenamento jurídico pode oferecer vantagens para a escolha de determinados comportamentos em detrimento de outros, desde que limitado por e de acordo com as normas constitucionais.

A grande inovação dos acordos de leniência em relação às demais formas de atuação estatal de natureza premial está em "levar a sério" uma lógica econômica calcada na racionalidade do agente que poderá vir a cooperar. Supõe-se que sua atuação será pautada pelo sopesamento (racional) das possíveis vantagens e desvantagens da ação colaborativa com o Estado – e das vantagens e desvantagens da continuidade do comportamento ilícito.

Sob este prisma, o particular que está inserto na prática de algum ato delitivo para o qual seja aplicável o acordo de leniência se verá confrontado com a seguinte realidade: em princípio, poderá continuar a praticar o ilícito, contando com a possibilidade de que o Estado jamais venha a conhecer a sua prática antijurídica, continuando a obter as vantagens pecuniárias decorrentes do ato lesivo; alternativamente, poderá apresentar-se às autoridades competentes, ofertando as informações e documentos a que tem acesso e que comprometam outros agentes membros da mesma organização delitiva (além dele mesmo), beneficiando-se das isenções ou mitigações das punições que de outro modo lhe seriam aplicáveis.

Em suma, esse tipo de instrumento bebe da teoria econômica ao considerar, num extremo, a análise das vantagens realizada pelo agente para manter o comportamento delituoso, e, no outro, as chances de que o particular tenha seus próprios atos ilícitos relatados às autoridades por um dos coparticipantes e, consequentemente, seja punido.[117] [118]

---

[116] KELSEN, Hans. *Teoria geral do direito e do estado*. São Paulo: Martins Fontes, 2000. p. 20.

[117] Também sob a perspectiva estatal, estar-se-ia diante de uma análise de custo-benefício sobre a adoção desse tipo de acordo, o qual teria como função poupar os recursos do Estado ao mesmo tempo que permitiria aumentar as informações obtidas e, consequentemente, a incidência das sanções por corrupção. Tudo isso considerando que a função sancionatória não é um fim em si mesmo, mas um "poder instrumental". (MARQUES NETO, Floriano de Azevedo. O Poder Sancionador nas Agências Reguladoras. In: LANDAU, Elena (coord.). *Regulação Jurídica do Setor Elétrico*. Tomo II. Rio de Janeiro: Lumen Juris, 2011, p. 177).

[118] Nos termos da Comissão Europeia, "[p]ela sua própria natureza, os cartéis secretos são frequentemente difíceis de detectar e investigar sem a cooperação das empresas ou pessoas que neles participam. Assim, a Comissão considera que é do interesse da Comunidade recompensar as empresas que participam neste tipo de práticas ilícitas e que estão dispostas a pôr termo à sua participação e a cooperar no âmbito da investigação da Comissão, independentemente das outras empresas envolvidas no cartel. Para os consumidores e os cidadãos em geral, a detecção e sanção dos cartéis secretos reveste-se de maior interesse do que

Em vista disso, análises acerca dos acordos de leniência não podem prescindir da verificação da conformidade do desenho normativo do instituto, frente ao arcabouço teórico ofertado pelo campo da *Law and Economics*.[119] A grande contribuição da economia para o estudo jurídico foi subsidiar um instrumental que permitisse mensurar e prever em alguma medida (e, por esse meio, otimizar) os incentivos produzidos pelo Direito. Esse exame se dá, especialmente, através dos chamados modelos econômicos, que consistem em mecanismos de simplificação da realidade para a apresentação de relações entre fatores.[120]

Nas palavras de Richard Posner, a análise econômica do direito busca explicar e prever o comportamento de pessoas reguladas pela lei. Tenta, igualmente, *melhorar* a lei, apontando os aspectos em que as leis ou propostas normativas apresentam consequências indesejáveis ou imprevistas, em aspectos como a sua eficiência econômica, seu aspecto distributivo, ou outros valores.[121]

Não se trata de entender que o Direito deve necessariamente curvar-se às conclusões apontadas pela Economia,[122] mas de admitir

---

a aplicação de coimas às empresas que permitem à Comissão detectar e proibir essas práticas". Comunicação da Comissão Relativa à imunidade em matéria de coimas e à redução do seu montante nos processos relativos a cartéis. *Jornal Oficial da União Europeia*. Disponível em: http://eur-lex.europa.eu/legal-content/PT/TXT/PDF/?uri=CELEX:52006XC1208(04)&from=EN. Acesso em 29.09.2016. Também de acordo com o CADE, "cartéis são difíceis de detectar e investigar sem a cooperação dos participantes da conduta, dado seu caráter sigiloso e fraudulento. Por essa razão, um número expressivo de jurisdições adotou programas de leniência de modo a desvendar tais condutas (...). O interesse dos cidadãos brasileiros de ver desvendados e punidos cartéis supera o interesse de sancionar uma única empresa ou indivíduo que possibilitou a identificação, desmantelamento e punição de todo o cartel" (CADE. Combate a cartéis e programa de leniência. *Coleção SDE/CADE* n. 01/2009. 3. ed. Brasília, 2009, p. 17).

[119] POSNER, Richard A. The Economic Approach to Law. *Texas Law Review* 757, 1975, p. 759. Para uma apresentação geral do tema, veja-se MERCURO, Nicholas; MEDEMA, Steven G. *Economics and the Law:* From Posner to Postmodernism and Beyond. 2. ed. Princeton: Princeton University Press, 2006.

[120] Esse tipo de modelo sempre deixará de fora algum elemento ou relação de causalidade, justamente porque se presta a ser uma ferramenta de facilitação do estudo, necessariamente menos complexa e completa que a realidade. Por esse motivo, conforme explica Dani Rodrik, modelos econômicos são análogos a fábulas. (RODRIK, Dani. *Economics Rules:* The Rights and Wrongs of The Dismal Science. New York: W.W. Norton; 2015. Publisher's Version).

[121] POSNER, Richard A. *Values and consequences:* An introduction to economic analysis of law. 1998, p. 2.

[122] É bom observar que nem sempre os objetivos do Direito se coadunam perfeitamente com o que a Economia recomendaria, havendo outras questões – éticas, morais, distributivas, etc. – que podem se sobrepor à eficiência econômica, a depender das circunstâncias. Alguns autores destacam a dificuldade ou indesejabilidade da transposição de análises custo-benefício para áreas do Direito que lidam com bens e realidades incomensuráveis. Veja-se HEINZERLING, Lisa; ACKERMAN, Frank. *Pricing the priceless:* cost-benefit analysis of environmental protection. University of Pennsylvania Law Review, v. 150, n. 5, p. 1553-1584,

certas limitações na teoria jurídica, que podem, por vezes, ser supridas por meio de contribuições das demais ciências sociais.[123] Por conseguinte, embora, como destaca Bruno Meyerhof Salama, a *Law and Economics* não se proponha a dar respostas unívocas e corretas para os dilemas jurídicos, ela oferece ferramentas – tanto sob o aspecto descritivo quanto normativo – "para iluminar problemas jurídicos e para apontar implicações das diversas possíveis escolhas normativas".[124] O Direito, é bom dizer, pode ter de implementar versões *adaptadas* ou *second-best*[125] à luz de elementos extra econômicos – como as limitações decorrentes das irradiações dos valores constitucionais sobre todo o ordenamento, ou de fatores culturais (como a rejeição da sociedade a respeito de certas políticas, por exemplo).[126]

Um dos alicerces para essa aplicação dos princípios econômicos ao Direito é a concepção dos indivíduos enquanto maximizadores de

---

2002) e SANDEL, Michael J. *What money can't buy*: the moral limits of markets. Tanner Lectures on Human Values, v. 21, p. 87-122, 2000. Em especial, Susan Rose-Ackerman destaca que os ideais da democracia e a análise custo-benefício podem entrar em conflito: "[a] deliberação pública sobre os meios e os fins é um aspecto importante da democracia que a análise custo-benefício simplesmente afasta. (...) Além disso, mesmo quando as preferências são precisas e estáveis, a democracia direta e as análises de políticas diferem na forma como agregam rankings individuais em uma escolha social. Sob as análises de custo-benefício, as preferências são ponderadas pela vontade de pagar [*willingness-to-pay*]. Em contraste, sob uma regra majoritária, as preferências não são ponderadas. Todos são tratados igualmente – cada pessoa tem um único voto, e a opção com a maioria dos votos ganha" (ROSE-ACKERMAN, Susan. Public choice, public law and public policy. In: *Keynote Address, First World Meeting of the Public Choice Society*. 2007).

[123] Na concepção de Guido Calabresi, a relação entre Direito e Economia é bilateral por excelência: "[o] que eu chamo análise econômica do direito, em vez disso, começa com uma aceitação agnóstica do mundo tal como é, como o advogado descreve. Então, procura saber se a teoria econômica pode explicar esse mundo, essa realidade. E se não pode, ao invés de descartar automaticamente esse mundo como irracional, faz duas perguntas. A primeira é, os estudiosos do direito que estão descrevendo a realidade legal estão olhando o mundo como realmente é? Ou há algo em sua maneira de ver o mundo que os levou a caracterizar mal essa realidade? (...) Se, no entanto, mesmo uma visão mais abrangente da realidade legal revela regras e práticas que a teoria econômica não pode explicar, Law and Economics faz a segunda pergunta. A teoria econômica pode ser ampliada, ou suavizada (sem, com isso, perder as características que lhe dão coerência e tornam tão poderosa quanto é) para que possa explicar por que o mundo real da lei é como está?" (tradução livre) (CALABRESI, Guido. *The future of law and economics*: essays in reform and recollection. Yale University Press, 2016, p. 15-18).

[124] SALAMA, Bruno Meyerhof. *O que é Direito e Economia?*, p. 2. Disponível em: http://revistas. unifacs.br/index.php/redu/article/viewFile/2793/2033. Acesso em: 20 set. 2016.

[125] MARKOVITS, Richard S. Second-Best Theory and Law and Economics: An Introduction, 73Chi. Kent L. Rev, n. 3, 1998.

[126] Embora não haja espaço, no presente trabalho, para a exploração do tema da rejeição cultura dos acordos de leniência no Brasil, essa preocupação não é desprezível, tendo em vista que a (i)legitimidade de um instituto jurídico, e a forma como ele é interpretado pelo administrador, em muito dependem do grau de aceitabilidade da norma.

seu próprio bem-estar, de acordo com o que se convencionou chamar de *rational choice theory*. Como o próprio nome denota, a suposição é de que os sujeitos embasarão suas condutas em escolhas racionais, sopesando as vantagens buscadas em face de eventuais custos de oportunidade.[127] [128]

Todavia, quaisquer tentativas de construção de modelos teóricos no âmbito da economia sempre culminarão em algum tipo de simplificação da realidade.[129] Tentar explicar o mundo real e os comportamentos humanos em todas as suas nuances seria, tal como no conto de Jorge Luis Borges, desenhar um mapa de um império que, de tão perfeito e completo, teria o tamanho desse mesmo império e com ele coincidiria perfeitamente.[130]

De todo modo, feitas as devidas ressalvas, a criação e aplicação do Direito não podem passar ao largo de considerações a respeito dos incentivos criados a partir das normas jurídicas, bem como das possíveis consequências concretas – inclusive adversas – causadas por essas mesmas normas, aproveitando-se dos apontamentos da *rational choice theory*.

---

[127] De acordo com Flávio Galdino, "dizer que os indivíduos são maximizadores racionais de seus próprios interesses ou utilidades significa afirmar que as suas escolhas estão vinculadas ao maior proveito individual que possam obter delas" (GALDINO, Flávio. *Introdução à Teoria dos Custos dos Direitos*. Direitos não nascem em árvores. Rio de Janeiro: Lumen Juris, 2005 p. 252.). É bem verdade que esse tipo de análise que conta com ferramentas de cunho econômico pressupõe um certo reducionismo, em que se ignoram elementos que podem ser relevantes para informar a conduta dos agentes estudados – questões como a história de uma dada sociedade, seu substrato cultural e a sua percepção dos padrões éticos e morais aceitáveis, por exemplo. Não obstante, ainda que não seja o único fator determinante para a tomada de decisões individuais, o ordenamento jurídico pode e deve buscar influenciar o comportamento da sociedade, quando isto for necessário para a concretização e proteção de objetivos constitucionais.

[128] Esse *approach*, que se baseia numa concepção de *homo economicus*, agente plenamente racional não-observável na realidade empiricamente verificada, tem sido progressivamente complementado pelos aportes da economia comportamental, a qual, por sua vez, ressalta que os comportamentos humanos não necessariamente se adequam à lógica de racionalidade plena associada à *rational choice theory*, sendo por vezes influenciados por falhas cognitivas sistemáticas (heurísticas, consistentes em atalhos mentais) que podem gerar super ou subavaliação de riscos. (SUNSTEIN, Cass R. The Storrs Lectures: Behavioral Economics and Paternalism (November 29, 2012). *Yale Law Journal*. Disponível em: http://ssrn.com/abstract=2182619. Acesso em: 20 set. 2016).

[129] Igualmente Antonio Carlos Vasconcelos Nóbrega assinala a imprescindibilidade de alguma carga de reducionismo, ante à complexidade da realidade, de modo que o foco do estudo deve se manter nos fatores mais decisivos para a tomada de decisões dos agentes (NÓBREGA, Antonio Carlos Vasconcelos. A Nova Lei de Responsabilização de Pessoas Jurídicas como Estrutura de Incentivos aos Agentes. *EALR*, v. 5, n. 1, p. 62-76, Jan-Jun, 2014).

[130] BORGES, Jorge Luis. *Del Rigor en la Ciencia*. Disponível em: http://www.mi.sanu.ac.rs/~kosta/O%20strogosti%20u%20nauci.pdf.

Um dos pontos que têm sido abordados através da lente da *Law and Economics*, e que interessa especialmente ao estudo ora empreendido, é o impacto das sanções no comportamento delitivo. O foco desse diagnóstico consiste em conferir com qual intensidade a gravidade da pena teoricamente cominada e a probabilidade de sua aplicação influenciam as escolhas dos agentes que infringem normas jurídicas.

Gary S. Becker, um dos precursores da análise econômica dos componentes dissuasórios da norma sancionadora, cita exemplo anedótico segundo o qual, ao estacionar o carro em local proibido, teria sopesado a probabilidade de ser multado e o custo de buscar um estacionamento regular, antes de decidir correr o risco de ser penalizado.[131] A partir de tal experiência, formulou uma teoria de acordo com a qual os infratores realizariam, também nessa seara, uma espécie de julgamento sobre a relação custo-benefício da conduta delituosa. Haveria, dessa forma, uma correlação econômica entre a *probabilidade* e *intensidade* da punição e a decisão do agente por incorrer no comportamento delitivo.

Na teoria desenvolvida pelo autor, o ofensor da ordem jurídica em potencial teria em seu caminho duas possibilidades: seguir a norma ou violá-la. Sua escolha seria determinada, preponderantemente, pela verificação sobre se os ganhos potenciais advindos de uma atividade ilícita superariam a sanção esperada. A sanção esperada seria avaliada, por sua vez, a partir da percepção do agente quanto à probabilidade da efetiva imposição da penalidade, multiplicada pela severidade dessa pena esperada.[132] Em termos gerais, isso significa que o agente alterará seu comportamento em resposta ao um incremento ou diminuição da probabilidade de apenação ou na gravidade da sanção.

Tratando do tema a partir da ótica da sanção imposta aos membros da Administração Pública, mas em lição transponível também para as consequências da penalidade no comportamento do agente privado, afirmam Susan Rose-Ackerman e Tina Soreide:[133]

> Embora alguns autores alertem contra o uso de sanções com o propósito de influenciar os demais membros da sociedade, a dissuasão dos outros é central para a análise econômica do crime. Os pressupostos da racionalidade econômica postulam que um funcionário público venderá decisões em troca de subornos se os seus benefícios esperados

---

[131] BECKER, Gary. The economic way of looking at life. *Nobel Prize Lecture*, 1992.
[132] BECKER, Gary S., *Crime and Punishment:* An Economic Approach, 76 J. Pol. Econ. 169 (1968).
[133] SOREIDE, Tina; ROSE-ACKERMAN, Susan. Corruption in State Administration (August 3, 2015). *Yale Law & Economics Research Paper* n. 529. Disponível em: http://ssrn.com/abstract=2639141. Acesso em 21 set. 2016.

excederem os custos estimados, incluindo os riscos de detecção, os custos reputacionais e obstáculos morais para o cometimento do crime. Desde que a análise dos *trade-offs* realizada pelo indivíduo inclua o risco da sanção, um governo consegue influenciar a escolha por meio dos níveis esperados de punição – ou seja, tanto a chance de ser detectado e apenado, quanto o grau de penalização no caso de condenação (tradução livre).

A ideia não é a de exacerbarem-se as punições a um nível tão exponencialmente alto a ponto de todo e qualquer agente em potencial passe a temer sua aplicação. Tal solução seria mesmo incompatível com os princípios constitucionais de qualquer Estado de Direito. A imposição de tamanho gravame ao cidadão seria inconciliável com o princípio da proporcionalidade, por institucionalizar um revanchismo conflitante com o respeito e consideração que deve pautar a relação entre Poder Público e administrado. Serviria, pois, para deslegitimar o exercício do poder punitivo estatal perante a sociedade.[134]

A sanção deve ser estritamente suficiente para coibir o comportamento e, quando necessário, reparar o dano causado pelo ato ilícito.[135] O Estado, contudo, deve estar ciente dos incentivos que cria em suas políticas públicas para coibir ou fomentar comportamentos, sob pena de estipular mandamentos sem qualquer utilidade ou aplicabilidade práticas.

A outra face da moeda, ainda sob o prisma da análise de Becker, está em considerar, para além do comportamento ilícito em si e de sua possível reprovabilidade intrínseca, os danos sociais externos causados pela violação praticada e os custos da própria persecução do agente que delinquiu. Em outras palavras, não é racional que o Estado busque a todo custo perseguir e punir agentes privados para que estes não voltem a praticar ilícitos e reparem os danos eventualmente causados – aparelhar e treinar eficientemente os órgãos de fiscalização, controle e repressão também traz consigo custos significativos. Qualquer investimento estatal corresponde à ausência de alocação desses mesmos recursos em alguma outra esfera de atuação administrativa tão ou mais relevante quanto aquela que obteve o capital público.

---

[134] SOREIDE, Tina; ROSE-ACKERMAN, Susan. Corruption in State Administration (August 3, 2015). *Yale Law & Economics Research Paper* n. 529. Disponível em: http://ssrn.com/abstract=2639141. Acesso em 21 set. 2016, p. 14.

[135] Para uma análise econômica sobre o valor ótimo das sanções no direito concorrencial, veja-se WILS, Wouter P. J. Optimal Antitrust Fines: Theory and Practice. *World Competition*, v. 29, n. 2, June 2006. Disponível em: https://ssrn.com/abstract=883102.

Faz sentido, por essa lógica econômica, que os esforços repressivos se concentrem mais intensamente naqueles delitos que causam maiores danos sociais, bem como que a Administração Pública busque mecanismos que permitam uma maior eficiência de sua atividade sancionadora, sem que isso signifique necessariamente um incremento dos gastos públicos – considerando-se a escassez e perene insuficiência que caracterizam os recursos estatais. Isso tudo, evidentemente, sem descuidar da tutela dos direitos fundamentais tanto dos acusados quanto das vítimas dos ilícitos.

Os acordos de leniência guardam direta relação com essa perspectiva econômica da sanção administrativa em pelo menos três vertentes: *(i)* em função do tipo de ilícito que se prestam a combater; *(ii)* do ponto de vista dos agentes que os cometem; *(iii)* e em razão de seus resultados últimos, relativos à obtenção de informação pelo Estado, e, consequentemente, obtenção de meios probatórios para a realização da atividade sancionadora a menores custos.

Sob a primeira perspectiva citada acima, qual seja, *(i)* o *tipo* de ilícito a ser combatido, tem-se que o foco dessa modalidade de acordo é a desestabilização de crimes e ilícitos administrativos com alguns atributos específicos, em especial considerando sua natureza associativa, que os torna terreno fértil para a aplicação das considerações econômicas ora tecidas.

Sob a segunda perspectiva, *(ii)* os agentes ofensores, tem-se que o caráter eminentemente econômico desses atos delitivos torna a aplicabilidade da *rational choice theory* mais adequada do que seria, por exemplo, em relação à hipótese um homicídio passional. É razoável supor que esses agentes autores de atividades violadoras da ordem jurídica (notadamente, de condutas anticoncorrenciais ou lesivas à Administração Pública), que, em geral, atuam mediante a utilização de pessoas jurídicas no mercado, respondem de forma mais racional aos estímulos advindos da economia, da política e, para o que interessa no momento, do direito.[136]

---

[136] "(...) os infratores aqui não podem ser comparados ao criminoso que segue sua jornada delitiva desacompanhado e vulnerável aos percalços que a marginalidade impõe. O praticante, por definição, é pessoa, física ou jurídica, dotada de condições materiais e intelectuais de compreender plenamente o caráter ilícito dos seus atos, e, portanto, se prepara para agir de forma a esconder, camuflar ou apagar elementos que podem permitir a identificação de sua conduta". (RUFINO, Victor Santos. *Os fundamentos da delação*: análise do programa de leniência do CADE à luz da teoria dos jogos. 2016. 101 f., il. Dissertação (Mestrado em Direito) – Universidade de Brasília, Brasília, 2016, p. 13)

Ilustrativamente, na atuação de um cartel, as sociedades apenas nele permanecerão enquanto as perspectivas de lucro fornecidas pela prática de atos antijurídicos superarem as probabilidades de imposição de penalidades pelas autoridades estatais – e, ainda, enquanto a lesividade dessas penalidades, quando aplicadas, não superar os lucros já obtidos em razão da prática indevida.[137]

Finalmente, sob a terceira vertente citada, *(iii)* os *resultados* dos acordos, dá-se ao Estado, nessas condições, para assegurar a efetividade das vedações a esses comportamentos, a possibilidade de, ao incentivar a cooperação de um agente infrator para obter informações sobre as condutas delitivas dos demais envolvidos em uma mesma associação criminosa, obter provas suficientes para impor sanções sobre os autores não colaboradores.

Se, como supõe Becker, o poder dissuasório da sanção[138] apenas opera seus efeitos em um contexto no qual há, efetivamente, chances concretas de apenação do particular pelo ato ilícito cometido – ou seja, não basta a mera existência abstrata de penalidades que jamais encontram concretização – um dilema que se impõe é o seguinte: para que a sanção surta efeitos de prevenção geral, é necessário que não impere a impunidade em relação àquele delito, para que os agentes observem a aplicação palpável da pena e possam, assim, calcular as chances de serem eles mesmos a ela submetidos. Todavia, em se tratando de determinados tipos de infração, como dito, certas características do

---

[137] Questões atinentes à mútua confiança dos agentes envolvidos no ilícito associativo e à reciprocidade decorrente das suas relações, não necessariamente contempladas no modelo descrito acima, podem ser verificadas nos estudos teóricos de Leslie e empíricos de Lambsdorff (ver, respectivamente, LESLIE, Christopher R. Trust, Distrust, and Antitrust. *Texas Law Review*, v. 82, n. 3, February 2004. Disponível em: https://ssrn.com/abstract=703202. Acesso em: 20 maio 2017; LESLIE, Christopher R., Antitrust Amnesty, Game Theory, and Cartel Stability. *Journal of Corporation Law*, v. 31, p. 453-488, 2006. Disponível em: https://ssrn.com/abstract=924376. Acesso em: 20 maio 2017; e LAMBSDORFF, Johann Graf. Behavioral and Experimental Economics as a Guidance to Anticorruption. In: *D. Serra; L. Wantchekon (eds.) New Advances in Experimental Research on Corruption, Research in Experimental Economics*. v 15, Emerald Group Publishing: 279–299, Disponível em: http://www.icgg.org/literature/Lambsdorff_2012_Behavioral_Economics_Inspires_Anticorruption.pdf. Acesso em: 10 out. 2016).

[138] Não há espaço, neste trabalho, para realizar considerações sobre as finalidades das penalidades (administrativas ou penais) impostas pelo Estado, assunto que divide sobremodo a literatura. Veja-se, para uma discussão sobre essa questão, MEDEIROS, Alice Bernardo Voronoff de. *Por um discurso de justificação e aplicação para o direito administrativo sancionador no Brasil*. Tese (Doutorado em Direito Público) – Universidade do Estado do Rio de Janeiro, Faculdade de Direito. 2017.

ilícito tornam a apenação sobremodo custosa ou mesmo sequer possível ao Poder Público.[139] Dessa forma, assegurar-se-ia, por meio da celebração do acordo de leniência, a ausência de impunidade (ao menos para alguns dos envolvidos no delito). Os agentes privados, antes indiferentes às penalidades (na medida em que não estas eram de fato impostas), passariam a temê-las e, consequentemente, a evitar o comportamento ilegal.[140] Ao Poder Público, assim, permitir-se-ia otimizar os gastos e investimentos em políticas de prevenção e repressão desses delitos, obtendo resultados mais efetivos, inclusive de prevenção geral, do que aqueles decorrentes apenas de auditorias, fiscalizações e ações programadas.[141]

Um dos estudos teóricos pioneiros acerca desse tema foi realizado por Motta e Polo,[142] que concluíram, quanto aos efeitos dos programas de leniência, que estes oferecem um modelo no qual os incrementos relativos à quantidade e celeridade das investigações e aplicações

---

[139] De acordo com Spagnolo e Marvão, em tradução livre, "a *law and economics* básica explica que, assim como outras formas de aplicação da lei, o *enforcement* de leis antitruste aumenta o bem-estar social se o ganho social obtido pela identificação e dissuasão de cartéis é maior que a perda decorrente de atividades custosas de administração, persecução, litigância (e.g. Posner 1976, Cooter e Ulen 1988) e de possíveis distorções econômicas diretamente causadas por políticas mal projetadas (como multas com base no volume de negócios das empresas, ver Bageri, Katsoulacos e Spagnolo 2013)". (SPAGNOLO, Giancarlo; MARVÃO, Catarina Moura Pinto. Cartels and Leniency: Taking Stock of What We Learnt (September 9, 2016). SITE *Working Paper Series*, 39/2016. Disponível em: https://ssrn.com/abstract=2850498. Acesso em: 20 maio 2017).

[140] Tratando da necessidade de que a legislação antitruste em geral gere efeitos dissuasórios da conduta ilícita, Bruce Owen afirma que "[e]m última análise, agentes individuais formam expectativas sobre as probabilidades de vários estados futuros do mundo, dependentes de suas próprias ações, e esses 'cálculos' implícitos determinam o comportamento, com as preferências dos agentes. Uma vez que apenas uma pequena fração de todos os agentes se torna réus, a maioria dos efeitos do sistema legal são indiretos, através de informações que fluem e influenciam o comportamento de não acusados" (tradução livre. OWEN, Bruce M.. Competition Policy in Emerging Economies. *Stanford Institute for Economic Policy Research Discussion Paper*, n. 04-10, 2005, p. 9)

[141] Para além da mera agregação de informações para a realização da persecução punitiva, relembre-se, o acordo de leniência oferece uma faceta mais rara dentre os instrumentos consensuais: ele é capaz (ao menos teoricamente) de diminuir inclusive a própria incidência do ilícito ao qual se direciona. O elemento de desconfiança produzido pela possibilidade e incentivo à delação dificulta a própria formação de cartel e outras associações afins, ao mesmo tempo que a maior percepção de insegurança nessas relações pode torná-las insustentáveis a longo prazo. Sobre os efeitos dos acordos, e uma revisão dos estudos econômicos e econométricos sobre o tema, ver SPAGNOLO, Giancarlo. Leniency and Whistleblowers in Antitrust (August 2006)0. *CEPR Discussion Paper* n. 5794. Disponível em: https://ssrn.com/abstract=936400. Acesso em: 12 jun. 2017.

[142] MOTTA, Massimo; POLO, Michele. Leniency Programs and Cartel Prosecution. *International Journal of Industrial Organization*, 21(3), 2003, p. 347-379.

de penalidades seriam superiores aos potenciais malefícios gerados pela mitigação das sanções aplicadas. Nesse contexto, compensaria às autoridades antitruste, que detêm recursos orçamentários e de pessoal finitos, a instituição dessa modalidade de negociação, numa consideração a respeito de seu custo-benefício.[143] Os níveis das penalidades impostas (*i.e.* seu *quantum*) não seriam diminuídos em consequência do fato de que alguns dos ofensores recebem isenção.[144]

Para Thiago Marrara, a seu turno, os programas de leniência chegariam a ser imprescindíveis para mitigar as dificuldades funcionais das agências antitruste, já que "[n]em no melhor cenário, as autoridades concorrenciais seriam capazes de acompanhar os mais diferentes segmentos de mercado e práticas que se desenvolvem desde o nível microscópico (local) até o internacional".[145]

2.1.1 O dilema do prisioneiro como norte para o desenho dos programas de leniência

Ainda quanto à racionalidade econômica desses institutos, a literatura especializada é pacífica em apontar para a ideia de que o objetivo subjacente aos acordos de leniência é o criar, para os agentes que delinquem em conluio, as condições mais próximas possíveis de um "dilema do prisioneiro".[146]

O "dilema do prisioneiro" é uma das mais conhecidas ilustrações decorrentes da chamada teoria dos jogos, vertente econômica a qual visa a estudar os processos de tomada de decisão por agentes racionais em situações estratégicas (jogos, circunstâncias em que o indivíduo deve agir tendo em consideração a possível escolha de um segundo agente,

---

[143] Spagnolo e Marvão, todavia, atentam, quanto ao estudo citado, para o fato de que o modelo considerado por Motta e Polo não considera a possibilidade de que as pessoas jurídicas agraciadas com as isenções de sanções em razão da sua cooperação com o Poder Público podem, mesmo assim, ser responsabilizadas em outras jurisdições ou ser condenada a realizar reparações cíveis, o que alteraria os incentivos considerados pelo modelo teórico apresentado pelos autores (SPAGNOLO, Giancarlo; MARVÃO, Catarina Moura Pinto. Cartels and Leniency: Taking Stock of What We Learnt (September 9, 2016). SITE *Working Paper Series*, 39/2016. Disponível em: https://ssrn.com/abstract=2850498. Acesso em: 20 maio 2017).
[144] SPAGNOLO, Giancarlo; MARVÃO, Catarina Moura Pinto. Pros and cons of leniency, damages and screens. 2015. 1. Competition Law & Policy. *Debate 47*.
[145] MARRARA, Thiago. *Sistema brasileiro de defesa da concorrência*: organização, processos e acordos administrativos. São Paulo: Atlas, 2015, p. 337.
[146] SPAGNOLO, Giancarlo. Divide et Impera: Optimal Leniency Programs (December 2004). *CEPR Discussion Paper* n. 4840. Disponível em: https://ssrn.com/abstract=716103. Acesso em: 05 jul. 2016.

e vice-versa). Trata-se de teoria econômica que poderia analisar, por exemplo, o possível leque de opções que se abriria para um jogador de xadrez, tendo em vista sua necessidade de antever o movimento que seu desafiante fará.

No âmbito do dilema do prisioneiro, tal como ilustrado por Randal Picker,[147] consideram-se dois indivíduos, A e B, que são detidos por autoridades policiais em razão da prática de crimes graves, a respeito dos quais, todavia, o Estado não detém provas suficientes para a condenação. Os policiais separam cada um dos acusados, pondo-os cada qual em uma sala diferente, onde não mais podem se comunicar entre si, e, então, os informam acerca de sua situação: embora não haja provas para condenar qualquer um dos dois pelo crime mais lesivo, há provas para condená-los, ambos, por um delito de menor ofensividade. Nesse caso, cada um deles enfrentará dois anos de pena privativa de liberdade.

Caso, todavia, um dos indivíduos colabore com as autoridades e o outro não o faça, aquele que confessar e delatar seu comparsa ficará isento de qualquer sanção, enquanto o outro receberá a pena máxima (dez anos) pelo crime mais gravoso. Na hipótese, contudo, de ambos optarem por cooperar, serão os dois apenados pelo crime mais sério, porém receberão penas mais brandas (seis anos).

Nesse cenário, cada um dos infratores deve tomar sua decisão sem o prévio conhecimento acerca do que o outro pretende fazer, e, consequentemente, estão ambos cientes de que o seu parceiro poderá optar por traí-lo em benefício próprio. Os prisioneiros racionalmente[148] preferirão agir de forma a minimizar o tempo de pena restritiva de liberdade ao qual estará sujeito.

Desse modo, a melhor estratégia para qualquer um deles, em teoria, será sempre a de colaborar com os agentes policiais, tendo em vista que, independentemente do que o seu cúmplice fizer, esta escolha jamais culminará na imposição da pena máxima de dez anos: caso o prisioneiro A confesse, mas B não o faça, A estará isento de qualquer pena. Já na hipótese de A confessar e o prisioneiro B também tomar a mesma decisão, ambos A e B se sujeitarão ao prazo de seis anos de prisão. Na situação de A escolher o silêncio, e B, não, A será condenado pela totalidade da pena de dez anos.

---

[147] PICKER, Randal. *An Introduction to Game Theory and the Law*. 1993. *Passim*.
[148] São desconsiderados, para os fins desse jogo, os elementos de altruísmo ou de revanchismo que porventura pudessem macular a racionalidade dos agentes envolvidos na situação hipotética.

Em outras palavras, no dilema dos prisioneiros, delatar sempre corresponderá à melhor estratégia possível, sob a perspectiva estritamente racional de maximização do próprio bem-estar (*i.e.* minimização da própria pena). Na terminologia da teoria dos jogos, será a *estratégia dominante*, na medida em que garantirá o melhor resultado possível de forma independente da escolha tomada pelo outro jogador.

Embora o dilema dos prisioneiros não corresponda exatamente às nuances do que se passa concretamente numa investigação de conluios em que a celebração de um acordo de leniência se apresente como uma opção viável, o modelo acima serve a ilustrar as possibilidades concretas de que o Direito, munido do instrumental teórico da economia, logre otimizar seus resultados desejados (ou, ao menos, prever as escolhas mais prováveis dos agentes, face aos inventivos com que se deparam). Como resume Zingales,

> dado o valor intrínseco dos programas de leniência como uma ferramenta para construir o dilema do prisioneiro, seus formuladores são instados a levar em consideração adequadamente o impacto psicológico de suas escolhas no comportamento de um cartel.[149]

Christopher Leslie, cuidando dos acordos de leniência negociados pela Divisão Antitruste do Departamento de Justiça norte-americano, busca delinear uma teoria do dilema dos prisioneiros que comporte a realidade própria dos cartéis.[150] O autor indica, como semelhanças entre o modelo teórico e os casos de atividades anticoncorrenciais, o fato de as autoridades estatais oferecerem, em troca de uma confissão, tratamento mais brando para o agente infrator, bem como o fato de todo e qualquer agente delinquente, em tese, receber essa mesma proposta (já que se trata de norma prévia e abstrata, à disposição e aplicável a todos os infratores).

Todavia, há uma diferença significativa entre o jogo descrito acima e a realidade dos acordos de leniência, concernente à ausência de um poder de influência estatal análogo àquele do dilema dos prisioneiros clássico. Diversamente do que é suposto na ilustração do modelo

---

[149] ZINGALES, Nicolo, European and American Leniency Programmes: Two Models Towards Convergence? (2008). *Competition Law Review*, v. 5, n. 1, 2008. Disponível em: https://ssrn.com/abstract=1101803.

[150] LESLIE, Christopher R., Antitrust Amnesty, Game Theory, and Cartel Stability. *Journal of Corporation Law*, v. 31, p. 453-488, 2006. Disponível em: https://ssrn.com/abstract=924376. Acesso em: 14 jun. 2017. No mesmo sentido também ZINGALES, Nicolo, European and American Leniency Programmes: Two Models Towards Convergence? (2008). *Competition Law Review*, v. 5, n. 1, 2008. Disponível em: https://ssrn.com/abstract=1101803.

econômico, em que a autoridade policial detém meios de comprovar a existência de um delito de menor potencial ofensivo (de modo que o agente seria apenado de qualquer forma quanto a este ilícito mais brando), a realidade fática dos cartéis (ou da corrupção) em regra pressupõe que o Poder Público não possui prova cabal da prática de infrações, seja referente àquela violadora do direito da concorrência (ou do patrimônio público), ou qualquer outra.[151]

Se, no dilema do prisioneiro, o silêncio não é uma opção vantajosa, no mundo real ele pode sê-lo. Essa discrepância entre a realidade e a teoria faz com que a estratégia dominante na realidade possa não ser a de confessar, na medida em que não cooperar com as autoridades poderia significar a total impunidade, caso os agentes estatais não obtenham informação sobre a infração por quaisquer outros meios.

No dilema dos prisioneiros, como acima exposto, a situação não é de perpetuidade do ilícito e de seus efeitos na esfera jurídica do infrator (ou seja, ele não ganha mais caso permaneça silente).

Já no caso de cartéis (mas também aplicável a outras formas associativas de delito, como certas modalidades de corrupção), a continuidade da atividade delitiva representará a perpetuação da maior lucratividade trazida pela prática desse ilícito.[152] [153] Inversamente, a exposição do ilícito significará o fim desses lucros extraordinários e, possivelmente, a exposição da pessoa jurídica a ações cíveis para o ressarcimento de danos de terceiros lesados (ainda que haja a isenção das penas administrativas e penais porventura incidentes) ou até mesmo para a aplicação de outras sanções decorrentes de condutas

---

[151] Igualmente, ZINGALES, Nicolo. European and American Leniency Programmes: Two Models Towards Convergence? (2008). *Competition Law Review*, v. 5, n. 1, 2008. Disponível em: https://ssrn.com/abstract=1101803, p. 11.

[152] "Uma vez que o cartel é estabelecido e está operando, ele pode gerar bilhões de dólares com a cobrança ilegal de sobrepreços a clientes. Se uma empresa informar as autoridades sobre o cartel, os lucros exorbitantes cessariam. Esse é um incentivo poderoso para cooperar com os parceiros no cartel e não confessar às autoridades governamentais. Sabendo que a cartelização bem-sucedida beneficia a todos os conspiradores, uma empresa pode estar disposta a se colocar em uma posição vulnerável – confiando que seus rivais não confessarão – para garantir os lucros do cartel. Ao longo do tempo, essa vulnerabilidade mútua pode evoluir para uma profunda confiança entre os coconspiradores, que os impedem de confessar" (tradução livre) (LESLIE, Christopher R. Antitrust Amnesty, Game Theory, and Cartel Stability. *Journal of Corporation Law*, v. 31, p. 453-488, 2006, p. 12. Disponível em: https://ssrn.com/abstract=924376. Acesso em: 14 jun. 2017).

[153] Para uma exposição da literatura que versa sobre os incentivos envolvidos na formação e manutenção dos cartéis, veja-se PINHA, Lucas Campio. Qual a contribuição da Teoria dos Jogos para os programas de leniência? Uma análise aplicada ao contexto brasileiro. *Revista de Defesa da Concorrência*, v. 6, n. 1, p. 156-172, 2018.

não abarcadas pelo acordo (ilícitos submetidos a outras jurisdições, por exemplo). Outras complexidades da vida real a serem consideradas no desenho de um programa de leniência eficiente são a possibilidade de que os agentes em conluio acordem entre si a não cooperação com as autoridades (já que, diferentemente do modelo, os agentes estão livres para se comunicar e estabelecer uma estratégia conjunta) e a possibilidade de que um dos agentes exerça ameaças ou violência para calar os demais.[154]

A forma com que as autoridades antitruste vêm lidando com essas questões, ainda segundo Leslie, em regra, consiste no incremento das vantagens oferecidas aos agentes que cooperam com o Poder Público e na criação de algumas condições fáticas e normativas que reaproximem os acordos de leniência dos modelos clássicos de dilema dos prisioneiros.

Uma dessas estratégias consiste em estipular um marco temporal para a cooperação. Enquanto o jogo teórico do dilema dos prisioneiros é estático (cada jogador tem apenas uma escolha binária: confessar ou não), mas não apresenta quaisquer limites temporais, na vida real os participantes do conluio podem, em princípio, optar por esperar para tomar a sua decisão, apenas agindo para colaborar com as autoridades no último momento possível, e apenas caso suspeitem da concreta possibilidade de um de seus comparsas fazê-lo antes.

A introdução de uma limitação de tempo, pela qual a única confissão útil (ou aquela muito mais vantajosa)[155] será a primeira,[156] encerra no programa de leniência um aspecto de "corrida para a delação" que potencialmente tornaria a confissão, novamente, a estratégia dominante. Entretanto, para tal, o possível colaborador deverá acreditar na efetiva existência de uma corrida – é dizer, deverá supor razoavelmente que alguma das demais pessoas físicas ou jurídicas

---

[154] Essa preocupação é apontada por Motchenkova *et al.*, quando afirmam que "usando a hipótese realista de assimetria da indústria, o atual design de programas de leniência não impede que as grandes empresas usem uma ameaça de punição como meio de coerção, o que efetivamente não permite que firmas menores apelem à leniência. Quando a autoridade antitruste é incapaz de proteger com credibilidade os requerentes de leniência de retaliação por parte de cartéis condenados, o programa é abusado por cartéis. Na verdade, serve para fortalecer a confiança entre seus membros. O programa pode ter um efeito adverso no sentido de facilitar a estabilidade do cartel". (MOTCHENKOVA, Evgenia et al. Adverse effects of corporate leniency programs in view of industry asymmetry. *Journal of Applied Economic Sciences*, v. 5, n. 2, p. 12, 2010).

[155] Leslie, Christopher R. Trust, Distrust, and Antitrust. *Texas Law Review*, v. 82, n. 3, February 2004, p. 15. Disponível em: https://ssrn.com/abstract=703202. Acesso em: 20 jun. 2016.

[156] A concessão de benefícios aos colaboradores subsequentes à primeira delação não é matéria uniformizada na experiência comparada e na literatura econômica.

envolvidas no cartel irá confessar ou que alguma investigação autônoma das autoridades antitruste chegará a ter conhecimento da existência do cartel. Desse modo, para Leslie, algumas das possibilidades para que os membros de uma organização criminosa sejam levados a buscar a leniência são: *(i)* a suspeita de existência de investigações autônomas que possam vir a indicar a existência do ilícito; *(ii)* a necessidade de a sociedade ou o indivíduo confessar a participação em um cartel como condição para que se beneficie de isenções em relação a alguma outra violação (leniência *plus*); *(iii)* o receio de que algum dos conspiradores pretenda se desvencilhar da atividade ilícita e, para tal, cooperar com as autoridades (por motivos ético-morais, mercadológicos, ou até mesmo em razão de alteração na estrutura societária); *(iv)* a interpretação errônea do comportamento de algum dos outros membros do cartel, que faça parecer que ele está prestes a delatar a organização.[157]

O elemento central, portanto, para fazer frente às ineficiências ou inadequações do modelo matemático à realidade dos cartéis, ainda na leitura do autor, consiste na criação de um ambiente de discórdia e mútua desconfiança entre os agentes em conluio, o qual poderia ser fomentado de duas maneiras.

Numa ponta, oferecer-se-iam incentivos para que os envolvidos se desviem da organização ilícita – "indivíduos em um jogo de coordenação ou em um dilema do prisioneiro estarão menos propensos a confiar uns nos outros quando os benefícios de se desviarem (confessando) são relativamente altos" (tradução livre).[158] Em outros termos, à medida que se torna mais racional para o agente a opção de colaborar com as autoridades, menos razoável será confiar naquele agente para manter segredos relacionados às práticas de infrações. Como, numa situação de acordo de leniência, todos têm oferecidos os mesmos e significativos benefícios para delatarem-se mutuamente, cria-se um ciclo de desconfiança que se retroalimenta.

Noutra ponta, deve-se incrementar os custos resultantes de uma possível traição de seus companheiros: o agente deve ser incentivado a trair, também, por temer os riscos trazidos por ser, eventualmente,

---

[157] LESLIE, Christopher R. Antitrust Amnesty, Game Theory, and Cartel Stability. *Journal of Corporation Law*, v. 31, 453-488, 2006. Disponível em: https://ssrn.com/abstract=924376. Acesso em: 20 maio 2017.

[158] LESLIE, Christopher R. Antitrust Amnesty, Game Theory, and Cartel Stability. *Journal of Corporation Law*, v. 31, p. 453-488, 2006. Disponível em: https://ssrn.com/abstract=924376. Acesso em: 20 maio 2017.

delatado. Considerando-se que há um elemento intrínseco de confiança nas relações decorrentes da prática de ilícitos associativos, seja essa confiança sólida ou fugaz, e tendo em vista que essa confiança pressupõe que os agentes mostrem-se vulneráveis uns aos outros,[159] parte integrante da criação de um ambiente de desconfiança que tornasse o ato de cooperar com as autoridades a estratégia dominante dos agentes estaria justamente em aumentar os riscos de se depositar confiança em um coconspirador que não a merece:

> Em um programa de leniência, confessar não é uma estratégia dominante porque cada uma das empresas estará em melhor situação se não confessar e se nenhum dos seus parceiros confessar. Uma maneira de garantir a confissão mesmo que esta não seja tecnicamente uma estratégia dominante é tornar o custo de errar a aposta quanto ao comportamento dos outros membros do cartel inaceitavelmente alto. Mesmo se a probabilidade de outra empresa confessar for muito baixa, caso a penalidade imposta ao agente por prever incorretamente que a outra empresa não confessará seja suficientemente alta, então uma empresa racional delatará primeiro simplesmente para evitar o alto custo de confessar em segundo ou último lugar. Isto é essencialmente uma forma de criar desconfiança aumentando o custo da traição.[160] (tradução livre)

Como resume Rufino, a relevância de conhecerem-se os aspectos envolvidos num jogo à semelhança de um dilema dos prisioneiros está em tornar visível "o quão tormentosa é a decisão para aqueles que, por qualquer razão, se encontrem em um jogo com características similares".[161]

De fato, e para além de meras elucubrações teóricas, não se pode perder de vista que os agentes envolvidos em um ilícito associativos, deparados com a possibilidade ou não de cooperarem com o Poder Público, são pessoas (e, em última análise, pessoas físicas, já que será

---

[159] Não se pode esquecer que, para funcionar, uma organização que pretende cometer ilícitos associativos necessariamente tornará cada um dos membros dessa associação "testemunhas" dos ilícitos uns dos outros, detentores de provas quanto à autoria e materialidade de cada uma dessas infrações.

[160] LESLIE, Christopher R. Antitrust Amnesty, Game Theory, and Cartel Stability. *Journal of Corporation Law*, v. 31, p. 453-488, 2006. Disponível em: https://ssrn.com/abstract=924376. Acesso em: 20 maio 2017.

[161] RUFINO, Victor Santos. *Os fundamentos da delação:* análise do programa de leniência do CADE à luz da teoria dos jogos. 2016. 101 f., il. Dissertação (Mestrado em Direito) — Universidade de Brasília, Brasília, 2016, p. 35.

por meio delas que mesmo as ficções jurídicas personalizadas realizarão eventual delação) sujeitas a temores e estímulos reais. Um acordo de leniência que não ofereça os devidos incentivos, na linha referenciada acima, corre riscos de não proporcionar benefícios concretos e poderá se tornar inefetivo, ou até mesmo servir apenas como outro fator de deslegitimação da atuação estatal.[162] Um programa de colaboração que não "pega" contribui para demonstrar a incapacidade das autoridades até mesmo de obter informações mediante prêmios ou benesses, deixando clara a ineficiência das instâncias investigativas, o prevalecimento da impunidade e, potencialmente, fortalecendo os laços de confiança existentes dentro da organização ilícita. Igualmente, um programa de leniência que confere benesses desmedidas aos particulares delinquentes, sem contrapartida para os objetivos buscados pelo Estado, pode agravar práticas colusivas, ao diminuir os custos decorrentes da descoberta dos ilícitos pelas autoridades fiscalizadoras.[163]

Na síntese de Giancarlo Spagnolo:

> Ao fazer um balanço do trabalho discutido anteriormente, pode-se concluir com segurança que um programa de leniência *bem desenhado e administrado* parece ser uma ferramenta importante e útil de antitruste, que sempre deve estar presente no conjunto de ferramentas de uma autoridade concorrencial, independente do seu orçamento. Por outro lado, como em qualquer esquema de incentivo, um programa de leniência mal concebido ou administrado pode ter efeitos contraproducentes graves (tradução livre, grifos no original).[164]

---

[162] "Primeiro, pode haver preocupações sobre a injustiça retributiva de um ofensor antitruste escapar punição. A principal resposta a esta preocupação é projetar e aplicar a leniência de forma a garantir que não seja concedida mais clemência do que estritamente necessário obter os efeitos de execução positivos, e enfatizar a condição de que qualquer beneficiário da leniência e, em particular, da imunidade, coopere com as autoridades. Isso parece estar refletido na jurisprudência de o Tribunal de Justiça da UE, que enfatizou que, para as empresas se beneficiarem no âmbito da Comunicação sobre a Cooperação da Comissão Europeia, a sua conduta deve revelar 'um espírito de cooperação genuíno'. Exigir a restituição às pessoas lesadas como condição para a leniência também pode ajudar a atenuar as preocupações com a justiça". WILS, Wouter P. J. The Use of Leniency in EU Cartel Enforcement: An Assessment after Twenty Years (June 10, 2016). *World Competition: Law and Economics Review*, v. 39, n. 3, 2016; *King's College London Law School Research Paper* n. 2016-29. Disponível em: : https://ssrn.com/abstract=2793717, p. 20.

[163] WILS, Wouter. *Leniency in Antitrust Enforcement*: Theory and Practice. 25th Conference on New Political Economy Frontiers of EC Antitrust Enforcement: The More Economic Approach. Saarbrücken, out. 2006, p. 32. Disponível em: : http://papers.ssrn.com/sol3/cf_dev/AbsByAuth.cfm?per_id=456087. Acesso em: 4 nov. 2017.

[164] SPAGNOLO, Giancarlo. Leniency and Whistleblowers in Antitrust (August 2006). *CEPR Discussion Paper* n. 5794. Disponível em: https://ssrn.com/abstract=936400. Acesso em: 12

2.2 Atratividade e segurança jurídica como requisitos centrais de um programa de leniência

Em decorrência do que se expôs, para que o sistema de incentivos desenhado pela norma seja efetivo (isto é, para que haja a *procura* dos agentes privados envolvidos no ilícito pela leniência), entende-se necessária a presença concomitante de pelo menos duas pré-condições gerais e entrelaçadas: *(i) atratividade* das vantagens oferecidas pelo acordo, com a redução considerável dos potenciais castigos sofridos pelo particular, de um lado, e a existência de *custos* significativos da não cooperação, decorrentes das sanções juridicamente cominadas, bem como dos possíveis abalos reputacionais suportados pelos agentes envolvidos, de outro; e *(ii) segurança* na celebração dos acordos, pois de nada adiantaria um instrumento teoricamente benéfico mas sem garantias de proteção jurídica concreta àquele que se autorreportou.

Com relação ao primeiro elemento, não pode a celebração do acordo, por óbvio, acarretar um incremento dos riscos ao particular para além daqueles preexistentes à sua cooperação, sob pena de subverter-se toda a lógica econômica dos programas de leniência.[165] Tampouco se pode idealizar um programa de leniência que não seja atrativo para o próprio Estado, que deve se beneficiar do manejo desse instrumento, seja prevenindo a formação de conluios, seja aumentando suas ferramentas de obtenção de informações e provas ao mesmo tempo que reduz seus custos operacionais para as investigações e punições.

Essa dita atratividade, contudo, não se confunde com a concessão de vantagens excessivas aos potenciais colaboradores – não é só a diminuição das penas que importa, pois ela deve se agregar à existência de sanções suficientes e passíveis de serem aplicadas concretamente. O programa deve ser vantajoso não porque sua celebração acarreta

---

jun. 2017. Igualmente, MOTCHENKOVA, Evguenia. *Effects of leniency programs on cartel stability*. Tilburg University, Department of Econometrics & OR and Center, 2004, p. 26.

[165] Não é outro o entendimento de Rafael Carvalho Rezende Oliveira: "[a] partir da perspectiva da Análise Econômica do Direito, as normas jurídicas são consideradas instrumentos de indução de comportamentos positivos e negativos dos atores econômicos. Nesse contexto, os acordos de leniência pretendem fomentar a colaboração dos envolvidos na investigação das infrações, garantindo maior efetividade na aplicação das sanções e na reparação dos danos, o que pode não ocorrer se o ordenamento não garantir segurança jurídica aos seus destinatários". (OLIVEIRA, Rafael Carvalho Rezende. *Acordos de leniência, assimetria normativa e insegurança jurídica*. Disponível em: http://www.direitodoestado.com.br/colunistas/rafael-carvalho-rezende-oliveira/acordos-de-leniencia-assimetria-normativa-e-inseguranca-juridica. Acesso em: 25 set. 2016.)

prêmios, mas porque a alternativa à cooperação seria a imposição de castigos gravosos pela Administração Pública.[166] É basilar, entretanto, que somente será vantajoso/atrativo aderir a um programa previsível, seguro e confiável.[167] O elemento de segurança necessário a esse instituto, por isso, é intimamente relacionado ao da atratividade, e depende tanto de características jurídico-normativas (*i.e.* positivação de normas),[168] quanto institucionais.[169]

---

[166] Para alguns economistas, contudo, a inclusão de recompensas, aliadas à leniência, para aquele que delata, seria interessante para aumentar a atratividade dos programas. Veja-se, por exemplo, SPAGNOLO, Giancarlo. Optimal Leniency Programs (May 13, 2000). *FEEM. Working Paper* n. 42.2000. Disponível em: : https://ssrn.com/abstract=23509. Todavia, trata-se de conclusão controvertida, e que pode esbarrar em sérios problemas de legitimação social do instituto.

[167] Foi dito que, na experiência norte-americana, houve uma tentativa consciente e progressiva de desenvolvimento da confiança dos particulares no órgão responsável pela aplicação do programa, tanto através da positivação apriorística do instituto, quanto através da adoção de um comportamento previsível dos agentes que o aplicam (como a publicização dos modelos de acordos e dos manuais manejados pela Divisão Antitruste daquele país). No Brasil, como será visto no Capítulo 5, parte dessas lições foi implementada pelo CADE, que passou a gozar de significativa confiabilidade quanto à celebração desses acordos. Todavia, ainda há um longo caminho para a completa criação de um ambiente de segurança (jurídico e fático) que permita dizer que, nacionalmente, os acordos de leniência se impõem como uma opção racional aos agentes praticantes de ilícitos em conluio.

[168] Sob o prisma ao qual aqui se refere como da segurança normativa, assim entendido como o conjunto de diplomas que tratam dos acordos de leniência num dado ordenamento, e que positivam os benefícios concedidos pela sua celebração (e as garantias de seu fiel cumprimento), pode-se citar o caso brasileiro das dificuldades vislumbradas no uso da via das medidas provisórias como forma de implementação ou alteração da normativa dos acordos de leniência, como tem sido a praxe do Poder Executivo brasileiro. Foram feitas modificações substanciais no programa de leniência da Lei nº 12.8469/2013 por meio da MPv nº 703/2015, que acabou por não ser convertida em lei. Posteriormente, pretendeu-se inserir o instituto nos processos administrativos sancionadores de competência do Banco Central e da Comissão de Valores Mobiliários, por meio da MPv nº 784/2017, a qual também caducou (em 19.10.2017), e reapareceu posteriormente no ordenamento jurídico como outra norma similar, a Lei nº 13.506/2017. A falta de certeza quanto à própria norma que positiva o programa de leniência, e sua permanência no ordenamento jurídico, gera incentivos para que os agentes não apostem na celebração desses acordos, considerando sempre a chance de que as medidas provisórias sejam alvo de alteração ou percam sua eficácia.

[169] A perspectiva institucional da garantia de segurança jurídica corresponderia à existência concreta de condições para a execução dos acordos nos termos em que negociados. Um exemplo de vulneração dessa dimensão da segurança seria a existência de conflitos de competências entre diversos entes da Administração Pública para a aplicação de sanções, os quais tornassem difícil ao particular antever em qual medida haveria a isenção de penalidades pela adesão ao programa de leniência. Nesse ponto, destacam-se as dificuldades, objeto do Capítulo 6, decorrentes da multiplicidade de agentes, órgãos e entes estatais simultaneamente responsáveis pela repressão a ilícitos concorrenciais (em que sobressaem o Parquet e o CADE) ou lesivos à Administração Pública (cujos possíveis atores são novamente, o Parquet, juntamente com os órgãos de controle interno e externo de âmbito federal, estadual e municipal). Outra possível faceta dessa insegurança seria um alto grau de judicialização dos acordos celebrados, questionando seu alcance ou mesmo validade e

É importante reiterar, à luz do que ora se afirma, que o mero transplante normativo de um programa de leniência, ainda que baseado na experiência comparada bem-sucedida e copiando o modelo paradigmático norte-americano, jamais será suficiente para assegurar a utilidade e eficiência desse tipo de instituto. De nada adianta estabelecer um programa de leniência quando não há, pelo histórico e prática da autoridade responsável pela sua implementação, qualquer vislumbre de que se poderia chegar a desvendar as práticas ilícitas sem o auxílio das pessoas físicas ou jurídicas envolvidas. Autores de delitos apenas se auto delatarão caso essa seja a melhor estratégia – se a impunidade ou a imposição de penas irrisórias é a regra, não haverá motivos racionais para cooperar com as autoridades.

À luz de tais considerações gerais, é possível distinguir de maneira mais específica alguns objetivos e características a serem almejados na elaboração de uma política de leniência, e que podem servir de norte para o desenho de tais programas.[170] Sempre que útil para aclarar cada um dos elementos abaixo, serão trazidos exemplos do direito comparado ou mesmo do direito nacional, sem prejuízo da exposição mais detida dos acordos de leniência positivados no ordenamento jurídico brasileira realizada no Capítulo 5.

2.2.1 Quanto à segurança jurídica e institucional dos acordos de leniência

2.2.1.1 Previsibilidade do programa: sua natureza *ex ante* e abstrata

Uma das mais relevantes características dos programas de leniência é o fato de eles serem, idealmente, estipulados aprioristicamente[171] de maneira geral e abstrata. Em outros termos, diferentemente das demais hipóteses de negociação entre acusação e defesa existentes no âmbito da legislação comparada ou mesmo brasileira (como no caso de Termos de Ajustamento de Conduta), em que não necessariamente

---

eficácia, bem como a o eventual descumprimento desses termos pelas próprias autoridades celebrantes.

[170] Semelhantemente, Rufino elenca os elementos centrais da leniência, subdividindo-os nas categorias de (i) previsibilidade; (ii) sigilo; (iii) corrida pela delação; e (iv) documentação. Ver RUFINO, Victor Santos. *Os fundamentos da delação:* análise do programa de leniência do CADE à luz da teoria dos jogos. 2016. 101 f., il. Dissertação (Mestrado em Direito) — Universidade de Brasília, Brasília, 2016).

[171] SPAGNOLO, G. (2008). *Leniency and whistleblowers in antitrust*. Handbook of Antitrust Economics. MIT Press, 259-304.

existem requisitos claros que tornem a aplicação do benefício vinculada, os acordos de leniência gozam de regramento determinado: as "regras do jogo" devem estar postas, conhecidas, para todos os membros da associação de infratores, das autoridades e da sociedade em geral.[172]

Nas lições de Spagnolo,[173] um fator que torna os acordos de leniência especiais, comparativamente a outros institutos jurídicos bilaterais do direito sancionador, é que estes são, a um só tempo, *gerais* e *públicos*. São *gerais* na medida em que se aplicam a todos os indivíduos que estejam naquela dada situação e que se comportem de maneira específica, e são *públicos* no sentido de que a política de leniência é, preferencialmente, positivada e não discricionária. A publicidade, tal como defendida pelo autor, vai além da mera previsão legal do instituto, abarcando também a necessidade de que este seja conhecido pela comunidade jurídica e empresarial, o que incrementaria tanto a efetividade da leniência como elemento de obtenção de informações, quanto o seu alcance como elemento desestabilizador de infrações associativas.[174]

Esse elemento de previsibilidade, decorrente da sua estipulação normativa, é essencial para permitir aos potenciais delatores que realizem, antes de buscarem cooperar com as autoridades competentes, os devidos

---

[172] RODRIGUES, Diogo Alencar de Azevedo. *Os limites formais para a celebração do acordo de leniência (Lei 12.846/13) em face das garantias do particular*. Dissertação (Mestrado em Direito). Faculdade de Direito. Fundação Getúlio Vargas (FGV Direito Rio). Rio de Janeiro. 2016. p. 83.

[173] "Então, o que é novo sobre os programas de leniência em antitruste? Em nossa opinião, a característica que torna os problemas da leniência antitruste algo especial, além do novo campo de aplicação da lei a que estão direcionados, é que eles são 'gerais' e 'públicos'. Eles são 'gerais' no sentido de que eles se aplicam a qualquer pessoa que esteja em certa situação e se comporte de uma certa maneira. Eles são 'públicos', no sentido de que, mesmo nos EUA, onde a discricionariedade do órgão acusador sempre permitiu trocar a clemência por obtenção de provas, eles assumem a forma de políticas codificadas e divulgadas publicamente. A codificação é realmente instrumental tanto para a generalidade como para a publicidade, e ajuda a reduzir a incerteza e a discricionariedade, dois aspectos que desencorajam muito as auto-delações. A publicidade é crucial para os programas de leniência porque seus principais objetivos, na minha opinião, são: i) obter informações sobre (e de) cartéis que não estão sendo investigados e nem detectados de outras maneiras; ii) dissuadir (prevenir) a formação de cartéis, reduzindo a confiança entre os possíveis coconspiradores através do aumento das chances de que um deles possa delatar os demais". (tradução livre) (SPAGNOLO, Giancarlo. Leniency and Whistleblowers in Antitrust (August 2006). *CEPR Discussion Paper* n. 5794. Disponível em: https://ssrn.com/abstract=936400. Acesso em: 12 jun. 2017).

[174] "Esta é talvez uma das razões pelas quais os funcionários da DoJ estão (e deveriam estar) gastando tanto tempo nas reuniões com empresário e advogados para apresentar os resultados desses programas em termos de cartéis detectados" (tradução livre) (SPAGNOLO, Giancarlo. Leniency and Whistleblowers in Antitrust (August 2006)0. *CEPR Discussion Paper* n. 5794. Disponível em: https://ssrn.com/abstract=936400. Acesso em: 12 jun. 2017).

cálculos de custo-benefício, sabendo de antemão se preenchem os requisitos para obterem o tratamento mais benéfico do Poder Público.[175] Com efeito, parece haver precedente a confirmar que a definição do benefício de forma anterior à celebração dos acordos de leniência é um importante fator de incentivo à sua procura por membros de organizações delitivas. É justamente o que ocorreu no âmbito do programa de leniência instituído originalmente nos Estados Unidos, o qual, em sua primeira formulação (que perdurou entre os anos de 1978 e 1993), não logrou obter a atratividade que veio a possuir após a reforma ocorrida em 1993. Um dos principais motivos apontados pela literatura especializada no tema é a insegurança jurídica dos acordos tal como inicialmente delineados, que teria sido corrigida com as alterações subsequentes.[176]

A previsibilidade *ex ante* acerca das regras do jogo também tem afinidade com um necessário aspecto de isonomia relativo à aplicação desse tipo de acordo, evitando-se o uso enviesado de mitigações e isenções de penalidades para beneficiar certos agentes desviantes de forma indevida.[177]

A positivação dos programas de leniência, por isso mesmo, serve a garantir a sua universalidade, no sentido de que (*i*) todos sabem previamente quais os requisitos que devem alcançar para obter o

---

[175] ZINGALES, Nicolo. European and American Leniency Programmes: Two Models Towards Convergence? (2008). *Competition Law Review*, v. 5, n. 1, 2008. Disponível em: https://ssrn.com/abstract=1101803. p. 18-20.

[176] Na nova configuração, a Seção A do *Corporate Leniency Program* tornou a imunidade, quanto aos crimes contra a ordem econômica praticados, um efeito imediato do preenchimento dos requisitos para a celebração dos acordos de leniência. Após essa revisão do regramento anterior, Spagnolo ressalta que houve um crescimento dramático da procura pela delação. (SPAGNOLO, Giancarlo. Leniency and Whistleblowers in Antitrust (August 2006)0. *CEPR Discussion Paper* n. 5794. Disponível em: https://ssrn.com/abstract=936400. Acesso em: 12 jun. 2017).

[177] "Uma segunda preocupação (...) concentra-se no tratamento desigual entre o beneficiário de imunidade ou leniência e os outros participantes do cartel, que recebem punição pela mesma violação antitruste. Novamente a principal resposta é garantir que a leniência só seja concedida na medida em que a empresa ou o indivíduo tenha genuinamente cooperado efetivamente com a autoridade de concorrência, distinguindo assim objetivamente sua situação daquela dos outros participantes do cartel que não o fizeram, ou não o fizeram na mesma extensão, ou no mesmo ponto inicial. Igualmente importante é garantir que as políticas de leniência sejam aplicadas de forma transparente e consistente, proporcionando assim uma chance igual para todos os participantes do cartel se beneficiarem com elas" (tradução livre). ZINGALES, Nicolo. European and American Leniency Programmes: Two Models Towards Convergence? (2008). *Competition Law Review*, v. 5, n. 1, 2008. Disponível em: https://ssrn.com/abstract=1101803. No mesmo sentido, NELL, Mathias. *Strategic aspects of voluntary disclosure programs for corruption offences:* Towards a design of good practice. Passauer Diskussionspapiere: Volkswirtschaftliche Reihe, 2007.

tratamento diferenciado; e *(ii)* qualquer um que alcance essas condições predeterminadas poderá buscar a cooperação com as autoridades competentes.[178] Trata-se, nessa última perspectiva, de um possível elemento de legitimação do instituto, que torne seu manejo mais jurídico e moralmente justificável à população.

O elemento de segurança quanto às hipóteses de aplicação da norma, contudo, não se esgota na mera existência de uma lista dos requisitos a serem preenchidos pelo particular-colaborador: preferencialmente, o procedimento aplicável deve estar disposto normativamente (ou ser suficientemente aclarado por outros meios – como documentos, guia e manuais que autovinculem o proceder da instância de aplicação do programa). Isto significa que respostas a questões como *quem* buscar para delatar, *como* proceder com a documentação, quem serão os responsáveis pela negociação e quais os efeitos da celebração do acordo e de seu descumprimento devem estar facilmente acessíveis aos potenciais interessados.[179]

O ato de se autodelatar, traindo, simultaneamente, os seus companheiros, não é, absolutamente, trivial, de modo que toda dúvida acerca da forma como se dará o *iter* da negociação ou seus efeitos concretos[180] – e sobre a própria confiabilidade das autoridades estatais – poderá representar um impedimento à decisão por colaborar com o Poder Público.[181]

---

[178] Não se quer, com isso, indicar a necessidade de que todos os aspectos dos programas de leniência sejam objeto de prévia normatização, já que é impossível ao Legislador, ou mesmo ao administrador, prever de forma antecedente todas as possíveis realidades e situações a se desenrolarem faticamente. Ademais, parece inescapável um certo grau de discricionariedade quanto à análise do preenchimento dos requisitos e quanto ao efetivo cumprimento do acordado.

[179] HAMMOND, Scott D. *Cornestones of an effective leniency program*. Chile, Santiago, set/2009. No Brasil, como será visto mais especificamente no Capítulo 6, esse problema é especialmente agravado, no caso da Lei nº 12.846/2013, pelo fato de que os entes competentes para a celebração dos acordos são pulverizados – muito mais do que na Lei nº 12.529/2011, que envolve apenas o CADE (e o Ministério Público), e na Lei nº 13.506/2017, que distribui o acordo entre as competências da CVM e Banco Central.

[180] Alguns dos acordos celebrados no âmbito da Administração Pública Federal, com fundamento na Lei Anticorrupção, parecem ter se afastado dessa premissa, ao concederem, para alguns cooperadores, benefícios em extensão objetiva e subjetiva maiores do que aquelas previstas na letra da norma. Embora seja viável entender que outras vantagens, não contempladas na lei regente, poderiam ser em tese ofertadas aos colaboradores, em razão de uma interpretação sistemática da legislação que tutela o patrimônio público e a probidade administrativa (bem como da proporcionalidade que deve ser a marca da atividade sancionatória estatal), quaisquer divergências no tratamento oferecido a um colaborador e não extendido aos demais acordos de leniência celebrados com a mesma autoridade devem ser alvo de especial ônus argumentativo e *accountability*. O tema será retomado no Capítulo 5, abaixo.

[181] Essas questões serão abordadas mais detidamente nos Capítulos 5 e 6.

É necessário, igualmente, que os próprios tipos sancionadores (penais ou administrativos) a que em tese estarão sujeitos os particulares sejam suficientemente claros e precisos para permitir a determinação da juridicidade ou não do comportamento em questão.[182]

Em outras palavras, é necessário que os agentes saibam de antemão, e de forma o mais transparente possível, se um determinado ato consiste, naquele dado sistema jurídico, em conduta censurável. Esse é um ponto relevante no que toca à criação, atualmente implementada por uma gama de ordenamentos jurídicos como o próprio Brasil, de programas de leniência para abarcar também os casos de corrupção. Como será precisado no Capítulo 3, a própria definição de corrupção é altamente conjuntural, variando conforme culturas, tempo e práticas.

A certeza acerca da obtenção dos benefícios, por derradeiro, pode estar relacionada ao próprio desenho institucional do ente que negociará e aplicará os acordos – órgãos ou agências sem qualquer elemento de estabilidade quanto às suas práticas ou mesmo em relação aos seus dirigentes (suscetíveis, por exemplo, aos ventos da política) podem ser empecilhos fáticos para a confiabilidade dos particulares nos agentes públicos, que, por sua vez, é elemento essencial a qualquer programa de leniência.[183] A ideia de um ente intimamente ligado à política como

---

[182] ALSCHULER, Albert W. Criminal Corruption: Why Broad Definitions of Bribery Make Things Worse. *Fordham L. Rev.*, v. 84, p. 463, 2015. Ver também CARSON, Lindsey D. Deterring Corruption: Beyond Rational Choice Theory 23-24 (Nov. 6, 2014), Disponível em: http://papers.ssrn.com/sol3/papers.cfm?abstract_id=2520280.

[183] Nessa linha, o Parlamento Europeu e o Conselho da União Europeia, em sua recente Diretiva (EU) nº 2019/1, que visa atribuir às autoridades da concorrência dos Estados-membros competência para aplicar a lei de forma mais eficaz e garantir o bom funcionamento do mercado interno, consignou que "[a] independência funcional das autoridades administrativas nacionais da concorrência deverá ser reforçada de modo a assegurar a aplicação eficaz e uniforme dos artigos 101.o e 102.o do TFUE. Para tal, o direito nacional deverá prever expressamente que, ao aplicarem os artigos 101.o e 102.o do TFUE, as autoridades administrativas nacionais da concorrência estejam protegidas de intervenções externas ou pressões políticas suscetíveis de comprometer a avaliação independente das questões que lhes são submetidas. Para o efeito, os motivos que fundamentam a demissão das pessoas que na autoridade administrativa nacional da concorrência tomem decisões no exercício da competência a que se referem os artigos 10.o, 11.o, 12.o, 13.o e 16.o, da presente diretiva, deverão ser previamente estabelecidos no direito nacional, por forma a eliminar todas as dúvidas razoáveis quanto à sua imparcialidade e à sua capacidade para não serem influenciadas por fatores externos. De igual modo, deverão estabelecer-se antecipadamente no direito nacional regras e procedimentos claros e transparentes em matéria de seleção, recrutamento ou nomeação das referidas pessoas. Além disso, para assegurar a imparcialidade das autoridades administrativas nacionais da concorrência, as coimas por elas aplicadas por infrações aos artigos 101.o e 102.o do TFUE não deverão ser utilizadas para o seu próprio financiamento. Para assegurar a independência funcional das autoridades administrativas nacionais da concorrência, os seus dirigentes, o seu pessoal e quem toma decisões deverão agir com integridade e abster-se de qualquer ação incompatível com o exercício das suas

negociador ou julgador da higidez dos acordos de leniência, como ocorre no campo de incidência da Lei Anticorrupção para os acordos de âmbito federal, por isso, é um elemento de potencial desestabilização da segurança desse instituto.[184]

---

funções. Por forma a evitar que a sua avaliação independente seja comprometida, deverão abster-se de qualquer ação incompatível, remunerada ou não, enquanto vigorar o seu contrato ou mandato e durante um período razoável após a sua cessação. Significa isso que, durante a vigência do seu contrato ou mandato, as chefias, o pessoal e quem toma decisões não deverão poder ocupar-se de processos relativos à aplicação dos artigos 101.o ou 102.o do TFUE em que tenham estado envolvidos ou que digam diretamente respeito a empresas ou associações de empresas em que tenham trabalhado ou com as quais tenham assumido qualquer outro tipo de compromisso profissional, se tal puder comprometer a sua imparcialidade num dado caso. De igual modo, o pessoal e aqueles que tomam decisões, bem como os seus familiares próximos, não deverão ter interesses em quaisquer empresas ou organizações que sejam alvo de processos relativos à aplicação dos artigos 101.o ou 102.o do TFUE em que participem, se tal puder comprometer a sua imparcialidade num dado caso. Para avaliar, caso a caso, se a imparcialidade da pessoa em causa corre o risco de ser afetada, haverá de ter em conta a natureza e relevância do interesse que detém e o seu grau de envolvimento ou o tipo de compromisso que assumiu. Se necessário para assegurar a imparcialidade da investigação e do processo decisório, poderá ser exigido à pessoa em causa que peça escusa do processo que lhe foi atribuído. Significa isso também que, durante um prazo razoável após terem cessado funções na autoridade administrativa nacional da concorrência, os antigos membros do pessoal ou quem tenha tomado decisões não deverão, sempre que iniciem uma atividade profissional relacionada com processos relativos à aplicação dos artigos 101.o ou 102.o do TFUE com que tenham lidado durante a vigência do seu contrato ou mandato, ocupar-se do mesmo processo na sua nova atividade. A duração desse prazo poderá ser determinada tendo em conta a natureza da nova atividade profissional da pessoa em causa, bem como o seu grau de envolvimento e nível de responsabilidade no mesmo processo durante a vigência do contrato ou mandato que exerceu no âmbito da autoridade administrativa nacional da concorrência. Sem prejuízo da aplicação de regras nacionais mais estritas, as autoridades administrativas nacionais da concorrência deverão publicar um código de conduta que preveja regras em matéria de conflitos de interesses. A independência funcional das autoridades administrativas nacionais da concorrência não deverá prejudicar o controlo jurisdicional nem a supervisão parlamentar, em conformidade com o direito nacional. A obrigação de prestar contas deverá também contribuir para assegurar a credibilidade e a legitimidade da ação das autoridades administrativas nacionais da concorrência. Entre as obrigações de prestar contas de forma adequada incluem-se a publicação pelas autoridades administrativas nacionais da concorrência de relatórios periódicos sobre as suas atividades a apresentar a um órgão governamental ou parlamentar. As autoridades administrativas nacionais da concorrência poderão também estar sujeitas a um controlo ou fiscalização das suas despesas financeiras, desde que tal não afete a sua independência" (itens 17 a 22 das *consideranda*).

[184] Veja-se que o órgão a quem foi designado o poder sobre tais acordos da Lei nº 12.846/2013, em que são lesados o Poder Executivo federal ou a Administração Pública estrangeira, é a antiga Controladoria-Geral da União – CGU, hoje Ministério da Transparência e Controladoria-Geral da União (Lei nº 13.341/2016.), cujo mais alto cargo é de indicação e exoneração ad nutum da Presidência da República. Comparativamente, os membros tanto da Superintendência-Geral do CADE, que celebra os acordos de competência daquela autarquia, quanto do Tribunal Administrativo de Defesa Econômica, que verifica o seu cumprimento pelo celebrante, possuem cargos com mandatos pré-determinados, de dois e quatro anos, respectivamente. É bem evidente que esse segundo modelo é mais conducente à segurança e independência institucionais que o primeiro, muito mais vulnerável a vicissitudes políticas e, por isso mesmo, menos previsível. Como destaca Oliveira, "[a] atribuição conferida à CGU vem

2.2.1.2 Sigilo das informações apresentadas pelo colaborador

Um dos aspectos mais relevantes dos programas de leniência, por ser potencialmente significativo para a decisão a respeito da realização da delação ou não, é o grau de sigilo a ser conferido às informações prestadas às autoridades.[185] Um mesmo ilícito pode, por vezes, gerar repercussões em diversas instâncias de responsabilização, em uma ou mais jurisdições. Além disso, não raro, a confissão quanto a uma determinada conduta reprovada pressupõe também o reporte em relação a outras a ela correlatas e que não necessariamente estarão abarcadas pelas imunidades ou mitigações trazidas pelo acordo.[186]

Caso toda e qualquer informação ofertada pelo potencial beneficiário da leniência ao Poder Público para fins de negociação fosse em seguida disponibilizada a outras autoridades, daquela ou de outro Estado, sem as devidas cautelas, a delação poderia se mostrar, ao invés de benéfica às pessoas físicas e jurídicas contempladas, uma verdadeira armadilha, gerando um sem-número de consequências nocivas aos colaboradores.[187]

O compartilhamento de informações e documentos a terceiros lesados pelas práticas ilícitas, adicionalmente, pode transformar o colaborador no alvo preferencial de ações de ressarcimento (comparativamente aos demais participantes do conluio), considerando que as

---

sendo muito criticada pela doutrina, sob o argumento de que ela será o órgão responsável pela celebração dos acordos de leniência envolvendo toda a Administração Pública Federal, apesar de não ter experiência com este tipo de instrumento, bem como não ser um órgão dotado de autonomia, sendo subordinado diretamente ao Presidente da República, o qual pode destituir a qualquer momento seus dirigentes" (OLIVEIRA, André Gustavo Véras. O acordo de leniência na Lei de Defesa da Concorrência e na Lei Anticorrupção diante da atual conjuntura da Petrobrás. *Revista de Defesa da Concorrência*, v. 3, n. 2, 2015, p. 16).

[185] No mesmo sentido, RUFINO, Victor Santos. *Os fundamentos da delação:* análise do programa de leniência do CADE à luz da teoria dos jogos. 2016. 101 f., il. Dissertação (Mestrado em Direito) — Universidade de Brasília, Brasília, 2016, p. 59 e seguintes; e ŠORF, Jiří. *The Leniency Policy*, Disponível em: https://is.cuni.cz/webapps/zzp/download/120093863., p, 37, e CARUSO, Antonio. *Leniency Programmes and Protection of Confidentiality:* The Experience of the European Commission, *Journal of European Competition Law & Practice*, v. 1, Issue 6, 1 December 2010, p. 453-477. Disponível em: https://doi.org/10.1093/jeclap/lpq059.

[186] LUZ, Reinaldo; SPAGNOLO, Giancarlo. Leniency, Collusion, Corruption, and Whistleblowing (April 18, 2016). *Working Paper Series,* n. 36. Disponível em: https://ssrn.com/abstract=2773671. p. 1.

[187] Zingales ressalta que, embora o compartilhamento de informações entre agência antitruste seja imprescindível para o combate a cartéis, a forma como esse compartilhamento é realizado ainda não encontra um perfeito ajuste. ZINGALES, Nicolo. European and American Leniency Programmes: Two Models Towards Convergence? (2008). *Competition Law Review*, v. 5, n. 1, 2008. Disponível em: https://ssrn.com/abstract=1101803, p. 49.

provas para a propositura das ações de indenização estariam facilmente disponíveis.[188]

Consequentemente, ao invés de incentivar a cooperação com o Poder Público como forma de desfazimento dos laços entre membros de uma associação infrativa, o programa de leniência poderia servir como um meio de fortalecimento dessas relações: se a delação for extremamente maléfica a quem se expõe às autoridades públicas, os coautores daquele delito estarão certos do silêncio uns dos outros.

A confidencialidade, ainda, sob o ponto de vista do delator propriamente dito (pessoa física ou jurídica) pode ser imprescindível para a garantia de sua segurança físico-psíquica ou higidez econômica, assim como para impedir potenciais ações de retaliação.[189]

Por isso, Motchenkova conclui que a falta de sigilo relativo à proposta do acordo será fator de potencial proteção e propagação dos cartéis, podendo aumentar a duração destes.[190] O temor da traição, nesse caso, poderá ser superior às benesses concedidas pelo programa de leniência.[191]

---

[188] CAUFFMAN, Caroline. The Interaction of Leniency Programmes and Actions for Damages (October 10, 2011). *Maastricht Faculty of Law Working Paper*, n. 2011/34. Disponível em: https://ssrn.com/abstract=1941692.

[189] OCDE. *Using Leniency to Fight Hard Core Cartels*. Disponível em: http://www.oecd.org/daf/competition/1890449.pdf, p. 3. Igualmente, ZINGALES, Nicolo, European and American Leniency Programmes: Two Models Towards Convergence? (2008). *Competition Law Review*, v. 5, n. 1, 2008. Disponível em: https://ssrn.com/abstract=1101803, p. 24.

[190] MOTCHENKOVA, Evgenia. *Effects of Leniency Programs on Cartel Stability* (September 2004). *Center Discussion Paper*, n. 2004-98. Disponível em: https://ssrn.com/abstract=617224.

[191] Foi o que afirmou o Ministério Público Federal, no Estudo Técnico nº 01/2017 – 5 ª CCR, em que se avaliou o papel do Ministério Público na celebração de acordos de leniência: "(...) para o equilíbrio dos interesses suscitados na negociação premial, sobretudo para que sejam corretamente asseguradas a segurança jurídica e a proteção da boa-fé, equivalentes ao ganho informacional e ao incremento de eficiência estatal, exsurge como providência fundamental o estabelecimento claro de parâmetros objetivos e condicionantes, necessários à possibilidade de empréstimo de prova produzida em leniência. Assim, o acesso a informações e documentos obtidos em colaboração premiada, por outros órgãos públicos de fiscalização e controle ou por terceiros interessados que se legitimem a tal disclosure, depende da adesão racional e razoável aos termos negociados e acertados entre Estado e colaborador. Trata-se de decorrência lógica que deflui do paradigma de consensualidade e da própria negociação encetada, que impõe ao Estado a aceitação deste ônus em troca de bônus investigatórios e sancionatórios, sob pena de, ao contrário, enfraquecer-se demasiadamente a posição de quem colabora com o poder público sancionador, abrindo mão de direitos fundamentais de autodefesa e lançando por terra as demandas de segurança jurídica. (...) Mutatis mutandis, pode-se adotar, no âmbito interno, as premissas e regras utilizadas na cooperação entre distintas jurisdições, para sujeitar as partes interessadas, no âmbito de suas atribuições e atuações, à adesão aos termos acordados na negociação premial, o que, de um lado, assegura o acesso a informações, mantidos os sigilos cabíveis, e, de outro, garante o respeito aos benefícios legais concedidos ao colaborador, em toda sua amplitude, sem que a este sejam oferecidas vantagens de um lado, e, nos desdobramentos, tangenciadas

Já sob a perspectiva do próprio Estado, o sigilo pode ser essencial para a garantia da continuidade das investigações (evitando a destruição de provas, por exemplo, pelos agentes delatados). A confidencialidade dos dados obtidos, logicamente, deve ter uma dimensão interna ao próprio órgão responsável pela realização dos acordos de leniência, caso este possua também competências para a imposição de sanções. Uma negociação nem sempre será bem-sucedida, devendo o agente que procura as autoridades poder contar que, na eventualidade de não culminarem as tratativas na celebração do termo, as informações prestadas não serão utilizadas para a instauração de processos sancionadores ou a propositura de ações cíveis e penais.[192]

No ordenamento brasileiro, é cediço que a persecução administrativa e a penal, assim como a atribuição para a celebração dos acordos de leniência, podem ser de competência de entes diversos e, em regra, são independentes entre si – é o que ocorre em todos os casos positivados de programas de leniência atualmente previstos.

Em especial, a inexistência de qualquer menção à participação do Ministério Público previamente à celebração dos acordos positivados na atual legislação traz inseguranças quanto à possibilidade de que a celebração na esfera administrativa gere efeitos indesejáveis para pessoas naturais envolvidas, na seara criminal. Como nenhuma das normas pormenoriza as consequências dos acordos para o *Parquet*, nem se há sigilo oponível a este, resta sempre o temor de que mesmo tratativas malsucedidas para a celebração de acordo de leniência possam embasar o exercício do poder punitivo penal estatal.[193]

---

e negadas, de outro. Nesta matéria, deve prevalecer, por conseguinte, de modo amplo, o princípio da boa-fé objetiva do Estado, a implicar que as informações e provas entregues pelo colaborador não sejam utilizadas contra ele, seja de modo direto, seja de modo cruzado, em casos contra terceiros, o que representaria grave ofensa à e frustração das expectativas de confiança e coerência depositadas na conduta estatal. O acesso e compartilhamento de dados, informações e documentos só pode ser efetivado, portanto, através de compromisso de observância das condições acertadas entre colaborador e Estado-acusador, voltadas a garantir o status legalmente adquirido pelo colaborador com a atitude cooperativa adotada e o respeito ao serviço por ele prestado tal como testemunha protegida" (p. 118-119). A questão da celebração de acordos de leniência pelo *parquet* será objeto de aprofundamento no Capítulo 6.

[192] SPRATLING, Gary R.; ARP, D. Jarrett. *The International Leniency Revolution:* The transformation of international cartel enforcement during the first ten years of the United States' 1993 Corporate Amnesty/Immunity Policy. Disponível em: http://www.gibsondunn.com/fstore/documents/pubs/Spratling-Arp%20ABA2003_Paper.pdf. Acesso em: 06 jun. 2017.

[193] É bom dizer que o art. 8º, §2º da Lei Complementar nº 73/1993, que dispõe sobre as atribuições do Ministério Público da União, prevê que "[n]enhuma autoridade poderá opor ao Ministério Público, sob qualquer pretexto, a exceção de sigilo, sem prejuízo da subsistência do caráter sigiloso da informação, do registro, do dado ou do documento que

O CADE buscou resguardar as informações fornecidas para a negociação dos acordos ao criar uma barreira – uma divisão institucional comumente denominada de *chinese wall*[194] – entre as autoridades que participam das tratativas com os potenciais celebrantes do acordo e as autoridades responsáveis pela efetiva constatação do cumprimento deste e pela consequente aplicação dos benefícios correspondentes.[195] Os dados que emergem da fase de apresentação de documentos que comprovem a infração a ser objeto do acordo são apenas disponíveis para o Superintendente-Geral, o Superintendente Adjunto, o Chefe de Gabinete da Superintendência-Geral e aos servidores da Chefia de Gabinete da Superintendência-Geral do CADE.[196]

---

lhe seja fornecido". Igualmente, a Lei nº 8.625/1993 (Lei Orgânica Nacional do Ministério Público) estipula que, no exercício de suas funções, o Ministério Público poderá, dentre outras medidas, "requisitar informações, exames periciais e documentos de autoridades federais, estaduais e municipais, bem como dos órgãos e entidades da administração direta, indireta ou fundacional, de qualquer dos Poderes da União, dos Estados, do Distrito Federal e dos Municípios", e que "[o] membro do Ministério Público será responsável pelo uso indevido das informações e documentos que requisitar, inclusive nas hipóteses legais de sigilo" (art. 26, I, b e §2º). No mesmo sentido, tem-se a Resolução nº 181, de 7 de agosto de 2017, do Conselho Nacional do Ministério Público, sobre instauração e tramitação do procedimento investigatório criminal a cargo do Ministério Público, cujo art. 7º, §1º indica que "[n]enhuma autoridade pública ou agente de pessoa jurídica no exercício de função pública poderá opor ao Ministério Público, sob qualquer pretexto, a exceção de sigilo, sem prejuízo da subsistência do caráter sigiloso da informação, do registro, do dado ou do documento que lhe seja fornecido, ressalvadas as hipóteses de reserva constitucional de jurisdição. (Redação dada pela Resolução nº 183, de 24 de janeiro de 2018)". Vê-se, então, que existem riscos significativos de que o *Parquet* peça acesso a elementos que indiquem a existência de negociações para a colaboração, no bojo de algum dos entes legitimados para a leniência.

[194] GUIMARAES, Denis. Interface between the Brazilian Antitrust, Anti-Corruption, and Criminal Organization Laws: The Leniency Agreements (Short Version) (March 5, 2017). Brazilian Antitrust Law (Law # 12,529/11): 5 years. Sao Paulo: IBRAC – Brazilian Institute of Studies on Competition, Consumer Affairs and International Trade, 2017. Disponível em: https://ssrn.com/abstract=2992175, p. 6.

[195] Essa preocupação remonta ao momento de inserção do instituto no ordenamento nacional por meio da MPv nº 2.055/2000. Na sua exposição de motivos, afirma-se que "[o]s acordos que forem propostos por infratores e recusados pela autoridade antitruste não serão considerados como confissão, nem reconhecidos como ilícitos, conferindo maios segurança jurídica aos interessados. Ainda no que se refere à segurança jurídica, é importante registrar que o acordo de leniência só poderia ser celebrado pela SDE, não se sujeitando à aprovação do CADE, pois, caso contrário, o elemento de incertezas decorrente da possibilidade formal de o CADE não referendar a avença tornaria o instituto inviável. Por outro lado, compete ao CADE, nos termos da proposta em exame, verificar o cumprimento do acordo e decretar a extinção da punibilidade da infração ou a redução da penalidade aplicável, conforme os critérios do art. 35-B, §4º" (Diário do Congresso Nacional – 12.9.2000, Página 19109 a 19114)

[196] Confira-se o art. 241 do Regimento Interno do CADE: "Art. 241. A proposta de celebração de acordo de leniência pode ser feita oralmente ou por escrito. §1º A proposta receberá tratamento sigiloso e acesso somente às pessoas autorizadas pelo Superintendente-Geral. §2º Nos casos de proposta escrita, esta será autuada como sigilosa e nenhum de seus dados

Nos termos elucidados pelo Guia do Programa de Leniência Antitruste do CADE,[197] uma série de regramentos internos garante a necessária confidencialidade dessa fase da celebração do termo. Primeiramente, a Superintendência-Geral, ao informar o Ministério Público sobre o recebimento da proposta e agendar reuniões, não encaminha as informações e os documentos objeto da proposta de acordo de leniência, em razão do seu caráter confidencial. O membro do *Parquet* é também instado a assinar um "Termo de Recebimento" que destaca o caráter sigiloso das informações. Na hipótese de serem necessárias medidas de busca e apreensão, a petição que as solicita, assinada pela Procuradoria Federal especializada no CADE não aponta a pessoa jurídica signatária do acordo e a inclui no rol de empresas participantes da conduta, de modo a impossibilitar sua identificação. Finalmente, na assinatura da versão final do acordo, todos os documentos preliminares são triturados e descartados.

Mais recentemente, o CADE editou a Resolução nº 21, de 11 de setembro de 2018, que "disciplina os procedimentos previstos nos arts. 47, 49, 85 e 86 da Lei nº 12.529, de 2011, relativos à articulação entre persecução pública e privada às infrações contra a ordem econômica no Brasil. Regulamenta os procedimentos de acesso aos documentos e às informações constantes dos Processos Administrativos para Imposição de Sanções Administrativas por Infrações à Ordem Econômica, inclusive os oriundos de Acordo de Leniência, de Termo de Compromisso de Cessação (TCC) e de ações judiciais de busca e apreensão, além de fomentar as Ações Civis de Reparação por Danos Concorrenciais (ACRDC)".

Referida norma visa a densificar a forma e os limites da publicidade das informações obtidas pela autarquia, dispondo, dentre outros pontos, que (i) serão mantidos como de acesso restrito, mesmo após a decisão final pelo Plenário do Tribunal do CADE, e não poderão ser disponibilizados a terceiros tanto o "Histórico da Conduta e seus aditivos, elaborados pela Superintendência-Geral do CADE com base em documentos e informações de caráter auto-acusatório submetidos voluntariamente no âmbito da negociação de Acordo de Leniência e TCC, em razão do risco à condução de negociações (art. 23, II da Lei nº 12.527/2011), às atividades de inteligência (art. 23, VIII da Lei

---

constará do sistema de gerenciamento de documentos do CADE". No mesmo sentido, o guia do CADE sobre seu programa de leniência (CADE. *Programa de Leniência Antitruste do CADE*. p. 38).

[197] *Ibidem*, p. 39 e ss.

nº 12.527/2011), e/ou à efetividade dos Programas de Leniência e de TCC do CADE", quanto os documentos e informações apresentados pelo proponente durante a negociação do Acordo de Leniência ou do TCC subsequentemente frustrada, enquanto não forem restituídos aos proponentes ou destruídos pelo CADE; e (ii) o Ministério Público que atuar como interveniente anuente na celebração do Acordo de Leniência do CADE terá acesso à íntegra dos documentos e das informações apresentados pelo signatário do Acordo, os quais poderão embasar procedimentos cíveis e criminais cabíveis, devendo observar a manutenção das regras de confidencialidade previstas em lei e na Resolução.[198]

Consoante o art. 3º da Resolução nº 21/2018 do CADE, a concessão de acesso aos documentos e às informações sigilosas poderá ocorrer nas seguintes hipóteses: (i) expressa determinação legal; (ii) decisão judicial específica; (iii) autorização do signatário do Acordo de Leniência ou do compromissário do TCC, com a anuência do CADE, desde que não haja prejuízo à investigação; ou (iv) cooperação jurídica internacional, prevista nos arts. 26 e 27 do CPC, mediante autorização do CADE e autorização do signatário do Acordo de Leniência ou do compromissário do TCC, desde que não haja prejuízo à investigação.

No que tange à Lei nº 12.846/2013, os procedimentos de garantia da confidencialidade são mais nebulosos. Não há um regramento único aplicável a todos os acordos abarcados pela norma, tendo em vista que o art. 16 do diploma dá poderes para que a "autoridade máxima de cada órgão ou entidade pública" celebre o acordo de leniência. Em razão disso, embora a Lei Anticorrupção indique que a publicidade da proposta de acordo de leniência somente é possível após a efetivação do respectivo acordo (art. 16, §6º), fazendo a mesma ressalva existente na Lei do CADE quanto ao excepcional "interesse das investigações e

---

[198] Esse novo regramento foi editado após a adoção de entendimentos conflitantes sobre a extensão do sigilo das informações referentes à leniência, de um lado, pelo CADE e, de outro, pelo Superior Tribunal de Justiça (REsp 1554986/SP, Rel. Ministro Marco Aurélio Bellizze, Terceira Turma, julgado em 08.03.2016). Todavia, a Resolução é objeto de críticas doutrinárias, como as tecidas por Daniel Caselta, que considera que "não há dispositivo legal que ampare a sistemática de divulgação de documentos prevista na Resolução (i.e., acesso a certos documentos somente após a decisão final do CADE e manutenção de sigilo do Histórico da Conduta mesmo após tal momento)" (CASELTA, Daniel. Um regulamento à espera de uma lei: resolução do CADE sobre sigilo de documentos. Disponível em: https://www.jota.info/tributos-e-empresas/concorrencia/um-regulamento-a-espera-de-uma-lei-resolucao-do-cade-sobre-sigilo-de-documentos-20092018. Acesso em: 10 fev. 2019).

do processo administrativo",[199] os moldes em que se dá a cautela com as informações apresentadas não são claros. A Lei Anticorrupção determina, em seu art. 15, que a comissão designada para apuração da responsabilidade de pessoa jurídica, após a conclusão do procedimento administrativo, deverá dar conhecimento ao Ministério Público de sua existência, para apuração de eventuais delitos.[200] O dispositivo, contudo, não menciona os acordos de leniência de forma expressa.[201] [202]

---

[199] De acordo com Diogo Alencar de Azevedo Rodrigues, "essa norma cria uma margem considerável de subjetivismo para o agente público, que poderá, caso a caso, manifestar seu entendimento sobre qual seria o melhor 'interesse' das investigações e do processo e, desse modo, permitir, ou não, seja dada publicidade ao acordo de leniência". (RODRIGUES, Diogo Alencar de Azevedo. *Os limites formais para a celebração do acordo de leniência* (Lei nº 12.846/13) em face das garantias do particular. Dissertação (Mestrado em Direito). Faculdade de Direito. Fundação Getúlio Vargas (FGV Direito Rio). Rio de Janeiro. 2016. p. 77). O mencionado autor solicitou informações à CGU quanto a acordos de leniência celebrados por aquele órgão, e obteve a seguinte resposta: "toda e qualquer negociação eventualmente em curso nesta Controladoria-Geral da União (CGU) não deve ter seus acessos franqueados em atenção ao disposto nos parágrafos 1º e 2º, do artigo 31 e do artigo 35, todos do Decreto nº 8.420/2015. Diante disso, esclarecemos que os procedimentos sancionatórios nesta situação são de natureza restrita até o julgamento, não sendo disponibilizados via Lei de Aceso à Informação, conforme legislação vigente (...)" (p. 78).

[200] O art. 15 da Lei nº 12.846/2013 foi regulamentado, no campo federal, pelo art. 9º, §5º do Decreto nº 8.420/2015. Segundo o Decreto, além de comunicar ao *Parquet* sobre o processo administrativo sancionador, a comissão da CGU deverá também informar a Advocacia-Geral da União e seus órgãos vinculados, (no caso de órgãos da administração pública direta, autarquias e fundações públicas federais), ou o órgão de representação judicial ou equivalente (nos demais casos).

[201] Interessante notar que o dispositivo não estava na redação original do Projeto de Lei nº 6.826/2010, e que, nas discussões realizadas na Câmara dos Deputados, chegou-se a tratar, de forma muito breve, da questão referente à relação entre os acordos de leniência e essas comunicações. Para o relator do projeto, a comunicação da instauração de processo administrativo de apuração de responsabilidade da pessoa jurídica ao *Parquet* poderia inibir a colaboração, motivo pelo qual se passou a requerer que o Ministério Público fosse informado após findo o processo. Confira-se trecho do relatório do relator do projeto de lei: "A Emenda nº 5 (...) tenciona acrescer artigo ao Capítulo IV – Do Processo Administrativo de Responsabilização, para dispor que a comissão designada para apuração de responsabilidade de pessoa jurídica dará conhecimento ao Ministério Público e ao Tribunal ou Conselho de Contas da abertura de procedimento administrativo para que estes tomem as medidas cabíveis de sua alçada. Consideramos, inicialmente, que o projeto de lei trata da responsabilização administrativa e civil da pessoa jurídica infratora e, acatada a presente emenda, permitiríamos desdobramentos que poderiam levar à persecução criminal, por corrupção passiva, do agente público receptor do suborno, antes mesmo da apuração da responsabilidade da pessoa jurídica – e, como a proposição prevê colaboração e acordo de leniência, seria descabido o envolvimento paralelo do Ministério Público no estágio inicial das apurações. Não obstante, é de se ressaltar que a cientificação do Ministério Público, se feita após conclusão do procedimento administrativo, para apuração de eventuais delitos, é cabível e perfeitamente aceitável. Todavia, não vemos necessidade de se dar conhecimento ao Tribunal ou Conselho de Contas, tendo em vista que estes procedem à fiscalização e auditoria dos contratos pactuados pela Administração de forma automática, que ocorre anualmente. Isto posto, somos pelo acolhimento da emenda com alteração da redação proposta, o que acarretará a inclusão de novo art. 18 e renumeração

Isso pouco soluciona a dúvida acerca de se também os acordos devem ser alvo de comunicação nos mesmos termos e, em verdade, incrementa a insegurança quanto ao programa de leniência. A necessidade de informar ao *Parquet* previamente à celebração (desde que revestida de garantias quanto a não incriminação do agente em caso de insucesso das negociações) oportunizaria a atuação coordenada dos entes estatais, mitigando o risco da celebração de acordos inúteis (na hipótese de o Ministério Público já ter obtido provas quanto àqueles ilícitos, ainda que a CGU o desconheça), ou da atuação contraditória do Poder Público (que de um lado mitiga penalidades e de outro realiza a persecução penal ou cível com ações de improbidade administrativa).

O Decreto nº 8.420/2015, que regulamenta essa norma anticorrupção na esfera federal, trata apenas brevemente do sigilo, ao determinar que a proposta apresentada receba tratamento sigiloso e que o acesso ao seu conteúdo será restrito aos servidores especificamente designados para participar da negociação do acordo de leniência (art. 30, §1º). Não há previsão mais específica no atual Regimento Interno da CGU (Portaria nº 677 de 10 de março de 2017).

Também no âmbito da Lei nº 13.506/2017, que dispõe, dentre outros pontos, sobre o acordo de leniência no âmbito do sistema financeiro, existe indicação, no art. 30, §6º, de que a celebração desse acordo não afeta eventuais competências do Ministério Público ou outros entes fiscalizadores. Mais que isso, existe previsão expressa de que, embora a proposta de acordo administrativo em processo de supervisão deva permanecer sob sigilo até a respectiva celebração (art. 30, §1º), persiste o dever legal de o Banco Central ou a CVM realizarem comunicação aos órgãos públicos competentes, nos termos do art. 9º da Lei Complementar nº 105, de 10 de janeiro de 2001,[203] tão logo recebida a proposta (art. 31, §2º da Lei nº 13.506/2017).

A mesma norma, em seu art. 31, §3º, deixa explícito que

---

dos artigos seguintes" (Disponível em: http://www.camara.gov.br/proposicoesWeb/prop_mostrarintegra;jsessionid=127B173C6AA8BF1AEC3B3D4898F28B94.proposicoesWebExterno1?codteor=982072&filename=Tramitacao-PL+6826/2010).

[202] A sistemática foi brevemente alterada pelo advento da MPv nº 703/2015, que antecipou o momento da comunicação para a instauração do processo administrativo.

[203] Art. 9º Quando, no exercício de suas atribuições, o Banco Central do Brasil e a Comissão de Valores Mobiliários verificarem a ocorrência de crime definido em lei como de ação pública, ou indícios da prática de tais crimes, informarão ao Ministério Público, juntando à comunicação os documentos necessários à apuração ou comprovação dos fatos.

o Ministério Público, com base nas competências que lhe são atribuídas em lei, poderá requisitar informações ou acesso ao sistema informatizado do Banco Central do Brasil sobre os acordos administrativos em processo de supervisão celebrados pelo Banco Central do Brasil, sem que lhe seja oponível sigilo.

Trata-se de normatização que pode fragilizar as vantagens decorrentes da celebração desses acordos, na medida em que institucionaliza a divulgação, para outros entes da Administração Pública, sobre informações sensíveis em momento anterior à conclusão da fase de negociações do acordo, sem qualquer previsão a respeito do proceder da Administração quanto a esses dados.

A forma de intercâmbio das informações entre os órgãos de controle envolvidos no âmbito dos acordos de leniência por atos de lesão à Administração Pública, ou mesmo se essa troca de dados é devida e desejável, portanto, é matéria que carece de definição normativa ou jurisprudencial.[204]

Na ausência de delineamentos precisos da legislação sobre o compartilhamento de informações e sigilo dos dados nos programas de leniência, observa-se um cenário de proliferação de acordos de cooperação técnica entre entes administrativos,[205] além da edição de regulamentos secundários específicos (como o do CADE e a Instrução Normativa nº 83/2018 do TCU).

No âmbito do Ministério da Transparência e Controladoria-Geral da União (CGU), no início do ano de 2019, a Corregedoria Geral da

---

[204] Especificamente quanto à colaboração premiada penal, mas em entendimento que pode indicar ulterior posição também relativa aos acordos de leniência administrativos, a Segunda Turma do STF, no julgamento da Pet 7065, entendeu que o compartilhamento de termos de depoimentos prestados no âmbito de colaboração premiada deve respeitar as balizas do acordo homologado em juízo. Nos termos do voto do Ministro Relator Edson Fachin, "Havendo delimitação dos fatos, não se verifica causa impeditiva ao compartilhamento de termos de depoimentos requerido por Ministério Público estadual com a finalidade de investigar a prática de eventual ato de improbidade administrativa por parte de agente público". No entanto, na oportunidade, destacou-se também que "A utilização de tais elementos probatórios produzidos pelo próprio colaborador em seu prejuízo de modo distinto do firmado com a acusação e homologado pelo Poder Judiciário é prática abusiva que viola o direito à não autoincriminação". Disponível em: http://www.stf.jus.br/portal/cms/verNoticiaDetalhe.asp?idConteudo=394280. Acesso em 3 mar. 2019.

[205] Exemplo disso é a Portaria Conjunta nº 4, de 30 de maio de 2018, que define os procedimentos de troca de dados e informações entre a Corregedoria-Geral da União do Ministério da Transparência e Controladoria-Geral da União – CGU e o Conselho Administrativo de Defesa Econômica – CADE, para a apuração de casos envolvendo o suborno transnacional, de que trata o artigo 9º da Lei nº 12.846, de 1º de agosto de 2013.

União (CRG) aprovou enunciado[206] que uniformizou sua atuação quanto à utilização das provas de processos administrativos, definindo que é possível o compartilhamento de provas – o que já vinha sendo autorizado pela jurisprudência dos tribunais, em especial no STJ,[207] e pela própria CGU.[208] [209]

As dificuldades quanto ao tratamento das informações ofertadas pelos particulares nas tratativas dos acordos de leniência podem ser vistas, adicionalmente, na disputa incorrida entre a antiga Controladoria-Geral da União, hoje Ministério da Transparência, Fiscalização e Controladoria-Geral da União – CGU,[210] [211] e o Tribunal de Contas da União, exposta no item 6.1.2, abaixo.

2.2.2 Quanto à atratividade do acordo

2.2.2.1 Suficiência do benefício a ser obtido pelo particular

Intimamente relacionado ao primeiro requisito, da segurança jurídica, e como decorrência daquele, é imprescindível que os benefícios

---

[206] O Enunciado n. 20 trata especificamente da questão do compartilhamento de provas em processos administrativos. Veja-se sua redação: "O compartilhamento de provas entre procedimentos administrativos é admitido, independentemente de apurarem fatos imputados a pessoa física ou a pessoa jurídica, ressalvadas as hipóteses legais de sigilo e de segredo de justiça". Disponível em: http://www.cgu.gov.br/noticias/2018/02/cgu-publica-tres-novos-enunciados-sobre-materia-correicional. Acesso em: 11 mar. 2019.

[207] O STJ já havia definido jurisprudência no sentido de autorizar o compartilhamento de provas em processos administrativos disciplinares, vide súmula 591.

[208] O compartilhamento de provas em instâncias diversas foi objeto de parecer na CGU (Parecer nº 287/2018). Nesta consulta, a CGU determinou que a utilização de informações apresentadas por pessoa jurídica em sede de acordo de leniência em processo disciplinar em desfavor de agente público também colaborador em outro negócio jurídico processual (prova cruzada) é possível. Disponível em: https://repositorio.cgu.gov.br/bitstream/1/8790/1/PARECER_n._287_2018_compartilhamento%20provas_colaboracao%20premiada.pdf. Acesso em: 11 mar. 2019.

[209] Cumpre ressaltar que não consta na exposição de motivos do referido enunciado a previsão de que a prova emprestada no processo administrativo estará submetida aos princípios do contraditório, da ampla defesa, e eficiência, razão pela qual Cristina Fortini entende que a interpretação do enunciado deve ser feita à luz da jurisprudência recente dos Tribunais Superiores, no sentido de que sua constitucionalidade decorre da observância de tais princípios (FORTINI, Cristina. *Prova emprestada entre processos administrativos: o novo enunciado da CGU*. Disponível em: https://www.conjur.com.br/2018-mar-08/prova-emprestada-entre-processos-administrativos-enunciado-cgu. Acesso em: 11 mar. 2019).

[210] Nos termos da Lei nº 13.341/2016, fruto da conversão da MP nº 726/2016.

[211] A CGU detém a competência para a realização dos acordos do programa de leniência da Lei Anticorrupção no âmbito do Poder Executivo Federal e quanto às infrações cometidas contra a Administração Pública estrangeira.

a serem alcançados mediante a colaboração (ou seja, o alcance e extensão da leniência) estejam predefinidos na respectiva legislação. Deixar ao alvedrio da autoridade competente a definição casuística dos efeitos da celebração do acordo equivaleria a nulificar toda a segurança jurídica trazida pela previsão legal do instrumento, e impediria a realização do devido sopesamento entre riscos e potenciais benefícios decorrentes da delação.[212]

Contudo, a certeza de um benefício não serve, sozinha, para assegurar que haverá a procura pela realização dos acordos. Como dito anteriormente, apenas existirá atratividade num programa de leniência caso este ofereça mitigações e/ou isenções de pena que sejam racionalmente percebidas como vantajosas, face à possibilidade de identificação da atividade ilícita e aplicação de penalidades. A atratividade deve ser dosada de forma a beneficiar o particular-delator, e o incentivar a efetivamente cumprir a sua parte no acordo celebrado.

A suficiência das vantagens oferecidas, por sua vez, é matéria altamente conjuntural, que dependerá das formas e intensidade de responsabilização existentes em um dado ordenamento. Exemplificativamente, num cenário em que as condenações cíveis decorrentes de ações ajuizadas por terceiros para o ressarcimento de danos são a regra, pode ser necessário limitar as hipóteses ou o montante de indenizações que seriam devidas.[213]

A atratividade relativa ao acordo de leniência, que fique claro, não significa apenas a criação de benesses ao particular-colaborador. Devem-se criar custos suficientemente altos decorrentes da eventual aplicação de sanção (ou mesmo do descumprimento do acordo

---

[212] Isso não significa que alguma gradação dos benefícios não seja possível. É o caso de concederem-se benefícios maiores caso a colaboração se dê antes de as autoridades terem dados necessários para a instauração de processo sancionador, comparativamente às reduções decorrentes de cooperação mais tardia.

[213] A respeito, veja-se, por exemplo, que a Diretiva 2014/104/UE do Parlamento Europeu e do Conselho, de 26 de novembro de 2014, busca limitar a responsabilidade civil dos beneficiários da leniência, estabelecendo em seu art. 11 que "[o]s Estados-membros asseguram que as empresas que infringem o direito da concorrência por meio de um comportamento conjunto sejam solidariamente responsáveis pelos danos causados pela infração ao direito da concorrência; cada uma dessas empresas fica obrigada a reparar integralmente os danos, e o lesado tem o direito de exigir reparação integral de qualquer uma delas até ser indenizado na íntegra. (...) 4. Em derrogação ao nº 1, os Estados-membros asseguram que o beneficiário da dispensa de coima seja solidariamente responsável: a) Perante os seus adquirentes ou fornecedores diretos ou indiretos; e b) Perante os outros lesados, apenas se não puder ser obtida reparação integral das outras empresas implicadas na mesma infração ao direito da concorrência".

negociado), a ponto de o agente temer ser delatado por um comparsa, ou descoberto através de investigações independentes.[214]

Um dos principais requisitos para a criação de um programa de leniência efetivo, na visão de Hammond, é a existência prévia de um risco de severas sanções para os perdedores da "corrida" pela colaboração. Para o autor, a determinação da gravidade ótima que as sanções ensejem o efeito desejado, independentemente da sua natureza criminal ou administrativa, depende de que os riscos percebidos pelo sujeito sejam maiores que os potenciais benefícios.[215]

Para Hammond, a natureza da multa imposta, se criminal ou administrativa, não seria necessariamente determinante para o elemento dissuasório. As multas administrativas por condutas anticoncorrenciais aplicáveis no âmbito da União Europeia em geral são muito maiores que aquelas impostas, na seara criminal, pelos EUA e Canadá.[216]

Ainda assim, a caracterização da conduta como crime pode ser relevante para determinar a atratividade dos programas de leniência quando analisada sob a perspectiva do *indivíduo*. Nos casos em que são as pessoas *físicas* e não somente as jurídicas que responderão pessoalmente (com redução de patrimônio e/ou restrição de liberdade ou direitos), as pessoas naturais podem ser levadas à cooperação com as autoridades como forma de evitar sofrerem diretamente as consequências do ato ilícito. Em sentido contrário, podem ser dissuadidas de cooperar caso a leniência não os beneficie suficientemente (ou mesmo os prejudique).[217]

Considerando que o fórum de aplicação por excelência dos acordos de leniência é o das relações de concorrência (e, mais recentemente, dos atos de corrupção empresarial), normalmente os programas contemplam

---

[214] LESLIE, Christopher R. Antitrust Amnesty, Game Theory, and Cartel Stability. *Journal of Corporation Law*, v. 31, p. 453-488, 2006. Disponível em: https://ssrn.com/abstract=924376. Acesso em: 20 maio 2017, p. 475.

[215] HAMMOND, Scott D. *Cornestones of an effective leniency program*. Chile, Santiago, set/2009.

[216] É o que indica também Charlotta Croner. CRONER, Charlotta. *Leniency and Game Theory*. Disponível em: https://lup.lub.lu.se/student-papers/search/publication/1556795.

[217] Para Hammond, o fato de que muitas vezes cartéis deixam de expandir sua área de atuação, da Ásia ou Europa, para o mercado norte-americano, pode ser explicado em parte pelo fato de os responsáveis pela conduta colusiva temerem a responsabilização criminal direta e pessoal que é possível sob a jurisdição dos EUA. Trata-se, para o autor, de um cenário em que a responsabilização dos indivíduos penalmente, agregada à possibilidade de que as pessoas físicas recorram à leniência, poderia teoricamente fortalecer o programa (HAMMOND, Scott D. *Cornestones of an effective leniency program*. Chile, Santiago, set/2009). Na mesma linha, Zingales entende que o maior sucesso do programa implementado pelos Estados Unidos, relativamente aos acordos de leniência europeus, se dá por conta da atenção concedida aos interesses do indivíduo, e não apenas da pessoa jurídica (ZINGALES, Nicolo. European and American Leniency Programmes: Two Models Towards Convergence? (2008). *Competition Law Review*, v. 5, n. 1, 2008. Disponível em: https://ssrn.com/abstract=1101803, p. 11).

a celebração por pessoas jurídicas. A extensão ou não às pessoas físicas – e à esfera criminal – é fator que não guarda uniformização.[218] A integração entre os aspectos criminais e administrativos em programas de leniência, para Wouter Wils, poderia trazer três vantagens potenciais:

> (i) Aumento da atratividade da adesão ao programa pelas pessoas jurídicas, em razão do incremento das vantagens oferecidas, tendo em vista que sua delação não necessariamente ocasionaria efeitos maléficos em seus dirigentes, funcionários e empregados;
> (ii) Aumento da atratividade também pelo incremento da competitividade pelos acordos: se as pessoas naturais e não apenas as jurídicas podem ser beneficiadas, e estas últimas têm grandes incentivos a delatar (para não serem sujeitas a penalidades criminais), a corrida pela leniência fica mais intensa;
> (iii) Diminuição dos potenciais efeitos perversos decorrentes da adoção de um programa de leniência no ordenamento jurídico: quando as pessoas físicas têm algo a perder pelo abuso desse tipo de instrumento, é menos provável que se proponham a fazer um uso enviesado deste.

Por outro lado, a ausência de efeitos benéficos para os particulares poderia ser prejudicial ao programa, considerando-se que, mesmo que a colaboração se mostre vantajosa à pessoa jurídica, pode ser que seus empregados, dirigentes e controladores imponham barreiras intransponíveis à obtenção das informações necessárias à celebração do acordo, por receio de oferecerem material potencialmente incriminador contra si.[219] João Marcelo Rego Magalhães, nesse aspecto, faz importante ressalva no sentido de que

> [ao] apontar culpados, oferecer informações ou documentos e cooperar plenamente com as investigações (...) quanto mais colaborar o dirigente ou administrador, mais reduzida ficará eventual sanção pecuniária a ser

---

[218] Nem mesmo nos estudos econômicos há certeza acerca do papel essencial das sanções criminais para a dissuasão dos conluios em questão. Veja-se: BUCCIROSSI, Paolo; SPAGNOLO, Giancarlo. Optimal Fines in the Era of Whistleblowers – Should Price Fixers Still Go to Prison? (December 12, 2005). *Lear Research Paper*, n. 05-01. Disponível em: https://ssrn.com/abstract=871726 or http://dx.doi.org/10.2139/ssrn.871726.

[219] WILS, Wouter. *Leniency in Antitrust Enforcement:* Theory and Practice. 25th Conference on New Political Economy Frontiers of EC Antitrust Enforcement: The More Economic Approach. Saarbrücken, out. 2006, p. 39. Disponível em: http://papers.ssrn.com/sol3/cf_dev/AbsByAuth.cfm?per_id=456087. Acesso em: 04 nov. 2017)

imputada à pessoa jurídica, e mais implicado ficará o delator [pessoa física] na esfera criminal.²²⁰

No âmbito da União Europeia, tendo as infrações concorrenciais natureza administrativa, e considerando as competências do órgão supranacional que as aplica, não há a previsão de celebração de acordos com isenções penais para as pessoas físicas.²²¹

Nos Estados Unidos, por outro lado, a seara antitruste prevê que a cartelização é ilícito de natureza penal, e há, expressamente, a possibilidade de que os empregados e dirigentes das empresas beneficiadas pelo acordo também acessem as isenções e mitigações de penalidades.

Existe, nesse último ordenamento, a possibilidade de obtenção autônoma do benefício apenas pela pessoa física, o que, segundo alguns autores, serve a fomentar ainda mais a "corrida pela leniência". Nesse contexto, a corrida que se estabelece tem como competidores não apenas as pessoas jurídicas, como também as físicas (que têm, estas últimas, mais a perder).²²² O programa de leniência individual existente naquele ordenamento permite que os indivíduos busquem o acordo por conta própria, e independentemente de qualquer manifestação da

---

[220] MAGALHÃES, João Marcelo Rego. Aspectos relevantes da lei anticorrupção empresarial brasileira (Lei nº 12.846/2013). In *Revista Controle*, v. XI, n. 2, Dez/2013, Tribunal de Contas do Estado do Ceará.

[221] Ainda assim, o artigo 23.2 da Diretiva (UE) mº 2019/1 do Parlamento Europeu e do Conselho, de 11 de dezembro de 2018, dispõe que "[o]s Estados-membros asseguram que os atuais ou antigos dirigentes, membros dos órgãos de administração ou de outros membros do pessoal dos requerentes que apresentam às autoridades da concorrência pedidos de dispensa da coima estão protegidos contra quaisquer sanções aplicadas no âmbito de processos de natureza penal, pela sua participação no cartel secreto abrangido pelo pedido de dispensa da coima, em casos de violação de legislação nacional que persiga predominantemente os mesmos objetivos que o artigo 101.o do TFUE, se cumprirem as condições definidas no nº 1 e cooperarem ativamente com a autoridade competente para o exercício da ação penal. Se não forem cumpridas as condições de cooperação com a autoridade competente para o exercício da ação penal, essa autoridade competente pode proceder à investigação". Deste modo, no âmbito dos Estados nacionais, a proteção individual contra a persecução penal, na hipótese de colaboração, foi incrementada.

[222] Trata-se de exemplo em que a coexistência de dois programas de leniência funciona para aumentar a efetividade de ambos. Hammond elucida a relação sinérgica entre os dois programas de leniência estadunidenses ao tratar de hipótese na qual um gerente descobre a prática de ilícito (por exemplo, a combinação de preços com concorrentes) cometido por um outro empregado. Caso a sociedade, nessa situação, venha a reportar o ocorrido às autoridades, sob a égide da *Corporate Leniency Policy*, tanto a pessoa jurídica quanto, inclusive, o agente que praticou a conduta poderão fazer jus às isenções e imunidades quanto à persecução criminal. Contudo, caso a pessoa jurídica hesite em delatar o ilícito, poderá perder a "corrida" pela leniência para os seus próprios empregados – seja no contexto da auto delação do criminoso, seja por conta da atuação de um outro *whistleblower* qualquer externo à atividade censurada. (HAMMOND, Scott D. *Cornestones of an effective leniency program*. Chile, Santiago, set/2009).

pessoa jurídica, o que também se verifica no atual regramento nacional aplicável ao CADE.

No Brasil, as vantagens oferecidas pelo acordo de leniência previsto na Lei do CADE (Lei nº 12.529/2011) são mais abrangentes que aquelas da Lei Anticorrupção e, mais recentemente, da Lei nº 13.506/2017, que cuida do processo administrativo sancionador do Banco Central e da CVM. Apenas a literalidade da primeira delas contempla a possibilidade de a pessoa física ser isentada da responsabilização criminal.

O acordo brasileiro referente ao direito concorrencial prevê a possibilidade de extinção da pretensão punitiva administrativa, ou de redução de um a dois terços da penalidade aplicável, assim como a extinção da punibilidade dos crimes contra a ordem econômica, tipificados na Lei nº 8.137/1990, e nos demais crimes diretamente relacionados à prática de cartel, tais como os tipificados na Lei nº 8.666/1993, e os tipificados no art. 288 do Código Penal (relativo à associação criminosa). O art. 86, §5º da Lei do CADE assegura ao particular colaborador que, acaso ele seja apenado (na hipótese de colaboração que não garante imunidade, porquanto extemporânea), a pena sobre a qual incidirá o fator redutor não será superior à menor das penas aplicadas aos demais coautores da infração.

A literalidade da Lei Anticorrupção, a seu turno, indica que a celebração dos acordos de leniência pela pessoa jurídica não abarca pessoas físicas eventualmente interessadas de modo algum, e não permite a isenção total das penalidades administrativas (nem sequer daquelas contempladas na própria lei, e igualmente quanto a eventuais sanções decorrentes de legislação diversa).

No dito sistema *anticorrupção*, há previsão apenas de redução de até dois terços do valor da multa aplicável, da pena reputacional de publicação da decisão condenatória, e da proibição de receber incentivos, subsídios, subvenções, doações ou empréstimos de órgãos ou entidades públicas e de instituições financeiras públicas ou controladas pelo poder público. Não há menção expressa quanto à extensão das mitigações para as outras penalidades contidas na norma, ou à extensão dos benefícios às pessoas físicas relacionadas à prática. Não há, igualmente, consenso relativo à possibilidade de incidência de outras penalidades administrativas trazidas por legislação esparsa, como as leis dos tribunais de contas e a Lei de Improbidade Administrativa.[223]

---

[223] Os arts. 29 e 30 da Lei nº 12.846/2013 resguardam as competências sancionatórias do CADE, do Ministério da Justiça e do Ministério da Fazenda, bem como a possibilidade de aplicação

Essa característica da norma anticorrupção é usualmente indicada como um grave desafio à criação de uma dosimetria de incentivos ótima.[224] Em razão dessa pouca atenção aos efeitos potencialmente deletérios da colaboração das empresas sobre as pessoas físicas que as integram, viu-se, no momento imediatamente subsequente à edição da norma, relutância na celebração de acordos de leniência nesses moldes – deu-se preferência para a autodelação perante as esferas do CADE e do Ministério Público Federal.

Mais recentemente, tem-se observado esforços da CGU para conferir maior atratividade aos acordos de leniência da Lei Anticorrupção, seja pela inclusão de cláusulas que reiteram as tratativas travadas entre o delator e o *parquet*, seja incluindo – a despeito da ausência de norma expressa para tal – as pessoas físicas no âmbito de proteção dos seus acordos.[225]

Finalmente, na Lei nº 13.506/2017, há possibilidade de extinção da penalidade *administrativa*, ou de sua redução de um a dois terços, seja para pessoas físicas ou jurídicas. Contudo, como já observado, consoante ao art. 30, §6º, "o acordo administrativo em processo de supervisão celebrado pelo Banco Central do Brasil, atinente à prática de infração às normas legais ou regulamentares cujo cumprimento lhe caiba fiscalizar, não afeta a atuação do Ministério Público e dos demais órgãos públicos no âmbito de suas correspondentes competências" – o que na prática significa dizer que também nesse caso a celebração do acordo pode expor o agente a outras incontáveis apenações, podendo ser mais maléfico que benéfico ao colaborador.

Vê-se, então, que, no ordenamento brasileiro, é muitíssimo mais difícil antever os resultados concretos decorrentes da celebração de um acordo de leniência. O Legislador, ao mesmo tempo que isenta uma penalidade, resguarda as competências sancionadoras de outras frentes de atuação estatal.[226]

---

das penas decorrentes da Lei de Improbidade Administrativa e da Lei nº 8.666/1993 e outros diplomas afins.

[224] Ver-se, por exemplo, LUZ, Reginaldo Diogo; SPAGNOLO, Giancarlo. Leniency, collusion, corruption, and whistleblowing. (April 18, 2016). SITE Working Paper Series nº 36. Disponível em: https://ssrn.com/abstract=2773671, p. 12-13; CAMPOS, Patrícia Toledo de. Comentários à Lei nº 12.846/2013 – lei anticorrupção. Revista Digital de Direito Administrativo, v. 2, n. 1, p. 160-185, 2014, p. 181.

[225] Este ponto será retomado no tópico 5.2 e no Capítulo 6.

[226] Nem mesmo o sistema do CADE, certamente o mais desenvolvido até o momento, oferece completa elucidação em relação aos seus efeitos: a menção a "crimes diretamente relacionados à prática de cartel" (art. 87 da norma) não deixa claros quais os tipos penais realmente

É preciso ressaltar, ainda, que a celebração de acordo de leniência, *a priori*, não isenta o agente colaborador da persecução judicial na esfera privada. Como coloca Lucas Campino Pinha, existe a possibilidade de reparação civil aos agentes privados que se sentiram lesados pela atividade anticoncorrencial, sejam eles "consumidores, fornecedores, e até mesmo instâncias do governo que se sentiram lesadas por carteis de mercado ou cartéis em licitações",[227] ainda que sejam realizados acordos no âmbito da Administração Pública.

Outro requisito para a efetividade dos programas de leniência, atrelado ao *design* das penas, consiste na existência de um real risco de descobrimento das condutas colusivas. Pouco importará a existência de sanções de alta gravidade se não houver, na prática, qualquer probabilidade de que o Estado venha, por conta própria, a descobrir tais ilícitos, investigar sua autoria e aplicar as referidas sanções.[228] A instabilidade da relação entre os membros da organização criminosa apenas será agravada a tal ponto que algum dos membros passe a cogitar a delação na hipótese de haver concreto temor quanto à aplicação das penalidades dispostas na legislação.

Será nesse cenário que ocorrerá a "corrida para a colaboração", em que os membros da organização buscarão ser, cada um deles, o primeiro a delatar e obter o máximo de (ou todas as) benesses ofertadas aos particulares que celebrem o acordo. É imprescindível, portanto, que os agentes a todo o momento se perguntem se podem, de fato, confiar uns nos outros.

Deve-se ter em conta que, ao se autodelatar, o agente passa a ficar vulnerável não apenas a penalidades jurídicas propriamente ditas (em razão dos crimes ou ilícitos administrativos e cíveis eventualmente cometidos, que podem ou não ser abarcados pela extensão da leniência), mas também a outros custos, decorrentes da cessação da atividade ilegal (que gerava, presumivelmente, lucros extraordinários), dos danos à sua imagem decorrentes da publicização do cometimento dessas infrações,

---

contemplados, e o fato de a lei silenciar sobre a atuação do Ministério Público (o titular da ação penal pública) nesses acordos torna-os, nesse ponto, mais frágeis à possibilidade de questionamentos posteriores. No mesmo sentido, PEREIRA FILHO, Venicio Branquinho. Programa de leniência no direito concorrencial brasileiro: uma análise de seus escopos e desafios. *Revista de Defesa da Concorrência*, v. 3, n. 2, 2015, p. 105.

[227] PINHA, Lucas Campio. Qual a contribuição da Teoria dos Jogos para os programas de leniência? Uma análise aplicada ao contexto brasileiro. *Revista de Defesa da Concorrência*, v. 6, n. 1, 2018, p. 164.

[228] IACOBUCCI, Edward M. Cartel class actions and immunity programmes. *Journal of Antitrust Enforcement*, v. 1, n. 2 (2013), p. 272–295.

de indenizações a serem pagas a terceiros prejudicados e, eventualmente, da exclusão ou *backlash* do mercado em decorrência de sua traição. O próprio processo de cooperação já oferece custos *per se*[229] já que o delator deverá em regra se manter à disposição das autoridades e implementar mecanismos de correção dos ilícitos cometidos (*e.g.* auditorias, demissões, treinamentos, programas de *compliance*), para além de eventualmente ressarcir os danos causados à Administração Pública e a terceiros.[230]

Como afirma Bruno de Luca,

> um Programa de Leniência só se faz efetivo se o risco de persecução e condenação de um cartel verificar-se superior aos benefícios alcançados pelo cartel somados aos custos da delação. Assumindo que um Acordo de Leniência firmado não deva gerar multas à empresa denunciante e, portanto, seu custo de delação, a princípio, limita-se aos custos de representação legal, resta saber: (i) a probabilidade de condenação de um cartel, (ii) o valor das multas aplicadas às empresas condenadas, (iii) a possibilidade e efetividade de uma condenação criminal de pessoas físicas envolvidas; e (iv) a possibilidade e o quantum decorrente de eventuais condenações a ressarcimentos decorrentes de ações de perdas e danos movidas por seus consumidores.[231]

Todos esses fatores, por evidente, devem ser considerados para que o desenho do programa de leniência ofereça razoáveis vantagens ao comportamento colaborativo quando contraposto ao mero silêncio,

---

[229] MARRARA, Thiago. Acordos de leniência no processo administrativo brasileiro. Modalidades, regime jurídico e problemas emergentes. *Revista Digital de Direito Administrativo*, v. 2, n. 2, p. 509- 527, 2015, p. 513.

[230] No caso brasileiro, nenhuma das legislações atualmente contempla a possibilidade de que o agente infrator não realize o ressarcimento do dano a terceiros – Administração Pública ou particulares. A Lei do CADE, inclusive, mantém a previsão de que a responsabilidade pelos danos decorrentes de infração à ordem econômica é de natureza solidária, o que pode aumentar exponencialmente os custos da realização da leniência, se ela ensejar a propositura de ações cíveis. Ana Paula Martinez, em sentido contrário ao atual sistema, destaca que "o recomendável seria a exclusão da responsabilidade solidária entre o signatário da leniência e os demais membros da conduta – ele continuaria responsável pelo pagamento dos danos que tiver causado, mas não responderia pelos danos causados pelos demais –, e a impossibilidade de o signatário ressarcir de forma múltipla os danos causados pelo cartel. (MARTINEZ, Ana P. *Repressão a cartéis* – interface entre direito administrativo e direito penal. São Paulo: Singular, 2013, p. 276). Há atualmente um projeto de lei (PLS nº 283, de 2016), que visa a alterar esse cenário, dispondo que os signatários da leniência são responsáveis apenas pelo dano que causaram aos prejudicados, e estipulando ainda que para os demais membros do cartel a responsabilidade seria solidária e em dobro.

[231] DRAGO, Bruno De Luca. Acordos de Leniência – breve estudo comparativo. *Revista do IBRAC* – Direito da Concorrência, Consumo e Comércio Internacional, v. 14, jan. 2007, p. 49 e ss.

sempre cuidando, contudo, para que as benesses não sejam tamanhas a deslegitimar o instrumento ou mesmo apresentar incentivos perversos (como seria o caso do agente que busca infringir a norma apenas para depois obter os ganhos de um acordo de leniência,[232] delatar e assim prejudicar seus comparsas – obtendo com isso a sua fatia de mercado).

2.2.2.2 Utilidade e novidade das evidências apresentadas pelo particular celebrante

Do ponto de vista da atratividade/vantajosidade do acordo para as autoridades *estatais*, aponta-se para o requisito de que as informações levadas às autoridades competentes, em troca de isenção ou redução nas penalidades aplicáveis, sejam *novas* (no sentido de não serem já conhecidas pelos agentes públicos responsáveis pela persecução) e *úteis*, pertinentes aos fins a que se prestam.[233]

Tendo natureza eminentemente instrumental, com o fim de contribuir para a apuração de práticas de ilícitos de cunho associativo, os acordos de leniência devem pressupor que o resultado final da colaboração do particular é a possibilidade de condenação dos coautores daquele delito.[234] A concessão de benefício sem a contrapartida do incremento na efetividade do poder investigativo estatal corresponderia à adoção de outro instituto jurídico, ou até à institucionalização de tratamento anti-isonômico a determinados agentes infratores, sem justificativa objetiva.[235]

---

[232] Essa hipótese, embora de difícil configuração na realidade concreta, pode ser vislumbrada em alguns modelos teóricos em que, para além das meras isenções de penalidades, o agente delator receberia também valores monetários decorrentes de sua cooperação. Discorre brevemente sobre o tema, por exemplo, SPAGNOLO, Giancarlo. Optimal Leniency Programs (May 13, 2000). *FEEM Working Paper*, n. 42.2000. Disponível em: https://ssrn.com/abstract=235092.

[233] MARRARA, Thiago. Acordos de leniência no processo administrativo brasileiro. Modalidades, regime jurídico e problemas emergentes. *Revista Digital de Direito Administrativo*, v. 2, n. 2, 2015, p. 509- 527 e 513-514.

[234] No programa de leniência existente na União Europeia, por exemplo, a redução das penalidades dependerá de "contribuição efetiva da empresa, em termos de qualidade e de oportunidade, para a determinação da existência de infração", devendo as informações agregarem "valor acrescentado significativo relativamente àqueles de que a Comissão já dispõe".

[235] Alguns autores sustentam que outra fonte de vantagens para o Estado, decorrente da celebração de acordos de leniência, seria a imposição de medidas de saneamento da empresa (*self-cleaning*) e a imposição de criação de mencanismos de *compliance*. Cristina Fortini, nesse sentido, defende que "a aposta na superação de práticas ilícitas não pode se concentrar na ameaça repressiva estatal. Os programas de integridade, que em ambos os cenários balizarão a aplicação de sanções, precisam integrar o rol de compromissos do particular interessado em frear/relativizar o furor punitivo estatal (...) Soa insuficiente minimizar as

A discussão sobre eventual necessidade de resgatar-se uma ou outra sociedade, sob pena de a sua falência desencadear consequências sociais e econômicas sobremodo danosas (na locução em inglês, usualmente utilizada, as sociedades *too big to fail* – ou grandes demais para falir) não pode se tornar passe livre para a desvirtuação da lógica econômica que subjaz aos programas de leniência (com a eleição de empresas em verdade *too big to jail*). Se é lícito ou legítimo ao Estado realizar esse tipo de distinção entre aquelas sociedades que pretende salvar, isto deve idealmente ser verificado à luz das motivações explicitadas pela Administração Pública de forma transparente e sincera, e não mediante a descaracterização do instituto ora em debate.[236] O alargamento excessivo da esfera de aplicação dos programas de leniência pode infirmar sua utilidade à luz da teoria econômica do dilema do prisioneiro, transformando-o em mecanismo diverso.[237]

Todavia, isto não significa que a concessão ou não do tratamento mais benéfico esteja condicionada à futura condenação dos demais infratores, uma vez que esta pode não ocorrer por outros motivos outros que não a insuficiência da colaboração do delator. Basta pensar na celebração dos delatados de algum outro tipo de acordo com as autoridades, quando existentes no ordenamento jurídico (um *plea bargain*, nos EUA, por exemplo, ou um outro acordo de leniência) ou mesmo na atuação falha das autoridades responsáveis pela imposição

---

sanções sem promover, como se poderia, os programas de integridade. Afinal, também deve se perseguir a melhoria da atuação das entidades, fomentando a inclusão/reformulação de ferramentas de gestão, controle e monitoramento de riscos, para que a infração não se reproduza" (FORTINI, Cristina. *A atividade sancionatória e a proposta da CVM para o acordo de supervisão*. Disponível em: https://www.conjur.com.br/2018-jun-28/atividade-sancionatoria-proposta-cvm-acordo-supervisao?imprimir=1. Acesso em: 20 fev. 2019).

[236] Nada obstante, alguns dos acordos celebrados pela CGU, no âmbito federal, têm consignado, dentre os objetivos e interesses públicos almejados pela via consensual em questão, a necessidade de "Preservar a própria existência da empresa e a continuidade de suas atividades, em especial a atividade de engenharia e construção, o que, apesar dos ilícitos confessados, encontra justificativa inclusive na manutenção e ampliação de empregos e em obter os valores necessários à reparação dos ilícitos perpetrados". É o que afirma, por exemplo, o acordo celebrado com as empresas que integram o grupo econômico da Odebrecht (Processo nº 00190.103765/2018-48).

[237] Isto não significa que a previsão de hipóteses de *self-cleaning* das empresas envolvidas em ilícitos não seja desejável, ou que esse saneamento da sociedade não possa ser realizado concomitantemente à celebração de acordos de delação. O que ora se defende, tão-somente, é que o acordo de leniência *per se* não serve a esse propósito, tendo em vista seus os fundamentos e objetivos do instituto, e os riscos de enviesamento decorrentes de celebração deste quando ausentes seus pressupostos lógicos e econômicos.

de sanções (como a existência de uma nulidade durante o processo que obstaculize a apenação).[238]

Igualmente, não se pode confundir um patamar mínimo de novidade nas informações apresentadas pelos potenciais celebrantes com a necessidade de se fornecerem sempre materiais tão decisivos e contundentes (*smoking guns*) a ponto de restringir excessivamente o escopo de potenciais participantes nesses acordos.[239]

A discussão a respeito do *standard* aplicável às evidências que devem ser fornecidas às autoridades é conhecida na seara dos acordos de leniência do programa da União Europeia. Num primeiro momento, o programa comunitário estipulava um critério de acordo com o qual as provas admissíveis seriam aquelas "decisivas" – conceito que, além de subjetivo, se mostrou excessivo, especialmente porque, na União Europeia, naquele momento, não era possível celebrar acordos com sociedades tidas como líderes dos respectivos cartéis.[240] [241] A atual configuração do programa de leniência europeu determina que a Comissão concederá imunidade à primeira sociedade que revele a sua participação num cartel que afete a União Europeia, desde que os elementos de prova, na opinião da Comissão, lhe permitam *(i)* efetuar uma inspeção direcionada ao alegado cartel; ou *(ii)* determinar a existência de uma infração art. 101 do Tratado.

Caso a Comissão já possua informações sobre o cartel, poderá ser concedida a redução da multa imputável[242] às pessoas jurídicas que

---

[238] É o que igualmente defende MARRARA, Thiago. *Acordos de leniência no processo administrativo brasileiro*. Modalidades, regime jurídico e problemas emergentes. Revista Digital de Direito Administrativo, v. 2, n. 2, p. 509- 527, 2015. 2015, p. 513

[239] Veja-se ZINGALES, Nicolo. European and American Leniency Programmes: Two Models Towards Convergence? (2008). *Competition Law Review*, v. 5, n. 1, 2008. Disponível em: https://ssrn.com/abstract=1101803, p. 42. Na doutrina brasileira, Modesto Carvalhosa sustenta que o acordo de leniência da Lei Anticorrupção brasileira é "uma promessa pactuada de diminuição das penalidades vinculada a uma condição resolutiva de resultado", cujos efeitos não demandam a condenação dos delatados, mas apenas a oferta de provas consistentes (CARVALHOSA, Modesto. *Considerações sobre a Lei anticorrupção das pessoas jurídicas*: Lei n. 12.846 de 2013).

[240] COLINO, Sandra Marco. *Cartels and Anti-competitive Agreements*. Routledge, 2017, nota 110.

[241] A atual versão do programa afirma, contudo, que "[n]ão será concedida a imunidade prevista na alínea a) do ponto 8 se a Comissão, no momento em que o pedido lhe é apresentado, dispuser já de elementos de prova suficientes para adoptar uma decisão de efectuar uma inspecção relativamente ao alegado cartel ou se já tiver realizado tal inspecção" (item II. A. 10 da Comunicação da Comissão Relativa à imunidade em matéria de coimas e à redução do seu montante nos processos relativos a cartéis (2006/C 298/11), disponível em: http://eur-lex.europa.eu/legal-content/PT/TXT/HTML/?uri=CELEX:52006XC1208(04)&from=EN.).

[242] Na decisão final do processo administrativo, a Comissão determinará o nível de redução percentual, segundo os seguintes patamares: (i) À primeira empresa que forneça um valor acrescentado significativo: uma redução de 30-50 %; (ii) À segunda empresa que forneça

forneçam elementos de prova que apresentem um *valor acrescentado significativo* relativamente aos dados de que a Comissão já disponha.[243] Na legislação brasileira, o patamar das informações a serem apresentadas não é inteiramente evidente. A Lei nº 13.506/2017, de forma muito semelhante à Lei do CADE, menciona a "identificação dos demais envolvidos na prática da infração, quando couber",[244] e a "obtenção de informações e de documentos que comprovem a infração noticiada ou sob investigação" (art. 30, I e II). Condiciona, ainda, a celebração à autoridade não dispor de "provas suficientes para assegurar a condenação administrativa das pessoas físicas ou jurídicas por ocasião da propositura do acordo" (art. 30, §2º, III). Tendo em vista, entretanto, que não é apenas a primeira pessoa jurídica a se manifestar que fará jus ao benefício (outras subsequentes podem ter a redução de um terço da penalidade aplicável), não é claro quais informações os demais celebrantes devem fornecer para chegarem a um patamar em que seja vantajoso à Administração realizar o acordo.

A Lei nº 12.846/2013 alude à "obtenção célere de informações e documentos que comprovem o ilícito sob apuração" – mas não diz expressamente que a Administração Pública não pode possuir provas suficientes para a apenação antes da celebração do acordo.[245]

---

um valor acrescentado significativo: uma redução de 20-30 %; (iii) Às empresas seguintes que forneçam um valor acrescentado significativo: uma redução até 20 %.

[243] Esse *valor acrescentado* é conceituado no item 25 da Comunicação como correspondente aos "elementos de prova apresentados [que] reforçam, pela sua própria natureza e/ou pelo seu nível de pormenor, a capacidade de a Comissão provar o alegado cartel". No mesmo item, a Comunicação explicita a forma de apreciação para o sopesamento das provas apresentadas. Segundo o documento, a Comissão deve considerar que os elementos de prova escritos que datem do período a que os fatos se referem têm um valor superior aos elementos de prova de origem subsequente. Deve também valorar de forma superior os elementos de prova diretamente relacionados com os fatos em questão, em relação àqueles apenas indiretamente ligados aos fatos. Deverá igualmente considerar o grau de corroboração por outras fontes: "aos elementos de prova decisivos será atribuído um valor superior, comparativamente a elementos de prova tais como declarações, que necessitam de ser corroboradas se forem contestadas".

[244] O uso da locução "quando couber" pela norma será visto de forma mais detida no Capítulo 5.

[245] O Manual de Responsabilização Administrativa de Pessoas Jurídicas elaborado pela CGU toca brevemente na questão. Confira-se: "(...) se a Administração Pública já dispuser desses elementos probatórios de autoria e materialidade, não haveria, num primeiro momento, interesse em pactuar leniência com a pessoa jurídica processada, ainda que esta se apresente de forma espontânea e prontamente ofereça colaboração. Nesses casos, a colaboração deverá ser considerada apenas como elemento geral de atenuação da pena, nos termos, aliás, do inciso VII, do art. 7º, da LAC (a cooperação da pessoa jurídica para a apuração das infrações). Perceba-se, assim, que o aproveitamento atenuador genérico da colaboração da pessoa jurídica no curso do processo constitui-se em direito subjetivo do ente processado. Ou seja, muito embora a pessoa jurídica processada não detenha direito público subjetivo à efetiva celebração do acordo de leniência, que estará sempre condicionado à existência

A seu turno, a Lei do CADE (Lei nº 12.529/2011) prevê que a celebração do acordo tem como requisito que a Superintendência-Geral não goze de provas suficientes para assegurar a condenação da empresa ou pessoa física por ocasião da propositura do acordo (art. 86, §1º, III), e que, da colaboração, deve resultar "a identificação dos demais envolvidos na infração" e a "obtenção de informações e documentos que comprovem a infração noticiada ou sob investigação" (art. 86, II).

A isenção total das penalidades administrativas (e, eventualmente, criminais) ocorre quando o CADE não tem conhecimento da existência do ilícito. No caso de a autarquia não ter condições de assegurar a imposição de penalidades aos envolvidos, o benefício é apenas parcial (redução da multa). Para o CADE, o conceito de conhecimento prévio, para esses fins, é a existência de processo administrativo com "indícios razoáveis de práticas anticompetitivas para apurar a infração objeto da proposta de acordo de leniência.[246]

Por fim, um último apontamento quanto à atratividade do programa de leniência, sob a ótica do Estado, diz respeito à imprescindibilidade de que as promessas realizadas pelo particular durante a fase de negociação das cláusulas do acordo sejam efetivamente cumpridas pelo colaborador, para que este possa gozar dos benefícios previstos pelo sistema. Não é possível que o particular que deixe de cooperar com o Poder Público no decorrer dessa relação seja contemplado de igual forma pelas mitigações do *jus puniendi*, sem que tenha correspondido às expectativas de boa-fé geradas na Administração.[247]

---

de interesse processual da Administração Pública, a colaboração espontânea deverá ser sempre considerada como componente de atenuação da sanção administrativa. Por isso, o aspecto 'tempestividade da informação' denota destacada relevância na análise da pertinência e do cabimento do ato administrativo consensual. Inobstante a possibilidade de a proposta de acordo ser feita, nos termos do §2º do art. 30 do Decreto nº 8.420/2015, até a conclusão do relatório final, quanto mais avançada se encontrar a marcha processual, mais minuciosos e precisos deverão ser os dados fornecidos pela pessoa jurídica, comprovando efetivamente a prática do ilícito, a fim de que possam ser aproveitados no bojo do processo" (p. 78). Todavia, no mesmo documento, a CGU indica que "a cooperação poderá mesmo ser aproveitada quando a autoridade administrativa já dispuser de provas para condenar os envolvidos. Com efeito, os elementos trazidos por um participante do conluio podem fortalecer a persecução contra os demais envolvidos e até mesmo indicar a existência de mais participantes na infração. Porém, o valor das informações trazidas deve ser avaliado in concreto, de modo a não provocar uma punição excessivamente atenuada da empresa que se envolve na organização delituosa" (p. 81).

[246] CADE. *Guia do Programa de Leniência Antitruste do CADE*, p. 19.
[247] A experiência do Sistema comunitário europeu traz um exemplo de caso em que a confiança das autoridades públicas foi traída por um particular delator que em tese faria jus ao benefício integral da imunidade. No Processo T-12/06 daquela jurisdição ("Deltafina contra Comissão Europeia"), a Comissão Europeia se deparou com situação na qual a primeira empresa a se qualificar para a o recebimento do benefício decorrente da cooperação, *i.e.*,

Em consonância com esse pensamento, todas as três leis que trazem o instrumento de forma expressa ao ordenamento brasileiro preveem que a cooperação do (auto) delator com as investigações deve ser plena e permanente (art. 86, §1º, IV da Lei nº 12.529/2011; art. 16, §1º, III da Lei nº 12.846/2013 e art. 30, §2º, IV da Lei nº 13.506/2017).

O monitoramento do proceder do colaborador, durante a execução do acordo, destarte, é elemento essencial à consolidação da sua utilidade enquanto instrumento de dissuasão de atividades ilícitas, de modo a evitar o uso estratégico dos programas de leniência pelas empresas envolvidas.[248]

---

total imunidade administrativa, havia informado aos demais membros do cartel a respeito do início das tratativas para a celebração do acordo de leniência, infringindo assim na obrigação de confidencialidade existente no programa. Consequentemente, a sociedade teve a sua imunidade suprimida, embora tenha recebido redução de multas decorrente da cooperação prestada para além do acordo de leniência. Restou consignado naquela ocasião que "[é] apenas no termo do procedimento administrativo, quando aprova a decisão final, que, nessa decisão, a Comissão concede, ou não, a imunidade de coimas propriamente dita à empresa que beneficia da imunidade condicional. É neste exacto momento que o estatuto processual que decorre da imunidade condicional deixa de produzir efeitos. No entanto, a imunidade definitiva em matéria de coimas só é concedida se a empresa cumprir, ao longo de todo o procedimento administrativo e até ao momento da decisão final, as três condições cumulativas enunciadas no ponto 11, alíneas a) a c), da comunicação sobre a cooperação. (...) uma empresa que pretenda beneficiar de imunidade total de coimas com fundamento na sua cooperação na investigação não pode deixar de informar a Comissão de factos pertinentes que conheça e que são susceptíveis de afectar, ainda que potencialmente, o curso do procedimento administrativo e a eficácia da instrução da Comissão. Assim, uma cooperação verdadeira e total pressupõe que, durante todo o procedimento administrativo, a empresa em questão informe atempadamente a Comissão de qualquer circunstância pertinente susceptível de ter uma influência negativa no bom desenrolar da investigação ou na descoberta e repressão eficaz do cartel em causa. Esta obrigação de informação é tanto mais importante quando essa circunstância diz respeito às relações entre essa empresa e os outros membros do cartel e, por maioria de razão, se a eventual ocorrência dessa circunstância tiver sido, previamente, objecto de uma discussão explícita entre a Comissão e essa empresa no âmbito do procedimento administrativo". (Disponível em: http://eur-lex.europa.eu/legal-content/PT/ALL/?uri=CELEX:62006TJ0012. Acesso em: 28 dez. 2017).

[248] "Para além das fortes indicações expressas que podem ser encontradas no texto do acordo de leniência, deve notar-se que a aplicação de uma redução da multa a uma empresa que violou os requisitos do ponto 11 iria contra lógica processual e a finalidade material do acordo. (...) A consideração de um pedido (subsidiário) de redução da multa após uma violação das obrigações impostas aos requerentes de imunidade iria claramente subverter tal ordem e exigiria a avaliação retrospectiva das condições de elegibilidade para redução da multa. (...) Mais importante, no entanto, a aplicação à Deltafina de uma redução da multa dentro da primeira faixa subverteria qualquer interpretação significativa da obrigação de cooperação imposta às empresas que beneficiam de um estado de imunidade condicional. Em qualquer fase do processo, encontrar-se-iam na posição de ter que fazer uma escolha calculada entre continuar a cooperar e outras opções, com base num simples sopesamento de conveniência (redução de até 50% sendo sempre disponível em qualquer situação). Entretanto, a Comissão teria perdido a oportunidade de conceder imunidade e esperar cooperação total de uma empresa diferente (mais comprometida). Especialmente em mercados onde as relações comerciais complexas entre participantes de um cartel existem, como neste caso

O maior desafio, nesse ponto, será encontrar o devido equilíbrio entre o comportamento esperado pelo Estado e as condições de cooperação efetivamente atingíveis pelo colaborador, porquanto nem a tolerância a comportamentos desidiosos ou dolosamente enganosos, nem a exigência de excessivo perfeccionismo parecem adequadas.[249]

2.2.2.3 Desestabilização da relação entre os agentes em conluio

Dois dos principais objetivos dos acordos de leniência, como visto, são, do ponto de vista da investigação, criar um mecanismo que permita incrementar o acesso a informações por parte das autoridades estatais, e, do ponto de vista dos agentes infratores, criar ou agravar instabilidades nas relações de confiança necessárias à prática de ilícitos que demandam o conluio (e, especialmente, aquelas que dependem de organizações de alta complexidade para a realização dessas atividades ilegais).

(onde a Deltafina também é cliente de subsidiárias dos grupos concorrentes na Espanha e na Grécia), o risco de retaliação ou simples deterioração das relações comerciais existentes pode fazer o equilíbrio inclinar-se em favor da lealdade a outros membros do cartel e não às investigações da Comissão. Na ausência de um impedimento claro, todos ou alguns dos participantes do cartel poderiam até decidir planejar juntos a maneira de solicitar imunidade e/ou redução à Comissão e repartir os benefícios daí decorrentes" (Comissão Europeia. Decisão de 20 de outubro de 2005 no Processo COMP/C.38.281/B.2 – Raw Tobacco Italy, parágrafos 461-484).

[249] Essa celeuma não é exclusiva dos acordos de leniência, nem, tampouco, do ordenamento jurídico brasileiro. Veja-se que no campo do Direito Penal enfrenta-se discussão análoga sobre o comportamento a ser demandado do colaborador. Encontra-se em tramitação no STF a Pet. Nº 7.003, Rel. Min. Edson Fachin, na qual "o Ministério Público, declinando graves fatos e imputando omissões e má-fé, suscitou, na forma de pedido de homologação, pleito de rescisão de colaboração premiada". O delator, a seu turno, argumentou que "no que diz respeito ao mérito, sustenta que as sanções decorrentes da rescisão do contrato, quando comparadas com o interesse público não são razoáveis nem proporcionais; (xi) houve o adimplemento substancial do acordo por parte do colaborador de modo que, pelo princípio da conservação dos negócios jurídicos, deve ter-se o direito à resolução do contrato por limitado; (xii) sob a ótica do interesse público, não se pode desconsiderar a gama de elementos probatórios trazidos pelo colaborador, os quais instruem inúmeros procedimentos penais" (DJE nº 153, divulgado em 31.07.2018). Sobre o tema, confiram-se os comentários de Aury Lopes Jr. e Alexandre Morais da Rosa (Delação não pode ser rescindida unilateralmente por capricho do Estado, 6 out. 2017. Disponível em: https://www.conjur. com.br/2017-out-06/limite-penal-delacao-nao-anulada-unilateralmente-capricho-estado. Acesso em: 10 abr. 2019).
No direito comparado, relativamente aos *plea bargains*, mas com reflexões que podem ser transpostas à hipótese dos acordos de leniência, veja-se MILLER, Colin. Plea Agreements as Constitutional Contracts. July 2017. Disponível em: https://ssrn.com/abstract=2997499; e SCOTT, Robert E.; STUNTZ, William J. Plea bargaining as contract. *Yale lj*, v. 101, p. 1909, 1991.

A lógica que permeia o instituto não é de todo nova: trata-se de adaptação da tática de *divide et impera*,[250] cuja racionalidade consiste exatamente em buscar minar as afinidades entre membros de uma mesma coalisão, voltando-os uns contra os outros.

Por conseguinte, um dos grandes trunfos gerados pelos programas de leniência seria exatamente o efeito preventivo geral concretizado por meio da introdução de um "vírus da instabilidade nas relações entre potenciais infratores".[251] Esse resultado seria decorrente do fato de o infrator se ver não só na eventual mira das autoridades fiscalizadoras do Estado, mas também possivelmente traído pelos seus companheiros no delito, o que proporcionaria um ambiente geral de incertezas que abalaria a cooperação entre agentes.[252]

Susan Rose-Ackerman e Tina Soreide lembram que as partes que se engajam no comportamento de corrupção, por exemplo, (e este é um fenômeno que pode demandar uma pluralidade de agentes, ou seja, ter caráter associativo), raramente nutrirão expectativas de completa confiança umas nas outras, de maneira que um abalo ou dúvida na relação pode ser suficiente para iniciar uma corrida em que cada um dos integrantes tenta ser o primeiro a celebrar um acordo de leniência.[253]

O comportamento dos agentes, portanto, depende em parte das atitudes que eles supõem que serão tomadas pelos demais envolvidos – ou seja, quanto mais vantajosas forem as consequências da cooperação com autoridades estatais, e mais provável for que algum dos outros membros da associação criminosa busque celebrar o acordo, mais premente será que o agente potencialmente prejudicado tome a frente e negocie primeiro a leniência.

O elemento da primazia – em que o agente ou é o único premiado por ser o primeiro a colaborar nos termos demandados pela norma, ou é premiado de forma muito mais intensa que os demais colaboradores

---

[250] SPAGNOLO, Giancarlo. Divide et Impera: Optimal Leniency Programs (December 2004). *CEPR Discussion Paper*, n. 4840. Disponível em: https://ssrn.com/abstract=716143. Acesso em: 05 jul. 2016.

[251] MARRARA, Thiago. Lei anticorrupção permite que inimigo vire colega. CONJUR, São Paulo, p. 1, 15 nov. 2013. Disponível em: http://www.conjur.com.br/2013-nov-15/thiago-marrara-lei-anticorrupcao-permite-inimigo-vire-colega. Acesso em: 23 set. 2016.

[252] N. K. Katyal, Conspiracy Theory, (2003) 112 *Yale Law Journal* 1307, at 1342-1350; SPAGNOLO, G., Divide et Impera: Optimal Leniency Programmes, *CEPR Discussion Paper*, n. 4840 (December 2004). Disponível em: http://www.cepr.org/pubs/dps/DP4840.asp, at 6.

[253] SOREIDE, Tina; ROSE-ACKERMAN, Susan. *Corruption in State Administration* (August 3, 2015). *Yale Law & Economics Research Paper*, n. 529. Disponível em: http://ssrn.com/abstract=2639141. Acesso em: 21 set. 2016.

subsequentes[254] – costuma ser apontado como da essência para a configuração do dilema do prisioneiro nos acordos de leniência.[255] É ele o que garante que o ofensor terá pressa na propositura de um acordo com o Estado. De acordo com a OCDE,

> a clareza, a certeza e a prioridade [celebração com a primeira pessoa jurídica a buscar a cooperação] são [características] críticas, uma vez que as empresas mais provavelmente delatarão se as condições e os prováveis benefícios de fazê-lo forem claros. Para maximizar o incentivo à delação e incentivar os cartéis a desfazerem-se mais rapidamente, é importante não só que o primeiro a confessar receba o "melhor negócio", mas também que os termos do acordo sejam os mais claros possíveis no início.[256]

Para gerar as instabilidades acima mencionadas, é essencial a criação de um ambiente de corrida pela delação, de sorte que a colaboração se torne a estratégia dominante do jogo, o que, como dito acima, pressupõe a estipulação de limites temporais para a obtenção das vantagens atreladas aos acordos. Pesquisas empíricas apontam para o mesmo resultado, indicando que penas elevadas, aliadas a um programa de leniência efetivo, podem diminuir a formação de cartéis e organizações similares:

> Com políticas de leniência que oferecem imunidade ao primeiro que delatar, uma multa elevada é o principal determinante da dissuasão, tendo um forte efeito mesmo quando a probabilidade de detecção exógena é zero. A dissuasão parece ser principalmente impulsionada pela "desconfiança"; aqui, o medo dos parceiros se desviarem e delatarem. Na ausência da leniência, a probabilidade de detecção e multa esperada contam mais, e baixas multas são exploradas para punir defecções. Os resultados parecem relevantes para várias outras formas de crimes que

---

[254] Os dois modelos, de fato, existem: no sistema norte-americano, o particular que vence a corrida obtém imunidade, e os demais dependerão de outros acordos, discricionários à Administração Pública para obter mitigações das sanções – como *plea bargains*, por exemplo. Já no sistema europeu, são possíveis vários acordos de leniência sobre o mesmo ilícito, desde que haja o incremento do poder probatório através de cada uma das colaborações propostas – mas apenas o primeiro da fila terá direito a isenção total das penalidades, enquanto os demais terão reduções percentuais nos valores das multas impostas.

[255] Neste sentido, CHEN, Zhijun; REY, Patrick. On the design of leniency programs. *The Journal of Law and Economics*, v. 56, n. 4, p. 917-957, 2013.

[256] OCDE. *Report on Leniency Programs to Fight Hard-core Cartel*. Disponível em: http://www.oecd.org/LongAbstract/0,3425,en_2649_40381615_2474436_119666_1_1_1,00.html. Acesso em: 28 jul. 2017, tradução livre.

compartilham características estratégicas dos cartéis, incluindo corrupção e fraude financeira.[257]

A existência de previsão normativa dos acordos de leniência pode gerar incentivos para que os coautores mantenham a guarda de provas e informações sobre o comportamento ilícito praticado. Esse incentivo para não se desfazer de provas que poderiam de outra forma ser destruídas também tem o potencial de agregar poder investigativo ao Estado, mesmo sem a efetiva celebração dos acordos, na hipótese de essas informações e documentos serem encontradas pelo Poder Público de forma autônoma – através de buscas e apreensões, por exemplo.[258]

Não será suficiente, no entanto, nutrir a instabilidade nas relações ilícitas entre os agentes, que deve ser acompanhada da indispensável contrapartida de uma especial confiança (ou ao menos uma confiança necessariamente maior) nos entes públicos responsáveis pela celebração da leniência.[259] Se o particular teme ser traído por seu comparsa e, por

---

[257] BIGONI Maria et al. Trust, Leniency, and Deterrence. *The Journal of Law, Economics, and Organization*, v. 31, Issue 4, 1 November 2015, p. 663–689. Disponível em: https://doi.org/10.1093/jleo/ewv006. Acesso em: 4 nov. 2017). Para uma visão crítica do tema, considerando a possibilidade de que os acordos de leniência, quando inseridos em mercados marcados pela assimetria, reforcem os laços da colusão, veja-se MOTCHENKOVA, Evgenia et al. Adverse effects of corporate leniency programs in view of industry asymmetry. *Journal of Applied Economic Sciences*, v. 5, n. 2, p. 12, 2010.

[258] WILS, Wouter. Leniency in Antitrust Enforcement: Theory and Practice. *25th Conference on New Political Economy Frontiers of EC Antitrust Enforcement*: The More Economic Approach. Saarbrücken, out. 2006, p. 22. Disponível em: http://papers.ssrn.com/sol3/cf_dev/AbsByAuth.cfm?per_id=456087. Acesso em: 04 nov. 2017.

[259] "A perspectiva da confiança nas instituições assenta-se no processo de avaliação e julgamento realizado pela opinião pública. A inexistência de confiança nas instituições pode ser derivada da informação limitada de que dispõem os indivíduos acerca da política. A desconfiança é um sintoma da assimetria de informação e dos parcos recursos cognitivos disponíveis para a opinião pública (HARDIN, 1999). Por sua vez, a desconfiança pode ser resultado da incoerência das instituições em relação aos seus recursos normativos (OFFE, 1999). A confiança nas instituições supõe que a sociedade conhece suas normas básicas e suas funções permanentes, tendo-se em vista os valores e os fins normativos que as cercam. Nesse sentido, valores como probidade, imparcialidade, virtudes e direitos organizam os fins normativos das instituições (LEVI, 1988, DALTON, 1999). Esses valores geram, no plano da sociedade, expectativas normativas de acordo com um processo de justificação e aplicação de normas. A confiança ocorre quando a experiência dos cidadãos com as instituições é coerente com as expectativas desses cidadãos acerca de valores e normas que as cercam (FILGUEIRAS, 2008). A desconfiança nas instituições reflete uma criticada cidadania a respeito da legitimidade da atuação dos agentes e das organizações do sistema político na esfera pública (NORRIS, 1999; KLINGEMANN; FUCHS, 1995; PHARR; PUTNAM, 2000; NEWTON, 1999). Para Inglehart e Welzel (2005), a presença da desconfiança no que concerne às instituições democráticas cria dificuldades para sua legitimação". (FILGUEIRAS, Fernando. Burocracias do controle, controle da burocracia e accountability no Brasil. In: PIRES, Roberto R. C.; LOTTA, Gabriela; OLIVEIRA, Vanessa Elias de (Org.). *Burocracia e políticas públicas no Brasil*: interseções analíticas. Brasília: IPEA, 2018. v. 1. p. 355-382, p. 366).

isso, coopera, logicamente ele não o fará caso suponha poder ser iludido também pelo Poder Público.[260] Noutras palavras, o que se recomenda é que os benefícios concedidos aos primeiros a delatarem sejam ou exclusivos[261] ou significativamente maiores[262] que aqueles concedidos aos colaboradores subsequentes, de modo a evitar que os participantes no ilícito adotem uma estratégia de "esperar para ver" e apenas delatem caso *(i)* suspeitem que outro coautor está em vias de fazer o mesmo, ou *(ii)* quando o Estado estiver em vias de obter provas por meios alternativos (auditorias, investigações).[263]

Segundo Fabiano Teodoro de Rezende Lara e Reinaldo Diogo Luz:

> Segundo Spagnolo (2005, p. 18), um programa que proporciona leniência apenas para o primeiro a confessar a participação em cartel seria mais adequado, uma vez que evitaria que o programa fosse explorado estrategicamente pelas empresas infratoras. Permitir que todas as empresas obtenham leniência, mesmo que apenas parcial, incentiva as empresas a formar o cartel e sistematicamente relatar às autoridades. Todas, então, poderiam receber uma redução nas multas, aumentando o valor do cartel e diminuindo a capacidade dissuasória do programa de leniência. Ao permitir a leniência somente ao primeiro, a confiança entre os membros do cartel é prejudicada, uma vez que a delação se torna uma ameaça crível, e pode gerar o fenômeno denominado de "corrida aos tribunais". De acordo com o autor, quando mais empresas podem se beneficiar da leniência em relação a uma mesma conduta ilícita, elas podem passar a utilizar uma estratégia "wait and see", só confessando após uma primeira se manifestar.[264]

---

[260] Veja-se o comentário quanto aos problemas de harmonização institucional no ordenamento brasileiro, no Capítulo 6 abaixo.

[261] Favoravelmente à exclusividade dos benefícios para o primeiro colaborador, veja-se o estudo econômico empreendido por CHEN, Zhijun; REY, Patrick. On the design of leniency programs. *The Journal of Law and Economics*, v. 56, n. 4, p. 917-957, 2013. Spagnolo chega a resultado semelhante em sua pesquisa (Spagnolo, G. (2004), "Divide et Impera: Optimal Leniency Programmes", *CEPR Discussion Paper*, n. 4840. Disponível em: www.cepr.org/pubs/dps/DP4840.asp.).

[262] ZINGALES, Nicolo. European and American Leniency Programmes: Two Models Towards Convergence? (2008). *Competition Law Review*, v. 5, n. 1, 2008. Disponível em: https://ssrn.com/abstract=1101803., p. 28 e seguintes.

[263] LESLIE, Christopher R. Antitrust Amnesty, Game Theory, and Cartel Stability. *Journal of Corporation Law*, v. 31, p. 453-488, 2006. Disponível em: https://ssrn.com/abstract=924376. Acesso em: 20 maio 2017

[264] LARA, Fabiano Teodoro de Rezende; LUZ, Reinaldo Diogo. Programa de Leniência na Lei Anticorrupção In: *Esfera pública, legitimidade e controle* [Recurso eletrônico on-line] organização CONPEDI/ UFMG/FUMEC/Dom Helder Câmara; coordenadores: Marcos Leite Garcia, Heron José de Santana Gordilho, Carlos Victor Muzzi Filho – Florianópolis:

Potencial risco decorrente de não haver os tais limites quanto à quantidade de delatores (e/ou reduções substanciais nos benefícios concedidos àqueles que perdem a corrida para a leniência) é que os membros de uma organização ilícita qualquer passem a combinar entre si a realização das delações – "cartelizando", por assim dizer, a produção de provas, e garantindo, desta forma, que todos os infratores façam jus as reduções de penas. Um cenário como esse diminuiria (e não aumentaria) os custos globais da prática de atos ilícitos.

Wouter Wills ilustra a possibilidade de abuso com a seguinte hipótese: imagine-se situação em que as mesmas empresas participam de vários cartéis em diferentes mercados, ou repetidamente formam cartéis ao longo do tempo. Seria possível conceber um sistema em que os participantes do cartel se revezassem para a celebração do acordo, toda vez que um dos cartéis estivesse a ponto de ser detectado pelas autoridades.[265]

A Lei Anticorrupção, ao tratar do assunto, determina que a colaboração deve servir para a identificação dos demais infratores "quando couber" (art. 16, I – expressão também repetida pelo art. 30, I Lei nº 13.506/2017), o que parece fazer crer que nem sempre haveria outros infratores a serem delatados (como será pormenorizado no Capítulo 5 abaixo). Ocorre que, por evidente, num cenário em que não há pluralidade de agentes praticando aquela infração, não há quem delatar, nem desestabilização de uma associação de infratores, e muito menos uma corrida para a leniência. Não é, como dito, o ilícito individual que a leniência quer abarcar, mas aquele desenvolvido por agentes em conluio.

Outro aspecto controvertido consiste na previsão constante do regulamento federal (Decreto nº 8.420/2015), cuja letra do art. 30, I informa que a pessoa jurídica que intenta celebrar o acordo deverá "ser a primeira a manifestar interesse em cooperar para a apuração de ato

---

CONPEDI, 2015. Disponível em: https://www.conpedi.org.br/publicacoes/66fsl345/nlxnt420/m550LKq3E1EY1ICx.pdf. Acesso em: 03 jan. 2017.

[265] Para o autor, nas jurisdições em que os cartéis não são apenas punidos por multas em empresas, mas também por prisão de indivíduos, é improvável que tal sistema seja atraente. Contudo, em jurisdições sem apenação criminal decorrente do conluio, esse seria um cenário possível. WILS, W., *Efficiency and Justice in European Antitrust Enforcement*, Hart Publishing, 2008. p. 137. Também sobre a possibilidade de que cartéis venham a se aproveitar dos programas de leniência em benefício próprio: MARSHALL, R.C.; MARX, L.M., Participation in Multiple Cartels Through Time and the Potentially Strategic Use of leniency. *Paper presented at the Swedish Competition Authority's 2015 Pros and Cons seminar on leniency*. Disponível em: http://www.konkurrensverket.se/en/research/seminars/the-pros-andcons/leniency-and-criminalization-2015/.

lesivo específico, *quando tal circunstância for relevante*". Para além de a norma neste ponto extrapolar seu fundamento legal,[266] há que se indagar qual teria sido a *ratio* norteadora desse adendo: a ideia seria que nem sempre ser a primeira é relevante, de modo a possibilitar a celebração de acordos ainda com uma segunda ou terceira sociedades? Ou que nem sempre existiria a primazia porque, justamente, a pessoa jurídica seria a única praticante dos atos lesivos à Administração Pública?[267]

2.3 Conclusões parciais do capítulo

Em suma, e retomando o cerne do que foi até agora dito, a possibilidade de dissuasão de comportamentos ilícitos depende, na concepção econômica, de a probabilidade de detecção dos ilícitos pelo Estado, e de efetivação do seu *jus puniendi*, atrelada a outras penalidades de natureza extrajurídica (como custos reputacionais ou morais), ser superior aos benefícios incorridos com a continuidade da prática delitiva.

A detecção de certos ilícitos, entretanto, pode ser possível ou viável, apenas, caso exista a cooperação de agentes internos à infração, e que, por isso, tenham acesso a informações e documentos sem os quais a pretensão sancionatória estatal se apresente como improvável. Essa ação colaborativa dos particulares, para ocorrer, deve ser fomentada pela concessão de benefícios àqueles que delatem (e, consequentemente, confessem) suas próprias condutas, uma vez que não seria de se esperar

---

[266] Este artigo foi alvo, por esse motivo, de Projeto de Decreto Legislativo para sustar seus efeitos (PDC nº 27/2015), hoje arquivado.

[267] Importante atentar para o fato de que nem todas as infrações administrativas previstas no art. 5º da Lei nº 12.846/2013 pressupõem o conluio. Citem-se, a esse respeito, os atos de "impedir, perturbar ou fraudar a realização de qualquer ato de procedimento licitatório público"; "fraudar licitação pública ou contrato dela decorrente"; "criar, de modo fraudulento ou irregular, pessoa jurídica para participar de licitação pública ou celebrar contrato administrativo" ou "obter vantagem ou benefício indevido, de modo fraudulento, de modificações ou prorrogações de contratos celebrados com a administração pública, sem autorização em lei, no ato convocatório da licitação pública ou nos respectivos instrumentos contratuais". O mesmo se diga quanto às infrações tipificadas na Lei nº 8.666/1993 e que, pelo art. 17 da Lei Anticorrupção, poderiam ser abarcados pelo acordo de leniência dessa última norma, dentre as quais se incluem condutas como o atraso ou a inexecução total ou parcial do contrato administrativo (arts. 86 e 87 da Lei de Licitações e Contratos). Como dito antes, a ideia do acordo de leniência não é a de criar um caminho fácil para que agentes se furtem ao cumprimento de sanções, obtendo a imunidade sem qualquer contrapartida para o Estado. O fundamento da leniência é o combate, e a prevenção, a condutas realizadas de forma conjunta por vários atores distintos, e de maneira sofisticada. Não se confunde, por isso mesmo, com um mecanismo de perdão ou com um Termo de Ajustamento de Conduta (confira-se a esse respeito o Capítulo 4, *infra*). O tema é tratado mais detidamente no Capítulo 5 do presente estudo.

que o fizessem simplesmente em decorrência de crises de consciência ou de motivos altruísticos e cívicos.

Não basta, contudo, que a norma jurídica com essa finalidade de adequação de comportamentos humanos exista em abstrato e genericamente. Para além da mera positivação de instrumentos como os acordos de leniência, outros fatores são relevantes para que a finalidade da provisão se concretize realmente, dentre os quais se pode ressaltar "(a) elementos de risco, que são (a.1) probabilidade de detecção pelas autoridades e (a.2) severidade da punição e (b) elementos de incentivo, que são (b.1) imunidade da punição e (b.2) transparência".[268]

Percebem-se as complexidades envolvidas nos acordos de leniência, especialmente por eles significarem a produção de provas pelo próprio autor da conduta delituosa e, por vezes, a assunção de responsabilidade sobre a realização de atos de corrupção.

Consequentemente, questões como a clareza das hipóteses de aplicação da leniência e de suas consequências, as vantagens trazidas pela celebração ao agente (pessoas física e jurídica), e os requisitos para sua negociação, não podem ser ignoradas. Dependem desses elementos, que compõem o binômio *atratividade-segurança*, e que certamente farão parte da análise do autor da conduta, as chances de a leniência ser ou não um mecanismo eficiente.

---

[268] FERREIRA NETO, Amadeu de Souza. Programa de Leniência e a Lei 12.529/2011: avanços e desafios. *Revista do IBRAC – Direito da Concorrência, Consumo e Comércio Internacional*, v. 22/2012, jul. 2012, p. 145 e ss.

CAPÍTULO 3

AS POTENCIALIDADES DO USO DO ACORDO DE LENIÊNCIA COMO FORMA DE COMBATE A ILÍCITOS ASSOCIATIVOS

À luz do que foi exposto, é possível dizer que, dentre as características que marcam os ilícitos-alvo dos programas de leniência, a primeira delas (e, talvez, a mais relevante) seja tratar-se de ilícitos de natureza associativa, ou seja, caracterizados pela sua realização em meio a uma pluralidade de coautores. Nestes, em regra, tendo em vista que a exposição da infração e o seu conhecimento pelas autoridades significará a aplicação de sanções a todos os envolvidos, há um interesse comum das partes em buscar o sigilo na realização dessas condutas delitivas.

Inexistindo a pluralidade de agentes envolvidos, não há como se configurar a situação do dilema do prisioneiro, nem a corrida para a colaboração com o Estado.

Os comportamentos ilícitos que são objeto desse tipo de acordo têm cunho eminentemente econômico, em que os agentes tendem a preferir atuação racional voltada para a maximização de lucros, sob o prisma de uma análise custo-benefício. Não são, pois, crimes ou condutas de natureza passional ou intuitiva. É esse caráter mais racional que permite aferir que, em regra, tais agentes responderão aos estímulos apresentados pelo Direito sancionador ou premial (*sticks and carrots*), porque, caso se comportassem de forma aleatória, pouco importaria que a opção de cooperar com o Poder Público fosse a mais lógica.

Por último, são também atividades que, por sua própria natureza associativa, contínua e sigilosa, ao mesmo tempo que demandam alto nível de organização, pressupõem que os agentes envolvidos detenham, uns sobre os outros, elementos de provas quanto à mútua participação (elementos esses, justamente, que o programa de leniência visa a obter). A toda reunião necessária para a realização de tratativas para a continuidade delitiva, ou cada correspondência repassada, ainda que codificada ou criptografada, haverá um registro potencial da autoria e materialidade do ilícito, que poderá depois ser utilizado por qualquer um dos coautores como moeda para a negociação de acordo com a Administração Pública.

Tem-se, por conseguinte, que são alvos específicos dos acordos de leniência, há muito, os crimes (ou infrações administrativas, a depender da configuração do ordenamento jurídico em questão) de cartelização, que por excelência apresentam todos os traços acima delineados, e que, considerando sua estreita relação com a economia, foram também, desde cedo, alvo de análise econômica do Direito.

Não obstante, assiste-se, hodiernamente, a um processo de expansão de sua utilização para a área do combate a ilícitos associativos comumente entendidos como atos de corrupção (fraudes em licitações e conluio para a facilitação de contratações públicas, etc.).

O motivo para essa aproximação, na visão de Spagnolo e Luz, consiste no fato de que essas modalidades de ilícitos, além de gozarem de certas características comuns (sigilo, complexidade, racionalidade econômica, alta lesividade social), muito frequentemente encontram-se imbricadas.[269] Uma mesma conduta pode significar, a um só tempo, uma infração concorrencial e um ato de corrupção (*e.g.* o acerto de preços entre membros de um cartel e uma autoridade pública para a realização de uma licitação). Outrossim, uma única associação de agentes ofensores pode cometer ora ilícitos de uma ordem, ora de outra, de sorte que a exposição de um conluio por meio de delação poderia trazer à tona a prática de delitos não abarcados pelo acordo de leniência antitruste, expondo tanto delator quanto delatados a penas decorrentes dos demais ilícitos praticados.

Como se buscará demonstrar, entretanto, a existência de elementos em comum entre os comportamentos, e até mesmo espaços em que ambos se confundem mutuamente, não significa que os incentivos que movem essas duas atividades são idênticos, e que a mera transposição

---

[269] LUZ, Reginaldo Diogo; SPAGNOLO, Giancarlo. Leniency, collusion, corruption, and whistleblowing. Luz, Reinaldo; Spagnolo, Giancarlo, Leniency, Collusion, Corruption, and Whistleblowing (April 18, 2016). SITE *Working Paper Series*, n. 36. Disponível em: https://ssrn.com/abstract=2773671. Igualmente, NELL, Mathias. Fighting corruption with asymmetric penalties and leniency. *CEGE Discussion Paper*, 2007; ROSE-ACKERMAN, Susan. The law and economics of bribery and extortion. *Annual Review of Law and Social Science*, v. 6, p. 217-238, 2010, p. 227, e AURIOL, Emmanuelle et al. *Deterring corruption and cartels*: In search of a coherent approach. Toulouse School of Economics (TSE), 2016. Disponível em: https://www.tse-fr.eu/sites/default/files/TSE/documents/doc/wp/2016/wp_tse_728.pdf. Acesso em: 20 jul. 2017.

de um programa de leniência concorrencial para o combate à corrupção será necessariamente a forma mais eficiente de inserção de um elemento de desconfiança nessas relações.

3.1 Breves comentários sobre os ilícitos concorrenciais

A concorrência é, por sua própria essência, um processo que pressupõe a rivalidade entre agentes de mercado, seja ela consubstanciada nos elementos de preço, qualidade do produto ou serviço, ou outro elemento qualquer.[270]

Um mercado competitivo, idealmente concebido, tem como condições para a sua configuração a inexistência de assimetrias informacionais entre os agentes (consumidores e fornecedores), a ausência de economias de escala a longo prazo, a atuação dos agentes no sentido de maximizar o próprio bem-estar e lucro, a regulação da oferta e da demanda por meio dos preços e a atuação dos produtores como tomadores de preço.[271] Conquanto essas condições ideais raramente se façam presentes na realidade concreta, o Estado, pela via da regulação econômica, busca coibir as chamadas falhas de mercado.[272]

Assim, "se, de um lado, as leis não garantem *per se* a existência de um patamar satisfatório de concorrência na economia, de outra parte

---

[270] MARTINEZ, Ana Paula. *Repressão a cartéis:* interface entre Direito Administrativo e Direito Penal. São Paulo: Singular, 2013, p. 23.

[271] MARTINEZ, Ana Paula. *Repressão a cartéis:* interface entre Direito Administrativo e Direito Penal. São Paulo: Singular, 2013, p. 23. Nas palavras de Calixto Salomão Filho, a partir da leitura dos arts. 173 e 174 da Constituição Federal, "três são as funções possíveis do Estado na economia: em primeiro lugar como agente direto da atividade econômica, em segundo como agente fiscalizador do exercício da atividade econômica pelos particulares e, finalmente, como agente normativo da atividade econômica". (SALOMÃO FILHO, Calixto. Direito concorrencial. São Paulo: Malheiros, 2013. p. 270.).

[272] "Para fins de acordo semântico, o conceito proposto de falhas de mercado concerne àquelas situações, subjetivas e objetivas, nas quais a alocação de bens e serviços pelo sistema de mercado não se revela economicamente eficiente, tampouco capaz de promover o bem-estar socioambiental. Em outras palavras, as falhas de mercado são aqui entendidas como situações disfuncionais em que a busca exclusiva da maximização do interesse individual conduz a resultados insustentáveis. Ainda: as falhas de mercado são vistas como situações patológicas em que o custo marginal social se mostra maior que os benefícios marginais obtidos por intermédio de contratos (públicos e privados), impedindo que o mercado alcance benefícios líquidos (econômicos, sociais e ambientais), em suas transações" (VOLKWEISS, Antônio Carlos Machado; TRINDADE, Manoel Gustavo Neubarth; FREITAS, Juarez. *Direito da regulação:* falhas de mercado. Interesse Público – IP, Belo Horizonte, ano 18, n. 95, jan./fev. 2016).

a existência de certos mecanismos normativos é importante para, ao menos, preservar a concorrência entre os agentes econômicos".[273] [274]

Paula Forgioni explica que

> [o]s acordos entre os agentes econômicos tendem, muitas vezes, a viabilizar a reprodução de condições monopolísticas e, por essa razão, são tradicionalmente regulamentados pelas legislações antitruste. A união entre agentes (concorrentes ou não) é capaz de dar lugar a poder econômico tal que permita aos partícipes desfrutar de posição de indiferença e independência em relação a outras empresas, impactando o funcionamento do mercado. Os acordos podem diminuir as oportunidades de negócios para os não participantes, excluindo-os ou prejudicando-os no jogo concorrencial.[275]

Os acordos restritivos da concorrência classificam-se entre os verticais e horizontais. Os acordos verticais se dão entre agentes econômicos que não concorrem diretamente entre si, mas exercem atividades conexas e complementares.[276] Seria o caso de colusão

---

[273] MARTINEZ, Ana Paula. *Repressão a cartéis:* interface entre Direito Administrativo e Direito Penal. São Paulo: Singular, 2013, p. 36.

[274] Para Oppenhein, Weston e McCarthy, haveria um consenso geral de que o objetivo econômico primordial do antitruste é promover o bem-estar dos consumidores, preservando o a liberdade do mercado como a principal instituição de recursos de alocação e determinando o preço e a produção (OPPENHEIM, Chesterfield. WESTON, Glen. E. McCARTHY, J. THOMAS. *Federal Antitrust Laws:* cases, texts and commentary. 4. ed. St. Paul: West Publishing Co., 1981. p. 9). Apesar de a intervenção estatal na economia ser desejável para a tutela da concorrência, Daron Acemoglu e Thierry Verdie ponderam que, em algumas situações, essa mesma intervenção poderá gerar terreno propício para a corrupção (ACEMOGLU, Daron; VERDIER, Thierry. *The choice between market failures and corruption.* American economic review, p. 194-211, 2000). O raciocínio dos autores pode ser assim resumido: (i) a intervenção estatal na economia depende de agentes (burocratas) que tomem decisões, coletem informações e implementem políticas; (ii) esses agentes são autointeressados, e, por possuírem informações privilegiadas, não são facilmente monitorados; e (iii) ao menos alguns desses agentes, ainda, são corruptíveis, e podem se utilizar da sua situação para a prática de atos de corrupção. Isso, para os autores, não significa que a intervenção do Poder Público para a correção de falhas de mercado não seja desejável, mas sim que ela deve ser sopesada com os custos que produz.

[275] FORGIONI, Paula A. *Os fundamentos do antitruste.* São Paulo: Revista dos Tribunais, 8. ed., 2015, p. 335-336.

[276] Nem sempre os acordos verticais serão ilícitos ou terão repercussões anticompetitivas. Sobre os potenciais efeitos pró-competitivos dos acordos verticais, ver-se FORGIONI, Paula A. *Os fundamentos do antitruste.* São Paulo: Editora Revista dos Tribunais, 8ª ed., 2015, p. 336 e seguintes. O CADE, em sua Resolução nº 20/1999, afirma que "[a]s práticas restritivas verticais são restrições impostas por produtores/ofertantes de bens ou serviços em determinado mercado ('de origem') sobre mercados relacionados verticalmente – a 'montante' ou a 'jusante' – ao longo da cadeia produtiva (mercado 'alvo'). As restrições verticais são anticompetitivas quando implicam a criação de mecanismos de exclusão dos rivais, seja por aumentarem as barreiras à entrada para competidores potenciais, seja por elevarem os

entre fornecedor de insumo e o fabricante de determinado bem que o utilize.[277] Os horizontais, denominados de cartéis, a seu turno, perfazem-se entre pessoas jurídicas em situação de concorrência.[278] Enquanto os acordos verticais não necessariamente pressupõem a lesão à ordem econômica, o CADE já afirmou que a formação de cartéis consiste em infração *per se*, sendo dispensável a comprovação dos seus efeitos sobre a concorrência ou o bem-estar do consumidor.[279]

---

custos dos competidores efetivos, ou ainda quando aumentam a probabilidade de exercício coordenado de poder de mercado por parte de produtores/ofertantes, fornecedores ou distribuidores, pela constituição de mecanismos que permitem a superação de obstáculos à coordenação que de outra forma existiriam. (...) Embora tais restrições constituam em princípio limitações à livre concorrência, podem também apresentar benefícios ('eficiências econômicas') que devem ser ponderados vis-à-vis os efeitos potenciais anticompetitivos, de acordo com o princípio da razoabilidade. Tais benefícios estão frequentemente relacionados à economia de custos de transação para os produtores/ofertantes, seja evitando que a intensificação da concorrência intramarcas leve à proliferação de condutas oportunistas dos revendedores, fornecedores e/ou dos concorrentes, em prejuízo da qualidade dos serviços e em detrimento da sua reputação, seja assegurando ao revendedor/fornecedor remuneração adequada para incentivá-lo a alocar recursos à oferta de bens e serviços".

[277] A Resolução CADE nº 20/1999 lista as condutas mais comuns, dentre as quais se encontram (i) a fixação de preços de revenda, em que o produtor estabelece, mediante contrato, o preço (mínimo, máximo ou rígido) a ser praticado pelos distribuidores/revendedores; (ii) a venda casada, em que ofertante de determinado bem ou serviço impõe para a sua venda a condição de que o comprador também adquira um outro bem ou serviço, e (iii) os acordos de exclusividade, pelos quais os compradores de determinado bem ou serviço se comprometem a adquiri-lo com exclusividade de determinado vendedor (ou vice-versa), ficando assim proibidos de comercializar os bens dos rivais.

[278] Por todos, FORGIONI, Paula A. *Os fundamentos do antitruste*. São Paulo: Revista dos Tribunais, 8. ed., 2015, p. 336.

[279] Segundo afirmado pelo Conselheiro do CADE Márcio de Oliveira Júnior, no bojo do processo administrativo 08012.008847/2006-17: "O cartel tem como objetivo precípuo eliminar ou diminuir a concorrência e conseguir o monopólio em determinado setor de atividade econômica, isto é, a vontade de todos os participantes é tão unificada que eles se comportam como se fossem um só agente; perdem sua individualidade e se comportam como um conglomerado sob o ponto de vista comercial. Por isso, a atividade de cartel é a antítese da 'livre interação das forças competitivas', de modo que o combate a cartéis é a pedra angular da política de defesa da concorrência.
Caso seja provada a existência da formação de cartel – com a consequente fixação de preços ou divisão do mercado –, a prática deve ser condenada. Quando uma ação não tem efeitos benéficos sobre o mercado, mas apenas prejudiciais, sua natureza inerente é tão somente a restrição à livre concorrência. As políticas de fixação de preços, de condições de negociação, de divisão geográfica ou de limitação artificial da oferta, feitas por cartéis, se encaixam nessa descrição, sendo, por essa razão, ilegais per se. No caso de formação de cartel, a conduta é reprovável por si só, sem a necessidade de comprovação de efeitos, ao que a lei chama de infração 'por objeto' (art. 36, *caput*, Lei 12.529/11). Caso o julgador opte por estender a análise, a legislação antitruste aponta ainda a vertente da infração 'por efeito' (art. 36, *caput*, Lei 12.529/11). A lei estabelece essas duas possibilidades de análise porque as atividades anticompetitivas geralmente são encobertas, com estratégias que visam à ocultação dos atos praticados. No caso dos cartéis, os atos são ocultados não para a proteção de estratégias comerciais de empresas envolvidas, mas sim em função de

Os cartéis,[280] sob esse prisma, conduzem à possibilidade de que os agentes de mercado estipulem unilateralmente os preços de seus produtos, substituindo a competição – em regra benéfica ao sistema como um todo – por uma atuação cooperativa que visa a permitir a obtenção de lucros em proximidade ao que ocorreria num contexto de monopólio.[281] [282]

Os cartéis são considerados pela Organização para a Cooperação e Desenvolvimento Econômico – OCDE como as violações mais graves às normas de direito da concorrência,[283] em razão das consequências nocivas que trazem sobre a disponibilidade de bens e serviços, o aumento artificial dos preços, e as barreiras que ensejam à entrada de novos competidores em um dado mercado. De acordo com relatórios elaborados pela mesma organização, embora de difícil quantificação,[284]

---

sua importância para a caracterização de uma conduta considerada delito pela legislação pátria. Em função dessa natureza, provada a formação de cartel, não há necessidade de se comprovar os efeitos sobre a concorrência ou o bem-estar do consumidor. A violação à ordem econômica, quando comprovada, se dá pelo próprio objeto, e não pelos seus efeitos".

[280] A definição utilizada pelo CADE para os cartéis é a de "[a]cordos explícitos ou tácitos entre concorrentes do mesmo mercado, envolvendo parte substancial do mercado relevante, em torno de itens como preços, quotas de produção e distribuição e divisão territorial, na tentativa de aumentar preços e lucros conjuntamente para níveis mais próximos dos de monopólio" (Anexo à Resolução CADE nº 20/1999).

[281] LEITE, Filipe Mendes Cavalcanti et al. Entre política econômica e política Criminal: a aplicabilidade do acordo de Leniência no sistema brasileiro de defesa da Concorrência. 2015.

[282] Nos termos do art. 36 da Lei nº 12.529/2011, "constituem infração da ordem econômica, independentemente de culpa, os atos sob qualquer forma manifestados, que tenham por objeto ou possam produzir os seguintes efeitos, ainda que não sejam alcançados: I – limitar, falsear ou de qualquer forma prejudicar a livre concorrência ou a livre iniciativa; II – dominar mercado relevante de bens ou serviços; III – aumentar arbitrariamente os lucros; e IV – exercer de forma abusiva posição dominante. (...) §3º As seguintes condutas, além de outras, na medida em que configurem hipótese prevista no caput deste artigo e seus incisos, caracterizam infração da ordem econômica: I – acordar, combinar, manipular ou ajustar com concorrente, sob qualquer forma: a) os preços de bens ou serviços ofertados individualmente; b) a produção ou a comercialização de uma quantidade restrita ou limitada de bens ou a prestação de um número, volume ou frequência restrita ou limitada de serviços; c) a divisão de partes ou segmentos de um mercado atual ou potencial de bens ou serviços, mediante, dentre outros, a distribuição de clientes, fornecedores, regiões ou períodos; d) preços, condições, vantagens ou abstenção em licitação pública; II – promover, obter ou influenciar a adoção de conduta comercial uniforme ou concertada entre concorrentes; (...)"

[283] Os cartéis, vale frisar, não são a única forma de vulneração à ordem econômica. O art. 36 da Lei nº 12.529/2011 inclui ainda outras condutas típicas, como o exercício abusivo de posição dominante (art. 36, IV), o ato de limitar ou impedir o acesso de novas empresas ao mercado (art. 36, §3º, III), o ato de impedir o acesso de concorrente às fontes de insumo, matérias-primas, equipamentos ou tecnologia, bem como aos canais de distribuição (art. 36, §3º, V) ou de vender mercadoria ou prestar serviços injustificadamente abaixo do preço de custo (art. 36, §3º, XV).

[284] A dificuldade de quantificação diz respeito à necessidade de comparação da realidade do mercado cartelizado com uma situação hipotética de plena concorrência.

os danos causados pelos cartéis são substanciais, e ultrapassam a casa dos bilhões de dólares a cada ano. Os sobrepreços causados pela atuação concertada dos agentes cartelizados são em média de 15% a 20%,[285] havendo casos, contudo, em que chegam à ordem de 70%.[286]

A lesividade social dos ilícitos contra a ordem econômica é evidenciada em pelo menos três dimensões distintas: a criação ou agravamento de ineficiência na alocação de bens e serviços, pelas restrições ao seu acesso (aumento de preços, e restrição da oferta); a ineficiência na produção, com o aumento dos custos dos agentes afetados pelo conluio; e a ineficiência dinâmica, consistente na perda de bem-estar social causada pelo desincentivo aos investimentos em inovação e qualidade.[287]

Uma das grandes dificuldades impostas pelos cartéis encontra-se justamente no fato de que, em que pese sua grande lesividade social, esse tipo de conduta pode passar absolutamente despercebida pelos agentes estatais: as flutuações de preço podem ser feitas de forma sutil e de modo a emular as condições normais de mercado.[288] Nada garante que, ainda que suspeitando fortemente da existência de um cartel, o agente público logrará comprovar sua atuação num mercado.[289] A

---

[285] Disponível em: https://www.oecd.org/competition/cartels/2081831.pdf.
[286] Disponível em: https://www.oecd.org/competition/cartels/35863307.pdf.
[287] MARTINEZ, Ana Paula. *Repressão a cartéis:* interface entre Direito Administrativo e Direito Penal. São Paulo: Singular, 2013, p. 38.
[288] "Muitas vezes, a identificação do caráter anticoncorrencial de uma prática colusiva é tarefa difícil, pois, ao observar o mercado, o intérprete pode deparar-se com preços semelhantes que decorrem não de um acordo, mas do funcionamento 'normal' daquele setor econômico. A existência de *price leadership* ou mesmo de comportamento uniforme das empresas não implica *necessariamente* conluio ou abuso de posição dominante. Ao contrário, *a semelhança das estratégias pode ser decorrência do processo normal de competição*. A doutrina especializada dá o nome de 'paralelismo consciente' a esse fenômeno, que geralmente ocorre em mercados com reduzido número de agentes (...) É por essas razões que, *para a condenação de agentes econômicos por práticas colusivas, não basta o paralelismo de suas condutas*. É necessário que se comprove um 'plus', um elemento adicional, apto a demonstrar que o comportamento dos agentes econômicos no mercado não foi espontâneo" (FORGIONI, Paula A. *Os fundamentos do antitruste*. São Paulo: Revista dos Tribunais, 8. ed., 2015. p.350-353). No mesmo sentido, ver-se SALOMÃO FILHO, Calixto. *Direito Concorrencial:* as condutas. 1. ed, São Paulo: Malheiros, 2003, p. 273 e RAGAZZO, Carlos Emmanuel Joppert; SILVA, RM da. *Aspectos econômicos e jurídicos sobre cartéis na revenda de combustíveis:* uma agenda para investigações. SEAE/MF Documento de trabalho, n. 40, 2006.
[289] O CADE vem, recentemente, se pautando também na utilização de provas indiretas ou indiciárias para a condenação por infrações à ordem econômica, como forma de tentar suprir as dificuldades na obtenção de provas cabais no estio *smoking gun*. Em 2015, o Conselheiro Paulo Burnier da Silveira assim se manifestou em seu voto-vogal: "Trata-se [os cartéis em licitação] de acordos secretos por natureza. Neste sentido, exigir a existência de 'prova direta' para toda e qualquer condenação de cartel significa (i) aceitar a impunidade de diversos cartéis, que não deixam traços evidentes através de material probatório explícito;

complexidade e organização da atuação concertada dos agentes faz com que o uso de criptografias, códigos, interpostas pessoas e outros mecanismos do tipo obstaculize, sobremodo, a atividade investigatória estatal. Todos os participantes do conluio têm interesse em evitar a descoberta do ilícito pelo Poder Público.[290]

Isso tudo, a seu turno, encarece e dificulta o deslinde desse tipo de infração somente com o uso de mecanismos unilaterais – auditorias, inspeções, buscas e apreensões, interceptações telefônicas – pois, mesmo que utilizados, podem não ser suficientes para uma condenação do agente administrativa ou judicialmente.

Rufino afirma, portanto, que, paradoxalmente, os cartéis são instituições a um só tempo estáveis e instáveis. Numa perspectiva, a lucratividade decorrente das práticas dos ilícitos geraria nos agentes a intenção de perpetuação da associação delitiva – o que pode gerar a existência de organizações extremamente duradouras. Noutra, contudo, o prolongamento das atividades ilícitas traria consigo necessariamente certas dificuldades, a saber, pela existência de eventuais oportunidades para a maximização dos lucros de um dos membros do cartel ao desviar-se da ação concertada em relação aos demais.[291]

Além disso, como é comum a toda prática de ilícitos, não há como garantir a coercitividade dos acordos realizados no âmbito de um cartel – caso um dos agentes envolvidos opte por se afastar da organização, não poderão os demais, evidentemente, socorrerem-se do Poder Judiciário para garantir o resultado combinado.

---

e (ii) incentivar uma ainda maior profissionalização dos cartéis, que, pela própria natureza de acordos secretos, evitam deixar rastros do acordo ilícito.(...) No caso específico em julgamento, constata-se a presença de diversos dos mecanismos clássicos, comentados nos guias e nos estudos internacionais, tais como: oferta de lances de cobertura (*cover bidding*), retirada de lances (*bid withdrawal*), supressão de lances (*bid supression*) e sub-contratação de concorrentes. Qualquer destes elementos, considerados isoladamente, já seriam indícios suficientes para acender um sinal de alerta para a possível existência de conluio entre concorrentes. Quando analisados conjuntamente, como, de fato, foi feito pelo Conselheiro-Relator, podem representar um conjunto probatório suficiente para o convencimento dos julgadores no sentido de uma condenação".

[290] Quanto aos instrumentos econômicos utilizados para identificar potenciais ilícitos concorrenciais, veja-se PITTMAN, Russell W. *Three Economist's Tools for Antitrust Analysis*: A Non-Technical Introduction, 2017. Disponível em: https://ssrn.com/abstract=2898869. Acesso em: 10 out. 2017.

[291] RUFINO, Victor Santos. *Os fundamentos da delação*: análise do programa de leniência do CADE à luz da teoria dos jogos.2016. 101 f., il. Dissertação (Mestrado em Direito) – Universidade de Brasília, Brasília, 2016.

3.2 Atos de corrupção e a incidência dos acordos de leniência

Quanto aos ilícitos praticados contra a Administração Pública, ditos atos de corrupção, a incidência dos programas de leniência é relativamente mais recente, tendo sido positivada expressamente, por exemplo, nos ordenamentos do Brasil e México.[292]

Uma primeira ressalva a ser feita consiste na dificuldade em estipular um conceito unívoco de corrupção.[293] Trata-se de uma noção polissêmica e multifacetada, que envolve uma gama de possíveis comportamentos que variam entre culturas e contextos políticos e jurídicos.[294] Susan Rose-Ackerman afirma que a definição de corrupção tende a variar de acordo com o interlocutor, e propõe que seria, em geral, correspondente ao uso indevido de poderes públicos para a obtenção de ganhos políticos ou privados.[295]

No ordenamento brasileiro, não há uma definição única da legislação, uma vez que os crimes de corrupção ativa e passiva dispostos

---

[292] A Lei Federal Anticorrupção em Contratações Públicas mexicana (2012) prevê leniência apenas para as sanções administrativas (para pessoas físicas e jurídicas), e pode ser aplicada por diversos entes diferentes (Secretaría de la Función Pública e órgãos internos de controle). Subsiste, tal como no Brasil, a responsabilidade penal individual. Não há, como também ocorre no ordenamento brasileiro, uma forma de compatibilização entre os programas de leniência anticorrupção e do Direito da Concorrência positivada.

[293] Para uma discussão do tema sob o enfoque sociológico, veja-se FILGUEIRAS, Fernando de Barros. *Notas críticas sobre o conceito de corrupção:* um debate com juristas, sociólogos e economistas, 2004. Para uma abordagem sob o enfoque da política, veja-se LAZZARINI, Sérgio G. *Capitalismo de laços:* os donos do Brasil e suas conexões. RJ: Elsevier, 2011; LEITE, Glauco Costa. *Corrupção política:* mecanismos de combate e fatores estruturantes no sistema jurídico brasileiro. Belo Horizonte: Del Rey, 2016; POWER, Timothy J.; TAYLOR, Matthew M. Accountability institutions and political corruption in Brazil. In: *Corruption and democracy in Brazil.* Indiana: University of Notre Dame Press, 2011; AVRITZER, Leonardo; FILGUEIRAS, Fernando. *Corrupção e Sistema Político no Brasil.* Rio de Janeiro: Civilização Brasileira, 2011.

[294] DAWOOD, Yasmin. Classifying Corruption (February 25, 2014). *Duke Journal of Constitutional Law & Public Policy*, 2014, Forthcoming. Disponível em: https://ssrn.com/abstract=2401297.

[295] ROSE-ACKERMAN, Susan. *The Challenge of Poor Governance and Corruption.* Disponível em: http://www.copenhagenconsensus.com/sites/default/files/cp-corruptionfinished.pdf. Acesso em: 10 out. 2016. A despeito disso, de acordo com Lindsey D. Carson, independentemente da forma que apresente, a corrupção, em regra, dependerá da existência de algumas condições. São elas a existência de poder discricionário por parte da autoridade pública, a expectativa de *rents*, e estruturas de incentivo que facilitam, permitem ou não inibem a exploração pelo agente de sua posição para ganho pessoal. CARSON, Lindsey D. *Deterring Corruption:* Beyond Rational Choice Theory 23-24 (Nov. 6, 2014), Disponível em: http://papers.ssrn.com/sol3/papers.cfm?abstract_id=2520280. Acesso em: 29 set. 2016.

no Código Penal (arts. 333[296] e 317[297]) têm alcance limitado, e deixam de considerar situações usualmente referidas como, igualmente, atos de corrupção, a exemplo do nepotismo. Outras normas, também usualmente indicadas como diplomas que cuidam da temática, tampouco oferecem um delineamento preciso da prática para fins de sancionamento, como é o caso da Lei de Improbidade Administrativa.

Mesmo a chamada Lei Anticorrupção em verdade lida com atos lesivos à Administração Pública e seus princípios conformadores, sem fazer referência direta à prática de corrupção. Sua grande inovação, nesse viés, foi buscar um enfoque prioritário das pessoas jurídicas que contratam com a Administração Pública, e não na responsabilidade subjetiva dos agentes públicos, privados ou políticos eventualmente envolvidos numa ou noutra ponta da contratação.

Já houve quem sustentasse haver evidências de certo grau de eficiência econômica na existência de corrupção,[298] quando voltada para instituições extremamente ineficazes, uma vez que poderia servir para agilizar a obtenção de vantagens para particulares em meio a uma burocracia lenta e que não funcione por seus próprios impulsos (*greasing the wheels*).[299]

Todavia, mesmo em meio a tal cenário e aceitando tais premissas, seriam poucos os que entenderiam que daí decorreria ser inconveniente o combate a tais práticas – mesmo porque aí sequer haveria incentivos

---

[296] "Art. 333 – Oferecer ou prometer vantagem indevida a funcionário público, para determiná-lo a praticar, omitir ou retardar ato de ofício:
Pena – reclusão, de 2 (dois) a 12 (doze) anos, e multa. (Redação dada pela Lei nº 10.763, de 12.11.2003)
Parágrafo único – A pena é aumentada de um terço, se, em razão da vantagem ou promessa, o funcionário retarda ou omite ato de ofício, ou o pratica infringindo dever funcional".

[297] "Art. 317 – Solicitar ou receber, para si ou para outrem, direta ou indiretamente, ainda que fora da função ou antes de assumi-la, mas em razão dela, vantagem indevida, ou aceitar promessa de tal vantagem:
Pena – reclusão, de 2 (dois) a 12 (doze) anos, e multa. (Redação dada pela Lei nº 10.763, de 12.11.2003)
§1º – A pena é aumentada de um terço, se, em conseqüência da vantagem ou promessa, o funcionário retarda ou deixa de praticar qualquer ato de ofício ou o pratica infringindo dever funcional.
§2º – Se o funcionário pratica, deixa de praticar ou retarda ato de ofício, com infração de dever funcional, cedendo a pedido ou influência de outrem:
Pena – detenção, de três meses a um ano, ou multa".

[298] MÉON, Pierre-Guillaume; WEILL, Laurent. *Is Corruption an Efficient Grease?*. World Development, Elsevier, v. 38(3), 2010, páginas 244-259, Março. Disponível em: http://www.suomenpankki.fi/pdf/160134.pdf. Acesso em 12 out. 2016.

[299] Em sentido contrário: SERRA, Danila Serra; WANTCHEKON, Leonard. *Anticorruption Policies:* Lessons from the Lab. New Advances in Experimental Research on Corruption (Emerald Books), 2012.

para que a atividade administrativa se dinamizasse. Pelo contrário, até mesmo dentre os estudiosos que identificaram hipóteses de corrupção eficiente, concluiu-se que "um país que permitisse corrupção irrestrita pode eventualmente se encontrar em uma situação institucional global ainda pior, e assim ficar preso em uma armadilha de governança ruim/ baixa eficiência" (tradução livre).[300]

Susan Rose-Ackerman, semelhantemente, destaca que, ainda que se considerasse que o pagamento de propinas permitiria motivar servidores ineficientes ou preguiçosos a trabalharem mais e de forma melhor, tratar-se-ia de fenômeno indesejável, pois não seria possível restringir a ocorrência do fenômeno da corrupção a essas ocasiões em que se provaria "funcional". A existência de corrupção seria uma tentação que poderia escalar para situações nas quais seu uso não geraria a mesma eficiência.[301] [302]

Segundo Danila Serra e Leonard Wantchekon, também em sentido oposto àquele da suposta eficiência econômica da corrupção, esta, em sua essência, consiste num dilema social, na medida em que a transação corrupta traz benefícios individuais aos agentes que dela participam, mas impõe custos (externalidades negativas) significativos aos demais membros da sociedade,[303] distribuindo de forma não equânime ou eficiente os benefícios/bens públicos escassos objetos do acordo.[304] É importante lembrar que a corrupção se dá essencialmente num ambiente de escassez, e mexe justamente com a forma de alocação desses recursos pela sociedade, subvertendo a lógica constitucional

---

[300] MEON, Pierre-Guillaume; WEILL, Laurent, 2010. *Is Corruption an Efficient Grease?*. World Development, Elsevier, v. 38(3), p. 244-259, March. Disponível em: http://www.suomenpankki. fi/pdf/160134.pdf. Acesso em: 12 out. 2016.

[301] ROSE-ACKERMAN, Susan. *The Challenge of Poor Governance and Corruption.* Disponível em: http://www.copenhagenconsensus.com/sites/default/files/cp-corruptionfinished.pdf. Acesso em: 10 out. 2016.

[302] Vale dizer que essa análise puramente econômica também desconsidera fatores relevantes do ponto de vista moral e ético, que não necessariamente são indiferentes ao Direito.

[303] SERRA, Danila; WANTCHEKON, Leonard. *Anticorruption Policies:* Lessons from the Lab. New Advances in Experimental Research on Corruption (Emerald Books), 2012, p.52.

[304] Parte da literatura traça um paralelo entre corrupção e níveis de desenvolvimento econômico-social. Neste sentido, PELLEGRINI, Lorenzo. *Corruption, development and the environment.* Springer Science & Business Media, 2011; GUPTA, Sanjeev; ABED, George T.. *Governance, Corruption, and Economic Performance.* Intl Monetary Fund. Edição do Kindle; FISMAN, Raymond; MIGUEL, Edward. *Economic Gangsters:* corruption, violence, and the poverty of nations. Princeton University Press. Edição do Kindle; Escritório das Nações Unidas sobre Drogas e Crime (UNODC). Corrupção e Desenvolvimento. Disponível em: http://www.unodc.org/documents/lpo-brazil/Topics_corruption/Campanha-2013/ CORRUPCAO_E_DESENVOLVIMENTO.pdf.

ou infraconstitucionalmente estabelecida.[305] Estudos há, atualmente, que visam a demonstrar os potenciais custos da corrupção para o desenvolvimento das economias dos Estados nacionais.[306] [307] Sendo assim, ainda que exista divergência quanto ao caráter sempre deletério da corrupção em casos específicos, é possível apontar para um consenso em relação à necessidade de medidas combativas a essa prática nas suas mais variadas formas. Tal constatação a respeito de sua indesejabilidade, contudo, não torna mais fácil a realização de reformas normativas e institucionais com o objetivo de sua erradicação,

---

[305] "O verdadeiro custo social da corrupção não pode ser medido pela quantidade de subornos pagos ou mesmo a quantidade de propriedade estatal roubada. Em vez disso, é a perda de produção devido à má alocação de recursos, distorções de incentivos e outras ineficiências causadas por corrupção que representa o custo real para a sociedade. E, além dessas perdas de produção, a corrupção pode infligir custos adicionais de bem-estar em termos de efeitos adversos na distribuição de renda e desrespeito pela proteção ambiental. Mais importante ainda, a corrupção mina a confiança pública no governo, diminuindo assim sua capacidade de cumprir sua principal tarefa de proporcionar serviços públicos adequados e um ambiente propício para o desenvolvimento do setor privado. Em casos extremos, pode implicar a deslegitimação do Estado, levando a forte instabilidade política e econômica. A incerteza geral resultante é prejudicial para a disposição e capacidade de agentes privados para se comprometerem com uma estratégia de desenvolvimento de longo prazo, o que torna difícil o desenvolvimento sustentável" (tradução livre. OECD *Issues Paper on Corruption and Economic Growth*. Disponível em: https://www.oecd.org/g20/topics/anti-corruption/Issue-Paper-Corruption-and-Economic-Growth.pdf. Acesso em: 10 jan. 2018). No mesmo sentido, dizem Diogo de Figueiredo Moreira Neto e Rafael Véras de Freitas que "[a] corrupção tem o deletério efeito de propiciar a apropriação privada de recursos públicos que poderiam ser investidos na realização de inúmeras políticas funcionalizadoras de direito fundamentais de que o País tanto carece — como, fundamentalmente, na prestação dos serviços de saúde, educação, segurança, transporte, alimentação e moradia. Em suma, contraria os objetivos de uma sociedade independente, justa, livre e solidária, que persegue o seu desenvolvimento" (NETO, Diogo de Figueiredo Moreira; FREITAS, Rafael Véras de. *A juridicidade da Lei Anticorrupção* – Reflexões e interpretações prospectivas. Revista Fórum Administrativo, Belo Horizonte: ano 14, nº 156, 2014, p.1).

[306] Para o Escritório das Nações Unidas sobre Drogas e Crime (UNODC), a "corrupção é o maior obstáculo ao desenvolvimento econômico e social no mundo. A cada ano, US$1 trilhão são gastos em subornos, enquanto que cerca de US$2,6 trilhões são desviados pela corrupção – uma soma equivalente a mais de 5% do PIB mundial. O Programa das Nações Unidas para o Desenvolvimento estima que nos países em desenvolvimento a quantia de fundos desviados de seus destinos pela corrupção é 10 vezes superior ao destinado a assistência oficial para o desenvolvimento". Disponível em: http://www.unodc.org/documents/lpo-brazil/Topics_corruption/Campanha-2013/CORRUPCAO_E_DESENVOLVIMENTO.pdf. Acesso em: 05 out. 2016.

[307] O Brasil, segundo a Transparência Internacional, organização internacional especializada no combate à corrupção, figura no rol do Índice de Percepção da Corrupção por ela publicado, como o 76º país dentre os 168 estados nacionais analisados, numa escala em que o primeiro país é aquele considerado o menos corrupto, e o último, o mais. (Transparency International. Brazil: overview of corruption and anticorruption, 2016. Disponível em: https://www.transparency.org/files/content/corruptionqas/Brazil_overview_of_corruption_and_anticorruption_2016.pdf. P. 2. Acesso em: 15 jan. 2018).

sendo muitas as dificuldades impostas pela natureza desse tipo de conduta.

Para Paulo Roberto Galvão de Carvalho, seriam três as características da corrupção que tornariam seu combate excepcionalmente complexo: (i) o pressuposto da sua invisibilidade e do necessário segredo que permeará a relação entre corrupto e corruptor; (ii) a consequente dificuldade da comprovação da conduta ilícita por meio de indícios materiais; e (iii) a indeterminação de sua vítima, uma vez que os danos do ato corrupto costumam se dissipar pela sociedade como um todo.[308] A este ponto, agrega-se o fato de que pode existir um manto de aparente legalidade para os atos de corrupção – o que ainda mais dificulta a comprovação acerca da prática de qualquer infração administrativa ou penal.

Abbink e Serra[309] destacam, a seu turno, quanto às dificuldades na formação de políticas públicas efetivas para lidar com o assunto, problemas práticos no exame desse tipo de conduta, dentre os quais estão o uso de índices de corrupção que se valem de medidas subjetivas para embasar conclusões (como é o caso dos estudos que são realizados com base na percepção da população quanto à sua prevalência),[310] e o fato de alguns dos fatores apontados pelos especialistas como importantes geradores de corrupção nos países não terem implicações efetivas na elaboração de políticas públicas – é o caso da herança colonial ou da religião majoritária,[311] que muito dificilmente serão dados de alguma utilidade mais concreta na realização de reformas legislativas ou institucionais.

Pode-se dizer que o sucesso de uma política de combate à corrupção tem um forte componente conjuntural – as mesmas medidas, quando implementadas em contextos diversos, podem auferir resultados

---

[308] CARVALHO, Paulo Roberto Galvão de. *Legislação Anticorrupção no Mundo*: análise comparativa entre a lei anticorrupção brasileira, o Foreign Corrupt Practices Act norte-americano e o Bribery Act do Reino Unido. In: SOUZA, Jorge Munhoz; QUEIROZ, Ronaldo Pinheiro de. *Lei Anticorrupção*. Salvador: JusPodivm, 2015, p. 39.

[309] ABBINK, Klaus; SERRA, Danila. *Anti-Corruption Policies:* Lessons from the Lab (October 13, 2011). Disponível em: https://ssrn.com/abstract=1971779 or http://dx.doi.org/10.2139/ssrn.1971779.

[310] A respeito, veja-se ABRAMO, Claudio Weber. *Percepções pantanosas:* a dificuldade de medir a corrupção. In: Novos Estudos-CEBRAP, n. 73, 2005. p. 33-37

[311] Para uma análise da (possível) relação entre esses elementos culturais e a corrupção, veja-se HOLMES, Leslie. Corruption: A Very Short Introduction (Very Short Introductions). OUP Oxford. Edição do Kindle.

largamente distintos.[312] Susan Rose-Ackerman e Rory Truex explicitam a necessidade de se compreenderem os incentivos para a corrupção de forma contextual, envolvendo as origens institucionais da corrupção.[313]

Uma das alternativas para a repressão a práticas lesivas à Administração Pública seria o fortalecimento dos mecanismos de controle da atuação estatal junto aos administrados. Essa predileção pelo controle administrativo, entretanto, traz consigo potenciais problemas.

O primeiro deles é a criação de custos para a própria atividade administrativa, que passa a ser mais morosa, complexa e cara toda vez que se entrelaçam competências e sobrepõem atribuições. Quanto mais processos decisórios e reexames forem necessários para a atuação estatal, mais dispendiosa ela será.[314]

Susan Rose-Ackerman ainda alerta para a possibilidade de que, numa situação de corrupção endêmica, autoridades públicas passem a desenhar políticas com o objetivo primário de gerar ocasiões para ganhos privados, e não benefícios ao interesse público geral.[315] A interposição de barreiras burocráticas e de sucessivas etapas de controle, por essa ótica, poderia agravar, e não diminuir, o cenário de corrupção. Vê-se, portanto, que para além da mera existência das diferentes formas de controle (normativo, institucional, interno, externo), é necessário que estas sejam efetivas, sem congelar a Administração ou oportunizar novos meios de cometimento de ilícitos.

Um outro efeito adverso potencial da preferência pelo controle é o engessamento – ou mesmo paralisação – da tomada de decisões pelo

---

[312] ROSE-ACKERMAN, Susan; TRUEX, Rory. Corruption and Policy Reform (February 17, 2012). *Yale Law & Economics Research Paper*, n. 444. Disponível em: http://ssrn.com/abstract=2007152. Acesso em: 15 set. 2016.

[313] *Idem.*

[314] Nas palavras de Fernando Vernalha Guimarães: "o apego ao equipamento burocrático de controle, especialmente num cenário de aumento da (revelação da) corrupção, é cada vez maior. Toda vez que há notícia de eventos de corrupção – e esta lamentavelmente tem sido mais assídua do que gostaríamos –, cai-se na tentação de propor-se o incremento da burocracia, do procedimento, assim como a intolerância com a sua violação. O problema é que enriquecer e sofisticar ainda mais o processo burocrático, além de incrementar os custos de gestão, talvez não resolva o problema. A corrupção muitas vezes não encontra limites na burocracia. Ela tem conseguido, contrariamente, esconder-se atrás de tanta sofisticação, quando o cumprimento da burocracia legal acaba funcionando como um fator de legitimação do ilícito de corrupção" (GUIMARÃES, Fernando Vernalha. *O Direito Administrativo do Medo*: a crise da ineficiência pelo controle. Disponível em: http://www.direitodoestado.com.br/colunistas/fernando-vernalha-guimaraes/o-direito-administrativo-do-medo-a-crise-da-ineficiencia-pelo-controle. Acesso em: 02 out. 2016).

[315] ROSE-ACKERMAN, Susan. *The Challenge of Poor Governance and Corruption*. Disponível em: http://www.copenhagenconsensus.com/sites/default/files/cp-corruptionfinished.pdf. Acesso em: 10 out. 2016.

Poder Público. É o que destaca Fernando Vernalha Guimarães ao tratar do "Direito Administrativo do medo", referindo-se desta forma ao processo pelo qual, segundo o autor, o administrador público estaria, pouco a pouco, "desistindo de decidir", por receio de, ao produzir decisões inovadoras ou controversas, sofrer posterior responsabilização.[316] [317]

O controle dos atos da Administração Pública (e, em especial, de suas relações com particulares), assim, embora indispensável, não pode ser de tal monta que inviabilize a concretização dos reais objetivos da atividade administrativa. Controles excessivos podem culminar numa burocratização exagerada que, além de ineficiente, não necessariamente inibe a possibilidade de comportamentos corruptos ou abusivos, além de gerar entraves para a inovação no bojo do Poder Público.

Como fenômeno multifacetado que é, a corrupção demanda, para seu combate, a adoção de mecanismos diversos e ajustados entre si. A ideia de que também a corrupção se rege por uma certa racionalidade econômica pode ser especialmente útil para tal.

Essa abordagem, consequentemente, muito se beneficia da transposição, por parte do Direito, de alguns dos *insights* produzidos pela economia para as políticas públicas, e, em especial, para a criação

---

[316] GUIMARÃES, Fernando Vernalha. *O Direito Administrativo do Medo:* a crise da ineficiência pelo controle. Disponível em: http://www.direitodoestado.com.br/colunistas/fernando-vernalha-guimaraes/o-direito-administrativo-do-medo-a-crise-da-ineficiencia-pelo-controle. Acesso em: 2 out. 2016. A mesma preocupação é externada por Eduardo Jordão: "[n]a dimensão mais evidente, o controle, em si, depende do dispêndio de valores públicos relevantes, para fazer rodar a máquina institucional respectiva, seus funcionários e o seu tempo. Mas os custos do controle da administração vão muito além disso. Incluem ainda os ônus gerados ou induzidos pelo controle. Em primeiro lugar, há os valores incorridos pela administração pública para adequar as suas ações às determinações do controlador. (...). Em segundo lugar, há os custos sociais decorrentes da postura cautelosa adotada pelo administrador, para precaver-se de eventuais contestações. Não é incomum o argumento de que exigências excessivas dos controladores frequentemente desestimulam a ação pública. (...) Em terceiro lugar e enfim, há os ônus públicos decorrentes das opções determinadas pelo controlador, muitas vezes em substituição àquelas do administrador. Em especial no caso do controle realizado sobre decisões técnicas, como a das autoridades reguladoras, os riscos econômicos de uma intervenção desinformada são significativos". JORDÃO, Eduardo. Por mais realismo no controle da administração pública. *Revista Colunistas de Direito do Estado*, ano 2016, n.183. Disponível em: http://www.direitodoestado.com.br/colunistas/Eduardo-Jordao/por-mais-realismo-no-controle-da-administracao-publica. Acesso em: 02 out. 2016.

[317] Chegou-se a cogitar, por esse mesmo motivo, inclusão de previsão legal na Lei de Introdução às Normas de Direito Brasileiro (Decreto-lei nº 4.657/1942) que permitisse ao administrador a propositura de ação declaratória de validade de ato, contrato, ajuste, processo ou norma administrativa, com efeitos *erga omnes*, de modo a se resguardar de eventuais questionamentos posteriores. Trata-se de previsão que estava contida no Projeto de Lei do Senado nº 349 de 2015, mas que, quando da sanção à Lei nº 13.655/2018, foi objeto de veto.

de mecanismos de incentivos de autodelação.[318] Não existindo incentivos para que os recipientes de propinas se autodelatem, ou estímulos para que os agentes privados o façam, a investigação desse tipo de atividade ilícita se torna altamente dependente de vultosos investimentos estatais e, mesmo assim, pode em determinados momentos ser completamente obstada.

Uma forma de abraçar a lógica econômica dos incentivos e do direito premial nessa área seria pela instituição de mecanismos de denúncias por terceiros não envolvidos com os ilícitos praticados. Trata-se do chamado *whistleblower*, indivíduo que não se confunde com o delator que participou ou se beneficiou do ato objeto da delação. Alguns diplomas internacionais (aos quais o próprio Brasil aderiu) estimulam a adoção de formas de denúncia, e de proteção ao denunciante, quanto a esse tipo de ilícito.[319]

Outra forma é a replicação, ao menos parcial, do instituto do acordo de leniência, também para esta seara.

Em que pese a ainda tímida aposta do Brasil no *whistleblowing*,[320] como já dito, o ordenamento nacional procurou a implementação de

---

[318] Não é apenas na criação de incentivos à colaboração que as considerações da teoria econômica encontram aplicação no combate à corrupção. Para outras medidas igualmente embasadas na análise econômica do Direito, veja-se ABBINK, Klaus, 2004. Staff rotation as an anti-corruption policy: an experimental study, *European Journal of Political Economy*, Elsevier, v. 20(4), p. 887-906, November; Behavioural Insights Team. *Corruption:* Can a behavioural approach shift the dial?. Disponível em: http://www.behaviouralinsights.co.uk/international/corruption-can-a-behavioural-approach-shift-the-dial/. PAGOTTO, Leopoldo Ubiratan Carreiro. *O combate à corrupção:* a contribuição do direito econômico. 2010. Tese de Doutorado. Universidade de São Paulo; DAVIS, Kevin E., Civil Remedies for Corruption in Government Contracting: Zero Tolerance Versus Proportional Liability (April 22, 2009). *NYU School of Law, Public Law Research Paper* n. 09-22; *NYU Law and Economics Research Paper* n. 09-16; *IILJ Working Paper* n. 2009/4. Disponível em: https://ssrn.com/abstract=1393326; ZINNBAUER, Dieter. *Ambient Accountability* – Fighting Corruption When and Where it Happens (October 29, 2012). Disponível em: http://ssrn.com/abstract=2168063. Acesso em: 12 out. 2016.

[319] A Convenção das Nações Unidas contra a Corrupção, internalizada mediante o decreto nº 5.687/2006, dispõe em seu art. 33 que "[c]ada Estado Parte considerará a possibilidade de incorporar em seu ordenamento jurídico interno medidas apropriadas para proporcionar proteção contra todo trato injusto às pessoas que denunciem ante as autoridades competentes, de boa-fé e com motivos razoáveis, quaisquer feitos relacionados com os delitos qualificados de acordo com a presente Convenção". Já a Convenção Interamericana contra a Corrupção (decreto 4410/2002), determina em seu art. 3º, item 8 que "(...) Estados Partes convêm em considerar a aplicabilidade de medidas, em seus próprios sistemas institucionais destinados a criar, manter e fortalecer: (...) 8. Sistemas para proteger funcionários públicos e cidadãos particulares que denunciarem de boa-fé atos de corrupção, inclusive a proteção de sua identidade, sem prejuízo da Constituição do Estado e dos princípios fundamentais de seu ordenamento jurídico interno".

[320] Exemplo dessa tímida incorporação das denúncias por terceiros é a Lei de Acesso à Informação (Lei nº 12.527/2011), que incluiu no estatuto do servidor público federal (Lei nº 8.112/1990)

uma lógica premial através da expansão dos programas de leniência para o cenário dos atos de corrupção,[321][322] cenário esse propiciado pela deflagração de grandes operações investigativas e da consequente exposição de esquemas de corrupção tão complexos quanto nocivos ao patrimônio público e que demandaram uma atuação incisiva dos órgãos de regulação para coibir e desbaratar ilícitos semelhantes em outras esferas da Administração.

---

que é dever do servidor "levar as irregularidades de que tiver ciência em razão do cargo ao conhecimento da autoridade superior ou, quando houver suspeita de envolvimento desta, ao conhecimento de outra autoridade competente para apuração" (art. 116, VI) e que "nenhum servidor poderá ser responsabilizado civil, penal ou administrativamente por dar ciência à autoridade superior ou, quando houver suspeita de envolvimento desta, a outra autoridade competente para apuração de informação concernente à prática de crimes ou improbidade de que tenha conhecimento, ainda que em decorrência do exercício de cargo, emprego ou função pública" (art. 126-A.). Outra previsão legal compatível com a ideia de incentivo à denúncia de terceiros de boa-fé está contida no Decreto 8.420/2015, que regulamenta a Lei Anticorrupção, e que institui, dentre os parâmetros de avaliação dos programas de integridade, a existência, nas empresas, de "canais de denúncia de irregularidades, abertos e amplamente divulgados a funcionários e terceiros, e de mecanismos destinados à proteção de denunciantes de boa-fé" (art. 42, X).

[321] Para uma análise, sob a perspectiva econômica e do direito comparado, sobre o uso de acordos de leniência e sanções assimétricas – em que se pune mais rigorosamente uma das partes da relação corrupta como meio de desestabilização da confiança entre os coautores do ilícito – veja-se: LUZ, Reinaldo; SPAGNOLO, Giancarlo. Leniency, Collusion, Corruption, and Whistleblowing (April 18, 2016). SITE *Working Paper Series*, n. 36. Disponível em: https://ssrn.com/abstract=2773671; BERLIN, Maria; QIN, Bei; SPAGNOLO, Giancarlo. *Leniency, Asymmetric Punishment and Corruption:* Evidence from China (January 17, 2018). Disponível em: https://ssrn.com/abstract=2718181.; BURLANDO, Alfredo; MOTTA, Alberto. *Can Self Reporting Reduce Corruption in Law Enforcement?* (January 20, 2012). Disponível em: https://ssrn.com/abstract=1987306.; DUFWENBERG, Martin; SPAGNOLO, Giancarlo. *Legalizing Bribe Giving* (November 2012). *CEPR Discussion Paper*, n. DP9236. Disponível em: https://ssrn.com/abstract=2210205.; LAMBSDORFF, Johann NELL, Mathias. Fighting corruption with asymmetric penalties and leniency. *CEGE Discussion Paper*, 2007; ROSE-ACKERMAN, Susan. The law and economics of bribery and extortion. *Annual Review of Law and Social Science*, v. 6, p. 217-238, 2010, p. 227.

[322] Atende-se, por esse meio, às recomendações da Convenção das Nações Unidas contra a Corrupção, que, em seu art. 37, prevê:
"1. Cada Estado Parte adotará as medidas apropriadas para restabelecer as pessoas que participem ou que tenham participado na prática dos delitos qualificados de acordo com a presente Convenção que proporcionem às autoridades competentes informação útil com fins investigativos e probatórios e as que lhes prestem ajuda efetiva e concreta que possa contribuir a privar os criminosos do produto do delito, assim como recuperar esse produto.
2. Cada Estado Parte considerará a possibilidade de prever, em casos apropriados, a mitigação de pena de toda pessoa acusada que preste cooperação substancial à investigação ou ao indiciamento dos delitos qualificados de acordo com a presente Convenção
3. Cada Estado parte considerará a possibilidade de prever, em conformidade com os princípios fundamentais de sua legislação interna, a concessão de imunidade judicial a toda pessoa que preste cooperação substancial na investigação ou no indiciamento dos delitos qualificados de acordo com a presente Convenção."

3.3 Possíveis dificuldades na transposição do instrumental da leniência antitruste para a seara anticorrupção

Apesar das imbricações entre as infrações concorrenciais e os atos de corrupção, não se pode perder de vista que os incentivos envolvidos em cada uma das condutas acima descritas podem ser, eventualmente, distintos. Leslie trata especificamente do tema de como replicar as experiências bem-sucedidas do programa de leniência da Divisão Antitruste do Departamento de Justiça norte-americana em outras áreas de responsabilização de pessoas jurídicas (pela prática de infrações ditas corporativas).[323] Notadamente, o debate se coloca quanto à possibilidade desse transplante para incrementar o combate às infrações coletivamente consideradas como atos de corrupção, em descumprimento, por exemplo, das normas do *Foreign Corrupt Practices Act* (FCPA), diploma norte-americano que cuida das práticas de suborno de membros da Administração Pública estrangeira.[324]

Ao contrário do que ocorre com o programa de leniência antitruste norte-americano, os mecanismos de cooperação existentes para o FCPA não são considerados tão efetivos, especialmente por conta da ausência de transparência e previsibilidade do segundo, comparativamente

---

[323] LESLIE, Christopher R. Replicating the Success of Antitrust Amnesty. *Tex. L. Rev.*, v. 90, p. 171, 2011. Disponível em: http://www.texaslrev.com/wp-content/uploads/2015/08/Leslie-90-TLRSA-171.pdf. Para uma análise econômica da leniência anticorrupção e de seus potenciais efeitos potencializadores do ilícito, veja-se BUCCIROSSI, Paolo *et al.* Counterproductive Leniency Programs against Corruption. In: *Econometric Society World Congress 2000 Contributed Papers.* Econometric Society, 2000.

[324] "O FCPA é estruturado ao redor de dois grupos de infrações autônomos: um traz disposições sobre atos de corrupção propriamente ditos (pagamentos) enquanto o segundo elenca obrigações contábeis impostas a empresas. Daí já se vê que o FCPA traz duas linhas independentes de medidas de prevenção e repressão à corrupção: além de criminalizar diversas condutas relacionadas à efetiva oferta ou realização de pagamentos a funcionários públicos estrangeiros, o diploma também pune as empresas que deixem de manter controles contábeis internos adequados e apresentem falhas na contabilização de entradas e saídas de valores. (...) Ao contrário dos demais diplomas aqui estudados, o FCPA sanciona exclusivamente os atos de corrupção praticados no exterior. A corrupção interna, evidentemente, também é proibida nos Estados Unidos, porém está prevista em outros textos legais" (CARVALHO, Paulo Roberto Galvão de. *Legislação Anticorrupção no Mundo:* análise comparativa entre a lei anticorrupção brasileira, o Foreign Corrupt Practices Act norte-americano e o Bribery Act do Reino Unido. In: SOUZA, Jorge Munhoz; QUEIROZ, Ronaldo Pinheiro de. *Lei Anticorrupção.* Salvador: JusPodivm, 2015, p., 41).

ao primeiro.[325] Há, inclusive, propostas quanto à harmonização dos sistemas a partir da experiência da leniência concorrencial nos EUA.[326] Para além da maior previsibilidade e transparência, todavia, Leslie afirma que haveria diferenças a respeito das características dos ilícitos que cada um dos sistemas buscaria combater, que poderiam ser relevantes para a criação de mecanismos de cooperação mais adequados para cada uma das formas delitivas em questão.

O cartel consistiria em conduta *horizontal*, na medida em que ocorreria dentre competidores em um mercado, enquanto a corrupção ativa seria travada de modo *vertical* (entre entidades em compram e

---

[325] Para Tarun e Tomczak, a prática das autoridades norte-americanas de, na aplicação do FCPA, considerar a colaboração do acusado, numa "leniência informal", limitando a apenação ou ofertando acordos de não persecução, não seria suficiente para assegurar a colaboração. Essa atuação estatal "não é transparente ou instrutiva para os órgãos de decisão das corporações que estão tentando tomar decisões informadas no melhor interesse das corporações e de seus acionistas sobre os benefícios de investigar completamente a malversação e voluntariamente divulgá-la e cooperar plenamente com a aplicação da lei" (tradução livre. TARUN, Robert W.; TOMCZAK, Peter P. A Proposal for a United States Department of Justice Foreign Corrupt Practices Act Leniency Policy, 47 AM. *CRIM. L. REV*. 153, 155 (2010)).

[326] Ver TARUN, Robert W.; TOMCZAK, Peter P. A Proposal for a United States Department of Justice Foreign Corrupt Practices Act Leniency Policy, 47 AM. *CRIM. L. REV*. 153, 155 (2010). Em 2016, o *DOJ Fraud Section* (setor responsável pela aplicação do FCPA no Departamento de Justiça norte-americano) iniciou a implementação do que chamou de "programa piloto" de leniência para as violações ao FCPA. Segundo anunciou, o objetivo do programa seria incrementar os incentivos para a cooperação de pessoas jurídicas participantes de atos sancionáveis pelo FCPA, ao mesmo tempo que facilitasse a persecução das pessoas físicas. Os objetivos dessa política podem ser conferidos memorando elaborado por Sally Yates, Vice-Procuradora-Geral do DOJ, comumente designado "Yates Memo" (Disponível em: https://www.justice.gov/archives/dag/file/769036/download.) Sobre o tema, ver FEIS, Nicholas M. De; PATTERSON, Philip C. Limits in New FCPA Leniency Program May Hinder Effectiveness. *New York Law Journal*, v. 255, n. 79, Disponível em: https://dorlaw.com/wp-content/uploads/2016/04/070041624-2016-FCPA-Leniency.pdf. Acesso em: 20 out. 2016). Mais recentemente, foi noticiado que esse programa passaria a ter natureza permanente, em face de seu aparente sucesso. O anúncio do Departamento de Justiça destacou, dentre os pontos de aperfeiçoamento do novo programa, os seguintes aspectos: (i) o novo programa estabelece que quando uma empresa satisfaz os padrões de autodelação voluntária, cooperação total e reparação oportuna e apropriada, haverá uma presunção de que o Departamento de Justiça aplicará a total isenção. Essa presunção só pode ser superada se houver circunstâncias agravantes relacionadas à natureza e à gravidade da ofensa, ou se o ofensor for um criminoso reincidente; (ii) se uma empresa divulgar voluntariamente irregularidades e satisfizer todas as outras exigências, mas as circunstâncias agravantes impuserem a aplicação de uma penalidade, o Departamento recomendará uma redução de 50% do limite inferior da faixa de multas das Diretrizes de Condenação; (iii) a Política fornece detalhes sobre como o Departamento avalia um programa de *compliance* apropriado, que variará dependendo do tamanho e dos recursos de uma empresa (Department of Justice. Deputy Attorney General Rosenstein Delivers Remarks at the 34th International Conference on the Foreign Corrupt Practices Act. Disponível em: https://www.justice.gov/opa/speech/deputy-attorney-general-rosenstein-delivers-remarks-34th-international-conference-foreign). O *FCPA Corporate Enforcement Policy* pode ser acessado em https://www.justice.gov/criminal-fraud/file/838416/download.

vendem umas das outras, ou entre o Estado e o particular, num contrato administrativo). O autor aponta que, ainda que em ambas as hipóteses haja uma distorção do processo competitivo de contratação, a estrutura interna das duas condutas apresentaria distinções em relação a quem seriam os autores e as vítimas dos ilícitos, e às possíveis motivações de ambos.

No caso de corrupção, aquele que oferece o contrato (ente público) é um dos partícipes do ato, sendo vítimas as demais empresas que deixaram de ter acesso a uma competição idônea para contratação, além, da sociedade em geral.[327] Diversamente, no caso do cartel, é vítima aquele que ofertaria o contrato (que pode até mesmo ser o Estado), e que poderá estar sujeito a preços mais elevados ou bens e serviços de qualidade inferior, enquanto que os potenciais contratados, membros do cartel, são todos coautores da infração.

Neste sentido, uma característica presente no fenômeno de cartelização e que não encontra correspondência necessária na corrupção (ativa e passiva) consiste no fato de que, nas condições normais de mercado, sem o conluio, as empresas que participariam do cartel são, em regra, competidoras entre si. A configuração de um cartel estável pressupõe, teoricamente, portanto, a superação de um momento inicial de desconfiança mútua entre competidores, desconfiança essa que é o "estado natural" da relação entre eles e que pode nunca chegar a deixar de existir.

O incentivo para trair o cartel em busca de maiores lucros jamais se esvairá, já que a quebra de um dos membros do cartel pode ser vantajosa para os demais, que passariam a ocupar maior parcela do mercado. Se uma única sociedade delatar e, assim, obtiver isenções quanto a pesadas penalidades aplicáveis, isso pode significar, em alguns casos, maiores lucros para o agente cartelizado, a longo prazo, em relação àqueles que foram objeto da delação.

Afirma Leslie que a corrupção, diferentemente, não necessariamente ocorrerá em semelhante cenário adversarial – ausente o pagamento de propinas, ainda assim seria possível cogitar de uma relação mutuamente benéfica para os agentes ativo e passivo da corrupção (Estado e agente privado), de modo que inexiste uma

---

[327] Seriam os demais participantes do processo de contratação (ou licitantes) as vítimas mais visíveis e diretas, mas não se pode perder de vista que a corrupção, ao distorcer a forma como bens e serviços escassos são distribuídos em sociedade, também vitimiza a sociedade como um todo – tanto economicamente quanto em consequência da vulneração da confiança da sociedade no Poder Público e no funcionamento das instituições democráticas em geral.

desconfiança inerente a essa relação que possa ser potencializada pela leniência. Um programa de leniência, no caso da corrupção, deve criar essa instabilidade relacional, e não apenas agravá-la.

Além disso, é possível dizer que o agente privado que delata num ambiente de corrupção – e especialmente, de corrupção estrutural ou endêmica – se submete a riscos tão ou mais relevantes, do ponto de vista das potenciais consequências econômicas da sua conduta, se comparado ao agente que delata o cartel do qual participa.

Delatar um esquema de corrupção no bojo da Administração Pública pode sujeitar o agente privado a ações de retaliação por parte de agentes públicos e políticos, e pode inviabilizar, *tout court*, a sua prática econômica. Existem sociedades cuja grande força motriz é a prestação de bens e serviços ao Poder Público, e que, com uma celebração de acordo de leniência, podem se tornar *persona non grata* do setor público, especialmente se a corrupção sistêmica naquele dado campo persiste. O abalo na relação com o Poder Público pode gerar perseguições políticas, incremento das dificuldades burocráticas, perda de crédito em instituições financeiras públicas, dentre outros fatores.

No caso de ausência de harmonização das diversas autoridades com poderes para sancionar a pessoa jurídica, existe a chance de, ainda que não por perseguição e sim por mera implementação das suas competências, outros entes públicos, não participantes da leniência, declararem a inidoneidade da sociedade para contratações públicas, o que poderia inviabilizar a sua recuperação financeira.

Acrescenta-se outro ponto em que as duas condutas delituosas se diferenciariam: o cartel, pela sua própria natureza, se caracteriza pela pluralidade de entidades envolvidas no conluio. Pressupõe-se que, num cartel, são múltiplos os agentes que atuam de forma consertada. Já a corrupção pode se dar ainda que somente com dois agentes (o "subornador" e o "subornado"), o que pode gerar maiores dificuldades, comparativamente aos cartéis, para que um programa de leniência crie a necessária instabilidade na confiança entre as partes autoras da infração.[328] Quanto mais pessoas houver, envolvidas em uma mesma conduta ilícita, mais fácil será que uma delas se volte contra as demais (por desconfiar que algum dos copartícipes seja propenso a fazer o mesmo). Num contexto de corrupção com dois agentes somente, é mais

---

[328] A depender do conceito de corrupção adotado, ela poderia ocorrer até mesmo sem o conluio, como ocorreria na hipótese de peculato.

fácil, para se certificar que outrem não irá delatar, apenas aumentar os valores das vantagens indevidas pagas. Essa constatação pode fazer sentido inclusive à luz das conclusões trazidas pela economia comportamental.[329] É plausível supor que quanto mais estreita for a relação entre os agentes criminosos, maior o efeito potencial sobre eles dos efeitos da reciprocidade.

Tratando de estudos empíricos sobre a corrupção, Lambsdorff indica a necessidade de que se considere, na análise das condutas humanas, a existência concreta do elemento da *reciprocidade* inerente às atividades sociais (*Homo reciprocans*), e que, dado seu caráter associativo, seria essencial ao entendimento da corrupção sob o prisma comportamental.[330]

Esse elemento, de natureza fundamentalmente social, explicaria o porquê de atos de corrupção poderem ser percebidos como impositivos para as partes envolvidas (ainda que não o sejam juridicamente). Ou

---

[329] Às limitações da *rational choice theory* vêm sendo agregadas as considerações da chamada economia comportamental, que, partindo de experimentos laboratoriais que comprovaram a existência de limitações cognitivas à racionalidade humana, entendem que devem ser inseridos nos modelos – e, por conseguinte, nas formas de implementação de políticas públicas de combate à corrupção – as heurísticas (atalhos mentais) e vieses (tendências) mais frequente e regularmente identificados no comportamento individual. Uma das ideias desse ramo da economia é considerar que o comportamento humano pode ser descrito mais facilmente a partir de uma lógica composta por dois sistemas cognitivos distintos: haveria um sistema automático, intuitivo (Sistema 1), bem como um sistema racional e reflexivo (Sistema 2). Enquanto as respostas providas pelo Sistema 1 seriam rápidas e inconscientes, aquelas providas pelo Sistema 2 seriam mais lentas e demandariam concentração. As respostas do Sistema 1, como visto, não estão contidas nos modelos previstos pela *rational choice*, de modo que, embora não se possam desconsiderar as aplicações dessa última teoria, tampouco devem-se ignorar as novas possibilidades de estudo mencionadas acima. Sobre o tema, veja-se, por exemplo, THALER, Richard H.; SUNSTEIN, Cass R.. Nudge: improving decisions about health, wealth and happiness. *Penguin books*, 2009 e ARIELY, Dan. *A mais pura verdade sobre a desonestidade:* por que mentimos para todo mundo: inclusive para nós mesmos – Rio de Janeiro: Elsevier, 2012. Para uma visão crítica do uso da economia comportamental pelo direito, veja-se RIGHT, Joshua D., GINSBURG, Douglas H. Behavioral Law and Economics: Its Origins, Fatal Flaws, and Implications for Liberty (September 17, 2012). *Northwestern University Law Review*, v. 106, n. 3, 2012; *George Mason Law & Economics Research Paper*, n. 12-63. Disponível em: http://ssrn.com/abstract=2147940 e CRUDDEN, Christopher; KING, Jeff. *The Dark Side of Nudging:* The Ethics, Political Economy, and Law of Libertarian Paternalism (November 3, 2015). Alexandra Kemmerer, Christoph Möllers, Maximilian Steinbeis, Gerhard Wagner (eds.), Choice Architecture in Democracies, Exploring the Legitimacy of Nudging (Oxford/Baden-Baden: Hart and Nomos, 2015), Forthcoming; *U of Michigan Public Law Research Paper*, n. 485; *Queen's University Belfast Law Research Paper*, n. 16. Disponível em: http://ssrn.com/abstract=2685832.

[330] A reciprocidade consistiria em um dos muitos dados inerentes ao comportamento humano que não estariam abarcados pela concepção de racionalidade utilizada pela *rational choice theory*, tendo em vista que o comportamento de caráter recíproco nem sempre corresponderá àquele mais vantajoso sob a perspectiva econômica clássica – é dizer, nem sempre sobreviverá a uma rigorosa análise custo-benefício.

seja, a reciprocidade sentida em relações de confiança mais estreitas poderia fazer com que os agentes infratores percebessem suas trocas de favores indevidos como cogentes, ainda que ilícitas.

Os entes envolvidos em um cartel, caso sejam muitos, não necessariamente criarão tantos laços sentimentais de confiança e reciprocidade quanto aqueles que podem ser criados entre corruptor e agente público corrompido[331] que estejam insertos em um relacionamento (promíscuo) de longa data e que seja mutuamente vantajoso. É só pensar nas ligações de amizade possíveis entre os particulares que se beneficiam com o favorecimento em contratações públicas e os agentes políticos que são agraciados por vultosas doações (declaradas ou não) para o financiamento de suas campanhas.

3.4 Conclusões parciais do capítulo

Os atributos que separam, potencialmente, os tipos penais e administrativos de corrupção e cartel podem ter implicações na montagem de programas de leniência bem ajustados para essas duas realidades. Daí não se necessariamente verdadeira a afirmação feita por Fraser,[332] e rebatida por Leslie, segundo a qual, tendo em vista a experiência no direito antitruste, haveria, provavelmente, benefícios em se adotar um programa de leniência semelhante no campo anticorrupção.

Como visto, os incentivos naturais à delação estão mais evidentes, em geral, nas relações de cartel que naquelas de corrupção (tomando-se o suborno como ato-paradigma). A mera transposição, *ipsis literis*, das disposições do programa de leniência do direito antitruste para a seara do combate à corrupção pode, por isso mesmo, não se mostrar efetiva para replicar o cenário de incertezas nas relações entre os membros da organização criminosa, e, consequentemente, não estabelecer os pressupostos fáticos para uma corrida pela cooperação.

Não se pode olvidar que, para a pessoa jurídica que coopera para facilitar a punição de outras empresas que atuam no mesmo mercado, o benefício do sucesso de uma negociação de acordo de leniência pode ter duas dimensões: (i) haverá a mitigação ou mesmo a isenção em relação às penalidades eventualmente aplicáveis; e (ii) os demais

---

[331] Fala-se em corruptor e agente público corrompido, todavia, é bem possível que a vantagem indevida em verdade esteja sendo solicitada (ou até extorquida) pelo ente público, sendo o particular, nesse caso, uma potencial vítima.

[332] FRASER, Stephen A. Placing the Foreign Corrupt Practices Act on the Tracks in the Race for Amnesty. 90 *Texas L. Rev.* 1009 (2012).

membros do cartel, que seriam seus concorrentes no mercado, ao serem submetidos às sanções pelo comportamento anticoncorrencial, podem sofrer duros golpes econômicos, em razão das multas aplicadas e das possíveis ações cíveis a que se sujeitariam, e até mesmo deixar de atuar competitivamente naquele setor.

Em relação às condutas ditas corruptas, o cenário se altera: o particular, ao cooperar com as autoridades para delatar um agente público atuando de forma indevida, pode estar fechando suas portas para outros eventuais contratos ou benefícios obtidos de maneira semelhante.[333] Afinal, se a pessoa jurídica traiu um agente público, muito provavelmente deixará de ter a confiança de outros com os quais poderia vir a se relacionar corruptamente. Esse ponto, que poderia significar à primeira vista uma vantagem dos acordos de leniência (e demais delações) para cuidar da prevenção desse tipo de ilícito, pode, ao contrário, se mostrar um impedimento para a própria adesão dos sujeitos ao programa.

Nos cenários nos quais a corrupção é endêmica e estrutural, em que as relações entre Estado e particular comumente passam pela apropriação indevida de bens e serviços públicos para finalidades privadas, calibrar os incentivos para o sucesso de um programa de leniência anticorrupção efetivos pode ser um desafio.

Riscos há, inclusive, de que, ao invés da criação da corrida para a delação, tão almejada pela implementação de um programa de leniência, ocorra exatamente o oposto do desejado: o fortalecimento das relações entre os membros da organização criminosa. A resistência à cooperação com autoridades investigadoras pode servir como uma prova da lealdade dos agentes em conluio, aumentando a confiança mútua e potencializando a prática de atos ilícitos mais numerosos ou lesivos.

No caso brasileiro, pelo que se expôs até agora, e na contramão das indicações quantos aos incentivos que permeiam essas duas modalidades de ilícitos, parece haver maiores garantias de atratividade e segurança jurídica em meio ao programa de leniência concorrencial, quando confrontado com o instituto equivalente da legislação anticorrupção. Apenas o acordo com o CADE pode surtir como efeitos a isenção total das sanções administrativas, e a proteção das pessoas jurídicas contra

---

[333] É verdade que mesmo quanto aos cartéis a realização de uma delação pode fechar portas para a participação do delator em certos negócios, pois mais dificilmente o agente poderá participar de outros cartéis já tendo realizado acordo de leniência em momento anterior. Isso não necessariamente significará, entretanto, que a pessoa jurídica deixará de atuar no mercado.

sanções tanto administrativas quanto penais. Ademais, não há, na seara antitruste, a pulverização e superposição institucional observada na Lei nº 12.846/2013.

Há que se questionar, e estudar empiricamente, à luz dessas considerações, se a Lei Anticorrupção (e a mais recente Lei nº 13.506/2017) atende aos requisitos da atratividade e da segurança jurídica de forma suficiente a permitir a quebra das relações de confiança desenvolvidas no bojo da prática de atos lesivos à Administração Pública, especialmente num contexto em que o agente não se perceba em vias de ser descoberto em sua atividade ilícita.

/ PARTE II

ADEQUAÇÃO DOS ACORDOS DE LENIÊNCIA NO ORDENAMENTO BRASILEIRO AOS FUNDAMENTOS TEÓRICOS E ECONÔMICOS DO INSTITUTO

CAPÍTULO 4

NOVAS TENDÊNCIAS DO DIREITO PÚBLICO BRASILEIRO E OS ACORDOS DE LENIÊNCIA

Como se viu no Capítulo 1, na experiência norte-americana, o acordo de leniência é um instituto que se insere mais no âmbito do Direito Penal do que no Direito Administrativo. Os cartéis, naquele outro ordenamento, são infrações de natureza criminal, e não tipos administrativos sancionadores.

No Direito Brasileiro, a seu turno, a lógica desse tipo de mecanismo negocial foi inserta na onda da consensualização[334] das relações entre Administração Pública e administrado.[335] Consequentemente, conquanto possa eventualmente apresentar repercussões penais (seja porque a sua celebração impede a punição criminal das pessoas físicas, seja porque sua celebração pode por vezes facilitar a persecução penal do agente privado), a leniência foi incorporada preponderantemente na esfera administrativa – ainda que existam instrumentos análogos atualmente em crescente uso na seara penal.[336]

---

[334] O processo de consensualização das relações jurídico-administrativas é tema extenso, de modo que os limites desta obra não permitem o devido aprofundamento da matéria. As considerações que seguem servem apenas para situar o leitor na discussão.

[335] Vale mencionar que a natureza estritamente administrativa das sanções impostas através da Lei Anticorrupção não é unanimidade na literatura. Para Modesto Carvalhosa, a norma teria natureza penal, tendo em vista sua gravidade, do que decorreria a necessidade de observância de todas as garantias típicas do processo penal (CARVALHOSA, Modesto Souza Barros. *Considerações sobre a Lei anticorrupção das pessoas jurídicas*: Lei 12.846/2013. Thomson Reuters Revista dos Tribunais, 2015.p. 33). Trata-se, todavia, de posição minoritária.

[336] O acordo de leniência guarda semelhança com aquilo que, na esfera criminal, convencionou-se chamar de *delação* ou *colaboração premiada*, instrumento pelo qual o legislador premia a conduta daquele que confessa o fato criminoso e aponta para a incriminação de terceiro que tenha concorrido para o ilícito. Esse instituto está presente em legislação esparsa, a exemplo da Lei nº 9.613/1998 e da Lei de Proteção à Testemunha. Talvez a mais conhecida das normas que trazem disposições que valorizam a colaboração seja a Lei das Organizações

O estudo a respeito da forma e do *locus* de inserção dos acordos de leniência no cenário jurídico brasileiro, por consequente, tem relevância, na medida em que permite verificar algumas das adaptações que foram realizadas para o transplante do instituto ao Direito pátrio, e traçar alguns paralelos e divergências com outros instrumentos semelhantes aqui existentes.

4.1 Fuga do direito penal, consensualidade e pragmatismo

Há mais de um fator que pode ser elencado como influente na inclusão dos acordos de leniência no molde do Direito Administrativo brasileiro.

O primeiro deles, mais óbvio, é o de as pessoas jurídicas, praticantes por excelência dos ilícitos-alvos dos programas de leniência do direito comparado (*i.e.* os cartéis), em regra não se sujeitarem à persecução criminal no ordenamento nacional. A importação do instituto, por isso mesmo, passou pela mesma adaptação que fora também necessária no âmbito do Direito Comunitário Europeu, em que igualmente as condutas anticoncorrenciais de jurisdição supranacional têm natureza apenas administrativa.

Já o segundo deles guarda relação com o fato de que a consagração da ideia de uma Administração Pública menos verticalizada e mais aberta

---

Criminosas (Lei nº 12.850/2013), que dedicou ao tema toda uma seção. A norma afirma que o juiz poderá, a requerimento das partes, conceder o perdão judicial, reduzir em até dois terços a pena privativa de liberdade, ou substituí-la por restritiva de direitos, daquele que tenha colaborado efetiva e voluntariamente com a investigação e com o processo criminal, desde que dessa colaboração advenha um ou mais dos seguintes resultados: (i) a identificação dos demais coautores e partícipes da organização criminosa e das infrações penais por eles praticadas; (ii) a revelação da estrutura hierárquica e da divisão de tarefas da organização criminosa; (iii) a prevenção de infrações penais decorrentes das atividades da organização criminosa; a recuperação total ou parcial do produto ou do proveito das infrações penais praticadas pela organização criminosa; e (iv) a localização de eventual vítima com a sua integridade física preservada (art. 4º). Nos termos do §4º, o Ministério Público poderá também deixar de oferecer denúncia se o colaborador não for o líder da organização criminosa (inc. I), e for o primeiro a prestar efetiva colaboração nos termos deste artigo (inc. II). Ademais, consoante ao §5º do mesmo artigo, tem-se a possibilidade de que a cooperação se dê após a sentença condenatória, sendo hipótese em que a pena poderá ser reduzida até a metade ou será admitida a progressão de regime ainda que ausentes os requisitos objetivos para esta. Sobre as colaborações premiadas e seu processo de evolução no direito nacional, veja-se, por exemplo, BOTTINO, Thiago. Colaboração premiada e incentivos à cooperação no processo penal: uma análise crítica dos acordos firmados na "Operação Lava Jato". *Revista Brasileira de Ciências Criminais*, n. 122, p. 359-390, 2016.

ao diálogo com o cidadão pode ser apontada como uma tendência do Direito Administrativo do século XXI.[337] [338]
Como bem destaca Patrícia Baptista,

A consensualidade é outra palavra de ordem do direito administrativo contemporâneo. Parcerias público-privadas, procedimentos de manifestação de interesse, diálogos competitivos, regime diferenciado de contratação, consórcios, autorregulação regulada ou compartilhada, *etc.* O que de mais atual tem sido gestado no direito administrativo aposta suas fichas em mecanismos de consenso, de adesão e de cooperação dos particulares com a Administração, no lugar dos modos tradicionais de ação pública estatal do tipo comando controle, baseados na lógica adversarial. A atuação consensual é, de fato, mais rápida e barata, e, possivelmente por isso, mais eficiente.[339]

---

[337] O Direito Administrativo dito pós-moderno vem passando por uma série de alterações em seus paradigmas, como apontam, por exemplo, Jacques Chevallier (CHEVALLIER, Jacques. *O Estado pós-moderno*. Tradução: Marçal Justen Filho. Belo Horizonte: Fórum, 2009) e Sabino Cassese (CASSESE, Sabino. *A crise do Estado*. Campinas: Saberes Editora, 2010). Para Chevallier, "tudo se passa como se ocorresse a eliminação dos atributos clássicos do Estado, mas sem que fosse possível, no entanto, traçar de mão firme os contornos de um novo modelo estatal: o Estado pós-moderno é um Estado cujos traços permanecem, precisamente e enquanto tais, marcados pela incerteza, pela complexidade, pela indeterminação: esses elementos devem ser considerados como elementos estruturais, constitutivos do Estado contemporâneo" (p. 11).

[338] O processo de introdução de mecanismos consensuais, e de mitigação da unilateralidade e verticalidade das relações Administração-administrado é, aliás, global, não consistindo em idiossincrasia brasileira. Consoante o pensamento de Sabino Cassese, citado por Fernando Dias Menezes de Almeida, "a supremacia do direito administrativo vem se erodindo. Primeiramente ela cessa de ser um atributo permanente da administração e do direito administrativo e se torna um privilégio que deve ser concedido em cada caso pela lei. Depois, à supremacia e à unilateralidade substituem-se o consenso e a bilateralidade. Enfim, o cidadão não é mais posto em uma situação de subordinação". (*apud* ALMEIDA, Fernando Dias Menezes de. Mecanismos de consenso na Administração Pública. In: ARAGÃO, Alexandre Santos de; MARQUES NETO, Floriano de Azevedo (Coord.). *Direito administrativo e seus novos paradigmas*. Belo Horizonte: Fórum, 2017, p. 330-331).

[339] BAPTISTA, Patrícia. *Transformações do Direito Administrativo*: 15 anos depois – reflexões críticas e desafios para os próximos quinze anos. In: BRANDÃO, Rodrigo; BAPTISTA, P. (Org.). *Direito Publico*: livro em comemoração aos 80 anos da Faculdade de Direito da UERJ. 1. ed. Rio de Janeiro: Freitas Bastos, 2015, p. 393. Também é a opinião de Diogo de Figueiredo Moreira Neto, tratando dos contratos administrativos, mas em passagem igualmente aplicável à espécie: "[c]erto é, também, que a postura, velha de mais de dois séculos, erguida sobre a tríade supremacia, imposição e unilateralidade – reputadas como atributos permanentes e inafastáveis da Administração Pública em suas relações com os administrados –, vem cedendo paulatinamente espaço à consensualidade e à negociação, pois que se vêm mostrando como qualidades muito mais eficientes para a satisfação dos interesses públicos (...)". (MOREIRA NETO, Diogo de Figueiredo. O futuro das cláusulas exorbitantes nos contratos administrativos. In: *Direito administrativo e seus novos paradigmas* (Alexandre Santos de Aragão e Floriano de Azevedo Marques Neto – Coord.). Belo Horizonte: Fórum, 2008. p. 548). Na mesma toada: ALMEIDA, Fernando Dias Menezes de. Mecanismos de consenso no direito administrativo. In *Direito administrativo e seus novos*

A análise da proeminência do fenômeno em solo pátrio poderia parar por aí, explicando-se, portanto, apenas a partir da inclusão da consensualidade na realidade jurídica brasileira,[340] somada ao movimento global de inserção de programas de leniência no instrumentário das autoridades antitruste para lidar com ilícitos associativos nessa área do Direito. Isto, contudo, não explica plenamente o motivo pelo qual o ordenamento brasileiro vem fortalecendo e expandindo progressivamente o alcance desse instituto, cruzando as fronteiras da seara concorrencial.

Neste cenário, tem-se que o sucesso alardeado pelo CADE quanto à própria experiência na utilização do instrumento da leniência pode ter levado o Legislador nacional – bem como o Poder Executivo, com suas sucessivas medidas provisórias – a ir mais longe do que usualmente é considerando o terreno de aplicação dos programas de leniência, expandindo-o para além do Direito concorrencial para abarcar outras modalidades de ilícitos associativos de natureza eminentemente econômica e de alta lesividade social.

O efeito replicador decorrente de êxitos na seara concorrencial é o terceiro fator que justifica a inserção dos acordos de leniência no ordenamento jurídico brasileiro, e pode ser associado ao que foi dito

---

paradigmas (Alexandre Santos de Aragão e Floriano de Azevedo Marques Neto – Coord.). Belo Horizonte: Fórum, 2008. p. 330 e ss.

[340] Com efeito, a consagração da via consensual como vertente lícita, desejável e útil de atuação administrativa pode ser exemplificada por meio do art. 26 da Lei de Introdução às Normas do Direito Brasileiro, incluído pela Lei nº 13.655, de 25 de abril de 2018, e que dispõe: "Art. 26. Para eliminar irregularidade, incerteza jurídica ou situação contenciosa na aplicação do direito público, inclusive no caso de expedição de licença, a autoridade administrativa poderá, após oitiva do órgão jurídico e, quando for o caso, após realização de consulta pública, e presentes razões de relevante interesse geral, celebrar compromisso com os interessados, observada a legislação aplicável, o qual só produzirá efeitos a partir de sua publicação oficial.
§1º O compromisso referido no caput deste artigo
I – buscará solução jurídica proporcional, equânime, eficiente e compatível com os interesses gerais;
II – (VETADO);
III – não poderá conferir desoneração permanente de dever ou condicionamento de direito reconhecidos por orientação geral;
IV – deverá prever com clareza as obrigações das partes, o prazo para seu cumprimento e as sanções aplicáveis em caso de descumprimento.
§2º (VETADO)."
Para Sérgio Guerra e Juliana de Palma, a Lei nº 13.655/2018 consagra a dinâmica de atuação consensual ao estabelecer permissivo genérico para toda a Administração Pública, independentemente de lei ou regulamento específico (GUERRA, Sérgio; PALMA, Juliana Bonacorsi de. Art. 26 da LINDB – Novo regime jurídico de negociação com a Administração Pública. *Revista de Direito Administrativo*, Rio de Janeiro, p. 135-169, p. 140, nov. 2018. Disponível em: http://bibliotecadigital.fgv.br/ojs/index.php/rda/article/view/77653. Acesso em: 12 abr. 2019).

no Capítulo 1 acima: o enfrentamento de problemas de natureza semelhante pode, em muitos casos, gerar um ímpeto para que se copiem experiências bem-sucedidas. Sob este prisma, se o acordo de leniência concorrencial brasileiro é um transplante do instituto do direito comparado, pode-se dizer que os demais acordos – anticorrupção e do sistema financeiro – seriam *transplantes do transplante*.

É possível afirmar que, ao mesmo tempo que uma maior inclusão do elemento negocial no Direito Administrativo é observada, também se verifica uma expansão da própria utilização do Direito Administrativo sancionador como via de prevenção e repressão a comportamentos lesivos.[341] A disposição estatal em apostar nas sanções administrativas,[342] em substituição ou somatório às penalidades de natureza penal, pode ser decorrência, dentre outros fatores:

(i) da relativa celeridade do processo de apenação na seara administrativa, em comparação ao andamento usual dos processos judiciais;
(ii) da gravidade potencial das sanções administrativas, que por vezes sequer são necessariamente mais brandas que aquelas impostas na esfera penal;
(iii) da possibilidade de estabelecimento de requisitos menos rígidos para a imposição de sanções (como a dispensa do elemento subjetivo da responsabilidade em algumas normas mais recentes, como a Lei nº 12.846/2013);

---

[341] No mesmo sentido, Diogo Rodrigues aponta que "[m]esmo em se tratando do atual 'Estado regulador', que, dentre outros aspectos, limita a intervenção estatal direta nos mercados (Estado intervencionista ou positivo), verifica-se um fortalecimento do poder normativo e, por consequência, da estratégia sancionatória. Desse modo, as funções estatais de regulação, fiscalização e punição terminam por fazer parte de uma cadeia de elos sucessivos: o aumento da regulação termina por implicar no desenvolvimento dos elos seguintes. Neste contexto, a sanção administrativa aparece como um instrumento voltado essencialmente para o auxílio no desempenho da missão estatal reguladora" RODRIGUES, Diogo Alencar Azevedo. *Os limites formais para a celebração do acordo de leniência sob a perspectiva das garantias do particular* (Lei 12.84/2013). Dissertação (Mestrado em Direito) – Faculdade de Direito da Fundação Getúlio Vargas. Rio de Janeiro, 2015, p. 20-21).

[342] Segundo conceitua Fábio Medina Osório, uma possível definição de sanção administrativa seria a de um "mal ou castigo, porque tem efeitos aflitivos, com alcance geral e potencialmente *pro futuro*, imposto pela Administração Pública, materialmente considerada, pelo Judiciário ou por corporações de direito público, a um administrado, jurisdicionado, agente público, pessoa física, sujeitos ou não a especiais relações de sujeição com o Estado, como consequência de uma conduta ilegal, tipificada em norma proibitiva, com uma finalidade repressora ou disciplinar, no âmbito de aplicação formal e material do Direito Administrativo" (OSÓRIO, Fábio Medina. *Direito Administrativo Sancionador*. São Paulo: Revista dos Tribunais, 2015. p. 106-107). Sobre o processo de expansão do uso das apenações administrativas, veja-se MEDEIROS, Alice Bernardo Voronoff de. *Por um discurso de justificação e aplicação para o direito administrativo sancionador no Brasil*. Tese (Doutorado em Direito Público) – Universidade do Estado do Rio de Janeiro, Faculdade de Direito. 2017, p.18-19.

(iv) da possibilidade de aplicação de penalidades também em relação às pessoas jurídicas (como no caso desse último diploma citado) sem grandes discussões a respeito da imputabilidade dessas ficções jurídicas; e (v) dos *standards* probatórios menos elevados, em contraste com o maior arcabouço probatório necessário para que se obtenha uma condenação penal.

Opta-se, por esses motivos, no Brasil, pela tipificação administrativa de condutas extremamente lesivas, como atos contra a ordem econômica e lesivos à Administração Pública.

A problemática da expansão do exercício do *jus puniendi* estatal para além das fronteiras do Direito Penal, abarcando cada vez mais intensamente também o Direito Administrativo, é apontada por parte da literatura como uma consequência, de um lado, da suposta insuficiência Direito Penal para dar respostas adequadas e tempestivas à chamada sociedade do risco,[343] [344] e, de outro, da maior capilarização do Direito Administrativo, na medida em que este passa a estar presente de forma cada vez mais intensa nos mais diversos momentos das relações sociais.[345]

---

[343] É o que destaca Fábio Medina Osório, ao afirmar haver profunda desconfiança "em relação ao sistema penal, concretamente dirigida aos juízes dessa área especializada, [que] reforça as reformas tendentes ao alargamento do espectro de incidência das normas sancionadoras de improbidade, abrindo espaço a outras normas similares, em setores diversos" (OSÓRIO, Fábio Medina. *Direito administrativo sancionador*. 5. ed., rev., atual. e ampl. São Paulo: Revista dos Tribunais, 2015, p. 296).

[344] A produção normativa dos últimos anos em muito alargou o âmbito de atuação sancionatória e as formas de controle da Administração Pública, como indica a Lei nº 12.846/2013, a Lei nº 12.527/2011 (Lei de Acesso à Informação), a Lei nº 12.813/2013 (que dispõe sobre o conflito de interesses no exercício de cargo ou emprego do Poder Executivo federal), e a Lei Complementar nº 157/2016 (que criou nova modalidade de improbidade administrativa consistente em aplicar ou manter benefício financeiro ou tributário contrário ao que dispõem o caput e o §1º do art. 8º-A da Lei Complementar nº 116, de 31 de julho de 2003). Sem embargo, isto não significa que, no cenário brasileiro, o Direito Penal esteja se retraindo, ou que sua utilização esteja sendo deixada de lado para que se dê preferência ao Direito Administrativo. Os recentes acontecimentos demonstrados pela chamada Operação Lava Jato demonstram o uso intenso do instrumentário do Direito Penal como forma de resposta estatal aos ilícitos colusivos. No contexto brasileiro, concomitantemente, observa-se uma tentativa de aplicação dos elementos consensuais também no Direito Penal, como forma de facilitar a persecução também nessa área. Para uma visão crítica do tema, veja-se VASCONCELLOS, Vinicius Gomes de. *Barganha e justiça criminal negocial*: análise das tendências de expansão dos espaços de consenso no processo penal brasileiro. Dissertação (Mestrado em Direito) – Porto Alegre, 2014. 361 f

[345] "O Estado se apresenta de modo progressivo nas relações, com forma e vocação regulatórias, ao abrigo do Direito Administrativo, em sentido amplo, o que equivale a dizer que existe um espectro considerável de normas punitivas em jogo, porque mesmo a presença estatal indireta viabiliza o uso dos instrumentos coercitivos de controle e sanção. O Direito Administrativo é o veículo de disciplina normativa de que se vale o Estado, tanto para atuar diretamente quanto para disciplinar os comportamentos de outros órgãos e pessoas jurídicas". Mais à frente, o mesmo autor conclui: "[d]iga-se que o Direito Administrativo

A realidade atual, marcada pelas características da *modernidade líquida*, nas palavras de Zygmunt Bauman,[346] [347] – contexto histórico, político e social que tem como marca distintiva a constância das mudanças e a consequente minimização dos espaços de estabilização – serve a aprofundar a necessidade de respostas imediatas a problemas complexos.

Consoante Marina Esteves Nonino:

> [a] sociedade contemporânea, fruto do acelerado processo de modernização tecnológica e científica ocorrido a partir do século XIX, trouxe em seu bojo uma complexidade sem precedentes, que influiu de forma incisiva e decisiva no direcionamento da atuação estatal no pulso da ordenação da vida comunitária. O reconhecimento de que se vive em uma sociedade "produtora de riscos" reclama a assunção de um novo paradigma, perspectiva esta que irá influenciar a construção, a desconstrução e a reconstrução do Direito. Em resposta aos anseios da nova dinâmica social instalada, o Direito Administrativo Sancionador viu robustecida

---

Sancionador pode incidir, portanto, em campos distintos, v.g., ilícitos fiscais, tributários, econômicos, de polícia, de trânsito, atentatórios à saúde pública, urbanismo, ordem pública, e qualquer campo que comporte uma atuação fiscalizadora e repressiva do Estado. É muito mais amplo que o Direito Penal, dado que inclusive atua como instrumento repressivo de múltiplos órgãos e entidades, diferentemente do que ocorre com o Direito Criminal". (OSÓRIO, Fábio Medina. *Direito administrativo sancionador*. 5. ed., rev., atual. e ampl. São Paulo: Revista dos Tribunais, 2015, p. 48-49). No mesmo sentido, MEDEIROS, Alice Bernardo Voronoff de. *Por um discurso de justificação e aplicação para o direito administrativo sancionador no Brasil*. Tese (Doutorado em Direito Público) – Universidade do Estado do Rio de Janeiro, Faculdade de Direito. 2017, p.18-19.

[346] "As formas da vida moderna podem diferir em alguns aspectos – mas o que os une todos é precisamente a sua fragilidade, temporariedade, vulnerabilidade e inclinação a mudanças constantes. Ser 'moderno' significa modernizar – compulsivamente, obsessivamente; não é apenas 'ser', muito menos manter sua identidade intacta, mas para sempre 'tornar-se', evitando a conclusão, ficando indefinido. Cada nova estrutura que substitui a anterior, logo que seja declarada antiga e ultrapassada, é apenas outro acordo momentâneo – reconhecido como temporário e 'até novo aviso'. (...). À medida que o tempo flui, a 'modernidade' muda suas formas à maneira do lendário Proteus... O que foi, há algum tempo, apelidado (erroneamente) 'pós-modernidade', e o que eu escolhi chamar, mais ao ponto, 'modernidade líquida', é a crescente convicção de que a mudança é a única permanência e a incerteza a única certeza" (tradução livre) (BAUMAN, Zygmunt. *Liquid Modernity*. Polity Press 65 Bridge Street Cambridge CB2 1UR, UK, Foreword to the 2012, Edition: Liquid Modernity Revisited).

[347] "A sociedade contemporânea tem a marca da complexidade. Fenômenos positivos e negativos se entrelaçam, produzindo uma globalização a um tempo do bem e do mal. (...) Um mundo fragmentado e heterogêneo, com dificuldade de compartilhar valores unificadores" (BARROSO, Luís Roberto. A razão sem voto: o Supremo Tribunal Federal e o governo da maioria. *Revista Brasileira de Políticas Públicas*, v. 5, n. 2, 2015).

a dinâmica legislativa, e assinalou sua principal particularidade nos dias atuais, qual seja, uma forte tendência à expansão.[348]

Confira-se o que consta da cláusula 8 do acordo de leniência firmado entre CGU, AGU e as empresas que integram o grupo econômico da Odebrecht, no âmbito do processo Processo nº 00190.103765/2018-48:
A lógica descrita acima se corrobora pela própria explicitação dos motivos que levaram à edição da Lei nº 12.846/2013. Em fevereiro de 2010, o Poder Executivo Federal propôs ao Congresso Nacional, por meio da Mensagem nº 52,[349] a inclusão de norma no ordenamento jurídico nacional que tipificasse as condutas lesivas à Administração Pública nacional e estrangeira praticadas pelas pessoas jurídicas. Tratava-se de proposta com o

> objetivo de suprir uma lacuna no sistema jurídico pátrio no que tange à responsabilização de pessoas jurídicas pela prática de atos ilícitos contra a Administração Pública, em especial, por atos de corrupção e fraude em licitações e contratos administrativos.

Dentre os pretextos que teriam levado à opção por propor o tratamento do tema sob a ótica do direito administrativo sancionador, encontrava-se a preferência pela responsabilização objetiva da pessoa jurídica,[350] contornando-se, nos termos da própria Mensagem nº 52, as dificuldades impostas pela necessidade de comprovação de elementos subjetivos (dolo ou culpa) na causação do dano. Ademais, afirmou-se que o direito penal não ofereceria mecanismos céleres ou eficientes para a imputação de tais condutas às pessoas jurídicas, sendo o direito administrativo sancionador, ao contrário, mecanismo com maior capacidade de "proporcionar respostas rápidas à sociedade".

Nessa perspectiva, é importante frisar que, ainda que não se trate da aplicação do Direito Penal, *ultima ratio* da aplicação do poder punitivo estatal, e que tem como trunfo – por assim dizer – a possibilidade de

---

[348] NONINO, Marina Esteves. O Recrudescimento do Direito Administrativo Sancionador na Sociedade de Riscos. *Revista Percurso* – Unicuritiba, v. 2, n. 19, 2016, disponível em: http://revista.unicuritiba.edu.br/index.php/percurso/article/viewFile/238/1334. Acesso em: 03 out. 2017.

[349] A Mensagem está disponível em: http://www.camara.gov.br/proposicoesWeb/prop_mostrarintegra?codteor=735505&filename=MSC+52/2010+%3D%3E+PL+6826/2010. Acesso em: 1 jun. 2017.

[350] Para Schreiber, esta consiste em uma tendência do direito brasileiro, em substituição à responsabilização subjetiva. SCHREIBER, Anderson. *Novos Paradigmas da responsabilidade civil*: da erosão dos filtros da reparação à diluição dos danos, p. 19-20.

aplicação das penalidades restritivas de liberdade ao indivíduo, a imposição de sanções de natureza administrativa nem por isso deixa de ser uma forma intensa de limitação de direitos. A cessação da prática de atividade econômica decorrente da revogação de autorização para o exercício de atividade, por exemplo, pode gerar efeitos tão ou mais graves para o administrado quanto aqueles decorrentes da imposição de uma pena de natureza estritamente criminal.[351]

O escopo desta obra trabalho não permite aprofundar a questão da unicidade ou não do conteúdo do *jus puniendi* estatal, tema que suscita profundas discussões teóricas entre estudiosos.[352] Todavia, e independentemente da posição adotada quanto a Direito Penal e Administrativo Sancionador serem ou não lados de uma mesma moeda, parece certo que o Direito Administrativo Sancionador não pode permanecer infenso às irradiações dos princípios constitucionais aplicáveis, de modo que é imperioso tutelar, também nesse campo, os direitos e garantias fundamentais do administrado/acusado.[353]

---

[351] É bem sabido que a penalidade de natureza administrativa pode gerar reflexos jurídicos até mesmo mais gravosos que aqueles decorrentes da imposição de penalidades de natureza criminal, como por exemplo, quando comparada a cominação de mera multa penal com a pena disciplinar de demissão, destituição ou cassação de aposentadoria. Na primeira hipótese, haverá o impacto pontual no patrimônio do servidor condenado; na segunda, haverá, potencialmente, a perda de toda a sua fonte de renda para a subsistência. Por isso, Gustavo Binenbojm assevera que, no âmbito do Direito Administrativo, o exercício do poder de polícia deve possuir alto grau de penetração dos valores e princípios constitucionais (BINENBOJM, Gustavo. *Poder de polícia, ordenação, regulação*: transformações político-jurídicas, econômicas e institucionais do direito administrativo ordenador. Belo Horizonte: Fórum, 2016, p. 99). Semelhantemente: "[d]e todos os modos, herança histórica, despenalização, influência do sistema de Direito Comunitário, multiplicação de centros políticos com poder sancionatório, não parece haver base alguma para diferenciar por sua natureza estas sanções administrativas das penas propriamente ditas. Com frequência, a gravidade daquelas excede à destas (é inclusive o normal em relação às multas). Somente razões de política criminal explicam as várias opções, e, frequentemente contraditórias, do legislador em prol de uma ou de outra dessas duas vias repressivas" GARCIA DE ENTERRÍA, Eduardo; TOMÁS-RAMÓN, Fernández. *Curso de direito administrativo*.1. ed. São Paulo: Revista dos Tribunais, 2015. 2 v., p. 190.

[352] Ver, por exemplo, NIETO GARCIA, Alejandro. Derecho Administrativo Sancionador. Madrid: Tecnos, 2012; TOMILLO; Manuel Gomez. Consideraciones em torno al campo limite entre el derecho administrativo sancionador y el derecho penal. *Revista Actualidad Penal*, n. 4, 2000, p. 69-89; OSÓRIO, Fábio Medina. *Direito administrativo sancionador*. 5. ed., rev., atual. e ampl. São Paulo: Revista dos Tribunais, 2015; COSTA, Helena Regina Lobo da. Direito administrativo sancionador e direito penal: a necessidade de desenvolvimento de uma política sancionadora integrada. In: *Direito administrativo sancionador*. São Paulo: Quartier Latin, 2015, p. 107-118; MEDEIROS, Alice Bernardo Voronoff de. *Por um discurso de justificação e aplicação para o direito administrativo sancionador no Brasil*. Tese (Doutorado em Direito Público) – Universidade do Estado do Rio de Janeiro, Faculdade de Direito. 2017.

[353] A forma e o escopo dessa tutela não são assentes na doutrina. Para Ana Carolina Carlos de Oliveira, "hoje já não se discute 'se' os princípios penais devem ser aplicados ao procedimento administrativo sancionador, mais sim quais princípios e em que amplitude, uma vez que

Desse modo, ainda que o Direito Administrativo apresente características que o tornem mais palatável para o Legislador e para o Poder Executivo na realização de políticas de repressão e de combate a ilícitos – flexibilização da legalidade, possibilidade de aplicação de sanções por autoridades administrativas, maior celeridade no processo, maior alcance sobre pessoas jurídicas, responsabilização objetiva – isto em absoluto significa que se devem deixar de lado os princípios constitucionais de proteção ao particular. Pelo contrário, também nessa ala de atuação punitiva, o Estado deve, idealmente, mover-se premido da necessidade de tutelar os cidadãos, sempre observando as garantias do devido processo e do contraditório e ampla defesa, bem como a razoabilidade e a proporcionalidade.

Esse ponto é mesmo essencial: não se pode permitir que o Estado busque a utilização do Direito Administrativo Sancionador como forma de fragilização de garantias individuais por via transversa.

Aplicando-se essa ressalva especificamente aos acordos de leniência, tem-se a possibilidade de algumas das preocupações que devem guiar o formulador da política, e o agente que a manejará: a tutela à confiança legítima, e a proporcionalidade nas penas impostas e nas mitigações decorrentes da colaboração, por exemplo. Sobressai, neste ponto, o ideal da segurança jurídica, tanto porque está associado aos próprios fundamentos teóricos que delineiam esse tipo de colaboração entre infrator e Estado, quanto porque, também sob a perspectiva constitucional, há que se prestigiar a estabilidade das relações jurídicas e, especialmente, a confiança depositada pelo particular na Administração Pública, sendo este um verdadeiro corolário do Estado Democrático de Direito.

---

se reconhece a contribuição garantista dos princípios penais" (OLIVEIRA, Ana Carolina Carlos de. *Direito de intervenção e direito administrativo sancionador: o pensamento de Hassemer e o direito penal brasileiro*. 2012. Dissertação de Mestrado – Universidade de São Paulo (USP). Faculdade de Direito São Paulo). Alice Voronoff, contudo, defende sanções penais e administrativas servem a finalidades diversas, e que "o regime jurídico [das sanções administrativas] seja definido a partir dos atributos e peculiaridades que fazem da sanção uma ferramenta do direito administrativo e justificam seu uso; não o contrário". Pegando o exemplo do princípio da legalidade, a autora entende que "[n]ao há fundamento para se estender ao campo administrativo a hipótese de reserva legal e absoluta formal prevista no art. 5º, XXXIX, da Constituição (…) nem os propósitos a que serve a legalidade estrita penal (elemento finalístico), nem a estrutura operativa das normas deste campo do direito, guardam referibilidade com o direito administrativo, ainda que em sua expressão sancionatória" (MEDEIROS, Alice Bernardo Voronoff de. *Por um discurso de justificação e aplicação para o direito administrativo sancionador no Brasil*. Tese (Doutorado em Direito Público) – Universidade do Estado do Rio de Janeiro, Faculdade de Direito. 2017, p.252-253).

Feita essa devida advertência, vale dizer que uma das facetas dessa tendência "fuga do direito penal" para a seara administrativa[354] diz respeito à consequente tentativa de fortalecimento das instâncias estatais competentes para a imposição dessas penalidades, para que possam, de forma mais eficiente, identificar, investigar e punir as condutas ilícitas em questão.

O Brasil, como dito, vem expandindo as normas que cuidam dos acordos de leniência e as suas hipóteses de incidência. Atualmente, relembre-se, tal instrumento está previsto em pelo menos três diplomas normativos distintos: a Lei nº 12.529/2011 (Lei que disciplina o Sistema Brasileiro de Defesa da Concorrência); a Lei nº 12.846/2013 (a Lei Anticorrupção); e, por último, a Lei nº 13.506/2017, que dispõe sobre o processo administrativo sancionador na esfera de atuação do Banco Central do Brasil e da Comissão de Valores Mobiliários, permite ao Banco Central do Brasil e à CVM a celebração de acordo com pessoas físicas ou jurídicas que confessarem a prática de infração às normas legais ou regulamentares cujo cumprimento lhes caiba fiscalizar.

Trata-se, portanto, de instrumento cuja utilização, não obstante as polêmicas jurisprudenciais e doutrinárias quanto à sua legitimidade, hipóteses de aplicação e efeitos, encontra-se em expansão.

Gustavo Binenbojm aponta para a existência de dois giros hermenêuticos no Direito Administrativo. Numa ponta, deu-se uma guinada democrático-constitucional, marcada pela afirmação da centralidade da Constituição no sistema jurídico, e, a reboque, a formação de uma nova compreensão da legitimidade da organização e do funcionamento da Administração Pública, pautada na consecução dos valores, garantias e direitos fundamentais. [355]

---

[354] A fuga aqui considerada não pressupõe necessariamente a retração da esfera penal – até porque em nosso sistema jurídico a excessiva criminalização de condutas ainda é ranço a ser superado. O fenômeno para o qual se aponta diz respeito a uma convergência entre esferas penal e administrativa, de modo a que por vezes seus limites sejam quase imperceptíveis (como é o caso de algumas sanções previstas em legislação administrativa cujo caráter quase-penal é apontado pela doutrina), aliado à imposição de penalidades altamente gravosas ao cidadão pela via meramente administrativa. Neste sentido: "[d]e todas as dificuldades que os acordos substitutivos possam eventualmente se deparar, certamente a barreira cultural é a que mais tolhe o aproveitamento da potencialidade dos instrumentos consensuais. Ainda remanesce muito forte no subconsciente coletivo o dever de sancionar (punir) – nessa linha, o emprego de instrumentos consensuais sofre grande resistência e até mesmo preconceito, pois visualizados como instrumentos de "impunidade". (PALMA, Juliana Bonacorsi de. Processo regulatório sancionador e consensualidade: análise do acordo substitutivo no âmbito da Anatel. *Revista de Direito de Informática e Telecomunicações – RDIT*, Belo Horizonte, ano 5, n. 8, p. 7-38, jan./jun. 2010, p. 9).

[355] BINENBOJM, Gustavo. *Poder de polícia, ordenação, regulação*. 1. ed. Belo Horizonte: Fórum, 2016, p. 307.

Noutra, observou a existência de uma alteração na lógica subjacente ao direito administrativo hodierno, composta pelo que denominou giro pragmático, ou seja, uma inclinação à inserção no ordenamento jurídico de institutos focados na obtenção dos melhores resultados possíveis. Incorporam-se, por esse viés, nos processos, conceitos e decisões administrativas as características próprias do pragmatismo,[356][357] (antifundacionalismo,[358] contextualismo[359] e consequencialismo[360]),

---

[356] Há variados conceitos de pragmatismo. Para José Vicente Mendonça, "[é], tão somente, uma forma de dizer ao julgador: nos casos em que você terá que exercer sua discricionariedade, faça-o com olhos nas consequências de sua decisão. Avançando um pouco mais na proposta, esse 'olhar as consequências' insere-se dentro das constrições da teoria da argumentação e busca operar consequências contextuais, não fundacionais, próximas, prováveis e provadas" (MENDONÇA, José Vicente Santos de. *Direito constitucional econômico:* a intervenção do Estado na economia à luz da razão pública e do pragmatismo. Belo Horizonte: Fórum, 2014, 122).

[357] Sobre o pragmatismo jurídico, veja-se também POSNER, Richard. *Law, Pragmatism and Democracy*. Cambridge: Harvard University Press, 2005. p. 57-85. O autor defende a adoção de um pragmatismo *cotidiano*, cuja principal característica seria a razoabilidade, tendo-se em conta as consequências vislumbradas pelo julgador.

[358] A ideia corresponde à rejeição de "rejeição de quaisquer espécies de entidades metafísicas, conceitos abstratos, categorias aprioristicas, princípios perpétuos, instâncias últimas, entes transcendentais, dogmas, entre outros tipos de fundações possíveis ao pensamento. Trata-se, afinal, de negar que o pensamento seja passível de uma fundação estática, perpétua, imutável" (POGREBINSCHI, Thamy. *Pragmatismo:* teoria social e prática. Rio de Janeiro: Relume Dumará, 2005, p. 25)

[359] "É o destaque do contexto – social, político, histórico, cultural – na investigação filosófica e científica. Um pragmatismo filosófico não crê em abstrações atemporais, se não por seu antifundacionalismo, então porque costumam se inserir num plano a-histórico, acima do tempo, do lugar e das circunstâncias pessoais e culturais. É porque o método pragmatista preza a diferença prática que as teorias possam fazer – e só é possível perscrutar uma diferença prática a partir de um contexto real – que o contextualismo assume importância como traço do pragmatismo" (MENDONÇA, José Vicente Santos de. *Direito constitucional econômico:* a intervenção do Estado na economia à luz da razão pública e do pragmatismo. Belo Horizonte: Fórum, 2014, p.38).

[360] O consequencialismo equivale a "conduzir sempre qualquer investigação com os olhos voltados para o futuro, por meio de alguma antecipação prognóstica. (...) O significado de uma proposição, assim como sua verdade, depende do teste de suas consequências futuras; sai antecipação é essencial para o saber pragmático, a fim de que se possa avaliar qual a diferença que produzirá sobre a realidade. Isso conduz o pragmatista a uma atitude marcadamente empiricista e experimentalista" (BINENBOJM, Gustavo. *Poder de polícia, ordenação, regulação.* 1. ed. Belo Horizonte: Fórum, 2016, p. 55). A ideia não é imune a críticas, a exemplo daquelas tecidas por Mariana Pargendler e Bruno Meyerhof Salama: "[a]pesar do recurso à discussão das consequências, subsistirá o papel do jurista como formulador de doutrina como não ciência. Especificamente, defendemos que a cientificização da produção jurídica (sobretudo no que tange ao exame dos efeitos concretos das regras jurídicas) encontra limites muito claros, por conta de dois motivos insuperáveis:13 (i) a incerteza radical sobre o funcionamento do mundo (no que se incluem as consequências concretas de diferentes normas jurídicas) e (ii) a conhecidíssima 'guilhotina de Hume' (de acordo com a qual não se pode deduzir o que 'deve ser' com base em uma proposição sobre o que 'é'). Dito de forma simples: a perfeita engenharia do mundo é impossível, e mesmo que fosse possível talvez não fosse desejável, legítima ou legal. Por conseguinte, tem-se a ilegitimidade e

de modo a optar pela operação do Direito num plano mais realista, preocupado com os efeitos práticos das normas e institutos.[361][362]

---

inconveniência (esta última, inclusive sob a ótica consequencialista) da utilização do cientificismo e consequencialismo extremados como forma de organização jurídica e social" (PARGENDLER, Mariana; SALAMA, Bruno Meyerhof. Direito e Consequência no Brasil: em busca de um discurso sobre o método. In: *Revista de Direito Administrativo*, v. 262, 2013, p. 100). Também criticamente à abordagem consequencialista, veja-se SCHUARTZ, Luis Fernando. Consequencialismo jurídico, racionalidade decisória e malandragem. In: MACEDO JUNIOR, R.P. (Org.) *Direito e interpretação:* racionalidades e instituições. São Paulo: Saraiva, 2011, p. 383-418.

[361] BINENBOJM, Gustavo. *Poder de polícia, ordenação, regulação*. 1. ed. Belo Horizonte: Fórum, 2016, p. 307-308.

[362] A necessidade de sopesarem-se questões de ordem consequencialista-pragmática nas decisões administrativas, controladoras e judiciais foi expressamente inserida no ordenamento nacional, mediante a aprovação da Lei nº 13.655/2018, que, ao alterar a Lei de Introdução às Normas de Direito Brasileiro, agregou, dentre outros, os arts. 20 a 23. Confira-se:
"Art. 20. Nas esferas administrativa, controladora e judicial, não se decidirá com base em valores jurídicos abstratos sem que sejam consideradas as consequências práticas da decisão.
Parágrafo único. A motivação demonstrará a necessidade e a adequação da medida imposta ou da invalidação de ato, contrato, ajuste, processo ou norma administrativa, inclusive em face das possíveis alternativas."
"Art. 21. A decisão que, nas esferas administrativa, controladora ou judicial, decretar a invalidação de ato, contrato, ajuste, processo ou norma administrativa deverá indicar de modo expresso suas consequências jurídicas e administrativas.
Parágrafo único. A decisão a que se refere o *caput* deste artigo deverá, quando for o caso, indicar as condições para que a regularização ocorra de modo proporcional e equânime e sem prejuízo aos interesses gerais, não se podendo impor aos sujeitos atingidos ônus ou perdas que, em função das peculiaridades do caso, sejam anormais ou excessivos."
"Art. 22. Na interpretação de normas sobre gestão pública, serão considerados os obstáculos e as dificuldades reais do gestor e as exigências das políticas públicas a seu cargo, sem prejuízo dos direitos dos administrados.
§1º Em decisão sobre regularidade de conduta ou validade de ato, contrato, ajuste, processo ou norma administrativa, serão consideradas as circunstâncias práticas que houverem imposto, limitado ou condicionado a ação do agente.
§2º Na aplicação de sanções, serão consideradas a natureza e a gravidade da infração cometida, os danos que dela provierem para a administração pública, as circunstâncias agravantes ou atenuantes e os antecedentes do agente.
§3º As sanções aplicadas ao agente serão levadas em conta na dosimetria das demais sanções de mesma natureza e relativas ao mesmo fato."
"Art. 23. A decisão administrativa, controladora ou judicial que estabelecer interpretação ou orientação nova sobre norma de conteúdo indeterminado, impondo novo dever ou novo condicionamento de direito, deverá prever regime de transição quando indispensável para que o novo dever ou condicionamento de direito seja cumprido de modo proporcional, equânime e eficiente e sem prejuízo aos interesses gerais.
Parágrafo único. (VETADO)."
Para uma visão geral dessas alterações normativas. Veja-se Edição Especial – Direito Público na Lei de Introdução às Normas de Direito Brasileiro – LINDB (Lei nº 13.655/2018). *Revista de Direito Administrativo*, Rio de Janeiro, p. 13-41, nov. 2018. Disponível em: http://bibliotecadigital.fgv.br/ojs/index.php/rda/article/view/77648. Acesso em: 12 abr. 2019; CUNHA FILHO, Alexandre Jorge Carneiro da; ISSA, Rafael Hamze; SCHWIND, Rafael Wallbach (Org.). Lei de Introdução às Normas do Direito Brasileiro: anotada, São Paulo: Quartier Latin, 2019.

O poder de polícia, influenciado pelo giro democrático-constitucional, tem como preocupação última legitimar a interferência estatal sobre a liberdade e o patrimônio dos administrados, à luz do filtro axiológico constitucional. Assim, apenas é considerada lícita a atuação administrativa quando vinculada à realização dos direitos, garantias e objetivos constitucionalmente tutelados.[363]

Daí decorre que a ideia de um agente que coopera voluntariamente e que tem o seu comportamento assim valorado positivamente pelo Estado não equivale a uma instrumentalização do sujeito, ou a uma vulneração do direito a não autoincriminação, que é eminentemente disponível.[364] [365]

---

[363] O foco deste trabalho não é perquirir as objeções de cunho moral levantadas contra esse tipo de atuação colaborativa em matéria sancionadora. Todavia, vale dizer que, para alguns autores, o instituto teria desdobramentos imorais. Neste sentido, Castelo Branco afirma que "[à] medida que se agrava a falência da capacidade investigativa estatal, e, proporcionalmente, cresce a sensação de impunidade, procuram-se soluções que possam trazer, na prática, resultados imediatos, preferencialmente publicistas e panfletários, capazes de apaziguar as angústias sociais. Pouco ou nada importam as questões éticas, vistas apenas como pequenos obstáculos a serem transpostos em busca do objetivo maior, consubstanciado na rápida prestação jurisdicional, seja ela qual for. Nos dias atuais, o bandido que, voluntariamente, delata seus comparsas é distinguido com benevolência e galardão, sinônimo de honra e glória" (CASTELO BRANCO, Fernando. Reflexões sobre o acordo de leniência: moralidade e eficácia na apuração dos crimes de cartel. In VILARDI, Celso Sanchez, et al. *Crimes Econômicos e Processo Penal*. São Paulo: Saraiva, 2008, p. 127). Para o estudo ora empreendido, importa considerar o acordo de leniência, no ordenamento jurídico brasileiro, como uma realidade já relativamente consolidada, pelo menos sob o prisma da possibilidade de sua adoção.

[364] Diogo de Figueiredo Moreira Neto e Rafael Véras de Freitas entendem ser inconstitucional a previsão de que o particular deve confessar para obter a leniência anticorrupção, por ir de encontro ao direito de não produzir prova contra si mesmo ou de não auto incriminar-se, previsto no art. 5º, LXIII da CRFB ("o preso será informado de seus direitos, entre os quais o de permanecer calado, sendo-lhe assegurada a assistência da família e de advogado"), assim como no art. 14, 3, g do Pacto Internacional sobre Direitos Civis e Político, promulgado pelo Decreto nº 592/1992 ("Toda pessoa acusada de um delito terá direito, em plena igualdade, a, pelo menos, as seguintes garantias: (...) de não ser obrigada a depor contra si mesma, nem a confessar-se culpada"). (MOREIRA NETO, Diogo de Figueiredo; FREITAS, Rafael Véras de. *A Juridicidade da Lei Anticorrupção*. Fórum Administrativo, v. 156, p. 9-20, 2014). Todavia, deve-se ter em mente que a confissão é possível mesmo na esfera do Direito penal, em que tal conduta é considerada circunstância atenuante da pena (art. 65, III, d do Código Penal). O que se impede é o uso de coação para a obtenção da confissão. O escopo e aplicação da garantia constitucional de não autoincriminação não é pacífico nem mesmo na literatura penalista. Para Marcelo Schirmer Albuquerque, em dissertação sobre o tema, a não-autoincriminação, em sua essência, teve como finalidade da tutela da integridade física e mental do acusado. Sob essa perspectiva, entende ser tal garantia uma "verdadeira autolimitação e meio de regulação do dever-poder de punir do Estado, que não reconhece como válida uma persecução possivelmente mais eficiente, quando levada a cabo a partir de agressões às integridades física, psíquica e moral do investigado/acusado". (ALBUQUERQUE, Marcelo Schirmer. *A Garantia de Não Auto-incriminação*: Extensão e Limites. Belo Horizonte. Del Rey, 2008. p. 46 e 29. Luigi Ferrajoli entende serem corolários da garantia: "a proibição daquela 'tortura espiritual', como a chamou Pagano, que é o juramento do imputado o

Embora seja possível imaginar uma política de leniência incompatível com os preceitos constitucionais, isto não seria uma característica do instituto *per se*, mas de sua eventual utilização perversa, como institucionalização de privilégios (um uso *ad hoc* e não motivado para beneficiar certos sujeitos, por exemplo), ou meio de atuação estatal autoritário (no caso, por exemplo, de um acordo que, após formalizado e regularmente cumprido, fosse usado para perseguir o agente que o celebrou, ignorando a sua posição de confiança perante o Estado ao fornecer as informações autoincriminatórias).

Isto não significa, frise-se, que a utilização dos acordos de leniência é imune a abusos, de um lado, por parte do Estado, e de outro, por parte dos particulares-beneficiários. Há que se cuidar para que, na sua formulação e aplicação, tais abusos sejam coibidos – mas a mera possibilidade teórica de ocorrerem problemas na aplicação do instituto não invalida as potencialidades do instrumento.[366]

A ideia de que o Estado deve agir limitado pelas garantias constitucionais concedidas ao administrado tem sua contrapartida na necessidade de que essa mesma atuação seja efetiva,[367] não apenas para

---

'direito ao silêncio', nas palavras de Filangieri, assim como a faculdade do imputado de responder o falso, a proibição não só de arrancar a confissão com a violência, mas também obtê-la mediante manipulação da psique, com drogas ou com práticas hipnóticas; (...) e consequente negação do papel decisivo da confissão, tanto pela refutação de qualquer prova legal, como pelo caráter indisponível associado às situações penais" (FERRAJOLI, Luigi. *Direito e Razão* – Teoria do Garantismo Penal. São Paulo: Revista dos Tribunais 2002, p. 468).

[365] No âmbito do Direito Penal, o Supremo Tribunal Federal reconhece, pacificamente, a possibilidade da colaboração e confissão do réu, deixando claro, ainda, que tal negócio tem natureza personalíssima e não se estende àqueles que optaram por não cooperar com as autoridades. Neste sentido, a Primeira Turma já afirmou, *in verbis*: "6. O recorrente, que não estava obrigado a se autoincriminar nem a colaborar com a Justiça (art. 5º, LXIII, CF), exerceu seu direito constitucional de negar a prática dos ilícitos a ele imputados. 7. Após adotar essa estratégia defensiva, por reputá-la mais conveniente aos seus interesses, não pode agora, à vista do resultado desfavorável do processo, pretender que lhe seja estendido o mesmo benefício reconhecido àquele que, desde o início, voluntariamente assumiu a posição de réu colaborador, arcando com os ônus dessa conduta processual, na expectativa de obter as vantagens dela decorrente" (RHC 124192, Relator(a): Min. Dias Toffoli, Primeira Turma, julgado em 10.02.2015, Processo Eletrônico DJe-065, Divulgado 07.04.2015, Publicado 08.04.2015).

[366] É o que igualmente adverte Alexandre Santos de Aragão, tratando do fenômeno da consensualização da Administração Pública: "[n]ão podemos, com efeito, fechar as portas para mecanismos mais eficientes (e às vezes os únicos à disposição) de atendimento dos interesses públicos por terem a chance de ser usados para propósitos menos nobres. Na verdade, nossa experiência histórica bem o demonstra, qualquer metodologia pode ser aproveitada para facilitar desvios de conduta" (ARAGÃO, Alexandre Santos de. *A consensualidade no direito administrativo: acordos regulatórios e contratos administrativos*, 2005. Disponível em: http://www2.senado.leg.br/bdsf/bitstream/handle/id/850/R167-18.pdf.)

[367] Tratando do direito concorrencial, mas com conclusão aplicável a qualquer instituto jurídico, Owen opina que "políticas [públicas] devem ser avaliadas ao examinar seus prováveis

a proteção desses direitos e garantias, mas, principalmente, para a sua tutela positiva. Marcada pelo influxo do ideário pragmatista, a função administrativa pragmaticamente vocacionada pauta-se na constatação de que não mais seria possível cogitar-se do seu exercício desvinculado de alguma análise sobre a sua capacidade para a produção dos resultados pretendidos.[368] A escassez dos recursos públicos, especialmente diante das demandas da complexa sociedade contemporânea, tornaria imperiosa a escolha pela implementação das soluções que imponham os menores custos e ofereçam os resultados mais satisfatórios.[369]

Assim, um Estado que não atenta para a alocação eficiente de seus recursos[370] e para a sua própria incapacidade de resolver determinados

---

efeitos sobre incentivos, apoiados, se possível, por meio de análise empírica. Legisladores, funcionários executivos e tribunais de apelação devem estar profundamente interessados nos efeitos de suas decisões sobre os incentivos, em vez do mérito doutrinário das decisões" (OWEN, Bruce M.. Competition Policy in Emerging Economies. *Stanford Institute for Economic Policy Research Discussion Paper*, n. 04-10, 2005, p.6).

[368] Paulo Modesto ressalta que "o princípio da eficiência pode ser percebido também como uma exigência inerente a toda atividade pública. Se entendermos a atividade de gestão pública como atividade necessariamente racional e instrumental, voltada a servir o público, na justa ponderação das necessidades coletivas, temos de admitir como inadmissível juridicamente o comportamento administrativo negligente, contra-produtivo, ineficiente." (MODESTO, Paulo. Notas para um debate sobre o princípio constitucional da eficiência. In *Revista Diálogo Jurídico*. Salvador, CAJ – Centro de Atualização Jurídica, v. I, n. 2, maio, 2001).

[369] BINENBOJM, Gustavo. *Poder de polícia, ordenação, regulação*: transformações político-jurídicas, econômicas e institucionais do direito administrativo ordenador. Belo Horizonte: Fórum, 2016, p. 308.

[370] Convém mencionar que a definição de eficiência não é simples. Conquanto esteja positivada na ordem constitucional brasileira, no art. 37, *caput*, da Constituição, o constituinte não indicou qual seria o critério passível de adoção para a aferição da eficiência no atuar administrativo. A dificuldade em encontrar um conceito unívoco ou operacional do princípio da eficiência é ressaltada por João Carlos Simões Gonçalves Loureiro: "[a] ambiguidade do conceito de eficiência resulta não só das diferentes compreensões de distintas ciências, como também da sua aplicação para designar, na economia dos textos, outras realidades conexas, ou mesmo, em certas perspectivas, idênticas. Falamos de conceitos como economicidade, produtividade, bom andamento, boa administração, eficácia, racionalização e rendibilidade. A questão complica-se se tivermos presente que a doutrina e a jurisprudência atendem a fórmulas, constitucionalmente e legalmente acolhidas em seus sistemas, pelo que a sua simples tradução e transposição para outras ordens jurídicas representa diversos riscos" (*apud* Silva, Gabriel Cozendey Pereira O dever constitucional de eficiência administrativa na jurisprudência do Supremo Tribunal Federal– 2016, p. 46). Na economia, igualmente, há diferentes concepções possíveis, a exemplo do critério de Pareto e do critério Kaldor-Hicks (COLEMAN, Jules L. Efficiency, utility, and wealth maximization. In: *Hofstra Law Review*, n. 510. Hempstead: Hofstra University, 1979-1980, p. 512-513). Uma possível definição seria aquela proposta por Onofre Alves Batista Jr., segundo o qual se afere "a medida da satisfação dada ao bem comum, ou seja, o nível de atendimento aos objetivos postos pela Lei Fundamental para a Administração Pública, que, em uma sociedade pluralista, nunca será absoluto, mas apenas relativo. Além de contar com recursos escassos, à Administração Pública são colocados diversos interesses públicos, muitas vezes até contraditórios entre si, perante uma realidade concreta, e a atuação administrativa deve se alinhar rumo a um

problemas socialmente relevantes, ignorando alternativas que incrementem sua eficiência, pode estar atuando de forma incompatível com a tessitura constitucional. Nessa perspectiva, centrada na ideia de eficiência, os acordos de leniência não seriam uma forma de resignação do Estado quanto às suas limitações, mas uma tentativa de transpô-las.[371]

Esta ideia também está associada à noção do direito administrativo como caixa de ferramentas, desenvolvida por Leonardo Coelho Ribeiro.[372] Explica o autor que tal abordagem é uma

> metáfora que privilegia o instrumentalismo legal enquanto estratégia de direito, para que as ferramentas de direito administrativo melhor sirvam aos fins democraticamente definidos na Constituição, ou pelas maiorias ocasionais, à luz da teoria dos direitos fundamentais.[373]

Esse enfoque tem, então, como pressuposto lógico-racional a necessidade de um reajuste na forma de pensar o Direito Administrativo, não mais admitindo um "descompromisso na organização estrutural da administração pública, e o exercício da função administrativa, empunhando institutos de maneira desatenta e, por vezes, exclusivamente intuitiva quanto à sua capacidade de cumprir as finalidades que se pretende efetivar".[374]

Noutras palavras, trata-se de atentar para o fato de que os institutos jurídicos devem ser finalisticamente orientados à realização de interesses compatíveis com ou indicados pela Constituição, de modo

---

interesse de sínteses, resultante de uma ponderação equilibrada desses diversos interesses intervenientes" (BATISTA JÚNIOR, Onofre Alves. *Transações administrativas*: um contributo ao estudo do contrato administrativo como mecanismo de prevenção e terminação de litígios e como alternativa à atuação administrativa autoritária, no contexto de uma administração pública mais democrática. São Paulo: Quartier Latin, 2007. p. 61-62)

[371] "O ponto central da crítica é que a delação apenas justifica investigações deficientes, sendo um paliativo à parca atuação do Estado. Estaria consubstanciada em meio pelo qual o Ministério Público, titular da ação penal pública incondicionada, poderia buscar elementos de convicção aptos a fundamentar o sumário de culpa, isentando-se da coleta das provas necessárias. Em outros termos, a carga probatória que é imposta ao órgão acusatório pela premissa do estado de inocência estaria sendo deslocada para o próprio sujeito ativo da conduta" (LAMY, Anna Carolina Pereira Cesarino Faraco. *O acordo de leniência e sua (in) compatibilidade com o devido processo legal substantivo*. Dissertação (Mestrado em Direito) – Universidade Federal de Santa Catarina, 2014, p.45).

[372] A expressão é utilizada também por Carlos Ari Sundfeld, em seu já clássico livro Direito Administrativo para Céticos (SUNDFELD, Carlos Ari. *Direito administrativo para céticos*. 2. ed. São Paulo: Malheiros, 2014. p. 45).

[373] RIBEIRO, Leonardo Coelho. O direito administrativo como caixa de ferramentas e suas estratégias. In: RDA – *Revista de Direito Administrativo*, Rio de Janeiro, v. 272, p. 209-249, maio/ago. 2016.

[374] *Idem*.

que a repetição acrítica de dogmas administrativistas (*e.g.* supremacia e indisponibilidade do interesse público), simplesmente porque são parte de uma tradição doutrinária, deve ser substituída pela necessidade de aferir, na prática, a compatibilidade do conceito jurídico ao objetivo que se busca. Nas palavras do mesmo autor:

> [a] seleção das ferramentas de direito administrativo deve ser resultado de um processo de formulação da ação administrativa que identifique as alternativas à disposição para, a partir delas, racionalmente comparar e escolher aquelas capazes de gerar os melhores incentivos em prol da realização do objetivo enfocado. Como as ferramentas de direito administrativo são mecanismos que incentivam condutas a finalidades predefinidas, o norte da ação administrativa, portanto, deve estar nos incentivos que essas ferramentas são capazes de produzir.[375]

Essas lições podem ser diretamente transpostas para o tema ora examinado. Embora a análise a respeito das ferramentas à disposição do administrador/legislador seja um elemento a ser aferido, preferencialmente, mediante processo de análise de impactos a ser realizada de forma motivada e transparente, é possível dizer que a premissa e proposta dos acordos de leniência estão em consonância com uma ideia de Administração Pública que, cônscia de suas limitações, não busca a satisfação de um dado interesse a todo custo, mas sim de uma forma racionalmente justificável, sob o prisma do custo-benefício.

Há que se lembrar que as alternativas aos acordos são as investigações movidas inteiramente pelo Poder Público (inspeções, fiscalizações, auditorias), ou que contam com terceiros não interessados ou com agentes praticantes do ilícito que cooperam somente em razão de motivações cívicas ou ético-morais. Já a obtenção de resultados, mesmo nos casos em que existe o desbaratamento da atividade ilícita, será realizada mediante o ajuizamento de ações judiciais tais como as de improbidade e as criminais, e dos processos administrativos sancionadores (que, em geral, dependem de ações de execução fiscal para o pagamento das multas pecuniárias aplicadas), todos potencialmente lentos e ineficientes.[376]

---

[375] *Ibidem*, p 216.

[376] Essa percepção se coaduna com a ideia externada por alguns autores de que o Poder Judiciário não ofereceria respostas rápidas o suficiente nesse quesito. Mariana Mota Prado *et al* afirmam que em 2012 o tempo médio para a finalização de ações de improbidade seria de cinco anos (PRADO, Mariana Mota; CARSON, Lindsey D.; CORREA, Izabela, *The Brazilian Clean Company Act: Using Institutional Multiplicity for Effective Punishment* (October

Não se trata de simplesmente substituir esse tipo de atuação estatal pela celebração dos acordos aqui estudados.[377] Como dito, o abuso ou excesso de permissividade no uso de um programa de leniência pode servir para inutilizar o instrumento ou torná-lo contraproducente em seus efeitos.[378] A combinação de inúmeras frentes de ação (acordos e investigações autônomas) é mais desejável, especialmente considerando-se a relação de interdependência entre a via consensual ora examinada e a via coercitiva: agentes apenas buscam celebrar termos quando temem as potenciais consequências jurídicas de seus atos, o que, por sua vez, só ocorrerá caso existam chances de o Estado vir a tomar conhecimento das atividades ilícitas realizadas.[379]

13, 2015). Osgoode Legal Studies Research Paper n. 48/2015. Disponível em: https://ssrn. com/abstract=2673799, p. 42. Acesso em: 05 nov. 2017).

[377] Por isso mesmo, Vitor Schirato e Juliana de Palma utilizam, para os atos consensuais que tratam de temas afetos à administração (como é a matéria sancionatória), o termo "atos administrativos bilaterais". Para os autores, "[e]m casos desse jaez, seria lícito à Administração Pública agir unilateralmente, impondo sua vontade aos particulares, no exercício corriqueiro dos poderes inerentes à Administração Ordenadora". SCHIRATO, Vitor Rhein; PALMA, Juliana Bonacorsi de. Consenso e legalidade: vinculação da atividade administrativa consensual ao direito. *Revista Brasileira de Direito Público*, Belo Horizonte, v. 7, n. 27, out./dez. 2009.

[378] Sobre o tema, veja-se SPAGNOLO, G. Divide et Impera: Optimal Leniency Programs. *Working Paper* n. 4840, CEPR, 2004.

[379] WILS, Wouter. *Leniency in Antitrust Enforcement*: Theory and Practice. 25th Conference on New Political Economy Frontiers of EC Antitrust Enforcement: The More Economic Approach. Saarbrücken, out. 2006, p. 22. Disponível em: http://papers.ssrn.com/sol3/cf_dev/ AbsByAuth.cfm?per_id=456087. Acesso em: 04 nov. 2017. Segundo o autor: "é importante notar que a leniência não é um substituto, mas um complemento para os outros métodos de coleta de informações e evidências de violações antitruste. De fato, a leniência só pode funcionar se as empresas e os indivíduos em questão percebem um risco que as autoridades de concorrência detectarão e comprovarão a violação antitruste sem recurso à leniência. O risco pode ser específico, pelo qual a autoridade de concorrência já está coletando ou recebendo informações da violação antitruste por outros meios (ou acredita-se que está fazendo isso, ou que o fará no futuro próximo) ou um mais geral, no qual acredita-se que uma autoridade de concorrência, como resultado de muitos outros casos recentes de detecção bem-sucedida e acusação, seja boa nisso. No caso de violações coletivas como cartéis e, se as políticas de leniência estiverem bem desenhadas de modo que essa imunidade só é concedida ao o primeiro coconspirador a cooperar, e as reduções nas penalidades estão ligadas ao tempo da cooperação em comparação com os outros coconspiradores, empresas e indivíduos podem decidir cooperar com medo de que um coconspirador possa fazê-lo antes deles. Tal 'corrida para cooperar' pode amplificar os efeitos positivos da leniência, mas, novamente, tal corrida só pode começar se existe o risco de as autoridades da concorrência detectarem e comprovarem a violação antitruste sem recurso à leniência, ou se há uma crença por pelo menos um dos conspiradores de que um dos outros coconspiradores pode acreditar que existe tal risco" (tradução livre).

4.2 O acordo de leniência é um tipo de TAC?

Feitas as observações acima, convém delinear mais claramente o que seria o processo de consensualização em que se insere o transplante dos acordos de leniência para o ordenamento jurídico nacional. De acordo com Thiago Marrara,

> [j]untamente com os acordos de cessação de prática infrativa, os acordos de leniência representam o ponto mais delicado do movimento de consensualização e de horizontalização da Administração Pública, na medida em que se inserem em uma atividade tradicionalmente verticalizada, em que o Estado costuma agir de modo unilateral, monológico e pouco cooperativo diante do cidadão.[380]

O mesmo autor relembra que, no passado, seria inimaginável cogitar de uma autoridade estatal empenhando-se em dialogar com um "infrator confesso, responsável por desvios bilionários de recursos financeiros ou infrações econômicas com altíssimo impacto lesivo a interesses públicos primários". O desenrolar tradicional da relação Administração-infrator seria apenas um: o da imposição de sanções, mediante a prévia instauração de processo sancionador visando a comprovar a prática dos ilícitos.[381]

Contudo, e ainda consoante o mesmo professor, as complexidades e a grandiloquência das condutas reprovadas passaram a obstar o trabalho investigativo-persecutório estatal, o que foi ainda agravado pelas dificuldades processuais decorrentes da afirmação da necessidade de observância das garantias processuais do acusado (*e.g.* presunção de inocência, contraditório, etc.).[382] Foi necessário à Administração Pública,

---

[380] MARRARA, Thiago. Acordos de leniência no processo administrativo brasileiro: modalidades, regime jurídico e problemas emergentes. *RDDA*, v. 2, n.2, 2015, p. 511.

[381] Segundo Vitor Schirato, "[a] existência ou não de discricionariedade no exercício da função sancionadora da Administração Pública é sempre um tema polêmico. A razão para isso decorre da insistência de parcela da doutrina brasileira de imaginar a aplicação do direito administrativo como uma lógica binária de subsunção do fato à norma. Segundo esta parcela, ocorrido um determinado fato gerador previsto abstratamente na norma, apenas poderá ocorrer uma consequência normativa. Assim, ocorrida a transgressão a uma norma jurídica, não haverá outra consequência que não seja a aplicação da sanção" (SCHIRATO, Vitor Rhein. O manejo dos poderes fiscalizador e sancionador pela Administração Pública. *Revista de Direito Administrativo Contemporâneo*, v. 3, p. 41-71, 2013, p. 68).

[382] "Há certas décadas seria impensável imaginar que uma autoridade pública dialogaria com um infrator confesso, responsável por desvios bilionários de recursos financeiros ou infrações econômicas com altíssimo impacto lesivo a interesses públicos primários. Perante o suspeito, à Administração tradicional se abria um único caminho: inaugurar os devidos processos acusatórios e esforçar-se para levantar provas a fim de punir os reais infratores. Ocorre que

nesse cenário, expandir seu leque de instrumentos para a contenção de determinados ilícitos, a partir da já mencionada encampação de um ideário pragmatista – segundo o qual a atividade administrativa há de ser lida à luz dos resultados que produz, rechaçando-se a manutenção de institutos e condutas inúteis ou contraproducentes. Para Gustavo Binenbojm, essa nova inclinação pode ser sintetizada como segue:

> uma tendência à adoção de estruturas, conceitos, procedimentos e decisões administrativas que sejam aptos a produzir os melhores resultados. Ao pragmatismo interessa, sobretudo, a diferença, em termos práticos, da decisão por uma outra proposição. Dá-se, assim, uma ruptura parcial com a Administração Pública burocrática, de matriz weberiana, com ênfase no antifundacionalismo, no contextualismo e no consequencialismo, que são as características que permeiam a metodologia pragmatista. O antifundacionalismo rejeita a existência de premissas teóricas estáticas, perpétuas, imutáveis, abstratas e atemporais. O contextualismo consiste na postura de levar em conta a experiência prática – social, política, histórica, econômica e cultural –, ou seja, o contexto real em que o problema se insere, bem como a intersubjetividade que lhe confere sentido e valor. Finalmente, o consequencialismo importa conduzir sempre qualquer investigação ou avaliação por meio de alguma antecipação prognóstica de suas consequências futuras; essa antecipação é essencial para o saber pragmático, a fim de que possa avaliar qual a diferença que determinada decisão produzirá sobre a realidade.[383]

Em outras palavras, o que se pretende a partir da introdução do pensamento de matriz pragmatista é um Direito Administrativo ciente da sua própria instrumentalização – ou seja, que reconheça que, mais que replicar fórmulas e fundamentos simplesmente em função de uma tradição dogmática, projete uma atuação orientada para a realização de objetivos específicos e predeterminados (embora sempre limitada pela incidência dos preceitos constitucionais).

---

as infrações ficaram complexas, grandiosas, enormemente reticularizadas, virtualizadas e elaboradas. Além disso, como lembra Fábio Medina Osório (2005, p. 502-503), as atividades instrutórias se tornaram mais difíceis por força do respeito obrigatório ao princípio da presunção de inocência e da vedação de se obrigar alguém a produzir provas contra si mesmo. Tanto pela complexidade das infrações em si, quanto pelas essenciais garantias processuais que foram asseguradas ao cidadão ao longo das décadas, os custos operacionais das tarefas processuais do Estado aumentaram e, por reflexo, a improbabilidade de sucesso nos processos administrativos acusatórios se elevou tremendamente". (MARRARA, Thiago. Acordos de leniência no processo administrativo brasileiro: modalidades, regime jurídico e problemas emergentes. *RDDA*, v. 2, n. 2, 2015, p. 511).

[383] BINENBOJM, Gustavo. *Poder de polícia, ordenação, regulação*. 1. ed. Belo Horizonte: Fórum, 2016, p. 307-308.

Esta visão permite reconhecer a possibilidade de que a aplicação da sanção não represente, sempre e irrefletidamente, o meio de obtenção do resultado ótimo num processo administrativo sancionador.

Nas conhecidas lições de Floriano de Azevedo Marques Neto e Tatiana Matiello Cymbalista, a sanção é, também, um poder de natureza *instrumental*, e não mais mero símbolo da potestade estatal sobre o indivíduo.[384] Representa, portanto, apenas *uma* dentre as possíveis formas de obtenção do resultado (tutela do interesse público) visado pela Administração Pública. A pena pode ser substituída por outros instrumentos jurídicos, unilaterais ou bilaterais, que potencialmente alcancem os mesmos alvos, por vezes de forma mais célere, menos onerosa e mais condizentes com a proporcionalidade e razoabilidade que devem pautar o atuar do Poder Público.[385]

Em suma, nessa visão a respeito do papel do Direito Administrativo Sancionador, o processo administrativo passa a não necessariamente ter de culminar na imposição de penalidades ao agente privado faltoso.[386]

---

[384] "Dessa constatação parte outra de que a sanção não é um fim em si, mas sim um dos meios – e não o único – para se evitar o descumprimento de uma obrigação jurídica e para viabilizar a consecução das políticas públicas estabelecidas para um determinado setor". (MARQUES NETO, Floriano de Azevedo; CYMBALISTA, Tatiana Matiello. Os acordos substitutivos do procedimento sancionatório e da sanção In: *Revista Brasileira de Direito Público* – RBDP, v. 8, n. 31, p. 51-68, out./dez. 2010).

[385] "Em um Estado de Direito, qualquer poder sancionador tem caráter utilitário ou instrumental. Não se admite poder de sanção arbitrário ou desvinculado de uma finalidade de interesse público suficiente para justificar sua imposição a um particular. O Estado de Direito pressupõe caráter residual da repressão, a proporcionalidade e a utilidade da sanção: qualquer atentado à esfera de direitos dos indivíduos ou corporações, ainda que (ou, talvez, sobretudo porque) executada pelo Estado, deve ser indispensável e proporcional" (MARQUES NETO, Floriano de Azevedo. O Poder Sancionador nas Agências Reguladoras. In: LANDAU, Elena (coord.). *Regulação Jurídica do Setor Elétrico*. Tomo II. Rio de Janeiro: Lumen Juris, 2011, p. 177). Igualmente Vitor Schirato assenta que "o poder sancionador da Administração Pública apóia-se, antes de tudo, na necessidade de proporcionalidade. Não se trata de uma ação administrativa despregada da realidade e da sociedade na qual se insere. Assim, o manejo da competência sancionadora deve, por óbvio, ser ponderado em função da finalidade que pretende alcançar e de suas consequências na sociedade. (…) Dessarte, a ocorrência ou não de uma conduta punível, em sim, não é elemento suficiente para ensejar a deflagração de uma função sancionadora. Esta, para existir, deverá, sempre, ser eleita como a forma mais apropriada de ação da Administração Pública de acordo com o crivo da proporcionalidade e em função da situação fática subjacente" (SCHIRATO, Vitor Rhein. O manejo dos poderes fiscalizador e sancionador pela Administração Pública. *Revista de Direito Administrativo Contemporâneo*, v. 3, p. 41-71, 2013, 68).

[386] "O processo administrativo sancionador pode ter como desfechos: (i) a aplicação da sanção; (ii) a declaração da inexistência da infração ou da responsabilidade da pessoa contra quem se fez a imputação; (iii) o arquivamento por falta de prova suficiente; (iv) a pronúncia da prescrição da pretensão punitiva do Estado; e, finalmente, (v) a celebração de acordo que se substitua à pena administrativa (acordo substitutivo) ou de acordo que se integre a ela, tornando-a mais branda mediante satisfação de obrigações positivas e negativas estabelecidas no ato consensual (acordo integrativo). Tais acordos inserem-se na lógica da promoção da

Justamente por isso, a literatura administrativista mais contemporânea rechaça a noção da bilateralidade e das negociações de sanções administrativas como uma forma indevida de renúncia estatal dos interesses públicos que devem nortear a sua conduta. No resumo de Juliana de Palma, segundo uma lógica mais tradicional e conservadora, o interesse público, consubstanciado no "interesse de toda a coletividade, formado pela junção da parcela pública projetada por cada indivíduo na sociedade", e, portanto, cuja titularidade, necessária para que a Administração Pública pudesse transacionar livremente, seria *indisponível*.[387]

É essa a conclusão a que chega, por exemplo, a clássica doutrina de Celso Antônio Bandeira de Mello, segundo o qual "na administração os bens e interesses não se acham entregues à livre disposição da vontade do administrador. Antes, para este, coloca-se a obrigação, o dever de curá-los nos termos da finalidade a que estão adstritos".[388]

Juliana de Palma, contudo, explica que o dito princípio da indisponibilidade do interesse público corresponde em verdade a uma "*construção teórica*, que reproduz particular forma de compreensão do regime jurídico-administrativo", marcada por uma carga de imprecisão conceitual, e pela ausência de qualquer previsão normativa, o que a confere uma carga mais retórica que propriamente jurídica.[389]

Alexandre Santos de Aragão vai mais longe, indicando que o pensamento tradicionalista voltado à indisponibilidade do interesse público,[390] atualmente, deve ser matizado com os princípios da eficiência

---

consensualidade na relação entre a Administração Pública e os cidadãos, tendo por objetivo incrementar o grau de efetividade das ordenações baseadas na adesão voluntária, reduzir o tempo de tramitação dos feitos, os custos a eles relacionados e o nível de litigiosidade administrativa e judicial. Também aqui é possível identificar uma salutar sinergia entre os giros pragmático e democrático-constitucional do direito administrativo: os resultados práticos das soluções consensuais tendem a promover maior aderência dos particulares às decisões ordenadoras com um grau mais elevado de eficiência". BINENBOJM, Gustavo. *Poder de polícia, ordenação, regulação*: transformações político-jurídicas, econômicas e institucionais do direito administrativo ordenador. Belo Horizonte: Fórum, 2016, p. 2015.

[387] PALMA, Juliana Bonacorsi de. *Sanção e acordo na administração*. São Paulo: Malheiros, 2015, p. 175.

[388] BANDEIRA DE MELLO, Celso Antônio. *Curso de direito administrativo*. São Paulo: Malheiros, 2009, p 74.

[389] A autora indica a possibilidade de o princípio corresponder à "(i) indisponibilidade da finalidade legal; (ii) indisponibilidade do dever de agir da Administração; (iii) indisponibilidade de bens e serviços públicos; e (iv) indisponibilidade de competências administrativas (dentre elas, as prerrogativas públicas)". PALMA, Juliana Bonacorsi de. *Sanção e acordo na administração*. São Paulo: Malheiros, 2015, p. 177.

[390] A própria noção de interesse público vem sofrendo alterações e questionamentos. Sobre o tema, veja-se, por exemplo, SARMENTO, Daniel (org.). *Interesses Públicos versus Interesses Privados*: desconstruindo o princípio de supremacia do interesse público. Lumen Juris, 2005.

e da proporcionalidade, de modo que nem mesmo o fato de existir previsão legal quanto à possibilidade de atuação administrativa coercitiva impedira a preferência pela adoção de instrumentos consensuais, "desde que, naturalmente, os valores em jogo sejam atendidos pelo menos com o mesmo grau de satisfação com que o seriam de forma coercitiva".[391] À luz dessas premissas, para o professor, a noção de poder/dever de aplicação de sanções, que seria corolário da ideia de indisponibilidade do interesse público, seria repensada para dar lugar a novas formas de obtenção do mesmo resultado por vias tão ou mais eficazes.

Mesmo que assim não fosse, eventual existência de uma indisponibilidade absoluta dos interesses públicos não corresponderia a uma impossibilidade *tout court* de a Administração Pública transacionar. Motivos para tal são muitos, dentre os quais se destacam o fato de a celebração de um negócio jurídico poder corresponder ao atendimento de uma finalidade legal positivada, e o fato de a Administração Pública não estar se furtando de tomar providências quando da celebração desses acordos, e sim agindo de forma alternativa, consoante à já mencionada instrumentalidade de suas prerrogativas.

Diogo de Figueiredo Moreira Neto e Rafael Véras de Freitas, a seu turno, asseveram que, em lançando mão de instrumentos de consensualidade tais como os acordos de leniência, o que a Administração Pública faz é dispor sobre a *forma* de satisfação do interesse público, e não sobre o interesse público propriamente dito.[392]

A celebração de acordos dessa natureza em nada infirma a possibilidade de que o Estado se aproveite do seu poder sancionador[393] – essa ainda é uma alternativa, mormente se o particular descumprir o teor do instrumento negociado – hipótese, inclusive, na qual o agente terá que arcar com o fato de o acordo consubstancia título executivo extrajudicial.[394] Não há diminuição das potestades estatais, mas apenas a agregação de mais uma vertente de atuação, a qual pode se mostrar a mais eficiente ou não.

---

[391] ARAGÃO, Alexandre Santos de. *Agências Reguladoras e a Evolução do Direito Administrativo Econômico*, Rio de Janeiro: Forense, 2004, p. 111.

[392] MOREIRA NETO, Diogo de Figueiredo; FREITAS, Rafael Véras. A Juridicidade da Lei Anticorrupção. In *Fórum Administrativo*, v. 156, p. 9-20, 2014.

[393] MARRARA, Thiago. Acordos de leniência no processo administrativo brasileiro. Modalidades, regime jurídico e problemas emergentes. Revista Digital de Direito Administrativo, v. 2, n. 2, p. 509- 527, 2015, 2015, p. 513.

[394] É o que determina por exemplo o art. 37, III do Decreto nº 8.420/2015 no que tange aos acordos de leniência da Lei Anticorrupção no âmbito federal.

De todo modo, e isto é algo facilmente depreendido da realidade normativa atual, mais e mais o Legislador e a própria Administração Pública (em especial a indireta) têm se valido da previsão de meios de resolução de conflitos que não passam necessariamente pela imposição de penalidades mediante processos administrativos sancionadores ou pela judicialização de contendas. São inúmeros os casos que podem ser citados: a Lei nº 9.307/1996 (Lei de Arbitragem) traz a possibilidade de a Administração Pública "utilizar-se da arbitragem para dirimir conflitos relativos a direitos patrimoniais disponíveis" (art. 1º, §1º); a Lei nº 7.347/1985 (Lei de Ação Civil Pública) é célebre por haver permitido aos órgãos públicos legitimados proporem aos particulares compromissos de ajustamento de conduta ("TAC") às exigências legais, com eficácia de título executivo extrajudicial (art. 5º, 6º).

O Conselho Nacional do Ministério Público editou a Portaria nº 118/2014, em que dispõe sobre a Política Nacional de Incentivo à Autocomposição no âmbito do Ministério Público, e cujas *consideranda* destacam ser "a adoção de mecanismos de autocomposição pacífica dos conflitos, controvérsias e problemas (...) uma tendência mundial, decorrente da evolução da cultura de participação, do diálogo e do consenso". A referida política tem como fundamentos a priorização da autocomposição, mediante a negociação, a mediação, a conciliação, as práticas restaurativas e as convenções processuais.[395]

Mais recentemente, a Lei nº 13.140/2015 passou a dispor sobre a mediação entre particulares como meio de solução de controvérsias e sobre a autocomposição de conflitos no âmbito da administração pública.

Talvez a alteração normativa mais paradigmática e emblemática dessa virada consensual da Administração Pública nacional esteja contida na Lei nº 13.655/2018, que agregou à Lei de Introdução às Normas do Direito Brasileiro o art. 26, que "expressamente confere competência consensual de ordem geral ao Poder Público brasileiro. Isso significa que qualquer órgão ou ente administrativo encontra-se imediatamente autorizado a celebrar compromisso, nos termos do art. 26 da Lei, não

---

[395] Também digna de nota é a Resolução nº 181, de 7 de agosto de 2017, do CNMP, que dispõe sobre instauração e tramitação do procedimento investigatório criminal a cargo do Ministério Público. Consoante o seu art. 18, "não sendo o caso de arquivamento, o Ministério Público poderá propor ao investigado acordo de não persecução penal quando, cominada pena mínima inferior a 4 (quatro) anos e o crime não for cometido com violência ou grave ameaça a pessoa, o investigado tiver confessado formal e circunstanciadamente a sua prática, mediante as seguintes condições, ajustadas cumulativa ou alternativamente (...)".

se fazendo necessária a edição de qualquer outra lei específica, decreto ou regulamentação interna".[396]

O Termo de Ajustamento de Conduta – TAC é possivelmente a forma mais habitual de atuação consensual da Administração Pública na seara sancionatória.[397] Tendo em vista a maior frequência desse instituto, e alguns possíveis paralelos entre este e os acordos de leniência – para além de certas lições decorrentes da prática dos TACs que podem servir como avisos para o administrador no manejo do acordo ora analisado – faz-se oportuna uma breve digressão sobre os referidos termos.

Um dos principais motivos para a adoção e expansão dos TACs – tanto normativa e quanto prática – deve-se, ao menos em parte, à generalizada falta de êxito do Poder Público em impor e, especialmente, ver cumpridas, as multas impostas por seus entes fiscalizadores. De fato, o processo de execução fiscal dessas penalidades é lento, e a morosidade judicial é incentivo para que os agentes privados posterguem ou mesmo se neguem ao pagamento de multas, na esperança de ver transcorrer a prescrição, ou de lograr a anulação da penalidade perante o Poder Judiciário.

O Tribunal de Contas da União vem sucessivamente indicando a falta de efetividade das sanções impostas pelo Poder Público, afirmando que, entre 2009 e 2013, teriam sido aplicadas multas cujo somatório equivaleria a cerca de R$ 61 bilhões. Contudo, apenas aproximadamente R$ 3,5 bilhões daquele montante teriam sido arrecadados, o que corresponderia a 5,8% do total de sanções. Das dezessete entidades fiscalizadas, somente uma teria logrado arrecadar mais da metade do *quantum* das multas aplicadas.[398]

---

[396] GUERRA, Sérgio; PALMA, Juliana Bonacorsi de. Art. 26 da LINDB – Novo regime jurídico de negociação com a Administração Pública. *Revista de Direito Administrativo*, Rio de Janeiro, p. 135-169, nov. 2018, p. 146. Disponível em: http://bibliotecadigital.fgv.br/ojs/index.php/rda/article/view/77653. Acesso em: 12 abr. 2019.

[397] "Os Termos de Ajustamento de Conduta (TAC) são o exemplo de acordos relacionados ao procedimento de maior envergadura no campo prático do Direito Administrativo brasileiro, principalmente em razão do potencial do instituto na consecução do interesse público de forma célere e consensual, com especial proteção sobre questões de natureza ambiental ou consumerista" (SCHIRATO, Vitor Rhein; PALMA, Juliana Bonacorsi de. Consenso e legalidade: vinculação da atividade administrativa consensual ao direito. *Revista Brasileira de Direito Público*, Belo Horizonte, v. 7, n. 27, out./dez. 2009)

[398] Dados referentes às seguintes entidades: Agência Nacional de Águas (ANA); Agência Nacional de Aviação Civil (Anac); Agência Nacional do Cinema (Ancine); Agência Nacional de Energia Elétrica (Aneel); Agência Nacional do Petróleo, Gás Natural e Biocombustíveis (ANP); Agência Nacional de Saúde (ANS); Agência Nacional de Telecomunicações (Anatel); Agência Nacional de Transportes Aquaviários (Antaq); Agência Nacional de Transportes

Como consequência da constatação do resultado sub-ótimo dos mecanismos usuais de apenação, muitos entes da Administração Pública voltaram seus olhos para a implementação de soluções consensuais de conflitos, editando regulação autorizativa da celebração de Termos de Ajustamento de Conduta, instrumentos "substitutivos ou suspensivos de composição de conflitos entre a Administração e, nos casos de procedimento administrativo sancionador, os infratores, com o fim de almejar interesses públicos específicos".[399]

Na visão de André Saddy e Rodrigo Azevedo Greco, TACs apresentariam, como principais características, *(i)* a consensualidade; *(ii)* a alternatividade, uma vez que é possível substituir ou suspender a penalidade; e *(iii)* a finalidade pública[400][401]. Veja-se nesse sentido a Resolução nº 5.083/2016 da Agência Nacional de Transportes Terrestres – ANTT,[402] que dispõe:

> Art. 14. Com a finalidade de corrigir pendências, irregularidades ou infrações, a ANTT, por intermédio da Diretoria Colegiada ou da Superintendência de Processos Organizacionais competente, poderá, antes da instauração ou até o encerramento de processo administrativo de

---

Terrestres (ANTT); Agência Nacional de Vigilância Sanitária (Anvisa); Banco Central do Brasil (Bacen); Conselho Administrativo de Defesa Econômica (CADE); Comissão de Valores Mobiliários (CVM); Instituto Brasileiro do Meio Ambiente e dos Recursos Naturais Renováveis (Ibama); Instituto Nacional de Metrologia, Qualidade e Tecnologia (Inmetro); Superintendência de Seguros Privados (Susep); e Tribunal de Contas da União (TCU) (Tribunal de Contas da União. Relatório e Parecer Prévio sobre as Contas do Governo da República – Exercício 2013, p. 92. Disponível em: http://portal.tcu.gov.br/tcu/paginas/contas_governo/contas_2013/docs/Relat%C3%B3rio.pdf. Acesso em 10.10.2017. Em 2017, o TCU realizou novo monitoramento, consubstanciado no Acórdão 1970/2017, de relatoria do Min. Aroldo Cedraz, na qual a Corte de Contas buscou verificar se as determinações propostas pelas suas unidades técnicas estavam sendo cumpridas.

[399] SADDY, André; GRECO, Rodrigo. *Termo de Ajustamento de Conduta em Procedimentos Sancionatórios Regulatórios*. Revista de Informação Legislativa, v. 52, p. 171, 2015.
[400] *Idem*.
[401] A natureza dos TACs é matéria de certa contenda dentre a literatura especializada, talvez porque em verdade os TACs podem ocorrer tanto no bojo de processos administrativos quanto judiciais. Ada Pellegrini Grinover afirma serem eles espécie de transação que se sujeita à condição resolutiva em caso de inadimplemento do particular (GRINOVER, Ada. O termo de ajustamento de conduta no âmbito da defesa da concorrência. In: *Revista do IBRAC* – Direito da Concorrência, Consumo e Comércio Internacional, v. 16, jan. 2009, p. 187 – 197). Já para Hugo Nigro Mazzilli, "o compromisso de ajustamento de conduta é antes um ato administrativo negocial (negócio jurídico de direito público), que consubstancia uma declaração de vontade do Poder Público coincidente com a do particular (o causador do dano, que concorda em adequar sua conduta às exigências da lei)" (MAZZILLI, Hugo Nigro. Compromisso de ajustamento de conduta: evolução e fragilidades e atuação do Ministério Público. In: *Revista de Direito Ambiental*, v. 41, jan./mar., p. 93-110, 2006).
[402] Disponível em: http://portal.antt.gov.br/index.php/content/view/46843/Resolucao_n__5083.html. Acesso em: 12 out. 2017.

que trata o presente Regulamento, convocar os representantes legais de sociedades empresárias, concessionárias, permissionárias, autorizatárias, transportadores habilitados ou inscritos perante a ANTT, para prestação de esclarecimentos e, se for o caso, celebração de Termo de Ajuste de Conduta (TAC).

A Agência Nacional de Telecomunicações também possui norma expressa quanto à utilização de semelhante instrumento (atualmente, a Resolução nº 629/2013), que ressalta que o requerimento de TAC e a sua celebração não importa em confissão da Compromissária quanto à matéria de fato, nem no reconhecimento de ilicitude da conduta em apuração (art. 5º, §1º). Dentre as cláusulas essenciais do acordo, encontram-se um cronograma de metas e obrigações voltadas à regularização da situação do particular compromissário e à reparação de eventuais usuários atingidos, bem como à prevenção de condutas semelhantes; multas aplicáveis pelo descumprimento de cada item do cronograma de metas e condições dos compromissos, inclusive diárias pelo atraso na sua execução; e Valor de Referência a ser dado ao TAC, para fins de execução em caso de eventual descumprimento.

Já a Lei que instituiu a Agência Nacional de Saúde Suplementar – ANS (Lei nº 9.656/1998) previu, ela mesma, a celebração de TACs, por meio dos seus arts. 29 e 29-A.

Quanto aos TACs e sua relação com os acordos de leniência, duas observações devem ser feitas.

A primeira delas diz respeito à necessidade de, tanto no caso de TAC, quanto no caso da leniência, não se encamparem visões romantizadas do fenômeno da consensualização, sem atentar para as suas consequências reais.[403] Como defendido ao longo do presente trabalho, um instrumento apenas pode ser considerado útil, e, consequentemente, legítimo, se dele se extrai efetivamente o potencial de operar os efeitos concretos a que se propõe. Noutras palavras, se a "consensualidade na prática do direito administrativo assume evidente viés pragmático,

---

[403] Patrícia Baptista ressalta que, embora a consensualidade seja um processo crescente, "[n]ão há motivos para euforia, entretanto. A experiência demonstra que a abertura à participação imposta pelo legislador tem sido até aqui cumprida formalmente no Brasil. (...) A participação e o consenso persistem sendo uma direção relevante de desenvolvimento do direito administrativo, mas vista sem romantismo, com clareza de que os instrumentos que os materializem precisam incorporar os incentivos adequados para a canalização dos interesses comuns" (BAPTISTA, Patrícia. Transformações do Direito Administrativo: 15 anos depois – reflexões críticas e desafios para os próximos quinze anos. In: BRANDÃO, Rodrigo; BAPTISTA, P. (Org.). *Direito Público:* livro em comemoração aos 80 anos da Faculdade de Direito da UERJ. 1. ed. Rio de Janeiro: Freitas Bastos, 2015, p. 392-393).

voltado à resolução de casos concretos, com negociação de prerrogativas públicas para alcançar a resposta mais eficiente",[404] *não faz sentido ignorar os resultados concretos na sua aplicação.*

Não se quer, com isso, afirmar que os instrumentos, tanto um quanto o outro, *per se*, sejam inadequados à realidade normativa brasileira, mas apenas que, ao lançar mão destes, o Poder Público deve verificar se o *design* adotado para tais institutos apresenta efeitos produtivos, ou se deve haver ajustes a formula positivada/implementada.

Nesse ponto, é interessante notar que a celebração de TACs nem sempre tem obtido os resultados almejados. Estudo realizado por Carlos Ragazzo, Guilherme France e Mariana Vianna indica que, embora seja verdade que a aplicação de sanções (em especial as pecuniárias) pelas agências reguladoras não esteja gerando os resultados esperados (*i.e.* efeitos dissuasórios de práticas de ilícitos, ou mesmo gerando a arrecadação de receitas aptas a serem utilizadas pela Administração Pública na melhora dos setores regulados), tampouco os TACs alcançam todos os efeitos desejados pelo Poder Público. Os pesquisadores citam, como razões para a relativa incipiência dos TACs no âmbito das agências, os seguintes fatores: deficiência no processo de fiscalização do cumprimento de termos daqueles acordos, déficits informacionais no processo decisório, falta de transparência, sobreposição de competências gerando atrasos, entre outras.[405]

Diga-se que a Agência Nacional de Energia Elétrica (ANEEL), que já tivera outrora norma prevendo a celebração desses acordos substitutivos, acabou por revogar a Resolução Normativa nº 333/2008, por meio da Resolução Normativa nº 712/2016, exatamente por entender que semelhante mecanismo não havia apresentado o resultado pretendido, na medida em que não houve o cumprimento integral de nenhum dos termos celebrados perante a agência.[406]

---

[404] PALMA, Juliana Bonacorsi de. Sanção e acordo na administração. São Paulo: Malheiros, 2015, p. 267.

[405] RAGAZZO, Carlos Emmanuel Joppert; FRANCE, Guilherme de Jesus; VIANNA, Mariana Tavares de Carvalho. Regulação consensual: a experiência das agências reguladoras de infraestrutura com termos de ajustamento de conduta. In: REI – *Revista Estudos Institucionais*, v. 3, p. 89-122, 2017, p 116.

[406] É o que se observa do Voto do Diretor José Jurhosa Junior, Disponível em: http://www2. aneel.gov.br/cedoc/aren2016712_1.pdf. Acesso em: 12 out. 2017. Segundo o voto, "o TAC, do ponto de vista conceitual, deve ser entendido como uma possibilidade de superar os ônus, as incertezas e a morosidade do processo de fiscalização e do eventual processo sancionador, e, assim, alcançar o interesse público. Do ponto de vista prático, o TAC pode viabilizar o aprimoramento da qualidade do serviço, inclusive para além das obrigações do contrato de concessão. Tais aprimoramentos nem sempre são obtidos, com a mesma velocidade e eficiência, por meio dos métodos tradicionais. Os dados objetivos aqui apresentados

Carlos Ragazzo *et al.* concluem seu levantamento indicando que uma maior precisão e segurança jurídica seriam imprescindíveis para que a vantajosidade na celebração dos TACs conferisse maiores incentivos à sua celebração nos setores regulados, devendo somar-se também à fiscalização dos agentes privados, de modo a detectar tanto a prática de infrações quanto o descumprimento dos próprios termos já celebrados.

A esse respeito, cite-se caso emblemático, relatado por Floriano Azevedo Marques Neto e Egon Bockmann Moreira, em que um termo de ajustamento celebrado por Ministério Público Estadual foi objeto de questionamento judicial por iniciativa de outro membro do mesmo *Parquet*.[407]

A incerteza quanto à sustentabilidade jurídica de instrumento bilateral negociado com a Administração Pública, e sobre a oponibilidade desse mesmo instrumento em face do Poder Público como um todo, é fator de grande erosão da capacidade desses acordos de gerar alguma alteração do *status quo*, e permitir ao Estado obter os resultados práticos que procura.

TACs e acordos de leniência, assim, compartilham das mesmas dificuldades. Ambos dependem, como mencionado, de um ambiente de segurança jurídica e institucional que permita às partes confiarem plenamente no cumprimento das obrigações assumidas pela Administração

---

permitem constatar que o conceito não se confirmou, uma vez que o TAC não foi capaz de superar os ônus, as incertezas e a morosidade dos processos de fiscalização e de sanção, de modo a alcançar o interesse público. De outro lado, os resultados demonstram que a premissa assente no voto do relator não se confirmou, ao contrário, produziu efeitos aquém dos procedimentos tradicionais, pois as obras foram executadas, mas as metas de qualidade não foram atingidas. (...) Em 13 anos foram encerrados 17 TACs, nenhum cumprido integralmente (...) Considerando que o normativo em questão não alcançou os objetivos pretendidos, conforme evidenciam os dados reais verificados ao longo do período 2002-2015, e que não se espera a reversão desse quadro a partir dos resultados da 2ª etapa da Audiência Pública 7/2011, proponho a retirada da REN 333/2008 do ordenamento jurídico-regulatório".

[407] "Recentemente um grande empreendedor imobiliário americano com investimentos no Brasil declarou em entrevista (OESP, 15-6-15) que a insegurança jurídica no Brasil 'não existe em lugar algum do mundo'. Fazia menção ao fato de que um termo de ajustamento de conduta firmado com o Ministério Público Estadual passou a ser questionado na Justiça por outro órgão do mesmo Ministério Público. Descontado o viés pessoal de um empreendedor frustrado em seus investimentos, a situação ilustra um pouco da nossa realidade institucional". MARQUES NETO, Floriano Azevedo; MOREIRA, Egon Bockmann. Uma Lei para o Estado de Direito Contemporâneo. In: *Segurança Jurídica e qualidade das decisões públicas*: desafios de uma sociedade democrática – Estudos sobre o Projeto de Lei n. 349/2015, que inclui, na Lei de Introdução às Normas do Direito Brasileiro, disposições para aumentar a segurança jurídica e a eficiência na aplicação do direito público. Disponível em: http://antonioaugustoanastasia.com.br/wp-content/uploads/2015/09/segurancajuridica.pdf. Acesso em: 20 out. 2017.

Pública. Ademais, apenas mediante uma fiscalização séria, que envolva riscos efetivos de descobrimento dos ilícitos praticados, é que os particulares terão incentivos suficientes para buscarem a negociação de acordos desse tipo, que sejam igualmente favoráveis à Administração Pública.

A segunda observação necessária é a de que, em que pesem os acordos de leniência serem, tal como os TACs, manifestação de uma tendência à consensualização das relações jurídico-administrativas, mostra-se equivocada uma excessiva aproximação entre os dois institutos.

Explica-se. O TAC, exatamente por consistir numa modalidade de atuação administrativa consensual das mais notórias no direito brasileiro, vem sendo apontado em alguma medida como paradigma no estudo da leniência. Tanto é assim que o Ministério Público Federal vem justificando sua atuação na celebração de instrumento análogos (ou, mais precisamente, *inspirados* nos acordos de leniência), em suas competências para o manejo dos TACs.[408]

Vale desde já adiantar que a negociação de acordos de leniência por entes da Administração que não guardem expressa competência legal para tal pode se mostrar contraproducente, ou desvirtuar

---

[408] Essa aproximação teórica dos institutos fica clara a partir da leitura de ata da 5ª Câmara de Coordenação e Revisão do Ministério Público Federal, em que ficou assentado o que segue: "Deliberações: 1) Ofício nº 355/2015 (PR-PR-00002021/2015) encaminhado pelo procurador da República Deltan Martinazzo Dallagnol, referente à Operação Lava Jato, para análise e homologação dos acordos firmados. Expediente apresentado em mesa. – Considerando, além da fundamentação legal apontada no expediente supracitado e nos Termos de Colaboração Premiada, que as disposições da nova Lei nº 12.846, de 2013, compõem um microssistema sancionatório estabelecendo o acordo de leniência como ferramenta de solução extrajudicial no campo da responsabilização de índole civil, na linha do que já prevê a Lei nº 12.850, de agosto de 2013, na esfera penal, e considerando, ainda, a legitimidade do Ministério Público para celebrar termos de ajustamento de conduta, nos termos do artigo 5º, §6º, da Lei nº 7.347, de 1985, a Câmara resolve homologar, no campo da improbidade administrativa, os acordos encaminhados por meio do Ofício nº 355/2015 (PR-PR-00002021/2015), repercutindo seus efeitos no âmbito da improbidade administrativa, diante da necessidade de não comprometer a efetividade da colaboração premiada, nos termos propostos pelos procuradores oficiantes: a) formulação de pedidos declaratórios de sujeição das condutas praticadas às hipóteses normativas da Lei nº 8429/92; b) abstenção de pleito judicial no tocante às sanções previstas no art. 12 do citado diploma legal, considerando as cominações e as consequências na esfera penal, decorrentes dos acordos de colaboração premiada e das ações penais propostas; c) em caso de quebra do acordo firmado, o MPF pleiteará a aplicação das sanções correspondentes aos atos de improbidade praticados" (5ª CCR. Ata da octingentésima quinquagésima segunda sessão ordinária de fevereiro de 2015).

inadvertidamente aquele instituto.[409] O tema será objeto de maiores reflexões no Capítulo 6 abaixo.

Ao contrário dos TACs, que se prestam à readequação e reparação das condutas dos agentes privados, nas mais diversas esferas (*e.g.* ilícitos administrativos ambientais ou setoriais), os acordos de leniência apresentam um *plus*, uma qualificação a mais, consubstanciada na necessidade de que o agente assuma a prática do ilícito (o que não necessariamente ocorre no TAC),[410] e *delate seus companheiros*.

Enquanto o objetivo do TAC é readequar a conduta e reparar o dano,[411] pode-se dizer que no acordo de leniência, embora esses sejam também objetivos almejados, o principal alvo é a desestabilização das relações de confiança entre os agentes infratores, aliada à obtenção pelo Estado de maiores informações internas à atividade ilícita. Isso não significa que os objetivos do TAC não sejam tão importantes quanto o dos programas de leniência, mas, somente, que os dois institutos não apenas não se confundem, como possuem aplicabilidade, pressupostos e utilidades distintas. O TAC não pressupõe que a infração tenha sido realizada em conluio, ou que o agente forneça dados e documentos à

---

[409] Com isso não se quer dizer que tais acordos *ad hoc* não sejam úteis – podem ser, com efeito, uma forma de conferir segurança jurídica aos acordos de leniência em relação a instituições que não são abarcadas ou vinculadas necessariamente pelos programas de leniência positivados atualmente. Todavia, há que se ter cuidado de manterem-se as características essenciais desses acordos, sob pena de transmutá-los em instituto jurídico diverso.

[410] Como assentam André Saddy e Rodrigo Azevedo Greco, "[a] partir da premissa de que o TAC é um ato administrativo negocial, constitutivo, emanado com discricionariedade e com efeitos substitutivo ou suspensivo, haja vista ser um instrumento cuja função precípua é incentivar a consensualidade, assim, tendo como objetivo uma maior eficácia e celeridade na preservação e restauração de bens protegidos, bem como a inibição/cessão de supostas violações às disposições legais, regulamentares e contratuais, sendo sabedor de que, para que esse ato bilateral ocorra, deve existir reciprocidade de ônus e vantagens, entende-se que a assinatura do TAC não deve implicar, por parte dos agentes econômicos, o reconhecimento de ilícitos de qualquer natureza, pois a matéria de fato é posta em segundo plano diante da atuação negocial da administração pública, com isso, objetivando outros fins – via mais consentânea com o interesse público – não relacionados a confissão da infração (MOREIRA NETO, 2003, p. 157). Nesse sentido, cumpre destacar que essa tem sido a posição adotada pelas agências reguladoras" (SADDY, André; GRECO, Rodrigo. Termo de Ajustamento de Conduta em Procedimentos Sancionatórios Regulatórios. *Revista de Informação Legislativa*, v. 52, 206, 2015, p. 196).

[411] Nas palavras de Carlos Ari Sundfeld e Jacintho Arruda Câmara, no TAC, "[p]rivilegiou-se o resultado à busca incerta e demorada de sanções na via judicial. A celebração do termo de ajustamento de conduta também é um modo mais rápido para assegurar a aplicação efetiva da norma em discussão. Não se trata de instrumento de punição, mas de indução de comportamentos concretos. (...) a celebração do TAC tem por objetivo primordial a rápida adoção de conduta de interesse difuso ou coletivo" (SUNDFELD, Carlos Ari; CÂMARA, Jacintho Arruda. O devido processo administrativo na execução de termo de ajustamento de conduta. *A&C-Revista de Direito Administrativo & Constitucional*, v. 8, n. 32, p. 115-120, 2008, p. 116-119).

Administração Pública – bastará que o autor da conduta cumpra as obrigações de reparação ou investimento delimitadas no instrumento negociado.

Vistos sob essa ótica, a adesão ao acordo de leniência desponta como evidentemente mais gravosa, comparativamente ao TAC. Implica em que o particular traia aqueles com os quais cometeu a infração associativa, e forneça material incriminador tanto em relação a si mesmo quanto aos demais envolvidos na conduta objeto do acordo. A seu turno, isto significa que os acordos de leniência se prestam a um *objetivo* específico, quanto a *ilícitos* específicos, e, consequentemente, revestem-se de *requisitos* específicos e diferentes daqueles dispostos na legislação pátria para os TACs e outros instrumentos de readequação comportamental.

Os acordos de leniência, desta forma, apresentam uma faceta mais intensamente ligada à prevenção da prática de ilícitos do que propriamente à restituição ao *status quo ante*. Pretendem gerar uma sensação generalizada de instabilidade das relações entre pessoas jurídicas ou físicas em conluio, as quais passariam a temer serem as próximas delatadas, e, por isso, evitariam associar-se para o cometimento de ilícitos. O TAC, ao contrário, tem como norte, em princípio, facilitar a obtenção de restituições, ressarcimentos, ou mesmo investimentos dos particulares envolvidos na conduta desviante, *vis-à-vis* a morosidade e dificuldade envolvidas na execução das multas administrativas aplicadas, e o baixo índice de cumprimento voluntário pelos agentes econômicos.

Como envolvem maiores riscos do que os TACs, e, possivelmente, maiores benefícios para os particulares (já que estes podem não ser apenados administrativamente, ou até mesmo, em certas ocasiões, criminalmente), os acordos de leniência demandam do Poder Público ainda mais previsibilidade – assim como a atenção aos pressupostos jurídico-econômicos que os conformam, expostos no Capítulo 2. É imprescindível, como demonstra a experiência norte-americana narrada acima, e a teoria econômica do instituto como um todo, que os destinatários potenciais desse instituto sejam capazes de avaliar *a priori* os custos e vantagens propiciadas pela adesão a um programa de leniência, sob pena de o instituto tornar-se letra morta ou desvirtuar-se de suas funções.

Essa avaliação, por sua vez, depende de uma respectiva diminuição do campo de discricionariedade do agente público no oferecimento dos benefícios do acordo de leniência. Pressupõe, em tese, a positivação mais intensa do instrumento no ordenamento jurídico, de modo que se deixe claro *como* ele será celebrado, com *quem*, para que objetivo, e com quais efeitos. Em suma, trata-se de resguardar os incentivos para a corrida pela leniência mencionada *supra*, pela criação artificial de um cenário de dilema do prisioneiro.

Portanto, embora exista, atualmente, permissivo genérico ao Poder Público para a celebração de acordos, sem a necessidade de que estes estejam exaurientemente tipificados ou normatizados,[412] essa previsão legal não ilide o que já afirmado quanto ao acordo de leniência. Este, idealmente, não pode ser subentendido, ou decorrer apenas de poderes implícitos, mas sim observar os condicionamentos legais respectivos. Essa posição, diga-se, não se afasta do disposto no art. 26 da Lei de Introdução às Normas do Direito Brasileiro, cujo *caput* remete, expressamente, à observância da "legislação aplicável".

Os acordos de leniência, sob este viés, se distanciam das considerações recorrentemente trazidas pela literatura especializada quanto à consensualização do Direito Administrativo, segundo as quais a afirmação da consensualidade como paradigma da atuação contemporânea da Administração Pública equivaleria a uma alteração ou ampliação do conceito tradicional de legalidade.[413] [414]

A esse quadro, soma-se ainda o diagnóstico de Demian Guedes referente à existência de um *descompasso entre o arcabouço constitucional e a realidade prática da atuação estatal no Brasil*. Para o autor:

> [a] democratização do Estado é dificultada não apenas pelas raízes autoritárias do direito administrativo na civil law, mas também em

---

[412] GUERRA, Sérgio; PALMA, Juliana Bonacorsi de. Art. 26 da LINDB – Novo regime jurídico de negociação com a Administração Pública. *Revista de Direito Administrativo*, Rio de Janeiro, p. 135-169, nov. 2018, p. 147 e seguintes. Disponível em: http://bibliotecadigital.fgv.br/ojs/index.php/rda/article/view/77653. Acesso em: 12 abr. 2019.

[413] Sobre o princípio da legalidade no direito administrativo, veja-se: SCHIRATO, Vitor Rhein. Algumas Considerações Atuais sobre o Sentido de Legalidade na Administração Pública. In: Alexandre Santos de Aragão. (Org.). O Poder Normativo das Agências Reguladoras. 2. ed. Rio de Janeiro: Forense, 2011, p. 507-51

[414] Para Juliana de Palma, a "consensualidade no direito administrativo coloca em xeque a clássica teoria da legalidade" (PALMA, Juliana Bonacorsi de. *Sanção e acordo na administração*. São Paulo: Malheiros, 2015, p. 267). Também Patrícia Baptista, ao tratar da consensualidade, destaca que "algumas razões podem ser apontadas em favor do consenso como meio de desenvolvimento da atividade administrativa. A primeira é a constatação de que o interesse público tem condições de ser realizado com maior eficiência em um contexto de harmonia e, simultaneamente, com a satisfação de interesses privados. Como destaca Ernesto Damiani, a Administração Pública que se desenvolve sobre bases consensuais, ao contrário daquela que é vinculada à legalidade estrita, apresenta maior agilidade e adaptabilidade aos interesses que concorrem para a realização da ação administrativa" (BATISTA, Patrícia. *Transformações do direito administrativo*. Rio de Janeiro: Renovar, 2003, p. 266).

principalmente pela trajetória do desenvolvimento institucional do país. O protagonismo histórico do Poder Público nos arranjos sociais, o patrimonialismo e a tradição de pensamento nacionalista autoritário brasileiro marcam a evolução de nossas instituições, desde sua formação colonial até a redemocratização da década de 1980.[415]

Essa é uma faceta do Estado brasileiro que não pode ser esquecida ao se cogitar da inserção de instrumentos de fortalecimento do seu braço sancionador[416] – e, possivelmente, mais um argumento favorável a que se estipulem normativamente seus pressupostos e efeitos, tanto quanto possível.

Não se está a discordar da ideia de que a celebração de acordos bilaterais por muitas vezes conferirá uma maior margem de apreciação e discricionariedade para que o administrador escolha a forma mais adequada para a tutela do interesse público,[417] e que mesmo a ausência de previsão em lei específica não é em regra empecilho para essa atitude do Poder Público.

No entanto, em se tratando especificamente, de acordos de leniência, é imprescindível, para os seus propósitos específicos, uma maior predeterminação legal quanto à concessão dos benefícios, o que faz cair por terra a possibilidade de celebrações *ad hoc*. Caso contrário, o instrumento poderá ser tido como coisa diversa – uma tábua de

---

[415] GUEDES, Demian. *Autoritarismo e Estado no Brasil* – tradição, transição e processo administrativo. Belo Horizonte: Letramento, 2016, p. 109.

[416] O acordo de leniência, pelo menos a partir da sua utilidade como meio de obtenção de provas, pode ser considerado um instrumento que visa a fortalecer a atuação sancionadora estatal.

[417] É a posição de Luciano Parejo Alfonso, citada por Alexandre Santos de Aragão: "o autor faz relevante distinção no sentido de que o âmbito por excelência da consensualização do exercício dos poderes administrativos é o das competências discricionárias, mantendo-se sempre os lindes do legítimo exercício da discricionariedade. Quanto às atividades vinculadas, 'a opção em favor da forma convencional alternativa de atuação não confere à Administração possibilidades de ação ou decisão suplementares. A utilização da forma convencional dá lugar a um acordo de e para a execução da normativa aplicável, sem prejuízo da possibilidade – em função das características da norma e do caso concreto – da adoção de soluções 'adaptativas', com base nas potencialidades que possuem certos princípios como o da proporcionalidade. Em qualquer caso, a determinação dos limites da margem de manobra da Administração para a 'flexibilização' da execução não é factível com cará- ter geral e em abstrato, mas apenas a partir das normas administrativas pertinentes ao caso'. (ALFONSO, 2003, p. 35-36)" (ARAGÃO, Alexandre Santos de. *A consensualidade no direito administrativo*: acordos regulatórios e contratos administrativos, 2005. Disponível em: http://www2.senado.leg.br/bdsf/bitstream/handle/id/850/R167-18.pdf.>

salvação para certas pessoas jurídicas ou uma forma de salvaguardar interesses dos particulares que seriam sancionados.[418] A ideia de uma Administração Pública menos engessada e mais flexível para lidar com as demandas da sociedade contemporânea é positiva, e, em grande medida, desejável para que se obtenha uma visão de Administração Pública dita *gerencial*.[419] Porém, não necessariamente deve estar presente em todo o atuar público – e, decerto, os acordos de leniência são espaços em que é útil cuidar para que se resguarde a previsibilidade e segurança quanto ao proceder das autoridades sancionadoras, do que dependem tanto sua legitimidade quanto, possivelmente, utilidade.[420]

4.3 Conclusões parciais do capítulo: o que há de especial nos acordos de leniência?

O que foi até aqui exposto pode ser resumido como segue: os acordos de leniência, de fato, consistem em meio consensual de atuação

---

[418] Essa mesma preocupação foi suscitada pelo Ministério Público Federal em seu estudo técnico sobre os acordos de leniência da Lei Anticorrupção, em que afirmou: "(...) o desvelamento de esquemas delitivos, com entrega de dados e provas, e obtenção, em contrapartida, de isenções ou atenuações nas sanções aplicáveis, marcas da bilateralidade útil na celebração da avença premial da LAC, não pode ser transformada em solução ampla e genérica, ao alcance de toda e qualquer pessoa jurídica, inclusive quando já descobertos e em apuração os ilícitos delatados, como fórmula hábil a substituir integralmente as demais penalidades cabíveis em troca de colaboração e promessas de melhoria de sistemas internos de integridade. Uma extensão irrestrita de seu alcance desvirtuaria o sentido do instituto, o qual, para ser válido e adequado, deve atender a contornos, objetivos e limites específicos, aptos a demonstrar sua utilidade e necessidade para cada apuração em curso, assim como se verifica no correlato modelo penal da delação premiada. Além disto, as exigências restritivas ao exame de conveniência e oportunidade, para se lavrar colaboração com a pessoa jurídica infratora, são ainda mais importantes na seara administrativa, quando se pretende fazer espraiar seus efeitos liberatórios para outras esferas de responsabilidade, atingindo também o âmbito de direitos das pessoas físicas envolvidas nas irregularidades, para eximi-las. Se é salutar esta abordagem transversal e plurissubjetiva da leniência, para dotá-la, até, de mais atratividade, seria inaceitável, de todo modo e sob qualquer justificativa, transformá-la em espécie de anistia ampla a empresas e aos indivíduos que com elas agiram indevidamente, como já se defendeu recentemente" (Estudo Técnico nº 01/2017 – 5ª CCR, p. 127).

[419] Para as características da Administração Pública gerencial, veja-se, por exemplo, MOREIRA NETO, Diogo de Figueiredo. Administração pública gerencial. *Revista de Direito*, Rio de Janeiro, v. 2, n. 4, 1998.

[420] As próprias noções de legitimidade e utilidade encontram-se imbricadas, já que, como destaca Vitor Schirato, "a legitimidade das ações da Administração Pública depende, a um só tempo, (i) do alcance das finalidades determinadas pelo Direito, isto é, do cumprimento das funções impostas pela ordem jurídica, e (ii) do respeito aos limites da competência fixada por lei" (SCHIRATO, Vitor Rhein. *O controle interno da Administração Pública e seus mecanismos*. São Paulo: Revista dos Tribunais, v. 956, p. 25-50, 2015).

estatal, na medida em que demandam uma relação cooperativa entre particular e Administração Pública, que culmina na mitigação (ou mesmo exclusão total) da via sancionatória como meio de conformação do comportamento do agente privado. São, por isso mesmo, uma manifestação da ideia de sanção premial.

A inserção dessa via no ordenamento jurídico brasileiro soma-se a outros possíveis instrumentos mais tradicionais, como os de comando e controle. Amplia-se, pois, o leque de atuação estatal, com a agregação de outras formas que não as verticalizadas e impositivas, de modo que a consensualização não significa que o Estado se despe de suas potestades, ou transaciona com interesses públicos pretensamente indisponíveis.

Expressão da consensualidade administração, tal como usualmente entendida, é a celebração de TAC, largamente aceito e utilizado pela Administração Pública, mas cuja finalidade afasta-o dos acordos de leniência. Enquanto o primeiro destina-se à regularização de determinado cenário administrativo, os acordos de leniência têm por objetivo a perquirição administrativa de ilícitos mediante a essencial colaboração de particulares investigados.

Os acordos de leniência, portanto, guardam peculiaridades em relação a outros instrumentos consensuais mais frequentemente observados no Direito Administrativo. Trata-se de uma consensualização que pode ser chamada, genericamente, de *qualificada*, na medida em que é premida de objetivo próprio, e que se reveste de atributos específicos.

Em síntese, enquanto que, na atuação consensual administrativa em geral, o instrumento bilateral serve como forma de readequação do comportamento do administrado, mas não necessariamente como forma de fortalecimento da atuação repressiva ou preventiva estatal, os acordos de leniência se inserem em contexto diferenciado, no qual o particular mune o Poder Público de informações que atestam a ilegalidade do seu comportamento e de seus cúmplices. Esta característica não pode ser olvidada pelo intérprete quando da negociação e celebração do termo, motivo pelo qual hão de ser necessariamente levados em conta os pressupostos econômicos, institucionais e normativos delineados no Capítulo 2 acima.

A expansão do instituto sem os devidos cuidados pode transformá-lo em instrumento de consagração de impunidades (quando aplicado de forma excessivamente ampla, por exemplo), ou, alternativamente, em forma de afirmação de arbitrariedades estatais (se o agente celebra o acordo, se autodelata, e posteriormente vê seus benefícios retirados abusivamente, desconsiderando a legítima confiança depositada pelo particular, ao argumento de necessidade de maiores controles, ou para fazer valer uma lógica meramente punitivista, que desafie a natureza instrumental da pena). Por esse motivo, valem as lições de Juliana de Palma, para quem a atuação consensual administrativa, no Brasil, pode apresentar dois potenciais problemas: um primeiro, referente à potencial *inutilização dos acordos*, ou seja, a inaplicação dos institutos presentes no ordenamento jurídico, em razão de desprezo ou desídia do administrador; e um segundo, concernente a um risco de *desnaturalização dos acordos*, decorrente do que a autora denomina de cultura repressiva prevalente, fenômeno através do qual "o acordo administrativo tem sua funcionalidade originária afastada, para servir à repressão do compromissário".[421]

---

[421] PALMA, Juliana Bonacorsi de. *Sanção e Acordo na Administração Pública*. São Paulo: Malheiros, 2015, p. 299-300.

CAPÍTULO 5

OS ACORDOS DE LENIÊNCIA NO DIREITO POSITIVO BRASILEIRO

À luz de tudo o que foi até aqui exposto, é oportuno, agora, verificar se, no transplante realizado para o ordenamento jurídico brasileiro, os acordos de leniência foram revestidos das características acima apontadas como necessárias para a sua adequada configuração. Para tal, primeiramente, far-se-á uma breve descrição das três modalidades de acordos de leniência previstas na legislação pátria, de maneira a verificar se sua transposição levou em conta os pressupostos teóricos acima examinados.

Importa deixar claro que a premissa da qual se parte é a de que o Legislador nacional, em todas as três modalidades, teve o real desígnio de implementar acordos de leniência no direito nacional, e não instituto jurídico diverso. Em outras palavras, entende-se que não havia objetivo (explícito) de adotar apenas a nomenclatura do instituto advindo do direito comparado, mas sim importar, verdadeiramente, seus pressupostos teóricos, finalidade e (naturalmente) resultados.

Para de Jong, Lalenis e Mamadouh,[422] os transplantes jurídicos – ou, como denominam, institucionais – envolvem três condições ou etapas necessárias: (i) a referência explicita a um modelo proeminente em outro lugar; (ii) a identificação do quadro jurídico do modelo estrangeiro e os atores ajudam a funcionar (*framework*); e (iii) a criação de uma réplica de todo ou parte do modelo, seja desde o início, seja por remodelação instituições autóctones para aproximá-las do modelo estrangeiro.

---

[422] DE JONG, Martin; LALENIS, Konstantinos; MAMADOUH, V. D. (Ed.). The Theory and Practice of Institutional Transplantation: Experiences with the transfer of policy institutions. *Springer Science & Business Media*, 2002, p. 25.

A partir desse enquadramento, entende-se que a identificação de uma *tentativa* de importação, então, pode ser feita a partir das intenções explicitadas pelo legislador (a dita *referência explícita*). Por esse critério, houve, efetivamente, a busca pela criação de acordos de leniência no direito pátrio. É o que se depreende das exposições de motivos de todas as três modalidades positivadas.

A exposição de motivos da Medida Provisória nº 2.055/2000 que introduziu os acordos de leniência no ordenamento jurídico nacional, indicou, como objetivo principal da inovação normativa, "dotar o Sistema Brasileiro de Defesa da concorrência – SBDC de mecanismos mais efetivos de atuação, (...) por meio de dispositivos eficazes de repressão às infrações da ordem econômica".[423] E afirmou:

> [o] principal instrumento introduzido pela presente medida provisória é o acordo de leniência, a ser celebrado com pessoas físicas e jurídicas que forem autoras de infração à ordem econômica, desde que colaborem efetivamente com as investigações. Acordos de leniência já vêm sendo utilizados em diversas jurisdições, como os Estados Unidos, Canadá, Reino Unido e União Europeia, pelo seu fundamental papel como instrumento para a aceleração dos prazos e a redução dos custos das investigações na identificação de infrações à ordem econômica. No caso dos Estados Unidos, a adoção de um programa de anistia semelhante ao ora proposto possibilitou uma elevação sem precedentes na detecção de cartéis, inclusive os internacionais. Portanto, a previsão legal de acordos de leniência torna o envolvimento em cartéis mais arriscado para o infrator, dada a maior probabilidade de punição pelas autoridades.

No caso dos acordos da Lei Anticorrupção, a criação de um programa de leniência não estava contemplada na redação inicial do Projeto de Lei nº 6.826/2010, tendo sido fruto de participação da sociedade civil. Mais especificamente, sua inclusão foi originada por sugestão do Instituto Brasileiro de Direito Empresarial (IBRADEMP),[424] e o relatório da Comissão Especial da Câmara dos Deputados aduz expressamente à sua inspiração no sistema vigente no Direito da Concorrência.[425]

---

[423] Diário do Congresso Nacional – 12.9.2000, Página 19109 a 19114

[424] DEL DEBBIO, Alessandra; MAEDA, Bruno Carneiro, e AYRES, Carlos Henrique da Silva (Coord.). *Comentários ao Projeto de Lei nº 6.826/2010*. IBRADEMP – Instituto Brasileiro de Direito Empresarial; Comitê Anticorrupção e Compliance. São Paulo, 27 de outubro de 2011, 41 p. (PDF). Fonte: Comissão Especial – Atos contra a Administração Pública, PL nº 6.826/10.

[425] Relatório Disponível em: http://www.camara.gov.br/proposicoesWeb/prop_mostrarintegra;jsessionid=127B173C6AA8BF1AEC3B3D4898F28B94.proposicoesWebExt

Finalmente, quanto à MPv nº 784/2017,[426] primeiro instrumento normativo a incluir um programa de leniência no sistema financeiro nacional, extrai-se da sua exposição de motivos que a previsão do instituto veio, igualmente, na esteira dos resultados advindos da seara antitruste.

A partir dessa constatação, passa-se a, brevemente, delinear os contornos normativos dos acordos de leniência do direito positivo brasileiro, com o fito de, ao final do capítulo, tecer algumas considerações gerais sobre o seu transplante para o ordenamento nacional.

5.1   O acordo de leniência do direito concorrencial brasileiro

Enquanto nos Estados Unidos o programa de leniência é relativamente consolidado desde pelo menos a década de 1990,[427] no Brasil, o histórico do instituto é um pouco mais recente. A primeira experiência nacional com o transplante do instrumento se deu em 2000, no contexto de uma alteração à legislação então vigente de defesa da concorrência, consubstanciada na Lei nº 8.884/1994.

---

erno1?codteor=970659&filename=Tramitacao-PL+6826/2010. Nem todas as contribuições do IBRADEMP foram acatadas; previa-se, no documento enviado ao Congresso Nacional, elementos adicionais como (i) a celebração por pessoas físicas, com efeitos na sua responsabilidade penal; (ii) a criação de órgão centralizador das competências para a celebração dos acordos; (iii) a participação do Ministério Público; e (iv) a possibilidade isenção total das penalidades administrativas.

[426] "Um ponto que merece destaque é a possibilidade de o BC e a CVM passarem a celebrar acordo de leniência (arts. 30 a 33), comumente utilizado no direito econômico concorrencial para o combate à prática de cartel. Esse instituto consiste em obter a efetiva e plena colaboração de pessoas naturais ou jurídicas na investigação de infrações de que participem mediante o compromisso da autoridade reguladora de extinguir a punibilidade ou reduzir a pena no âmbito do processo administrativo. A aplicação desse instituto tem por objetivo contribuir com a obtenção, pelas autoridades reguladoras, de provas mais robustas para a adoção das medidas coercitivas no âmbito administrativo. Por seu turno, esta Medida Provisória não inclui a transação penal e a possibilidade de anuência do Ministério Público para conceder benefícios na persecução penal, instrumento comumente usado no âmbito de qualquer programa de leniência" (item 13). Disponível em: http://www.planalto.gov.br/ccivil_03/_ato2015-2018/2017/Exm/Exm-MP-784-17.pdf.

[427] Como visto no Capítulo 1, a primeira tentativa de implementação de um programa de leniência nos Estados Unidos se deu em 1978, com o *U.S. Corporate Leniency Program*. Contudo, o instituto apenas passou a ser realmente efetivo após alterações realizadas em 1993. O sucesso do programa após as reformas foi tanto que levantamentos dão conta de que cerca de 90% do montante dos valores de multa impostos aos agentes cartelizados foram fruto de investigações iniciadas ou auxiliadas pela celebração de acordos de leniência. GUTTUSO, LAURA. From 'Mono' to 'Stereo': Fine-Tuning Leniency and Settlement Policies (September 01, 2015). In: *World Competition: Law and Economics Review*, v. 38, n. 3, 2015. Disponível em: https://ssrn.com/abstract=2666067. Acesso em: 28 jul. 2017.

A primeira experiência de implantação dessa ferramenta no âmbito do direito concorrencial ocorreu por meio da MPv nº 2.055/2000,[428] convertida na Lei nº 10.149/2000, que incluiu na Lei nº 8.884/1994[429] a possibilidade de utilização dessa ferramenta. Atualmente, o programa está consolidado nos artigos 86 e seguintes da Lei nº 12.529/2011, e na regulação do CADE, em especial no seu regimento interno.

O programa de leniência concorrencial implementado pelo CADE nos tempos atuais bebeu muito da experiência norte-americana,[430] ainda que apresente divergências significativas em relação àquele modelo. Dentre as principais divergências, pode-se indicar a natureza eminentemente administrativa (ainda que com reflexos penais) do instrumento e o fato de que atualmente é possível a celebração de acordos com as sociedades líderes dos cartéis.

Como semelhanças, por outro lado, é possível citar a existência de um sistema de leniência *plus*, bem como a implementação de muitos dos princípios básicos criados por aquele ordenamento e corroborados pela teoria econômica dos acordos, no que se incluem: *(i)* a ideia de primazia – ou seja, a limitação, em regra, dos benefícios, em cada uma das infrações, ao primeiro colaborador a se manifestar perante as autoridades estatais,[431] e *(ii)* a obrigação de que o agente colaborador agregue material útil ao processo, inovando no conhecimento prévio das

---

[428] "Art. 35-B. A União, por intermédio da SDE, poderá celebrar acordo de leniência, com a extinção da ação punitiva da administração pública ou a redução de um a dois terços da penalidade aplicável, nos termos deste artigo, com pessoas físicas e jurídicas que forem autoras de infração à ordem econômica, desde que colaborem efetivamente com as investigações e o processo administrativo e que dessa colaboração resulte: (Incluído pela Lei nº 10.149, de 2000).
I – a identificação dos demais coautores da infração; e (Incluído pela Lei nº 10.149, de 2000).
II – a obtenção de informações e documentos que comprovem a infração noticiada ou sob investigação. (Incluído pela Lei nº 10.149, de 2000)."

[429] Até aquele momento, o direito concorrencial brasileiro carecia de instrumentos modernos para facilitar a descoberta da ocorrência de ilícitos anticompetitivos, dos quais os mais graves são os cartéis, bem como da coleta das respectivas provas. Com a Lei nº 10.149/2000, ingressaram no direito brasileiro tanto o acordo de leniência quanto a possibilidade de as autoridades de defesa da concorrência requererem ao Poder Judiciário, por intermédio da Advocacia-Geral da União, buscas e apreensões no âmbito das investigações.

[430] ABDOU, Tamara Ghassan. *A coexistência do termo de compromisso de cessação de prática e o programa de leniência:* possibilidade ou mera ilusão?. Disponível em: http://www.publicadireito.com.br/artigos/?cod=c66b42fcd7e375b4, p. 6.

[431] A regra é a de que apenas se celebra acordo com o primeiro a se manifestar. Todavia, excepciona-se a referida norma quanto às pessoas físicas (art. 86, §2º), e quanto às hipóteses de leniência *plus* – ou seja, no caso de a pessoa jurídica celebrar acordo de leniência relacionado a uma outra infração da qual o CADE não tenha conhecimento. Nesse cenário, a pessoa jurídica faz jus a uma redução de um terço na pena que seria aplicável ao processo inicial, e todos os benefícios em relação à nova infração denunciada (art. 86, §§7º e 8º da Lei nº 12.529/2011).

autoridades, bem como permaneça firme em sua colaboração durante todo o tempo das investigações.

Sob a perspectiva da utilidade do acordo para a Administração Pública, não são tolerados acordos inúteis, no sentido de que a própria lei demanda que apenas sejam celebrados quando ausentes elementos probatórios suficientes para a atuação autônoma do Poder Público.[432] Quanto a este último ponto, andou bem o legislador em explicitar que o fundamento lógico do acordo é o da obtenção de novas e necessárias informações sobre ilícitos, previsão essa que não encontra paralelo na Lei nº 12.846/2013 (Lei Anticorrupção), dando azo a possível uso enviesado do instituto para finalidades diversas.

O CADE parece ter abraçado de forma intensa o uso do instituto – e compreendido que sua correta utilização vai além da mera celebração de acordos.[433] O Regimento Interno da autarquia, em seu art. 237, deixa claro que "o programa de leniência é um *conjunto de iniciativas*", cujos objetivos são (i) detectar, investigar e punir infrações contra a ordem econômica; (ii) informar e orientar permanentemente as empresas e os cidadãos em geral a respeito dos direitos e garantias previstos nos arts. 86 e 87 da Lei nº 12.529; (iii) incentivar, orientar e assistir os proponentes à celebração de acordo de leniência.

Ainda que a norma legal faça referência genérica às infrações à ordem econômica como condutas objeto da leniência, e não diretamente aos cartéis, é decorrência lógica do próprio instituto que os atos ilícitos abrangidos pelo acordo sejam aqueles perpetrados por pelo menos dois agentes (pessoas físicas ou jurídicas). Por isso mesmo, sua utilização, na experiência do CADE, tem se restringido aos atos de cartelização, o que se coaduna com as origens e utilização histórica do instrumento também no âmbito internacional.[434]

O atual sistema previsto na Lei nº 12.529/2011 dispõe a respeito de três modalidades de leniência: aquela celebrada anteriormente ao início

---

[432] Essas exigências atualmente têm previsão no art. 86 da Lei nº 12.529/2011.
[433] O CADE já foi alvo de premiações internacionais por conta de sua atuação no combate a ilícitos concorrenciais, e o programa de leniência por ele desenvolvido é tido, internacionalmente, como bem-sucedido. Consta do *site* da autarquia que o CADE foi um dos finalistas, em 2016, em premiação anual promovida pela revista britânica Global Competition Review – GCR, especializada em política de concorrência e regulação, na categoria "Behavioural matter of the year (Agency) – Americas". Um dos casos analisados pela revista foi a celebração de acordo de leniência e de termo de compromisso de cessação cumulado com leniência plus com a empresa Construções e Comércio Camargo Correa, no âmbito da Operação Lava Jato. Disponível em: http://www.cade.gov.br/premiacoes. Acesso em: 03 jan. 2018.
[434] MARTINEZ, Ana P. *Repressão a cartéis* – interface entre direito administrativo e direito penal. São Paulo: Singular, 2013, p. 258.

do processo, em que o particular terá direito à imunidade integral das penalidades abarcadas pelo programa; aquela celebrada após a existência de processo administrativo junto ao CADE, quando a redução da sanção administrativa será apenas de um a dois terços; e a chamada leniência *plus*, em que a cooperação quanto a ilícito diverso gera benefícios para aquele ilícito, mas se estende para abarcar infração anterior.

A legislação antitruste permite a concessão de total imunidade quanto às sanções administrativas, na hipótese de o CADE desconhecer de todo a infração reportada, o que amplia os incentivos para que os agentes busquem a colaboração o quanto antes, mesmo que não existam investigações ou riscos de descobrimento do delito pelo Poder Público. É oportunizada também a colaboração mais tardia, ainda sob o requisito da primazia, mas quando o Estado já possui elementos que indiquem a existência daquela conduta ilícita. Neste último caso, será apenas possível a redução da multa administrativa aplicável, no patamar de um a dois terços – sempre, lembre-se sob a condição de que os agentes estatais não possuam ainda evidências concretas de materialidade e autoria suficientes à condenação.

Um dos grandes elementos de atratividade para que os agentes se autodelatem, pelo sistema consagrado pelo CADE, está no fato de que o acordo de leniência daquela autarquia tem repercussões positivas na esfera de responsabilização penal das pessoas naturais que cometeram os ilícitos e que optem por aderir ao acordo celebrado (ou mesmo celebrar acordos autônomos antes que pessoas jurídicas o façam).

Trata-se de um significativo fator de incremento da atratividade do acordo, em duas vertentes: (i) como a delação, ainda que beneficiando pessoas jurídicas, é realizada diretamente e por meio de pessoas físicas, a imunidade penal permite maior tranquilidade nas negociações, pois empregados, administradores e controladores podem se sentir mais confortáveis em ceder provas potencialmente comprometedoras sabendo que estarão protegidos contra efeitos criminais de seus atos; e (ii) as pessoas físicas podem propor acordos independentemente da pessoa jurídica, mas, caso o façam, seus benefícios não se estenderão à pessoa jurídica,[435] o que pode fomentar ainda mais a corrida pela leniência, não só entre membros do cartel, mas entre eles e seus empregados e ex-empregados.

---

[435] Veja-se o art. 238, §3º do Regimento Interno.

Quanto a essa consequência do acordo para a pessoa física que coopera, contudo, são pertinentes três observações.

A primeira delas é que, embora tenha agregado vantajosidade ao acordo de leniência pela inclusão de efeitos penais para o programa, a lei não previu de forma clara quais os tipos penais abarcados pelo dispositivo. A norma menciona apenas que seriam os crimes contra a ordem econômica da Lei nº 8.137/1990, e os "diretamente relacionados à prática de cartel", o que pode gerar interpretações distintas sobre o alcance da extinção da punibilidade. Isso é um ponto de potencial fragilização do instrumento, tendo em conta que muito frequentemente são praticados ilícitos acessórios, com o fito de camuflar a prática do cartel, a exemplo de atos de corrupção ativa contra a Administração Pública nacional ou estrangeira (arts. 333 e 337-B do Código Penal, respectivamente).

Um segundo problema relacionado com a proteção contra a pretensão punitiva estatal, em sua esfera penal, é o fato de que a Lei do CADE nada menciona quanto à participação do Ministério Público – titular da ação penal, *ex vi* do art. 129, I da Constituição Federal – na formalização dessa cooperação, o que suscitou acaloradas discussões quanto à constitucionalidade dessa extinção da punibilidade (ver Capítulo 6).

O terceiro ponto de atenção, quanto aos efeitos da adesão ao programa de leniência, é que a Lei, embora cuide das punições administrativas de competência do CADE, e da imputação penal, nada fala sobre outras sanções eventualmente aplicáveis. Não menciona as sanções decorrentes da Lei nº 8.666/1993 (o programa de leniência concorrencial menciona apenas os crimes decorrentes da Lei de Licitações e Contratos, mas não a responsabilidade administrativa), da Lei nº 8.429/1992 (Lei de Improbidade Administrativa), das normas referentes a tribunais de contas, e da Lei nº 12.846/2013. Tal observação é pertinente tendo em vista que uma das possibilidades de incidência dos acordos da Lei do CADE é a de cartéis em licitações públicas, que potencialmente atraem essas outras esferas de responsabilidade dos agentes envolvidos.

5.1.1 A evolução do programa de leniência concorrencial brasileiro

Desde a sua introdução no Direito brasileiro, o acordo de leniência concorrencial passou por alterações normativas e institucionais que em muito contribuíram para a sua efetividade no combate aos cartéis, na medida em que ampliaram sua atratividade e segurança para os colaboradores.[436] Em sua atual formatação, o instrumento é considerado parte relevante da atuação do CADE na proteção à concorrência: entre 2011 e 2015, dos 70 processos administrativos iniciados para a investigação de cartéis no Brasil, 28 deles foram deflagrados com a celebração de acordos de leniência.[437]

Quanto à segurança jurídica em seu viés *institucional*, tem-se que, em seus primórdios, o programa era de competência da Secretaria de Direito Econômico (SDE) do Ministério da Justiça, órgão integrante do Sistema Brasileiro de Defesa da Concorrência. Evidentemente, essa estrutura, que colocava em órgão pouco independente e politicamente vulnerável o poder de negociação dos termos, era menos confiável ao mercado que aquela atualmente consolidada. Hoje, os membros do CADE responsáveis pela celebração (tal como aqueles responsáveis pela verificação do fiel cumprimento do acordo) possuem mandatos pré-definidos.

Aspecto que ensejou maior segurança foi a extinção da previsão legal, existente até a edição da Lei nº 12.529/2011, que vedava a celebração da leniência pela sociedade líder do cartel.[438] Essa previsão, existente na norma anterior, gerava dificuldades interpretativas decorrentes da dificuldade em precisar o que seria essa liderança para os fins da proibição. A possibilidade de celebração de acordos com pessoas jurídicas que estivessem à frente das atividades delitivas não só aumentou a segurança, visto que não mais seria necessário perquirir o que exatamente essa liderança pressuporia, mas também aumentou o próprio escopo das provas que poderiam ser obtidas através do instrumento consensual, pois, quanto mais envolvida nas condutas ilícitas estivesse à sociedade (mais "líder" ela fosse), maiores as chances de que ela dispusesse de informações comprometedoras quanto aos demais membros do cartel.[439]

---

[436] No mesmo sentido, MARRARA, Thiago. *Sistema brasileiro de defesa da concorrência:* organização, processos e acordos administrativos. São Paulo: Atlas, 2015, p. 335.

[437] ATHAYDE, Amanda y FIDELIS, Andressa Lin. Nearly 16 years of Leniency program in Brazil: breakthroughs and challenges in cartel prosecution; *Competition Policy International,* 2016. Disponível em: https://www.competitionpolicyinternational.com/wp-content/uploads/2016/06/Amanda-Andressa.final_.pdf.

[438] Art. 35-B, §1º, da Lei nº 8.884/1994, incluído pela Lei nº 10.149, de 2000.

[439] Essa questão foi expressamente abordada quando da propositura do projeto de lei que veio a se tornar a atual Lei do CADE. Segundo as justificativas para o substitutivo ao projeto de lei nº 3937/2004 "[n]a Lei atual, os líderes do cartel não podem fazer parte do acordo de leniência. Além da óbvia dificuldade de se avaliar quem é o líder, é possível que aquele que porventura seja considerado nesta condição seja aquele com mais informações a serem providas à autoridade. Abrir mão desses potenciais lenientes pode ser a diferença entre condenar ou não um cartel real". Favoravelmente à celebração dos acordos com os líderes de cartéis: LESLIE, Christopher R. Antitrust Amnesty, Game Theory, and Cartel

Já com relação à atratividade do programa, um importante elemento de fortalecimento dos incentivos à colaboração foi o aumento dos tipos penais alcançados pela leniência de pessoas físicas: se anteriormente apenas crimes contra a ordem econômica previstos na Lei nº. 8.137/1990 eram contemplados pela norma, hoje o são todos os ilícitos penais *diretamente relacionados* à infração concorrencial.

Para além das modificações normativas produzidas pelo advento da Lei nº 12.529/2011, algumas alterações no regimento interno do CADE, e a adoção pela mesma autarquia de práticas consolidadas e atuações conjuntas com outros entes administrativos, foram relevantes para que a procura pela celebração da leniência passasse a ser vista com bons olhos pelos setores econômicos.

A primeira delas consistiu na criação de um sistema de senhas a partir do qual os potenciais colaboradores podem buscar as autoridades e assegurar seu lugar "na fila" para a obtenção do benefício, mesmo que ainda não gozem de todos os dados e documentos necessários para fazer jus ao acordo. É dizer, tomando conhecimento da realização de um ilícito em meio a pessoa jurídica, o proponente (pessoa física ou jurídica) pode buscar a Superintendência-Geral do CADE antes mesmo de finalizar a sua apuração interna quanto à existência da prática anticoncorrencial. Consequentemente, o sistema de senhas (*marker sistem*) contribui simultaneamente para a maior atratividade do acordo, e para a sua maior segurança.

A possibilidade da propositura da leniência apenas com elementos preliminares e informações incompletas aumenta a atratividade do programa por incrementar o elemento de instabilidade das relações – os agentes sabem que precisam agir rápido para assegurar a primazia na fila, sob pena de perderem a chance de obter os benefícios. A corrida pela leniência, portanto, passa a ser ainda mais intensa, desencorajando os agentes a esperarem demasiadamente antes de delatarem-se mutuamente.[440] Já sob a perspectiva da segurança jurídica, o sistema de senhas ajuda o particular a ter certeza de sua posição frente às autoridades, incrementando a transparência nas relações, de modo a evitar a possibilidade de que o ente público, vendo-se com a possibilidade de negociar com mais de um colaborador em potencial, escolha de forma arbitrária com quem firmará o termo.

Stability. *Journal of Corporation Law*, v. 31, p. 453-488, 2006. Disponível em: https://ssrn.com/abstract=924376.

[440] Disponível em: http://www.oecd.org/officialdocuments/publicdisplaydocumentpdf/?cote=DAF/COMP/WP3/M(2014)3/ANN3/FINAL&doclanguage=en, p. 2-3.

O sistema de senhas vigente perante o CADE não consta da Lei nº 12.529/2011, sendo, ao contrário, fruto de construção inicial do Ministério da Justiça. A Resolução nº 04/2006 daquele órgão dispôs a respeito do assunto de forma incipiente, afirmando que "[o] Acordo de Leniência deverá ser assinado ou rejeitado no prazo máximo de seis meses contados da apresentação da Proposta, podendo ser prorrogado uma única vez por igual período, a critério do Secretário de Direito Econômico, desde que não haja outro Proponente para a mesma infração noticiada" (art. 67).

Atualmente, o tema é tratado de forma bastante pormenorizada no Regimento Interno do CADE, sendo que o art. 239 daquela norma dispõe que o proponente que ainda não estiver de posse de todas as informações e documentos necessários para formalizar uma proposta de acordo de leniência poderá se apresentar à Superintendência-Geral e requerer, na forma oral ou escrita, uma declaração da Superintendência-Geral que ateste ter sido o proponente o primeiro a comparecer perante aquele órgão em relação a uma determinada infração a ser noticiada ou sob investigação. O proponente deve, basicamente, informar sua qualificação completa, os outros autores conhecidos da infração a serem noticiados, os produtos ou serviços afetados, a área geográfica afetada e, quando possível, a duração estimada da infração noticiada (art. 239, §1º).

No caso de o proponente não ser o primeiro a comparecer perante a Superintendência-Geral ou, por outra razão, não haja mais disponibilidade para a propositura do acordo de leniência para a infração noticiada, será informada tal indisponibilidade ao proponente, podendo certificá-lo de que consta na fila de espera para eventual proposição de um acordo de leniência sobre a mesma infração noticiada.

Caso a proposta de acordo de leniência em negociação não seja de fato celebrada (em caso de desistência ou rejeição), será emitida nova declaração para o proponente seguinte na fila de espera, o qual será convidado a iniciar a negociação da proposta de acordo de leniência. Na hipótese de, por outro lado, a primeira proposta ser de fato concretizada, é garantido o sigilo a todos os dados compartilhados pelos demais proponentes com senhas – não havendo que se falar em confissão quanto à matéria de fato nem reconhecimento da ilicitude da conduta. Igualmente, é garantida ao particular a possibilidade de celebração de compromisso de cessação (TCC), caso seja de seu interesse.

Fernando Oliveira Júnior observa que, como forma de incremento aos incentivos para a adesão à leniência, o CADE teria adotado a praxe de indeferir o acesso de terceiros às informações prestadas pelo colaborador. Essa prática evitaria a exposição dos particulares celebrantes à propositura de ações por terceiros prejudicados pela prática cartelizada, para fins de ressarcimento de danos.[441] Todavia, o Superior Tribunal de Justiça, no REsp nº 1.554.986,[442] entendeu que o sigilo das informações referentes ao acordo de leniência celebrado perduraria durante as fases de proposta e negociação do instrumento,[443] e abarcaria, em princípio, apenas a *proposta propriamente*

---

[441] OLIVEIRA JÚNIOR, Fernando Antônio de Alencar Alves de. Os (indispensáveis) instrumentos consensuais no controle de condutas do direito antitruste brasileiro: a experiência do CADE com o termo de compromisso de cessação e o acordo de leniência. In: *Lei anticorrupção e temas de compliance*. 2. ed. Salvador: JusPodivm, 2017, p. 375-406, p. 393. Sobre o tema, veja-se também MARTINS, Frederico Bastos Pinheiro. Private Enforcement de Cartéis no Brasil O Problema do Acesso à Prova. *Revista de Defesa da Concorrência*, v. 6, n. 1, p. 55-87, 2018.

[442] REsp 1554986/SP, Rel. Ministro MARCO AURÉLIO BELLIZZE, TERCEIRA TURMA, julgado em 08.03.2016, DJe 05.04.2016.

[443] O Tribunal utilizou interpretação analógica do art. 7º da Lei de Combate a Organizações Criminosas (Lei nº 12.850/13, que dispõe que "[o] acordo de colaboração premiada deixa de ser sigiloso assim que recebida a denúncia". Para o relator, Min. Marco Aurélio Bellizze, o ato de envio do acordo de leniência para o Tribunal Administrativo do CADE teria natureza similar. Confira-se: "[t]raçando-se um paralelo entre o procedimento administrativo e o penal, detalhado na mencionada Lei n. 12.850/13, o envio deste relatório assemelha-se ao ato de recebimento da denúncia, momento em que se encerra o sigilo em razão da abertura do amplo contraditório. E mais, trata-se do limite a partir do qual entende-se haver elementos probatórios suficientes, de modo que a possibilidade de interferência nas investigações e no sucesso de seu resultado se esvai, não mais se justificando a restrição à publicidade". Todavia, em sede de embargos de declaração, no mesmo processo, o Ministro Relator mitigou tal entendimento. Afirmou que "o argumento do CADE de que não seria adequada a utilização do envio do relatório circunstanciado pela Superintendência-Geral ao Presidente do Tribunal Administrativo como marco temporal do termo ad quem do sigilo. Isso porque, além da possibilidade de novas diligências, o termo estaria em dissonância ao concerto mundial acerca do tratamento de condutas anticompetitivas, o que, no entendimento do CADE, teria ainda o efeito adverso de desincentivo aos acordos de leniência. De fato, as regulamentações recentes e a ampla utilização dos acordos de leniência têm surtido efeitos relevantes na proteção do mercado, especialmente na apuração de condutas anticompetitivas, e indicam a necessidade de um maior elasticimento do sigilo, a fim de abarcar o julgamento pelo órgão administrativo. Enfatiza-se que não se trata de deixar a descoberto o direito do prejudicado, mas tão somente de assegurar o efetivo funcionamento do instituto, sem o qual o programa de proteção antitruste tem séria dificuldade de efetividade. Outrossim, vale acrescentar que não há alteração no resultado prático do presente processo, porque, logo após o julgamento do recurso especial embargado, houve a conclusão do julgamento administrativo pelo Tribunal do CADE. De outro lado, o voto condutor, acolhido por unanimidade, deixa evidente que o sigilo empresarial poderá ser suscitado e deverá ser observado em relação à parcela dos documentos que efetivamente guardem segredos industriais, por exemplo. Todavia, a oposição desse sigilo, no interesse privado, não se confunde com aquele sigilo genérico deferido aos documentos decorrentes de acordo de leniência e que tem por escopo assegurar o resultado prático das investigações. Portanto, ressalva-se ao CADE, na qualidade de detentor e conhecedor dos documentos envolvidos, o juízo de proporcionalidade na divulgação dos documentos, sempre sujeito a exame judicial posterior, com vistas à concretização de tutelas juridicamente protegidas – sigilo empresarial, informações relevantes para fins concorrenciais, etc. – o que ultrapassa o fundamento do acordo de leniência firmado. Por fim, reitera-se que a premiação assegurada ao aderente não alcança a responsabilidade civil decorrente do dever geral de não lesar outrem, de forma que poderá vir a ser responsabilizado pelos prejuízos que sua conduta causou a particulares

dita e não "os demais atos e documentos, ainda que relacionados ao acordo de leniência". Isso à luz da literalidade do art. 86, §9º da Lei nº 12.529/2011, que prevê ser sigilosa a *proposta* de acordo, "salvo no interesse das investigações e do processo administrativo".

Com base nesse entendimento, e no fato de que o Tribunal do CADE não julgara, após o transcurso de mais de cinco anos, o processo administrativo no qual o acordo fora celebrado, o STJ decidiu que o CADE deveria disponibilizar aos autores (terceiros lesados) os documentos referentes ao acordo de leniência celebrado.

Embora o CADE tenha alegado, como justificativa para negar acesso de terceiros aos documentos, que a finalidade da manutenção do sigilo até o julgamento do processo pelo Tribunal Administrativo[444] seria evitar que o signatário tivesse situação mais gravosa que os demais investigados pelo CADE, o relator Min. Marco Aurélio Bellizze rechaçou essa ideia. Aduziu, ainda, que "a 'premiação' àquele que adere ao programa de leniência é restrita às esferas administrativas e penais, sem nenhuma menção legal à pretensão cível de eventuais lesados pelas condutas praticadas contra o mercado".

Conquanto o STJ, por meio da decisão acima narrada, tivesse como objetivo a proteção dos particulares lesados pela prática colusiva, tal posicionamento pode significar o enfraquecimento da política de leniência. A possibilidade de uso das evidências apresentadas pelo colaborador, quanto à própria atividade delitiva, como prova emprestada em processos de reparação cível poderá resultar numa maior facilidade de condenação cível do signatário da leniência, comparativamente aos demais participantes do cartel. Os custos dessas condenações são potencialmente elevados, dada a responsabilidade solidária consagrada na Lei nº 12.529/2011.

Exatamente em razão dessa celeuma, o CADE editou, na esteira da decisão do STJ, a Resolução nº 21/2018, já comentada acima (item 2.2.1.2), que visou a normatizar "os procedimentos de acesso aos documentos e às informações constantes dos Processos Administrativos

---

À vista desses fundamentos, rejeito os presentes declaratórios, de ofício, esclarecendo a extensão do sigilo até o julgamento final pelo Tribunal Administrativo do CADE, ressaltando, oportunamente, que a existência concreta e pontual de eventuais documentos sigilosos em razão de seu conteúdo protegido legalmente (e.g., segredos industriais) poderá ser aduzida perante o juízo de primeiro grau, que decidirá acerca de sua aplicação e proteção, nos termos constantes do voto proferido" (EDcl no REsp 1554986/SP, Rel. Ministro Marco Aurélio Bellizze, Terceira Turma, julgado em 20.02.2018, DJe 06.03.2018).

[444] Há disposição idêntica no Regimento Interno do CADE: "Art. 248. A identidade do signatário do acordo de leniência será mantida como de acesso restrito em relação ao público em geral até o julgamento do processo pelo CADE".

para Imposição de Sanções Administrativas por Infrações à Ordem Econômica, inclusive os oriundos de Acordo de Leniência, de Termo de Compromisso de Cessação (TCC) e de ações judiciais de busca e apreensão, além de fomentar as Ações Civis de Reparação por Danos Concorrenciais (ACRDC)".

A exposição de motivos da resolução é clara ao mencionar que "as razões de decidir do STJ no bojo de uma ACRDC fundamentada na investigação do cartel de Compressores (2016) desafiam a prática reiterada do CADE e podem trazer à tona argumentos relativos à atratividade dos Programas de Leniência e TCC no Brasil".[445]

---

[445] A exposição de motivos da Resolução nº 21/2018 do CADE assinala que "de modo contundente no exterior e incidental no Brasil, verifica-se a crescente persecução privada a tais condutas anticompetitivas, por meio do ajuizamento de ACRDC ('private enforcement'). Essa articulação entre persecução pública e privada a condutas anticompetitivas torna-se imperiosa, tendo sido objeto de recentes discussões em fóruns internacionais. Por um lado, regras que favoreçam excessivamente private enforcement podem prejudicar o public enforcement. Por outro lado, regras que sejam excessivamente restritivas podem inviabilizar o ressarcimento da parte lesada pela infração à ordem econômica e inviabilizar parte significativa do enforcement antitruste. É dado o momento de o Brasil finalmente se posicionar institucionalmente a respeito do tema.
A premência desse posicionamento institucional no Brasil pode ser ilustrada pela decisão – ainda não transitada em julgado e sem efeitos erga omnes – proferida pelo Superior Tribunal de Justiça (STJ), em 11 de março de 2016. Analogamente à decisão Pfleiderer (2011) na União Europeia, proferida em 2011, as razões de decidir do STJ no bojo de uma ACRDC fundamentada na investigação do cartel de Compressores (2016) desafiam a prática reiterada do CADE e podem trazer à tona argumentos relativos à atratividade dos Programas de Leniência e TCC no Brasil.
(...)
Nos termos do art. 10, durante a fase de instrução – que pode ser realizada tanto na Superintendência-Geral quanto no Tribunal do CADE –, serão disponibilizadas nos autos públicos as versões públicas da Nota Técnica de instauração e da Nota Técnica final da Superintendência-Geral do CADE. Tais notas conterão, conforme o disposto no art. 147 do Regimento Interno do CADE, pelo menos: (i) a indicação do representado e, quando for o caso, do representante; (ii) a enunciação da conduta ilícita imputada ao representado; (iii) o resumo dos fatos a serem apurados; e (iv) a indicação do preceito legal relacionado à suposta infração.
Permanece a regra geral da fase anterior quanto ao tratamento sigiloso e/ou restrito das propostas de Acordo de Leniência e TCC e dos documentos, informações e atos processuais necessários à elucidação dos fatos em investigação. Assim, para atribuir transparência à condução da instrução, nessa fase, os documentos e as informações de acesso restrito referidos no art. 2º devem ser mantidos em apartado, conforme os arts. 44, §2º e 49 da Lei nº 12.529, de 2011, arts. 52, 53 e 54 do Regimento Interno do CADE, arts. 22 e 23, VIII da Lei nº 12.527, de 2011, e art. 5º, §2º do Decreto nº 7.724, de 2012 (art. 11).
Essa manutenção da confidencialidade é justificável pois ainda há investigação em curso quando o Processo Administrativo se encontra em fase de instrução e, portanto, pendente de julgamento pelo Tribunal do CADE. Ademais, existe a possibilidade de que, concomitantemente ao Processo Administrativo original encaminhado ao Tribunal do CADE, ainda estejam em instrução na Superintendência-Geral outros Processos Administrativos subsequentes (i.e., os processos 'filhotes', tais como aqueles instaurados para investigar pessoas físicas estrangeiras de difícil notificação internacional). Logo, permitir a divulgação

Outra prática do CADE que pode ser apontada como salutar é a de apenas celebrar acordos que de fato apresentem provas robustas quanto à prática de um ilícito, estabelecendo para tal um *standard* probatório mínimo.[446] Segundo relatório apresentado à OCDE, em 2015, para cada acordo de leniência concluído pela autarquia, havia pelo menos duas aplicações rejeitadas ou retiradas pelos proponentes.[447] A celebração criteriosa do instrumento serve a garantir sua legitimidade e utilidade.

Os fatores acima indicados, agregados a uma preocupação com a efetividade, sigilo e transparência dos acordos, são ainda reforçados pelas tentativas autônomas do CADE de obter informações sobre a prática de ilícitos por vias paralelas aos acordos, como buscas e apreensões e parcerias com a Polícia Federal e Ministério Público.[448] O resultado até o momento tem sido o crescimento exponencial da procura pelos acordos em questão: até 07 de dezembro de 2017, haviam sido celebrados 121 termos, dentre acordos de leniência, aditivos a acordos e acordos de leniência *plus*, sendo que 21 desses termos foram negociados ainda em 2017.[449]

Em que pesem os resultados até o momento aparentemente positivos da implementação do programa pela autoridade antitruste, ainda há desafios a serem dirimidos quanto ao instrumento. Ana Paula Martinez destaca, como elementos ainda a serem adequadamente ajustados, os seguintes:

---

dessas informações antes do julgamento final pelo Plenário pode prejudicar as investigações conexas que se encontram em curso na Superintendência-Geral.

Além disso, considerando que, atualmente, o tempo médio no qual um Processo Administrativo permanece pendente para julgamento no Tribunal do CADE é de 1 (um) ano e meio entre a distribuição ao Conselheiro-Relator e o julgamento pelo Plenário, suspender o acesso a documentos ainda durante essa fase parece ser uma cautela proporcional, cujo objetivo é resguardar a atratividade dos programas de Leniência e de TCC no Brasil.

Aqui também, a exemplo do que ocorre na fase de negociação e celebração dos acordos, a proteção conferida aos documentos e informações na fase de instrução está em consonância com as melhores práticas internacionais, já que não há decisão final sobre a participação ou não de todas as empresas e/ou pessoas físicas investigadas, o que permite a não exposição antecipada daqueles que colaboraram com a autoridade antitruste".

[446] OCDE. Latin American And Caribbean Competition Forum: Session II: Leniency Programmes in Latin America and the Caribbean – Recent Experiences and Lessons Learned – Contribution from Brazil, 2016.

[447] *Idem*.

[448] MARTINEZ, Ana Paula. Challenges Ahead of Leniency Programmes: The Brazilian Experience. *Journal of European Competition Law & Practice*, 2015.

[449] Dados disponíveis em: http://www.cade.gov.br/assuntos/programa-de-leniencia. Acesso em: 22 dez. 2017.

a) Interface dos acordos com a responsabilidade civil das sociedades celebrantes: segundo a autora, haveria uma tendência de aumento do uso de ações de ressarcimento por agentes lesados pelas práticas anticoncorrenciais no Brasil. Como mencionado anteriormente, a responsabilidade pelos danos causados a terceiros, na legislação nacional, não excepciona ou mitiga os proponentes de leniência, que continuam a ser solidariamente responsáveis por eventuais indenizações.[450] Isso pode impactar na atratividade dos acordos, a depender do *quantum* a ser indenizado em decorrência de condenações cíveis;

b) Interface dos acordos de leniência com os TCCs, tema que será abordado a seguir;[451]

c) Duração das investigações: o primeiro caso de acordo de leniência julgado pelo Tribunal do CADE, sobre cartel internacional, durou oito anos entre sua instauração e conclusão. Como indica a autora, isto significa que "durante todo esse período o signatário do acordo de leniência está obrigado a cooperar com as autoridades",[452] sem ter a certeza, todavia, da mitigação das suas penalidades;

d) Efeitos administrativos e criminais do acordo de leniência: como já mencionado, o art. 87 da Lei do CADE não é inteiramente claro em relação ao alcance da extinção da punibilidade penal dos indivíduos que aderem ao programa de leniência. Tampouco existe uma previsão clara a respeito das consequências da celebração do ajuste no caso de incidência de outros tipos administrativos);[453]

e) Resistência cultural à delação: um dos fatores que obstariam a adoção eficiente de instrumentos tais como o programa de leniência seria a existência de um "estigma do delator" no Brasil, associado a uma dificuldade em incorporar a ideia de que os ilícitos concorrenciais são de fato modalidades de condutas reprovadas: "aos executivos que ainda guardam na memória a época em que o governo promovia reuniões entre agentes econômicos para estabelecer o preço de bens e serviços, é difícil se convencerem que terão que se expor por algo que não enxergam nem como ilícito".[454]

Além disso, o advento da Lei nº 12.846/2013 trouxe mais uma complexidade, nomeadamente, a interface entre os dois programas de

---

[450] MARTINEZ, Ana Paula. Challenges Ahead of Leniency Programmes: The Brazilian Experience. *Journal of European Competition Law & Practice*, 2015.
[451] Idem.
[452] MARTINEZ, Ana Paula. *Repressão a cartéis* – interface entre direito administrativo e direito penal. São Paulo: Singular, 2013, p.282.
[453] MARTINEZ, Ana Paula. Challenges Ahead of Leniency Programmes: The Brazilian Experience. *Journal of European Competition Law & Practice*, 2015.
[454] MARTINEZ, Ana Paula. *Repressão a cartéis* – interface entre direito administrativo e direito penal. São Paulo: Singular, 2013, p.282.

leniência, que podem por vezes ser aplicáveis a um mesmo cartel ou mesmo a uma idêntica conduta. Esse tópico será abordado no Capítulo 6 do presente estudo.

5.1.2 A coexistência entre o programa de leniência do CADE e os termos de compromisso de cessação (TCCs)

Existe um segundo instrumento consensual com o qual o CADE pode contar para obter a colaboração dos agentes privados em suas investigações e na reparação dos danos. Consiste no termo de compromisso de cessação de prática (TCC), que, como o próprio nome denota, tem por finalidade obrigar o particular a descontinuar a sua atividade ilícita.[455]

Ao contrário do que ocorre nos acordos de leniência, a ideia central do TCC não é a de obter maiores informações ou desestabilizar as relações entre os agentes cartelizados, mas promover a harmonização do comportamento do signatário com o ordenamento jurídico, ao mesmo tempo que poupa os recursos estatais envolvidos com a instauração e tramitação de um processo administrativo sancionador. Nessa perspectiva, pode-se dizer que o TCC tem natureza de TAC.[456]

Para Patrícia Sampaio,

> [c]onsiderando que a higidez da ordem econômica constitui direito difuso, de que é titular toda a coletividade, a vantagem dos TCCs para a sociedade é a imediata cessação de uma prática que as autoridades de defesa da concorrência suspeitam acarretar efeitos anticompetitivos; para os investigados, o benefício reside em suspender o processo administrativo e, uma vez atestado o cumprimento do TCC, arquivá-lo sem condenação, de modo que, caso no futuro sejam investigados e condenados em outro processo administrativo, os signatários não serão considerados reincidentes.[457]

---

[455] O TCC, segundo definição do CADE é uma "modalidade de acordo celebrado entre o CADE e empresas e/ou pessoas físicas investigadas por infração à ordem econômica a partir da qual a autoridade antitruste anui em suspender o prosseguimento das investigações em relação ao(s) Compromissário(s) de TCC enquanto estiverem sendo cumpridos os termos do compromisso, ao passo que o(s) Compromissário(s) se compromete(m) às obrigações por ele expressamente previstas". (CADE. Guia: Termo de Compromisso de Cessação para casos de cartel. Disponível em: http://www.cade.gov.br/acesso-a-informacao/publicacoes-institucionais/guias_do_cade/guia-tcc-versao-final-1.pdf.)

[456] Neste sentido, GRINOVER, Ada Pellegrini. O termo de ajustamento de conduta no âmbito da defesa da concorrência. *Revista do IBRAC*, v. 16, 2009.

[457] SAMPAIO, Patrícia Regina Pinheiro. A utilização do termo de compromisso de cessação de prática no combate aos cartéis. *Revista de Direito Administrativo*, v. 249, p. 245-265, 2008.

A disciplina dos TCCs preexiste à adoção do programa de leniência pela legislação concorrencial brasileira.[458] O Decreto nº 92.323/1986, que regulamentou a Lei nº 4.137/1962, já o previa no art. 15, cuja redação estipulava que "[s]e, durante qualquer fase da sindicância ou dos procedimentos, a parte a eles submetida assumir o compromisso de cessar a prática sob investigação, o CADE suspenderá a sindicância ou o processo, sem que tal compromisso implique na confissão de ocorrência de abuso do poder econômico, inexistindo consequentemente penalidade a ser aplicada".

Já a Lei nº 8.884/1994 deixava claro que a celebração do TCC não importaria confissão quanto à matéria de fato, nem reconhecimento de ilicitude da conduta analisada (art. 53).

Parece evidente que a coexistência desse instrumento com os acordos de leniência seria um grave desincentivo à procura por esses últimos: ainda que apenas o programa de leniência alcançasse as pessoas físicas e a esfera penal, o TCC não continha limitação quanto à quantidade de aderentes, ou sua ordem de chegada, e não demandava a confissão quanto ao ilícito praticado, para além de isentar completamente o signatário das sanções administrativas.[459] Tendo isso em vista, a Lei nº 10.149/2000, ao criar o programa de leniência, inseriu o art. 53, §5º, que vedou a celebração de TCCs tendo por objeto a prática de cartel.

Entretanto, nesse cenário, embora TCC e acordo de leniência não mais competissem diretamente, inaugurou-se situação no ordenamento pela qual, não havendo procura pela leniência ou inexistindo as condições para a celebração desta, seria impossível ao CADE celebrar outras modalidades de acordos bilaterais que tivessem por objetivo facilitar a reparação do dano ou restabelecer a legalidade das condutas

---

[458] Para uma análise comparativa entre o TCC e instrumentos antitruste análogos no direito estrangeiro, veja-se PEREIRA, Guilherme Teixeira. *Política de Combate a Cartel no Brasil – Uma Análise Jurídica do Acordo de Leniência e do Termo de Compromisso de Cessação de Prática*. 2011. 156 f.

[459] Segundo aponta a *International Competition Network*, "[a]lgumas jurisdições com programa de leniência que permitem uma redução de multa para o segundo e subsequentes candidatos questionaram o que poderia ser obtido de um sistema de acordos em sua jurisdição. *Enforcers* em algumas dessas jurisdições expressaram a preocupação de que, se os incentivos de liquidação forem muito altos, os participantes do cartel optarão por utilizar sistemas de negociação disponíveis, em vez de programas de leniência, e os acordos resultariam em um efeito negativo no programa de leniência". A resposta dada pelo ICN passava justamente pela dosimetria dos incentivos entre os acordos em gerais e os acordos de leniência, para que os primeiros não se mostrassem excessivamente vantajosos em relação aos segundos. ICN. *Cartel Settlement Report to the ICN Annual Conference*. Kyoto, Japan April 2008, p.7. Disponível em: http://www.internationalcompetitionnetwork.org/uploads/library/doc347.pdf.

dos agentes cartelizados. Daí decorria que o CADE somente poderia prosseguir com seus processos administrativos sancionatórios, mesmo que com provas mais precárias, ou correndo o risco de ver sua decisão questionada judicialmente e não implementada de pronto.

Consequentemente, procedeu-se a nova alteração legislativa à Lei nº 8.884/1994, pela Lei nº 11.482/2007, passando-se a permitir novamente o TCC relativo a cartéis, mas dessa vez mediante pagamento de contribuição pecuniária ao Fundo de Defesa de Direitos Difuso, não inferior à multa mínima prevista naquela norma.

Na atual configuração, o TCC da Lei nº 12.529/2011 apresenta as seguintes características: (i) é discricionário, *ex vi* do disposto no art. 85 daquela lei, que determina que o CADE poderá tomar do representado compromisso de cessação da prática sob investigação ou dos seus efeitos lesivos, sempre que, em juízo de conveniência e oportunidade, devidamente fundamentado, entender que atende aos interesses protegidos por lei,[460] (ii) cria para o signatário a obrigação primária de não praticar a conduta investigada ou seus efeitos lesivos, sob pena de multa, e outras obrigações que o CADE entender cabíveis; (iii) pressupõe o pagamento de contribuição pecuniária ao Fundo de Defesa de Direitos Difusos.[461]

Como mais uma forma de contrabalançar os incentivos conflitantes entre TCC e acordo de leniência, o art. 225 do Regimento Interno

---

[460] Aduz Geisa de Assis Rodriguez que "há discricionariedade na apreciação da conveniência e da oportunidade quanto à celebração do compromisso. Cumpre ao órgão público adotar alguma medida de tutela do direito transindividual, entre elas a celebração do compromisso. Além disso, deve-se verificar qual a situação mais compatível com as especificidades do caso concreto. É óbvio que, se houver as condições para a celebração do compromisso, deve-se privilegiar essa forma de composição de conflito, e é dever dos órgãos públicos tentá-la de forma exaustiva" (RODRIGUES, Geisa de Assis *apud* SAMPAIO, Patrícia Regina Pinheiro. A utilização do termo de compromisso de cessação de prática no combate aos cartéis. *Revista de Direito Administrativo*, v. 249, p. 245-265, 2008, p. 250).

[461] "Sendo assim, levando-se em consideração as características e função do TCC, este instrumento só será interessante para o agente econômico se o custo da multa esperada de um julgamento, das despesas com a gestão do processo, e do risco de uma decisão incerta for maior do que a contribuição pecuniária e as obrigações de fazer previstas no acordo. De outro lado, só será conveniente e oportuno ao CADE celebrar o TCC se por meio deste for possível dissuadir a conduta sob investigação de forma imediata, evitando-se o dispêndio de recursos com a investigação e processo judicial, principalmente nos casos em que não haja provas e evidências capazes de caracterizar a infração, o que eliminaria também a incerteza de uma condenação, tudo isso em prol da maximização do *enforcement* da política de concorrência" (PEREIRA, Guilherme Teixeira. *Política de Combate a Cartel no Brasil* – Uma Análise Jurídica do Acordo de Leniência e do Termo de Compromisso de Cessação de Prática. 2011. 156 f., p. 71. No mesmo sentido, FERRARI, Eduardo Reale. Termos de compromisso de cessação (TCC) e seus reflexos no crime de cartel. *Boletim IBCCRIM* n. 190 – Setembro / 2008, p. 2.

do CADE, demanda, no caso específico de cartéis, que o TCC contenha o reconhecimento de participação na conduta investigada por parte do compromissário.[462] [463] O art. 226, a seu turno, cria a condição de que o compromissário colabore com a instrução do processo administrativo,[464] sendo que o CADE utiliza, para aferir o grau de cooperação, os critérios dos acordos de leniência, por analogia.[465]

Fortaleceu-se, por esta via, a atratividade do programa de leniência, relativamente ao TCC: além de o primeiro ter caráter em princípio vinculado, e permitir a adesão de pessoas físicas com reflexos na sua responsabilidade penal, também isenta pessoa jurídica do pagamento de quaisquer quantias, seja a título de multa ou contribuição do Fundo de Defesa de Direitos Difusos.

Vale dizer que a evolução do uso dessas duas ferramentas pelo CADE gerou interessantes entrelaçamentos entre as duas.[466] Como já

---

[462] "Apresenta-se louvável a nova posição desses órgãos, pois visa preservar efetivamente o acordo de leniência. A não exigência de confissão de culpa nos cartéis clássicos poderia tornar o TCC uma alternativa mais atraente do que o A.L que requer obrigatoriamente esta confissão. Ademais, a referida confissão faz com o que o TCC esteja aderente ao interesse público, e que haja uma percepção pública positiva em relação ao acordo celebrado" (MELLO, Shirlei Silmara de Freitas et. al.. Acordo de Leniência: a lógica do consenso na proteção dos interesses difusos tutelados. pela lei antitruste. *Revista da Faculdade de Direito de Uberlândia* v. 36: 575-598, 2008, p. 592). Em sentido contrário, entretanto, Guilherme Teixeira Pereira entende que "admitir a exigência indiscriminada da confissão de culpa e consequente colaboração com as investigações como requisitos para a celebração de TCCs em caso de cartéis clássicos, como propõe a SDE, seria reduzir esse instrumento à utilização apenas como um segundo acordo de leniência, nos moldes do *plea agreement* norte-americano". Para este último autor, o TCC deveria guardar flexibilidade suficiente para assegurar sua possibilidade de utilização em outros cenários, como o caso em que a natureza ilícita da conduta cartelizada não era plenamente conhecida pelos particulares (PEREIRA, Guilherme Teixeira. Política de Combate a Cartel no Brasil – Uma Análise Jurídica do Acordo de Leniência e do Termo de Compromisso de Cessação de Prática. 2011. 156 f., p.81-82). Veja-se também VICENTINI, Pedro. A confissão de culpa nos Termos de Compromisso de Cessação: requisito essencial ou prescindível, face ao programa de leniência. *Revista do IBRAC*, v. 17, n. 1, p. 252-274, 2010.

[463] "Art. 225. Tratando-se de investigação de acordo, combinação, manipulação ou ajuste entre concorrentes, o compromisso de cessação deverá, necessariamente, conter reconhecimento de participação na conduta investigada por parte do compromissário".

[464] Art. 226. Tratando-se de investigação de acordo, combinação, manipulação ou ajuste entre concorrentes, a proposta final encaminhada pelo Superintendente-Geral ao Presidente do Tribunal, nos termos do Art. 221, §4º deste Regimento Interno, deverá, necessariamente, contar com previsão de colaboração do compromissário com a instrução processual.

[465] Guia do Termo de Compromisso de Cessação para casos de cartel, p. 12.

[466] "Com relação à interação TCC e Acordo de Leniência, se faz necessário que os modelos desses dois instrumentos procurem estabelecer um sistema de custos e benefícios no qual os agentes sejam estimulados a celebrar o Acordo de Leniência como primeira opção, havendo assim a delação do cartel e o acesso a informações e documentos que irão aumentar a probabilidade de condenação dos representados, estimulando-os, dessa forma, a procurar a autoridade antitruste para firmar TCCs com vistas a evitar uma decisão final que lhe seja

referido, os proponentes na fila de espera para a negociação do acordo de leniência, pelo sistema de senhas do CADE, mas que não logrem a celebração daquele acordo, podem ser encaminhados, caso seja de seu interesse, para a negociação de TCC (art. 240, §4º do Regimento Interno do CADE).

O Guia do Termo de Compromisso de Cessação para casos de cartel do CADE[467] pormenoriza a prática e interpretação adotada pela autarquia no manejo desses instrumentos, e aborda explicitamente a possibilidade de conjugação dos descontos de TCC e da leniência *plus* nas multas aplicáveis.[468]

De acordo com esse guia, finalmente, ainda que o TCC não repercuta, em tese, no campo da responsabilidade penal, caso o interessado em celebrar TCC com o CADE queira também negociar, paralelamente, acordo de colaboração premiada com Ministério Público, a Superintendência-Geral se coloca à disposição para "auxiliar os proponentes do TCC nessa interlocução".[469] Com esse objetivo em mente, o CADE celebrou o Memorando de Entendimento nº 01/2016, relativo à coordenação institucional envolvendo termos de compromisso de cessação e acordos de colaboração em investigações de infrações contra a ordem econômica, com o Grupo de Combate a Cartéis da Procuradoria da República do Ministério Público Federal em São Paulo.[470] O documento tem como objeto

> promover e fortalecer a coordenação institucional entre as Partes, de modo a possibilitar a implementação harmônica e consistente entre os institutos administrativos e processuais penais de colaboração nas investigações de infrações contra a ordem econômica, especialmente a coordenação institucional envolvendo Termos de Compromisso de

---

mais custosa, estabelecendo-se assim um ciclo virtuoso em favor do aumento do grau de detecção e punição dos cartéis" (PEREIRA, Guilherme Teixeira. *Política de Combate a Cartel no Brasil* – Uma Análise Jurídica do Acordo de Leniência e do Termo de Compromisso de Cessação de Prática. 2011. 156 f., p. 61).

[467] Disponível em: http://www.cade.gov.br/acesso-a-informacao/publicacoes-institucionais/guias_do_cade/guia-tcc-atualizado-11-09-17.

[468] Conforme esclarece o guia, "[a] empresa e/ou pessoa física que celebre um TCC com relação à determinada conduta anticompetitiva já em investigação pode ser beneficiada pela conjugação dos benefícios da Leniência Plus e do TCC, caso, até a remessa do processo para julgamento, habilite-se para celebração de acordo de leniência relacionado a uma outra infração, da qual o CADE não tenha qualquer conhecimento prévio". Guia do Termo de Compromisso de Cessação para casos de cartel, p. 39.

[469] Guia do Termo de Compromisso de Cessação para casos de cartel, p. 10.

[470] Disponível em: http://www.cade.gov.br/assuntos/programa-de-leniencia/memorando-de-entendimentos-sg-e-mpfsp_tcc-e-acordos-de-colaboracao_15-03-2016.pdf.

Cessação (TCC) na seara administrativa e Acordos na seara criminal em investigações de infrações contra a ordem econômica.

O Memorando indica que, ao formalizar junto ao CADE proposta de TCC, o colaborador em potencial pode provocar a PR/MPF/SP para iniciar a negociação de acordo quanto a crimes direta e/ou indiretamente relacionados, e vice-versa. Há garantia, no caso de negociação frustrada, de que as propostas direcionadas ao CADE ou ao *Parquet* não implicam confissão quanto à matéria de fato, nem reconhecimento da ilicitude da conduta objeto do processo investigativo, e que as informações e documentos apresentados pelo proponente durante a negociação não poderão ser utilizados para quaisquer fins pelas autoridades que a eles tiveram acesso.[471]

Ao que parece, a partir dessas considerações, o CADE compreende os objetivos e incentivos que permeiam os mecanismos de cooperação com agentes infratores, e logrou criar uma rede de instrumentos consensuais em que os incentivos para a colaboração se retroalimentam,

---

[471] Dentre os motivos citados pelas autoridades para a elaboração de semelhante documento, consta que, em que pese a autonomia existente entre as instâncias administrativa e criminal de responsabilização, "o modelo de detecção de cartéis reconhece grande importância aos institutos premiais de direito sancionador, tendo, conforme experiência que é mundial, construído Programas de Leniência como modelo de notícia, prova e sanção de cartéis", e que "a inteligência do Programa de Leniência permite alterar o sistema de motivações dos agentes econômicos em setores cartelizados ou que podem se cartelizar, e gera uma instabilidade interna à conduta coordenada – consistente no risco de um integrante do cartel tomar a iniciativa de noticiá-lo ao poder público – que serve para restringir a racionalidade dos cartéis e evitar conluios entre agentes econômicos nos diversos mercados que compõem a economia, especialmente diante do fato de que a leniência prestigia uma ordem de chegada, pela qual apenas o primeiro noticiante da existência do cartel se qualifica para o programa com prejuízo para os demais. (...) O Acordo de Leniência não altera, por si só, a autonomia das instâncias criminal e administrativa, tendo o Ministério Público competência constitucional para a perseguição dos delitos de ação penal pública, como o cartel, e haverá, pois, a partir de um Acordo de Leniência, a duplicidade de atuações em duas esferas independentes, sendo que a autonomia das instâncias não significa a inexistência de efeitos práticos mútuos ou a segregação absoluta das competências em matéria criminal e administrativa. Assim, apesar da duplicidade de atuações, há um interesse comum da persecução administrativa e penal aos cartéis e na funcionalidade e efetividade do Programas de Leniência, como base da lógica de detecção e perseguição de cartéis, para além de questões de aproveitamento de provas, atenção aos resultados de cada esfera, etc. O Programa de Leniência se completa, na seara administrativa, com outros institutos premiais em direito sancionador, como o Termo de Compromisso de Cessação (TCC), previsto no artigo 85 da Lei nº 12.529/2011 e acessível a todos os demais agentes econômicos investigados nos procedimentos administrativos, desde que preenchidos os requisitos de pagamento de contribuição pecuniária, reconhecimento de participação na conduta investigada, colaboração e cessação de participação na conduta investigada, e cujos benefícios são apenas na seara administrativa, sem previsão de benefícios automáticos na seara criminal".

mas não entram em contradição direta, o que parece ter contribuído para a otimização do controle de práticas antitruste pela autarquia.

5.2 O acordo de leniência da Lei nº 12.846/2013

Em 2013, com o advento da Lei nº 12.846/2013, foi introduzida no ordenamento jurídico brasileiro uma segunda possibilidade de leniência, cujo âmbito de aplicação é o dos atos lesivos à Administração Pública (nacional ou estrangeira), comumente referidos como atos de corrupção.[472]

Os motivos para essa expansão foram explicados no Capítulo 3 *supra*: existem elementos de interseção entre os ilícitos concorrenciais e aqueles de corrupção que se valem de circunstâncias similares (pluralidade de agentes, sigilo, etc.), ainda que os incentivos econômicos relacionados a ambas as condutas não sejam idênticos.

No cenário brasileiro, além das dificuldades inerentes à transposição dos incentivos dos programas de leniência concorrenciais para os atos de corrupção, há um segundo desafio, de ordem institucional. Enquanto as competências para a fiscalização dos ilícitos à ordem econômica são mais ou menos centralizadas no CADE, de modo que existe uma maior chance de calcularem-se as penalidades aplicáveis no caso de descobrimento e condenação, a situação dos ilícitos realizados contra a Administração Pública é mais complexa. Não há concentração de competências, ou definição de um agente estatal capaz de isentar a aplicação de todas as penalidades envolvidas.

Necessariamente, portanto, ao menos no modelo hoje existente no ordenamento brasileiro positivado, existirá um certo descompasso entre o agente estatal competente para a negociação dos acordos, e os agentes competentes para a aplicação de sanções. Em outras palavras: ainda que o particular coopere com a autoridade competente para a aplicação do programa de leniência (no caso da Administração Pública federal, a CGU[473]), isto não necessariamente acarretará efeitos benéficos

---

[472] Merece ser lembrado que, embora no jargão administrativo essa norma tenha ficado conhecida como Lei Anticorrupção, seu escopo de incidência é mais amplo, apenando pessoas jurídicas pela prática de infrações contra a administração pública.

[473] "Consoante disciplinado no Decreto 8.420, de 18/03/2015, que regulamenta a Lei nº 12.846/2013, a pessoa jurídica que pretende firmar acordo de leniência no âmbito do Poder Executivo federal deve apresentar uma proposta nesse sentido à Controladoria-Geral da União. (...) Além de receber a proposta do acordo de leniência, o mencionado decreto, por meio do seu art. 38, ainda estabelece que a CGU 'poderá conduzir e julgar os processos administrativos que apurem infrações administrativas previstas na Lei 12.846, de 2013, na

quanto às penalidades aplicáveis no âmbito da Lei de Improbidade (cujo manejo em geral se dá pelo Ministério Público), ou no bojo dos tribunais de contas.

Este é, evidentemente, um grande desincentivo para a adesão aos programas criados pela Lei nº 12.846/2013. Sendo impossível ou extremamente difícil dimensionar os custos e benefícios relacionados à propositura de um acordo, o particular pode optar por apostar na hipótese de o seu ilícito jamais vir a ser descoberto. Diminuem-se, pois, os quesitos de atratividade e segurança que perfazem os princípios basilares do programa de leniência.

O motivo precípuo para a dificuldade mencionada acima consiste no fato de a legislação referente à proteção do patrimônio e da probidade pública no Brasil consistir num emaranhado de normas que se sobrepõem umas às outras, sem a necessária preocupação do legislador em sua prévia e necessária harmonização. A Lei nº 12.846/2013 configura apenas mais uma tentativa, no âmbito do Direito brasileiro, de impedir e combater atos que envolvam a utilização da coisa pública para fins privados, atos lesivos à administração pública. Esse movimento, iniciado com a edição da Lei da Ação Popular, em 1965, consagrada pelo art. 5º, LXXIII, da Constituição Federal de 1988, recebeu reforços nos últimos anos com a Lei da Ação Civil Pública (Lei nº 7.347/1985), a Lei da Improbidade Administrativa (Lei nº 8.429/1992) e o reforço das competências dos Tribunais de Contas brasileiros (art. 71 da Constituição Federal).

Nada obstante esses problemas, deve-se fazer constar que, observando-se a lógica que permeia a Lei nº 12.846/2013, é notável que o legislador buscou, com a sua edição, a criação de um sistema de incentivos que aumentam os custos da realização de transações corruptas pelas pessoas jurídicas, incentivando-as, por outro lado, a precaverem-se quanto à ocorrência de corrupção interna.[474]

Lei 8.666, de 1993, e em outras normas de licitações e contratos, cujos fatos tenham sido noticiados por meio do acordo de leniência.' De acordo com o disposto no art. 39, *caput*, do Decreto 8.420/2015, compete ao Ministro de Estado Chefe da Controladoria-Geral da União celebrar o acordo de leniência" (ALBUQUERQUE, Marco A. S. de. *O papel do Tribunal De Contas da União nos acordos de leniência firmados sob a égide da lei 12.846, de 1o de agosto de 2013*. 2017. Dissertação (Mestrado em Direito Público) – Instituto Brasileiro de Direito Público (IDP), 2017. p. 29-30).

[474] De acordo com Egon Bockmann e Andreia Cristina Bagatin: "a Lei Anticorrupção instalou um sistema de incentivos econômicos para que as pessoas jurídicas efetivamente incorporem mecanismos de compliance. A lógica é preventiva/acautelatória, uma vez que é de todo viável a adoção de boas práticas, as quais, senão impeçam, ao menos atenuem os atos de corrupção. Caso tais boas práticas sejam efetivamente implementadas — dentre elas, o

Para tal, alguns mecanismos da norma sobressaem, dentre os quais:

a) a responsabilização objetiva da pessoa jurídica, que teve como finalidade facilitar e tornar mais célere o sancionamento, ao dispensar a aferição do elemento subjetivo do agente;
b) a criação de um sistema de penalidades que inclui sanções pecuniárias (multas), reputacionais (publicação extraordinária da decisão condenatória do art. 6º, II da Lei, e inscrição no Cadastro Nacional de Empresas Punidas – CNEP, prevista no art. 22 do mesmo diploma), e até mesmo a imposição judicial da completa extinção da personalidade jurídica (art. 19, III);[475]
c) o estímulo à existência de mecanismos e procedimentos internos de integridade, auditoria e incentivo à denúncia de irregularidades, bem como à aplicação efetiva de códigos de ética e de conduta no âmbito da pessoa jurídica, que serão levados em conta quando da eventual aplicação de penalidades à empresa; e, finalmente,
d) um mecanismo de colaboração com as autoridades, que visa a permitir simultaneamente que o particular mitigue suas penas e o Poder Público obtenha mais facilmente elementos comprobatórios de atos ilícitos perpetrados por outros agentes – o acordo de leniência.

Em suma, o objetivo fora dissuadir os particulares do engajamento em condutas ditas corruptas, por meio do agravamento das punições, estimulando-os, ademais, a implementar mecanismos internos de

---

acordo de leniência (ou ao menos a certeza da alta probabilidade de que ele seja celebrado) – e controladas por meio de protocolos-padrão, estará criado o ambiente proativo de real combate à corrupção do lado de dentro das sociedades empresariais". (MOREIRA, Egon Bockmann; BAGATIN, Andreia Cristina. Lei Anticorrupção e quatro de seus principais temas: responsabilidade objetiva, desconsideração societária, acordos de leniência e regulamentos administrativos. *Revista de Direito Público da Economia* – RDPE, Belo Horizonte, ano 12, n. 47, p. 55-84, jul./set. 2014, p. 56).

[475] É visível a lógica de uma responsabilização ampla, com a imposição de penas pecuniárias vultosas (multa, no valor de 0,1% (um décimo por cento) a 20% (vinte por cento) do faturamento bruto do último exercício anterior ao da instauração do processo administrativo), e a previsão de publicação extraordinária da decisão condenatória como forma de dissuasão que atentaria contra a reputação da empresa. A lei prevê em seu bojo sanções aplicáveis pela via administrativa sancionatória (arts. 6º e 7º), e pela via judicial (arts. 18 a 21), sendo que a responsabilidade da pessoa jurídica na primeira esfera não afasta a possibilidade de sua responsabilização na segunda. Dentre as sanções judicialmente cominháveis, destaca-se a previsão de dissolução compulsória da pessoa jurídica, desde que tenha sido a personalidade jurídica utilizada de forma habitual para facilitar ou promover a prática de atos ilícitos ou ter sido constituída para ocultar ou dissimular interesses ilícitos ou a identidade dos beneficiários dos atos praticados.

controle,[476] ao mesmo tempo que o peso dessas mesmas sanções influiria na opção dos infratores por colaborar com o Estado para a investigação desses ilícitos. Previsto no art. 16 da Lei nº 12.846/2013, o acordo de leniência, no contexto específico da Lei Anticorrupção, poderá ser celebrado pela autoridade máxima de cada órgão ou entidade pública,[477] pressupondo

---

[476] A criação de uma lógica de incentivos para a atuação positiva das empresas na prevenção dos ilícitos contra a Administração, contudo, não foi completa. Como bem ressaltam Cristiana Fortini e Mariana Magalhães Avelar, "[a] cooperação da pessoa jurídica com as investigações foi contemplada como fator atenuante, consoante dita o artigo 7º, inciso VII. Assim, mesmo que os programas de integridade não sejam cogentes, premia-se, limitadamente, a cooperação. O Decreto Federal 8.420/15 prevê a redução de 2% na hipótese de comunicação espontânea pela pessoa jurídica antes da instauração do processo administrativo de responsabilização sobre o evento, bem como permite a isenção ou atenuação de sanções administrativas previstas em outras normas de licitações e contratos no caso da celebração de acordos de leniência (artigo 40 do Decreto 8.420/2015). (...) Fato é que, tendo se optado por adotar programas de integridade, ou mesmo os tendo implementado em face de compromissos contratuais assumidos ou por comando advindo de outras leis, o caminho é irreversível. Uma vez implementado, a pessoa jurídica terá que lidar com os resultados dele decorrentes. Detectar a prática de ato corrupto imporá não apenas o reformular de práticas e liturgias, como no mínimo provocará a entidade a pensar sobre o que fazer com a informação obtida. Noticiá-la às autoridades é expor a si própria bem como as pessoas físicas envolvidas. E nossa Lei Anticorrupção prestigia moderadamente essas revelações, como antes salientado. Ao se projetar um programa de integridade é importante que a pessoa jurídica e, logo, os escritórios de advocacia prevejam a atitude a ser tomada, sabendo que a escolha não será indolor. O ideal seria que a Lei Anticorrupção estimulasse tanto os programas de integridade quanto, consequentemente, o self-report, comprometendo-se a isentar a responsabilização das pessoas jurídicas ou, no mínimo, a mitigá-las consideravelmente, afastando a ameaça de ações de improbidade e outras. Isso sem falar em possíveis benefícios dirigidos às pessoas físicas. Contudo, não é essa a literalidade da regra legal" (FORTINI, Cristiana; AVELAR, Mariana Magalhães. Lei Anticorrupção e programas de integridade em escritórios de advocacia. Disponível em: https://www.conjur.com.br/2018-nov-01/interesse-publico-lei-anticorrupcao-programas-integridade-escritorios. Acesso em: 02 mar. 2019). Nada obstante, em pelo menos uma ocasião, a realização de auditoria independente levou à procura espônanea de empresa pela celebração de acordo de leniência, em caso desvinculado da chamada Operação Lava Jato. Trata-se do acordo celebrado entre a CGU, a AGU e a Bilfinger Maschinenbau GmbH & Co KG, envolvida em atos lesivos contra a Marinha do Brasil (CGU e AGU firmam leniência com empresa Bilfinger. Disponível em: http://www.cgu.gov.br/noticias/2017/08/cgu-e-agu-firmam-leniencia-com-empresa-bilfinger. Acesso em: 02 mar. 2019).

[477] Para Thiago Marrara, "quanto mais órgãos e entidades forem legitimadas a aplicar as disposições da lei, mais forças se unirão no combate à corrupção. E é exatamente essa interpretação teleológica que permite afirmar que o art. 16, *caput*, confere competência de celebração do acordo de leniência a todas as esferas da federação (União, estados, Distrito Federal e municípios). (...) O reconhecimento do acordo de leniência como um instituto nacional não esclarece, contudo quem efetivamente deve celebrá-lo em cada ente político. Quem deve celebrara a leniência nos estados, nos municípios, no âmbito do Judiciário Federal e Estadual, etc.? A lei não dá respostas a todas essas questões" (DI PIETRO, Maria Sylvia Zanella; MARRARA, Thiago (Coord.). *Lei anticorrupção comentada*. Belo Horizonte: Fórum, 2017, p. 207). Com o fito de mitigar esse problema, a CGU editou orientações sobre como implementar e regulamentar a Lei nº 12.846/2013, direcionadas e municípios. Trata-se do "Guia Como Fortalecer sua Gestão – Lei Anticorrupção e Programa

para tal, nos termos da norma, a colaboração efetiva com as investigações e o processo administrativo, da qual derive a identificação dos demais envolvidos na infração, se cabível, e obtenção célere de informações e documentos que comprovem o ilícito sob apuração.

São requisitos cumulativos para a possibilidade dessa celebração que a pessoa jurídica (i) seja a primeira a se manifestar sobre o interesse em cooperar (num sistema que à primeira vista é consistente com a racionalidade *"first come, first serve"* – em que o primeiro "leva tudo"); (ii) descontinue a sua participação na atividade ilícita objeto do acordo; (iii) admita sua participação na atividade delituosa e (iv) coopere plenamente com o processo, bem como (v) arque com as despesas necessárias para essa cooperação.

Aqui se percebe que o legislador adotou (ou pretendeu adotar) o critério do primeiro colaborador, não estendendo os efeitos da leniência àqueles que se proponham a cooperar posteriormente à primeira denúncia. Trata-se de medida em princípio salutar, que evita a proliferação descabida de acordos mesmo quando presentes os elementos autônomos suficientes para a condenação de agentes – o que poderia levar ao desvirtuamento do instituto ou à mitigação de sua faceta preventiva, dissuasória do comportamento delitivo. A abertura da leniência para proponentes subsequentes demanda extrema cautela, pois pode eliminar o cenário de dilema do prisioneiro que se quer estipular.

A respeito, contudo, vejam-se as críticas direcionadas ao art. 30, I do Decreto nº 8420/2015, que aparentemente extrapolou seu fundamento normativo e flexibilizou o requisito da primazia ao estipular que o critério de ser a primeira a manifestar interesse em cooperar para a apuração de ato lesivo específico apenas se aplicaria "quando tal circunstância for relevante".[478] Como será visto no Capítulo 7, esta

---

de Integridade", Disponível em: http://www.cgu.gov.br/Publicacoes/transparencia-publica/colecao-municipio-transparente/arquivos/como-fortalecer-sua-gestao-lei-anti-corrupcao-e-programa-de-integridade.pdf. Mais que isso, a mesma CGU apresentou sugestões de decretos para a regulamentação da Lei Anticorrupção nos municípios, dividindo-os entre três versões, direcionadas a entes federativos de pequeno, médio e grande porte. Segundo sugere a CGU, competiria à autoridade máxima do órgão municipal responsável pelo controle interno celebrar acordos de leniência no âmbito do Poder Executivo municipal, e, uma vez apresentada a proposta de acordo de leniência, a autoridade competente designaria comissão composta por dois servidores estáveis para a negociação do acordo (Disponível em: http://www.cgu.gov.br/Publicacoes/transparencia-publica/colecao-municipio-transparente/arquivos/cartilha-sugestoes-de-decretos-para-a-regulamentacao-da-lei-anticorrupcao-nos-municipios.pdf).

[478] Em sentido contrário, Marlon Roberth Sales e Clodomiro José Bannwart Júnior entendem legítima a disposição, por considerar que asseguraria a possibilidade de celebração do acordo mesmo na hipótese de ilícito unipessoal: "[p]pode ocorrer de práticas de corrupção

ressalva do regulamento federal deve ser interpretada de forma que não vulnere os incentivos para a corrida pela delação que deve caracterizar os acordos de leniência, à luz da teoria dos jogos.[479] A despeito dos esforços do legislador, verifica-se que outras possíveis formas de incentivo à cooperação foram deixadas de lado pela legislação em questão. Em especial, inexiste previsão análoga à leniência *plus* norte americana (presente também no sistema do CADE), que autoriza ao infrator obter benefícios referentes a um ilícito B (quanto ao qual não faz jus à leniência), desde que comunique a existência de uma infração A, ainda desconhecida pelas autoridades.[480] Esse tipo de arranjo poderia ser interessante, pois, a depender de como é adotado, permite a proliferação de acordos, num efeito "bola de neve" no qual quanto mais são delatados ilícitos, maiores os incentivos para que os agentes delatados reportem ilícitos ainda não investigados pelas autoridades.

Tampouco existem outros instrumentos de consensualidade inseridos da lei em comento, diferentemente do que ocorre tanto com a Lei nº 12.529/2011 quanto com a Lei nº 13.506/2017. Essa falta de alternativas negociais pode significar um incentivo para que os agentes aplicadores do programa de leniência expandam indevidamente seu campo de incidência, por exemplo, para ilícitos praticados sem coautoria, quando o agente se mostre interessado na resolução célere do processo e na reparação pronta do dano.

De acordo com a lei, não é qualquer tipo de colaboração que enseja a celebração dos referidos acordos, em conformidade com as

---

por uma única empresa em detrimento de outras. Desse modo, não há uma associação de entes privados para a prática de atos de corrupção, de modo que se torna irrelevante que a delatora seja a primeira, pois ela será a única. Por isso, a interpretação do decreto se mostra razoável e sem ferir o enunciado normativo da Lei. Nesse sentido, não há violação ao princípio da legalidade e nem extrapolação do Poder Regulamentar por parte da Administração" (SALES, Marlon Roberth; BANNWART JUNIOR, Clodomiro José. O Acordo de Leniência: uma análise de sua compatibilidade constitucional e legitimidade. *Revista do Direito Público*. Londrina, v. 10, n. 3, p. 31-50, set/dez.2015, p. 40).

[479] "Se a todos for permitida a celebração do acordo, diminui-se a preocupação se algum dos integrantes irá delatar o grupo, vez que, caso isso ocorra, os demais envolvidos poderão pleitear os benefícios do acordo para reduzir suas sanções. A relação custo/benefício na manutenção da organização será mais vantajosa: na eventual hipótese de o cartel ser descoberto, o acordo de leniência será uma via para minimizar as sanções." OLIVEIRA, André Gustavo Véras. O acordo de leniência na Lei de Defesa da Concorrência e na Lei Anticorrupção diante da atual conjuntura da Petrobras. *Revista de Defesa da Concorrência*, v. 3, n. 2, 2015, P. 22

[480] Favoravelmente à ideia de leniência *plus* no desenho ótimo de um programa de leniência, veja-se ZINGALES, Nicolo. European and American Leniency Programmes: Two Models Towards Convergence? (2008). *Competition Law Review*, v. 5, n. 1, 2008. Disponível em: https://ssrn.com/abstract=1101803., p. 40 e HAMMOND, Scott D. *Cornestones of an effective leniency program*. Chile, Santiago, set/2009, p. 22-23.

experiências nacionais e internacionais no âmbito dos acordos de leniência em matéria antitruste e penal. O seu art. 16 prevê determinadas condições a serem preenchidas para esse fim, a saber: *(i)* a identificação dos demais envolvidos na infração; e *(ii)* obtenção célere de informações e documentos que comprovem o ilícito sob apuração. Há, portanto, aí, uma aparente exigência de identificação da autoria, e apresentação de provas que a comprovem (materialidade).

Consoante o art. 16, §2º da Lei, os benefícios oferecidos para aqueles que optam por realizar o acordo consistem no afastamento das penalidades da publicação extraordinária da decisão condenatória e da proibição de receber incentivos, subsídios, subvenções, doações ou empréstimos de órgãos ou entidades públicas e de instituições financeiras públicas ou controladas pelo poder público, assim como a redução de até dois terços do valor da multa aplicável. O art. 17 do diploma permite ainda à Administração Pública celebrar acordo tendo por objeto a prática de atos ilícitos previstos na Lei nº 8.666/1993, para a isenção ou atenuação das sanções administrativas estabelecidas nos artigos 86 a 88 da mesma norma. Isto, como já indicado, gera certa perplexidade, considerando-se que poucas dessas condutas pressupõem a sua realização em conluio, e, consequentemente, a sua responsividade aos incentivos criados pelos acordos de leniência.[481] Igualmente problemático é o fato de que, embora essas sanções da Lei nº 8.666/1993 sejam comináveis tanto para pessoas físicas quanto jurídicas, a Lei Anticorrupção aparentemente apenas autoriza a essas últimas a celebração dos acordos.[482]

O acordo da Lei Anticorrupção procura apresentar algumas características capazes de aumentar a sua atratividade, tais como *(i)* a garantia de confidencialidade da proposta e negociação do acordo de leniência, o qual somente se torna público após a sua conclusão (art. 16, §6º); e *(ii)* o fato de que a proposta rejeitada não configura

---

[481] "Tal como previsto no artigo 17, o acordo de leniência tem natureza de perdão administrativo ou de atenuante (BERTONCINI, 2014, p. 220), isentando ou reduzindo as sanções administrativas aplicáveis à empresa contratada que descumprir o contrato administrativo, imunizando-a no processo administrativo da Lei 8.666/1993, o que apenas contribui e estimula a inadimplência de empresas, em detrimento do interesse público, prestigiando-se a ineficiência e a corrupção" (BERTONCINI, Mateus Eduardo Siqueira Nunes; CAMBI, Eduardo Augusto Salomão. *Atividade empresarial e corrupção*: crítica ao modelo de acordo de leniência previsto na Lei 12.846/2013. Disponível em: http://www.ceaf.mppr.mp.br/arquivos/File/Teses_2015/MateusBertoncini_EduardoCambi_Atividade_empresarial_corrupcao_critica_ao_modelo_de_acordo_de_leniencia_previsto_Lei_12846_2013.pdf.)

[482] MARRARA, Thiago. Acordos de leniência no processo administrativo brasileiro: modalidades, regime jurídico e problemas emergentes. *Revista Digital de Direito Administrativo* – RDDA, v. 2, p. 509-527, 2015.

reconhecimento do ilícito (art. 16, §7º). O seu decreto regulamentador federal prevê, ainda, que "a pessoa jurídica proponente poderá desistir da proposta de acordo de leniência a qualquer momento que anteceda a assinatura do referido acordo" (art. 34).

Todavia, e mais uma vez, não parece ter havido uma devida harmonização normativa capaz de tutelar a confiança do proponente. A garantia de confidencialidade da Lei Anticorrupção não parece ser tão sólida quanto aquela da Lei do CADE.

A inexistência de autoridade única e exclusivamente competente para o exercício do *jus puniendi* estatal em matéria de atos lesivos à Administração Pública, a exemplo do que ocorre com o CADE, dificulta a especificação apriorística de como será feita a organização institucional do órgão/ente que aplicará o instituto, de modo a evitarem-se abusos e vazamentos de informação.

Como adiantado acima, para que seja efetivo o sistema de incentivos desenhado pela norma (isto é, para que haja a *procura* dos agentes privados envolvidos na corrupção pela leniência), é necessária a presença concomitante de pelo menos duas pré-condições: (i) *atratividade* das vantagens oferecidas pelo acordo, com a redução considerável dos potenciais castigos sofridos pelo particular; e (ii) *segurança jurídica* na celebração dos acordos, pois de nada adiantaria um instrumento teoricamente benéfico, mas sem garantias de proteção jurídica concreta àquele que se autorreporta. Não pode a celebração do acordo, por óbvio, acarretar um incremento dos riscos ao particular para além daqueles preexistentes à sua cooperação.[483]

Quanto à atratividade das reduções das sanções, um ponto especialmente relevante diz respeito ao fato de que a norma anticorrupção, ao contrário do que ocorre na seara antitruste, nada fala, em relação às sanções pecuniárias, acerca dos benefícios mínimos a serem concedidos à pessoa jurídica em razão da celebração do acordo, determinando apenas um patamar máximo de redução de dois

---

[483] "A partir da perspectiva da Análise Econômica do Direito, as normas jurídicas são consideradas instrumentos de indução de comportamentos positivos e negativos dos atores econômicos. Nesse contexto, os acordos de leniência pretendem fomentar a colaboração dos envolvidos na investigação das infrações, garantindo maior efetividade na aplicação das sanções e na reparação dos danos, o que pode não ocorrer se o ordenamento não garantir segurança jurídica aos seus destinatários". OLIVEIRA, Rafael Carvalho Rezende. *Acordos de leniência, assimetria normativa e insegurança jurídica.* Disponível em: http://www.direitodoestado.com.br/colunistas/rafael-carvalho-rezende-oliveira/acordos-de-leniencia-assimetria-normativa-e-inseguranca-juridica. Acesso em: 25. set. 2016.

terços da sanção.⁴⁸⁴ Relegar tal determinação à discricionariedade da autoridade administrativa não parece conferir suficientes garantias de que a celebração do acordo efetivamente permitirá ao particular reduzir suficientemente as multas devidas.⁴⁸⁵ E, considerando que o art. 6º, I da Lei nº 12.846/2013 estabelece para as multas patamares entre 0,1% (um décimo por cento) e 20% (vinte por cento) do faturamento bruto do último exercício anterior ao da instauração do processo administrativo,⁴⁸⁶ vedando ainda que seja tal montante inferior à vantagem auferida através do ilícito,⁴⁸⁷ é possível que mesmo após a redução decorrente da leniência o valor da multa seja substancial. Deve-se lembrar que a obrigação de reparação integral do dano causado permanece ainda que seja celebrado o acordo.⁴⁸⁸

---

[484] MARRARA, Thiago. Acordos de leniência no processo administrativo brasileiro. Modalidades, regime jurídico e problemas emergentes. *Revista Digital de Direito Administrativo*, v. 2, n. 2, p. 509-527, 2015. p. 513-514.

[485] No âmbito da União, parte dessas perplexidades tem sido mitigada por meio da edição de atos normativos secundários, a exemplo do Decreto nº 8.420/2015, que regulamenta a Lei Anticorrupção, e da Instrução Normativa CGU/AGU nº 2, de 16 de maio de 2018, que aprova metodologia de cálculo da multa administrativa prevista no art. 6º, inciso I, da Lei nº 12.846, de 1º de agosto de 2013, a ser aplicada no âmbito dos acordos de leniência firmados pelo Ministério da Transparência e Controladoria-Geral da União. Para uma abordagem crítica sobre os métodos de cálculo da multa nos atuais programas de leniência, veja-se GOMES, Rafael M. et al. *Eficiência, atratividade e dissuasão de acordos de leniência e combate à corrupção: o caso da Operação Lava-Jato*. Disponível em: https://econpolrg.files.wordpress.com/2018/07/eprg-wp-2018-83.pdf. Acesso em: 27 fev. 2019.

[486] Consoante o art. 6º, §4º, na impossibilidade de utilização do critério do valor do faturamento bruto da pessoa jurídica, a multa terá valores entre R$ 6.000,00 (seis mil reais) e R$ 60.000.000,00 (sessenta milhões de reais).

[487] O art. 23, §1º do Decreto nº 8.420/2015 excepciona a regra contida no art. 6º da Lei nº 12.846/2013, afirmando a possibilidade de que o valor da multa pactuado no acordo de leniência seja menor do que o limite do art. 6º da Lei Anticorrupção. Tal determinação, todavia, é de legalidade questionável, tendo em vista a extrapolação do decreto regulamentador em relação à sua norma fundamento de validade.

[488] Alguns autores defendem que a relativização da obrigação de reparação integral do dano seria salutar, como incentivo à celebração dos acordos, até mesmo em razão da dificuldade inerente à aferição do *quantum* devido. José Antônio Remédio e Marcelo Rodrigues da Silva, a seu turno, sustentam que "[a] Lei 12.846/2013 não estabeleceu o modo e a forma de reparação integral do dano no caso de prática de corrupção, de maneira que não há óbice ao estabelecimento de cláusulas a seu respeito no acordo de leniência. Assim, inexiste impedimento legal ao uso das informações da pessoa jurídica colaboradora como forma de recomposição integral do dano, por meio de sua contabilização como ativo, relativamente aos valores correspondentes à responsabilização de outras pessoas jurídicas ou naturais que se envolveram em outros atos de corrupção, atos esses nos quais não houve a participação da empresa celebrante do acordo de leniência, compensando, dessa forma, o valor da reparação do dano e da sanção pecuniária de sua responsabilidade" (REMEDIO, José Antonio; DA SILVA, Marcelo Rodrigues. Os acordos de leniência da Lei Anticorrupção e o uso da informação da empresa colaboradora como ativo na reparação integral do dano e no pagamento das sanções pecuniárias. *Revista da AGU*, v. 17, n. 3, 2018, p. 181). Embora interessante, vislumbram-se algumas dificuldades na compatibilização de tal interpretação

Tampouco existe previsão de que a celebração da leniência impeça a aplicação das sanções previstas na Lei Anticorrupção que gozam de reserva do Poder Judiciário. Deve-se ter em conta que, no referido instrumento legal, há penalidades que podem ser impostas administrativamente e outras cuja cominação pressupõe a judicialização da questão. Nessa última categoria encontram-se a determinação de perdimento dos bens, direitos ou valores que representem vantagem ou proveito direta ou indiretamente obtidos da infração, a suspensão ou interdição parcial de suas atividades, a dissolução compulsória da pessoa jurídica e a proibição de receber incentivos, subsídios, subvenções, doações ou empréstimos de órgãos ou entidades públicas e de instituições financeiras públicas ou controladas pelo poder público (art. 19).

Apenas essa última sanção (incentivos e subsídios) poderá ser afetada pela celebração do acordo de leniência, pela literal dicção legal. Daí decorreria que a pessoa jurídica, mesmo após cooperar com as autoridades para a apuração do ilícito, estaria sujeita a ter suas atividades suspensas ou até sua personalidade jurídica extinta na hipótese de algum dos entes legitimados proporem ação judicial para tanto. Thiago Marrara, nesse ponto, considera necessária uma interpretação sistemática da norma para suprir essa aparente incongruência, de modo a oferecer algum tipo de garantia ao beneficiário do acordo.[489]

Quanto à incidência de outras normas sobre a conduta objeto do acordo, tem-se que o âmbito de aplicação da norma anticorrupção pode, muito facilmente, colidir com outras normas que tutelem bens jurídicos idênticos ou correlatos. É o caso, por exemplo, dos ilícitos delineados no art. 5º, IV da Lei nº 12.486/2013, que afirma constituírem atos lesivos à Administração Pública, no tocante a licitações e contratos, as condutas de: (i) frustrar ou fraudar, mediante ajuste, combinação ou qualquer outro expediente, o caráter competitivo de procedimento licitatório público; (ii) impedir, perturbar ou fraudar a realização de qualquer ato de procedimento licitatório público; (iii) afastar ou procurar afastar licitante, por meio de fraude ou oferecimento de vantagem de qualquer

---

com o texto legal e com os pressupostos teóricos dos acordos de leniência, considerando-se as complexidades inerentes à conversão das informações prestadas pelos colaboradores em valores pecuniários e a consequente discricionariedade dos "descontos" daí decorrentes. O *parquet* federal, ao celebrar acordos similares àqueles ora tratados, já previu cláusula permissiva do abatimento do *quantum* devido pelas signatárias, a depender do resultado prático da colaboração prestada (Capítulo 6, item 6.1.3, *infra*).

[489] MARRARA, Thiago. *Lei anticorrupção permite que inimigo vire colega.* CONJUR, São Paulo, p. 1, 15 nov. 2013.

tipo; (iv) fraudar licitação pública ou contrato dela decorrente; criar, de modo fraudulento ou irregular, pessoa jurídica para participar de licitação pública ou celebrar contrato administrativo; (v) obter vantagem ou benefício indevido, de modo fraudulento, de modificações ou prorrogações de contratos celebrados com a administração pública, sem autorização em lei, no ato convocatório da licitação pública ou nos respectivos instrumentos contratuais; (vi) ou manipular ou fraudar o equilíbrio econômico-financeiro dos contratos celebrados com a administração pública.

Não são sutis as semelhanças entre esses comportamentos acima descritos e aqueles vedados pela Lei nº 8.666/1993, que prevê condutas administrativa e penalmente tipificadas, tais como a disposição do art. 90, pela qual é crime, punível com detenção de dois a quatro anos, e multa, "frustrar ou fraudar, mediante ajuste, combinação ou qualquer outro expediente, o caráter competitivo do procedimento licitatório, com o intuito de obter, para si ou para outrem, vantagem decorrente da adjudicação do objeto da licitação".

A Lei nº 12.462/2011, que instituiu o Regime Diferenciado de Contratações Públicas – RDC, a seu turno, determina no seu art. 47, V que o licitante que fraudar a licitação ou praticar atos fraudulentos na execução do contrato ficará impedido de licitar e contratar com a União, Estados, Distrito Federal ou Municípios, pelo prazo de até 5 (cinco) anos, sem prejuízo das multas previstas no instrumento convocatório e no contrato.

De igual modo, a Lei Antitruste, ao lidar com a formação de cartéis, contém redação que trata justamente da infração à ordem econômica pertinente a acordar, combinar, manipular ou ajustar, com concorrente, "preços, condições, vantagens ou abstenção em licitação pública" (art. 36, §3º, I d). Havendo, além disso, lesão ao erário ou enriquecimento ilícito do particular, poderá incidir a Lei nº 8.429/1992 (Lei de Improbidade).

Como observa Victor Aguiar de Carvalho,

> É difícil pensar em outra atividade governamental que ofereça mais riscos ou incentivos à corrupção do que as contratações públicas. Não bastasse o enorme volume financeiro em jogo, os objetivos das partes envolvidas no procedimento são diversos. O escopo da Administração na seara licitatória é o de promover a competição entre os interessados, de modo a adquirir ou contratar as obras, bens ou serviços por ela demandados sob as condições mais vantajosas possíveis. Já o interesse imediato do agente privado é outro: conquistar o contrato nos termos

menos onerosos para si. É justamente nesse conflito de interesses entre Administração e particulares que surgem os incentivos à corrupção. O agente público pode identificar espaços para auxiliar algum dos proponentes em troca de benefícios pessoais.[490]

As práticas de corrupção, por fraude nas licitações públicas, e de cartelização, portanto, são frequentemente imbricadas.

Dessa observação, decorrem, logicamente, duas questões: num caso em que for realizado ajuste para fraudar processo de licitação, qual das normas incidirá sobre os agentes? E qual será a autoridade competente para impor sanção ou, alternativamente, celebrar o acordo de leniência, quando este for cabível? A partir dessas dúvidas é que exsurge o ponto acima levantado: a possibilidade de que informações obtidas mediante acordos de leniência venham a repercutir desfavoravelmente na pessoa jurídica celebrante em outras esferas de responsabilização, ou venham a afetar empregados, administradores e dirigentes (pessoas físicas, portanto) dessa mesma pessoa jurídica.

Trata-se de problemática não plenamente solucionada pela doutrina ou pela experiência, nem mesmo pelos instrumentos normativos acima mencionados. O art. 29 da Lei Anticorrupção deixa claro que não há exclusão das competências do CADE, do Ministério da Justiça e do Ministério da Fazenda para processar e julgar fato que porventura constitua infração à ordem econômica. De acordo com o art. 30, por sua vez, a aplicação das sanções previstas naquele mesmo instrumento jurídico não afetaria os processos de responsabilização por improbidade administrativa ou por atos ilícitos alcançados pelas normas específicas que cuidem de licitações e contratos da administração pública.[491] Noutras palavras, de acordo com a literalidade da Lei nº 12.846/2013, o caso seria de independência entre as penalidades trazidas pelos diferentes diplomas mencionados.

Contudo, essa solução (*i.e.* simplesmente *agregar* a Lei Anticorrupção ao arcabouço normativo preexistente) parece insuficiente para extirpar os riscos acima apontados, considerando-se (i) a literalidade da

---

[490] CARVALHO, Victor Aguiar de. Corrupção nas contratações públicas: dois instrumentos analíticos para a detecção de indevidos incentivos. *Revista Eletrônica da PGE-RJ*, v. 1, p. 1-22, 2018, p. 5.

[491] Marçal Justen Filho afirma que essa norma deve ter sua interpretação temperada pelo fato de que, por vezes, "o sancionamento produzido por um determinado diploma será exauriente da competência punitiva estatal ou implicará a integral satisfação dos efeitos patrimoniais do ilícito" (JUSTEN FILHO, Marçal. *Comentários à lei de licitações e contratos administrativos*. São Paulo: Revista dos Tribunais, 2016, p. 1.381).

norma legal, que não se preocupou em criar um ambiente de segurança e atratividade condizentes com a gravidade do ato de autodelação; e (ii) a incipiente prática nacional na negociação e no *enforcement* desses acordos, ainda carecedor de práticas coerentes e previsíveis por parte da Administração Pública e do Poder Judiciário.

A celebração de um acordo de leniência com base na norma em exame, mas com a manutenção do risco de incidência das demais penalidades espalhadas pelo ordenamento jurídico, em alguns casos, poderá se mostrar absolutamente inútil. Deve-se considerar que celebrar o acordo significa, à luz da legislação vigente, a admissão pela pessoa jurídica da sua participação no ilícito, acompanhada da produção de provas potencialmente autoincriminadoras. E, na medida em que tal ilícito possa ser também abarcado por outra norma sancionadora, isto poderá trazer não a diminuição dos riscos de punição, mas sim, paradoxalmente, sua multiplicação.[492][493]

Nesse contexto, para além de não espraiar para outras esferas punitivas no que se refere à própria pessoa jurídica, a leniência não afeta a culpabilidade penal ou cível da pessoa física que, porventura, seja incriminada pelo acordo realizado pela sociedade sob a égide da

---

[492] Há uma gama de projetos de lei que visam a alterar a Lei nº 12.846/2013 justamente com o intuito de conferir maior segurança jurídica neste ponto. Um exemplo seria o PLS nº 105/2015, que propõe acrescer ao art. 16 daquela norma uma previsão expressa de necessidade de prévia homologação dos acordos de leniência pelo Ministério Público. O Projeto de Lei nº 3.636/2015, por sua vez, procurou incluir dentre os legitimados para a celebração dos acordos tanto o Ministério Público e como a Advocacia Pública. Emendas posteriores ao PL trouxeram ainda sugestões quanto à vedação do uso dos elementos probatórios obtidos por meio da cooperação por autoridade que não tenha subscrito o acordo.

[493] A MPv nº 703/2015, cuja validade, como dito, já se esvaiu, buscou aclarar a forma como se relacionam os diferentes instrumentos normativos. Uma dessas tentativas dizia respeito à menção de que os acordos celebrados pela União, Estados, Distrito Federal e Municípios contariam com a colaboração do CADE, Ministério da Justiça e Ministério da Fazenda quando houvesse simultaneamente ato lesivo à Administração Pública e infração à ordem econômica. Outra ressalva expressamente a possibilidade de inclusão das infrações decorrentes de improbidade, ilícitos tipificados na Lei nº 8.666/1993, ou por outras normas de licitações e contratos, ou mesmo de infrações contra a ordem econômica contidas da Lei nº 12.529, de 2011, nos acordos de leniência da Lei Anticorrupção. Ainda uma terceira alteração tratou de revogar (lembre-se, temporariamente), o §1º do art. 17 da Lei nº 8.429/1992, de modo a permitir que se realizassem transação, acordo ou conciliação nas ações de improbidade administrativa.

Finalmente, o então §11 do art. 16 da Lei, na redação incluída pela MPv nº 703/2015, declarava que o acordo de leniência impediria que fossem ajuizadas ou concluídas as ações de improbidade administrativa, de imposição das sanções judiciais cominháveis da própria Lei Anticorrupção, ou mesmo de ações de natureza cível, desde que as respectivas Advocacias Públicas participassem da celebração do acordo. Todas essas tentativas de harmonização do sistema, todavia, deixaram de vigorar com a caducidade da medida provisória em comento.

Lei Anticorrupção, em contraste com o que ocorre na seara antitruste.[494] Não haverá possibilidade de extinção da punibilidade penal, nem sequer, em princípio (ao menos pela literalidade dessas normas), da transação das possíveis punições previstas na Lei de Improbidade, eis que essa última norma expressamente veda a celebração de acordos no bojo das ações de improbidade.

Ainda que a responsabilização da Lei Anticorrupção se direcione às pessoas *jurídicas*, fato é que foi por meio de pessoas *físicas* que o ato corrupto se consumou, e, igualmente, será através da representação de pessoas *físicas* que será celebrada a leniência. Não se pode desconsiderar os efeitos dissuasórios – até mesmo psicológicos – decorrentes da necessidade de que pessoas físicas se apresentem com provas de ilícitos potencialmente comprometedoras, sabendo que não serão contempladas pelos eventuais benefícios do acordo.[495]

Vale ressaltar que o fato de a responsabilidade jurídica das pessoas jurídicas ser objetiva não resguarda de todo as pessoas físicas contra a configuração de sua culpa ou dolo. É bem possível que, para a conformação da plena cooperação da pessoa jurídica, de acordo com os *standards* estabelecidos pela autoridade competente, haja necessidade de apresentação de dados e documentos que permitam ou ao menos facilitem a responsabilização subjetiva das pessoas físicas (diretores, administradores, empregados) perante outros órgãos e instâncias.[496]

---

[494] Art. 3º. A responsabilização da pessoa jurídica não exclui a responsabilidade individual de seus dirigentes ou administradores ou de qualquer pessoa natural, autora, coautora ou partícipe do ato ilícito.

[495] MARRARA, Thiago. Acordos de leniência no processo administrativo brasileiro. Modalidades, regime jurídico e problemas emergentes. *Revista Digital de Direito Administrativo*, v. 2, n. 2, p. 509-527, 2015. Igualmente, GRECO FILHO, Vicente e RASSI, João Daniel. *O combate à corrupção e comentários à lei de Responsabilidade de Pessoas Jurídicas* (Lei nº 12.846, de 1º de agosto de 2013) – atualizada de acordo com o Decreto nº 8.420, de 18 de março de 2015, p. 197. Igualmente BERTONCINI, Mateus Eduardo Siqueira Nunes; CAMBI, Eduardo Augusto Salomão. *Atividade empresarial e corrupção*: crítica ao modelo de acordo de leniência previsto na Lei 12.846/2013. Disponível em: http://www.ceaf.mppr.mp.br/arquivos/File/Teses_2015/MateusBertoncini_EduardoCambi_Atividade_empresarial_corrupcao_critica_ao_modelo_de_acordo_de_leniencia_previsto_Lei_12846_2013.pdf.

[496] No mesmo sentido, AMARAL, Thiago Bottino do; VICTER, R. M. Incentivos à cooperação e o Acordo de Supervisão no âmbito dos processos administrativos sancionadores na CVM. *Revista de Estudos Criminais*, v. 69, p. 139-169, 2018, p. 151: "Apesar da responsabilidade da pessoa jurídica ser objetiva, os seus administradores só poderão ser penalizados na medida de sua culpabilidade (art. 3º da Lei nº 12.846/2013). Não obstante, na hipótese de celebração de acordo de leniência, as informações fornecidas pela pessoa jurídica e a necessária admissão de culpa muito provavelmente servirão de elementos de prova contra os administradores e funcionários que atuavam no seio da pessoa jurídica, em uma eventual persecução penal, na medida em que a maioria dos atos descritos no art. 5º da lei (onde são descritos os atos lesivos à Administração Pública) constituem crime. Com efeito, a extinção da punibilidade

Em suma, a adesão aos termos estritos da Lei nº 12.846/2013 pode ter como consequência a submissão do colaborador a riscos de ter as provas que apresentou à Administração enviadas ao Ministério Público.[497] Os efeitos penais dessa autodelação não estão delineados claramente na legislação brasileira, sendo em tese possível cogitar do ajuizamento de ações penais que bebam de elementos probatórios decorrentes de acordos de leniência da Lei Anticorrupção.[498]

Como forma de conferir maior segurança aos potenciais signatários desses acordos, o Ministério Público já firmou instrumentos análogos aos acordos de leniência com indivíduos e pessoas jurídicas, se comprometendo a não endereçar ações civis ou criminais contra estes celebrantes (sobre o tema, veja-se o Capítulo 6).[499]

---

dos crimes que possuam a mesma redação típica dos ilícitos administrativos abrangidos pelos acordos é um importante (ou mesmo necessário) incentivo para que as soluções consensuais (finalidade buscada pelo legislador) sejam eficazes. Desde a modificação da Lei do CADE, que entrou em vigor em maio de 2012 e ampliou a extinção da punibilidade para os todos os crimes que normalmente estão associados à prática do cartel, a celebração de acordos de leniência cresceu (...)".

Os mesmos autores, tratando dos acordos celebrados no âmbito do Sistema Financeiro Nacional, mas em lição aplicável a quaisquer das modalidades de leniência, ressaltam, ainda, que "não há no Brasil a separação entre propriedade (controladores) e controle (administradores), havendo um óbvio alinhamento de interesse entre as figuras do acionista controlador e do administrador. Dessa forma, não se aplica o princípio segundo o qual, realizando-se o acordo de leniência, preserva-se a companhia e demite-se os administradores envolvidos em atos ilícitos, pois esses administradores são, em realidade, os donos das companhias" (p. 163-164).

[497] "Como já demonstrou o Sistema Brasileiro de Defesa da Concorrência, a ausência de benefícios penais amplos pode ser fatal ao programa, pois o Ministério Público ganhará espaço para usar as leniências no intuito de obter condenações penais contra pessoas físicas (por exemplo, administradores das empresas), além de reparações por danos na esfera civil" (MARRARA, Thiago. *Lei anticorrupção permite que inimigo vire colega*. CONJUR, São Paulo, p. 1, 15 nov. 2013).

[498] O Decreto nº 8.420/2015, que regulamenta a LAC na esfera federal, afirma que a proposta apresentada terá caráter sigiloso, e que até a celebração do acordo a identidade da pessoa jurídica signatária do acordo não será divulgada ao público (salvo mediante autorização desta) e a Controladoria-Geral da União manterá restrito o acesso aos documentos e informações comercialmente sensíveis da pessoa jurídica signatária do acordo de leniência.

[499] O "Termo de Leniência" celebrado com um grupo econômico no âmbito das investigações da operação Lava Jato em 22.10.2014, por exemplo, dispõe que o *Parquet* federal se comprometia, em troca da colaboração dos agentes, a, dentre outras obrigações, "levar este acordo de leniência a outros órgãos públicos, especialmente ao SGE/CADE e à Controladoria Geral da União – CGU, pleiteando a realização de acordos semelhantes com esses órgãos, inclusive com a consideração da data de assinatura deste Termo de Leniência para efeitos de termo de '*marker*' perante aqueles órgãos'; "não propor qualquer ação de natureza cível as colaboradoras e/ou seus prepostos, dirigentes ou acionistas que venham a subscrever este Termo de Leniência"; "não propor qualquer ação de natureza criminal pelos fatos e/ou condutas revelados em decorrência deste acordo de leniência contra os prepostos, dirigentes ou acionistas que venham a subscrever este Termo de Leniência, observando-se aqui, no que couber, os termos da Lei nº 12.850/2013". Não nos parece ser essa a melhor

Na ausência de novas alterações legislativas, ou mesmo previsões regulamentares, que trouxessem a segurança jurídica necessária aos acordos em questão, especialmente (i) no que tange à participação de outras autoridades na sua negociação, o compartilhamento de informações de forma sigilosa, e a vinculação dessas autoridades aos seus termos; e, consequentemente, (ii) quanto aos efeitos concretos dos acordos na esfera de punibilidade dos indivíduos e pessoas jurídicas, os acordos de leniência da Lei Anticorrupção se apresentam como menos efetivos do que poderiam ser inicialmente. Isto parece estar evidenciado, inclusive, pelo fato de que apenas em 2017, quatro anos após a criação da norma, é que os primeiros acordos começaram a ser assinados – e mesmo assim, em proporção muito menor que aqueles acordos da Lei do CADE e as colaborações premiadas da legislação criminal.[500]

Não se está com isso a dizer que os benefícios da celebração do acordo seriam desprezíveis, muito embora não se equiparem àqueles garantidos no Brasil no setor antitruste. Como ressaltado por Luciano Feldens e Antenor Madruga,

> além do interesse em se valer dos incentivos legais, a pessoa jurídica pode decidir cooperar com as autoridades para apuração de atos de corrupção por outras razões. A decisão de cooperação pode decorrer, exemplificativamente, de estratégia para contenção de danos reputacionais ou da necessidade (...) de realização de acordos semelhantes em jurisdições estrangeiras.[501]

O risco que se apresenta, na atual conjuntura, é o de que apenas aquelas sociedades em vias de terem suas atividades ilícitas deslindadas pelo Estado busquem os acordos, como último recurso capaz de evitar o total sancionamento, o que, como visto, não é exatamente o que se pretende do instituto. A ideia do programa de leniência é a obtenção de informações de difícil acesso ao Poder Público, e o quanto

---

solução para se conferir segurança jurídica a esses acordos de leniência, que devem em regra ser positivados e dotados de critérios objetivos e aprioristicos quanto ao seu cabimento. Disponível em: http://s.conjur.com.br/dl/17dez-leniencia.pdf. Acesso em: 28 jul. 2017.

[500] Segundo noticiado, o primeiro acordo celebrado em conjunto pela CGU e AGU teria ocorrido em 10 de julho de 2017, no valor de R$ 574 milhões, com a UTC Engenharia. Anteriormente, ao menos no âmbito da chamada operação Lava Jato, outros acordos haviam sido celebrados com o MPF ou com o CADE. Conforme a reportagem, as negociações teriam sido iniciadas em 2015 (Disponível em: http://www.migalhas.com.br/Quentes/17,MI261798,71043-CGU+e+AGU+assinam+acordo+de+leniencia+com+a+UTC.)

[501] FELDENS, Luciano; MADRUGA, Antenor. Cooperação da Pessoa Jurídica Para Apuração do Ato De Corrupção: investigação privada? *Revista dos Tribunais*, v. 947, p. 73, set. 2014.

antes – preferencialmente antes mesmo de aberta a investigação ou de se desconfiar da infração – e não simplesmente a de mitigar as penalidades para os agentes praticantes das atividades em colusão.

Em razão desse cenário, no afã de conferir maior atratividade aos acordos, percebem-se algumas tentativas práticas da CGU no sentido de mitigar as incongruências normativas e institucionais acima referidas e ajustar a dosimetria de incentivos criada pela Lei Anticorrupção, por vezes à revelia do que dispõe o próprio texto legal. É o que se verifica quando são cotejados o texto legal e a praxe administrativa, notadamente, no que tange (i) às hipóteses e fundamentos para a incidência dos acordos de leniência; (ii) à participação e vinculação de órgãos e entes administrativos aos acordos celebrados pela CGU; (iii) aos efeitos dos acordos para as empresas colaboradoras; e (iv) à extensão dos acordos às pessoas físicas intervenientes.

Sob o primeiro dos aspectos mencionados, quanto à hipótese de incidência dos acordos, veja-se que o fundamento normativo utilizado pela CGU para a celebração dos seus acordos vai além da Lei nº 12.846/2013.[502] O mesmo se diga quanto às condutas abarcadas pelo instrumento[503] e o interesse público por ele tutelado.[504]

Quanto ao segundo aspecto, observa-se certa postura de deferência da CGU quanto às opiniões proferidas pelo Ministério Público Federal, seja por meio da atuação ministerial como interveniente em acordos celebrados no âmbito da Lei Anticorrupção, seja pela incorporação dos termos ajustados diretamente com o *Parquet* nos acordos da

---

[502] O acordo de leniência celebrado com o grupo econômico da Odebrecht, cita, em adição à Lei Anticorrupção e do seu decreto regulamentador em nível federal, o "artigo 1º, inciso VIII, e artigo 5º, § 6º da Lei nº 7.347, de 24 de julho de 1985"; os "artigos 1º e 4º-A da Lei nº 9.469, de 10 de julho de 1997"; os "princípios expressos no art. 3º, §§2º e 3º, da Lei nº 13.105, de 26 de março de 2015"; a Convenção sobre o Combate à Corrupção de Funcionários Públicos Estrangeiros em Transações Comerciais Internacionais; a Convenção Interamericana contra a Corrupção; a Convenção das Nações Unidas contra a Corrupção; a Lei nº 8.429, de 2 de junho de 1992; a Lei nº 13.140, de 26 de junho de 2015 (Lei de Mediação); o art. 131, da Constituição Federal e a Lei Complementar nº 73, de 10 de fevereiro de 1993.

[503] Confira-se o que estipula o acordo de leniência firmado entre CGU, AGU e as empresas que integram o grupo econômico da Odebrecht: "1.5.1. Incluem-se no âmbito deste Acordo as condutas ilícitas que sejam conexas ou guardem relação com as condutas descritas nos seus ANEXOS II, II-A e II-B, praticadas por prepostos, empregados, administradores, dirigentes e prestadores de serviços, desligados ou não, e acionistas de qualquer das empresas do grupo econômico da RESPONSÁVEL COLABORADORA que sejam qualificadas como meramente acessórias e por conta disto não ensejem a aplicação da cláusula 5.4.2".

[504] Nos termos da cláusula 3.4.3 do termo mencionado, o interesse público é atendido com o aquele acordo tendo em vista a necessidade de "preservar a própria existência da empresa e a continuidade de suas atividades, em especial a atividade de engenharia e construção, o que, apesar dos ilícitos confessados, encontra justificativa inclusive na manutenção e ampliação de empregos e em obter os valores necessários à reparação dos ilícitos perpetrados".

CGU.⁵⁰⁵ No acordo celebrado com a Andrade Gutierrez, contempla-se a possibilidade de adesão ao acordo de leniência por parte de entidades da Administração Pública indireta.⁵⁰⁶ Sob o terceiro enfoque, vê-se certa relativização dos requisitos elencados na Lei Anticorrupção para a concessão dos benefícios dos acordos de leniência, como a sua extensão a atos de improbidade e a expressa previsão de aditamentos para ampliação de seu escopo para ilícitos em relação aos quais o particular colaborador não necessariamente cumpre os requisitos da leniência.⁵⁰⁷ Assim é que a Portaria

---

⁵⁰⁵ No acordo de leniência firmado entre CGU, AGU e as empresas que integram o grupo econômico da Odebrecht, prevê-se o seguinte:
"2.1. Para fins de registros históricos e contratuais: 2.1.1. A RESPONSÁVEL COLABORADORA informa ter celebrado, em 1º de dezembro de 2016, instrumento jurídico com o Ministério Público Federal do Brasil, e no dia 21 de dezembro de 2016, com o Departamento de Justiça dos Estados Unidos e com a Procuradoria-Geral da Suíça para resolução da investigação sobre a participação da empresa na realização de atos ilícitos praticados em benefício das empresas pertencentes ao grupo econômico Odebrecht e que guardam relação com os fatos tratados neste Acordo; 2.1.2. As INSTITUIÇÕES CELEBRANTES reconhecem os esforços desempenhados no instrumento jurídico firmado pela RESPONSÁVEL COLABORADORA com o Ministério Público Federal, na missão comum de (i) combate à corrupção, de (ii) fornecimento de informações e provas que venham contribuir para a aplicação das sanções cabíveis aos agentes públicos e aos particulares envolvidos na prática atos ilícitos contra a administração pública, e (iii) da necessidade de reparação aos danos causados aos entes lesados; e 2.1.3. A RESPONSÁVEL COLABORADORA declara que todos atos ilícitos por ela reconhecidos integram o documento denominado HISTÓRICO DE ATOS LESIVOS e seus complementos, entregues pela empresa às INSTITUIÇÕES CELEBRANTES e registra que, em caso de dúvida ou divergência entre o HISTÓRICO DE ATOS LESIVOS e seus complementos e o acervo de vídeos contendo os depoimentos de seus executivos, produzido no âmbito da colaboração premiada firmada com o Ministério Público Federal, prevalece para todos os fins deste Acordo o HISTÓRICO DE ATOS LESIVOS e seus complementos. 2.1.4. As PARTES concordam que, em caso de dúvida ou divergência entre o conteúdo do Memorando de Entendimentos firmado entre as INSTITUIÇÕES CELEBRANTES e a empresa CONSTRUTORA NORBERTO ODEBRECHT S.A. e este Acordo, prevalece para todos os fins as disposições do presente Acordo".

⁵⁰⁶ "8.10.5. A anuência referida na Cláusula 8.10 é necessária para as empresas públicas e sociedades de economia mista da Administração Pública Federal que figuram como partes nos contratos administrativos objeto deste Acordo a ele aderirem, envolverá o (a) não ajuizamento de ações judiciais reparatórias ou de ressarcimento, contra as RESPONSÁVEIS COLABORADORAS, pelos danos apurados e pelas penalidades fixadas neste Acordo de Leniência, e a extinção de eventuais ações judiciais que tenham esse mesmo objeto, com a consequente revogação de medidas liminares ou constritivas de patrimônio, bem como a (b) não instauração de novos processos administrativos para os mesmos fins contra as RESPONSÁVEIS COLABORADORAS, e a extinção de eventuais processos administrativos em curso que tenham por objeto os danos apurados e as penalidades fixadas neste Acordo de Leniência".

⁵⁰⁷ Exemplificativamente, veja-se a cláusula 5 do termo celebrado pela CGU, AGU e as empresas Andrade Gutierrez Investimentos em Engenharia S/A, Andrade Gutierrez Engenharia S/A e Andrade Gutierrez S/A, no qual consta:
"No caso de descoberta ou de revelação, por qualquer forma, até mesmo a partir da alavancagem investigativa decorrente deste Acordo ou de outros Acordos de Leniência

Interministerial nº 2.278/2016, editada em conjunto pela CGU e pela AGU, afirma que a celebração do acordo de leniência poderá "isentar ou atenuar, nos termos do acordo, as sanções administrativas ou cíveis aplicáveis ao caso" (art. 10, III), previsão que poderia ser entendida como um permissivo ao não ajuizamento de ações de improbidade, por exemplo.[508]

No quarto aspecto supramencionado, por fim, é especialmente relevante a circunstância de ter havido, em pelo menos um dos acordos até o momento celebrados, a extensão explícita às pessoas físicas aderentes, nada obstante a Lei Anticorrupção silenciar a respeito e tratar somente da responsabilização objetiva da pessoa jurídica.[509] Carece de

---

firmados por outras pessoas jurídicas, de fatos ilícitos adicionais aos atos lesivos descritos nos ANEXOS I e II deste Acordo, inclusive em relação aos contratos referidos na Cláusula 5.3, cujo conteúdo, até a assinatura do presente Acordo, as RESPONSÁVEIS COLABORADORAS comprovadamente não conheciam ou não tiveram condições de apurar em tempo hábil, estas se comprometem a: 5.4.1. Adotar as medidas investigativas e sancionatórias internas cabíveis, promovendo, inclusive, sempre em consonância com a legislação aplicável, com normas do seu programa de integridade e com as disposições deste Acordo, o afastamento de dirigentes ou empregados com participação no cometimento das condutas ilícitas descobertas. 5.4.2. Dispor-se a celebrar Termo de Aditamento ao presente Acordo de Leniência quando os fatos descobertos nos termos da Cláusula 5.4 impactarem no conteúdo econômico deste Acordo, o qual deverá conter: 5.4.2.1. Novo "HISTÓRICO DE ATOS LESIVOS E CONDUTAS ILÍCITAS" com a descrição dos novos ilícitos, acompanhado da respectiva documentação comprobatória, em cumprimento do dever legal de cooperação plena e permanente previsto no artigo 16, §1º, inciso III, da Lei nº 12.846/2013. 5.4.2.2. Ajuste, quando aplicável, no tocante ao incremento do ressarcimento de valores, inclusive no tocante às sanções previstas na Lei nº 8.429/92 e na Lei nº 12.846/2013".

[508] Nos recentes acordos celebrados pela CGU, dispõe-se que estes têm como fundamento "a Lei nº 8.429, de 02 de junho de 1992, cujo domínio sancionatório deve ser interpretado em conjunto com os diplomas legais mencionados nos subitens desta cláusula" (cláusula 3.1.3). Já a cláusula 3.2. do mesmo termo estipula que "As INSTITUIÇÕES CELEBRANTES reconhecem que o presente Acordo aplica-se aos fatos admitidos e descritos pela RESPONSÁVEL COLABORADORA, conforme os termos descritos nos ANEXOS II, IIA e II-B e aos ANEXOS III e III-A, no que diz respeito à Lei nº 12.846/2013, Lei nº 8.429/1992 e à Lei nº 8.666/1993 e demais normas regentes de licitações e contratos firmados com a Administração Pública Direta e Indireta" (Acordo de leniência firmado entre CGU, AGU e as empresas que integram o grupo econômico da Odebrecht).

[509] Exemplificativamente, veja-se a cláusula 1.5 do acordo de leniência firmado entre CGU, AGU e as empresas que integram o grupo econômico da Odebrecht:
"1.5. Firmam o presente instrumento, ainda, na condição de INTERVENIENTES-ANUENTES: (i) o INTERVENIENTE-GARANTIDOR, por seus procuradores, nos termos da cláusula 13.6; e as (ii) as pessoas físicas relacionadas no ANEXO VII, desde que cumprido o disposto na cláusula 1.5.2, as quais, em esforços conjuntos com as RESPONSÁVEIS COLABORADORAS, foram responsáveis por produzir o conjunto de informações, documentos e outros elementos comprobatórios entregues no âmbito deste Acordo de Leniência.
(...)
1.5.2. A adesão das pessoas físicas relacionadas ao presente Acordo será formalizada mediante assinatura do Termo constante no ANEXO XII, dirigido à CGU, sob sigilo, no prazo de até 60 (sessenta) dias contados a partir da data da sua celebração, cabendo à

explicações, contudo, o fato de tal cláusula não ter sido inserida em todos os acordos fruto do mesmo programa de leniência da CGU.

É impossível dizer – até mesmo porque não houve o pleno cumprimento dos acordos até agora celebrados – se as adaptações citadas acima, as quais, repita-se, distanciam-se do modelo legalmente desenhado para os acordos da Lei Anticorrupção, serão suficientemente atrativas para tornar o programa de leniência nessa esfera tão útil às autoridades como o é na seara antitruste.

Outro ponto essencial à completa consolidação dos programas de leniência anticorrupção, em todas as suas possíveis vertentes, será a posição do Poder Judiciário a respeito. Uma atitude excessivamente deferente quanto a acordos flagrantemente antieconômicos, anti-isonômicos ou violadores das condições legais pode ser tão prejudicial quanto a encampação de um papel demasiadamente intrusivo da revisão judicial desses termos.

Todavia, algumas inconsistências referentes à extensão de benefícios em determinados acordos, não contemplados em outros de mesma natureza, devem ser objeto de reflexão quanto à segurança jurídica e isonomia que devem permear essa via consensual. Outrossim, os verdadeiros testes quanto à eficácia, atratividade e segurança jurídica desses termos apenas ocorrerão quando da aferição do seu efetivo cumprimento pelos particulares celebrantes, bem como da quantidade e qualidade dos novos acordos produzidos. Se, como dito, apenas empresas na iminência de descobrimento quanto às suas atividades ilícitas buscarem a leniência, este poderá ser um indício de que ainda careceriam tais acordos da necessária dosimetria de incentivos.

5.3 O acordo de leniência do sistema financeiro nacional

Mesmo antes que o sucesso (ou não) da implementação de programas de leniência matéria anticorrupção fosse comprovada, o instituto foi expandido para um terceiro campo: o dos processos

---

RESPONSÁVEL COLABORADORA realizar as respectivas comunicações com as pessoas físicas constantes do referido ANEXO
(...)
5.1.1. Para fins da Lei nº 12.846/2013, a responsabilização objetiva da pessoa jurídica é independente da responsabilidade individual dos seus dirigentes, administradores ou terceiros que tenham participado do ilícito, observado o disposto na cláusula 1.5.2" (Processo nº 00190.103765/2018-48. Disponível em: https://www.jota.info/wp-content/uploads/2019/04/7e98769af31193676a062c0a92fc068d.pdf. Acesso em: 5 abr. 2019).

administrativos sancionadores do sistema financeiro nacional. Esta expansão foi inicialmente tentada através da MPv nº 784/2017, que, embora não tenha sido convertida em Lei, teve seu conteúdo em grande parte replicado na Lei nº 13.506/2017.[510]

Tal como nos casos acima mencionados, o diploma parte de uma premissa dupla de incremento das penalidades e incentivo à colaboração. Tanto é assim que as multas previstas na norma apresentam valores altíssimos: as sanções aplicáveis pelo Banco Central podem chegar até a monta de dois bilhões de reais (ou 0,5 porcento da receita de serviços e de produtos financeiros apurada no ano anterior ao da consumação da infração, ou, no caso de ilícito continuado, da consumação da última infração – se este for o maior valor). Já as de competência da CVM estariam limitadas ao maior dos valores dentre (i) cinquenta milhões de reais, o dobro do valor da emissão ou da operação irregular; (ii) três vezes o montante da vantagem econômica obtida ou da perda evitada em decorrência do ilícito; ou (iii) ao dobro do prejuízo causado aos investidores em decorrência do ilícito. Os montantes anteriores, a título de comparação, na CVM, eram limitados ao maior dos seguintes valores: quinhentos mil reais; cinquenta por cento do valor da emissão ou operação irregular; ou três vezes o montante da vantagem econômica obtida ou da perda evitada em decorrência do ilícito (Lei nº 6.385/1976, com redação dada pela Lei nº 9.457/1997). As multas antes aplicáveis pelo Banco Central se limitavam a R$ 250.000,00 (duzentos e cinquenta mil reais).

Os acordos da nova lei, que passaram a se chamar, sem qualquer explicação, acordos administrativos em processo de supervisão (possivelmente como forma de distanciarem-se dos acordos das demais normas aqui tratadas, mas sem sucesso, na medida em que seus requisitos e lógica subjacente permanecem os mesmos), bebem muito da racionalidade já consagrada pelos acordos do CADE: podem ser celebrados com pessoas físicas ou jurídicas que confessarem a prática de infração às normas legais ou regulamentares cujo cumprimento lhes caiba fiscalizar, com extinção de sua ação punitiva ou redução de um a dois terços da penalidade aplicável, mediante efetiva, plena e permanente cooperação para a apuração dos fatos, da qual resulte

---

[510] A tramitação da norma em questão foi extremamente célere. O Projeto de Lei 8.843/2017, que culminou na Lei nº 13.506/2017, foi apresentado em 17.10.2017, e a norma em questão foi publicada em 13.11.2017. Não se pode dizer, nem mesmo, que as discussões em torno da MPv nº 784/2017 teriam dado oportunidade para o devido amadurecimento da proposta legislativa, pois sua edição data de 07.06.2017.

utilidade para o processo. Deve haver, para isso, a identificação dos demais envolvidos na prática da infração, "quando couber", e a obtenção de informações e de documentos que comprovem a infração noticiada ou sob investigação.

Podem ser, à luz dos arts. 30 e 34, celebrados tanto pelo Banco Central do Brasil, quanto pela Comissão de Valores Mobiliários.

São requisitos, cumulativamente, para o proponente, que: (i) a pessoa jurídica seja a primeira a se qualificar com respeito à infração noticiada ou sob investigação; (ii) o envolvimento na infração cesse completamente; (iii) o Banco Central (ou CVM) não disponha de provas suficientes para assegurar a condenação administrativa das pessoas físicas ou jurídicas por ocasião da propositura do acordo; e (iv) a pessoa física ou jurídica confesse participação no ilícito, coopere plena e permanentemente com as investigações e com o processo administrativo e compareça, sob suas expensas, sempre que solicitada, a todos os atos processuais, até seu encerramento. Às pessoas jurídicas que não sejam as primeiras a se manifestarem, a norma permite a redução de até dois terços da pena.

A norma, embora busque atrair pessoas físicas e jurídicas, parece não ter obtido o equilíbrio necessário ao fomento de uma verdadeira corrida pela leniência.

Em primeiro lugar, e como um problema compartilhado também pela Lei Anticorrupção, os tipos administrativos ali previstos, além de extremamente abertos, não necessariamente conduzem ao acordo de leniência como meio apto à obtenção de provas. Há ilícitos naquela norma que não pressupõem a pluralidade de agentes, nem a dificuldade na obtenção de evidências e a complexidade que caracterizam a aplicação da política de leniência.[511] É o caso da conduta de "deixar de fornecer ao Banco Central do Brasil documentos, dados ou informações cuja remessa seja imposta por normas legais ou regulamentares" (art. 3º, IV) ou "descumprir determinações do Banco Central do Brasil, e seus respectivos prazos, adotadas com base em sua competência".

---

[511] "As infrações contra a ordem econômica para as quais se pode aplicar a leniência na Lei do CADE, mormente os cartéis, são condutas obrigatoriamente praticadas de forma conjunta, por mais de um agente. Essencialmente, é impossível enquadrar uma conduta individual como cartel, sendo necessária a coordenação da prática, o conluio entre eles. O mesmo não se aplica necessariamente às infrações sob competência das autarquias tratadas pelo PL. Muitas delas podem ser praticadas por empresas de forma unilateral, não sendo possível exigir as mesmas obrigações do acordo aplicado sob a égide da Lei Antitruste" (AGRA, Patricia; PIMENTA, Guilherme. Acordos de Leniência no âmbito do Banco Central e da CVM. Disponível em: https://www.jota.info/opiniao-e-analise/artigos/acordos-de-leniencia-no-ambito-do-banco-central-e-da-cvm-17112017. Acesso em: 18 maio 2018).

Sequer é certa pela norma a necessidade de que os agentes tenham atuado em conluio, à luz da previsão de que a identificação dos demais envolvidos na prática da infração apenas seria requisito para a obtenção da leniência "quando couber".[512]

Em segundo lugar, em que pese a norma conferir imunidade administrativa total para o primeiro da fila, não estipula maiores limitações para a celebração de acordos com os agentes subsequentes, aos quais pode ser oferecida a redução parcial de até dois terços. Seria possível, por conseguinte, que os agentes buscassem "esperar para ver", apenas procurando a colaboração com as autoridades caso inequivocamente houvesse riscos de apenação. Tendo em vista que um dos critérios para a obtenção do benefício é o de que a autoridade careça de provas suficientes para assegurar a condenação administrativa das pessoas físicas ou jurídicas, também haveria risco de conluio entre os próprios potenciais proponentes da leniência, de modo que cada um deles viesse a apresentar ao Banco Central apenas parte das evidências de que dispõem, "cartelizando" o próprio acordo de leniência.

Repita-se que a mitigação da regra da primazia deve vir acompanhada de elementos que fomentem a corrida pela leniência, mantendo-se

---

[512] Nesse contexto, a minuta de instrução que institui novo marco sobre o rito dos procedimentos relativos à atuação sancionadora no âmbito da Comissão de Valores Mobiliários, cujo texto foi submetido à Audiência Pública SDM nº 02/18, repete a condicionante segundo a qual a celebração do acordo demanda a identificação dos demais envolvidos na prática da infração, quando couber (art. 93, I da minuta), em que pese o fato de que nem todas as infrações de competência fiscalizatória e sancionatória da CVM demandam conluio para a sua prática ou apresentam características a justificar a realização desse tipo de acordo. Por isso mesmo, a referida minuta divide os ilícitos de acordo com o seu grau de complexidade/gravidade: uma coisa é a não observância de prazo para convocação de assembleia geral ordinária de acionistas ou assembleia geral de cotistas de fundos de investimento; outra, muito diferente, é a criação de condições artificiais de demanda, oferta ou preço de valores mobiliários e uso de práticas não equitativas no mercado de valores mobiliários ou a realização de operações fraudulentas, como expõe o Anexo 65 do documento. Nessa linha, tem-se por insuficiente, para aclarar os momentos em que admissível/útil a celebração do instrumento bilateral pela CVM, a inclusão da previsão de que a análise da proposta de acordo perpassará a verificação da sua conveniência e oportunidade (art. 99, I da minuta). Primeiro, porque a atratividade para a procura pelo acordo, por parte do particular infrator, em muito depende da previsibilidade quanto às probabilidades da sua efetiva celebração, o que demanda a adoção de critérios tão objetivos e vinculados quanto possível. Segundo, porque a excessiva subjetividade nos critérios do acordo pode prejudicar a própria legitimação do instituto, em razão de suspeitas de uso enviesado. Mais adequada seria a interpretação do art. 30, I, da Lei nº 13.506/2017 que autorizasse a celebração do acordo, por exemplo, na hipótese de a autoridade fiscalizadora já ter conhecimento da identidade dos membros em colusão, mas não dispor de provas suficientes para assegurar a condenação administrativa das pessoas físicas ou jurídicas por ocasião da propositura do acordo. Idealmente, assim, positivar-se-ia, no âmbito da regulação da autarquia, a existência de efetiva delação – e não apenas confissão – como elemento essencial dos acordos administrativos em processo de supervisão.

desta forma a situação aproximada de dilema do prisioneiro. Contudo, na medida em que nem a lei, nem a sua recente regulamentação no bojo do Banco Central realizam tal mister, parece haver um descompasso entre os incentivos buscados por esse tipo de acordo e o que ele de fato conseguirá produzir como resultados.

A Circular nº 3.857, de 14 de novembro de 2017, do Banco Central, dispõe acerca do rito do processo administrativo sancionador, a aplicação de penalidades, o termo de compromisso, as medidas acautelatórias, a multa cominatória e o acordo administrativo em processo de supervisão. Os arts. 79 e seguintes da norma regulamentar são destinados a tratar desse acordo, pormenorizando o seu processamento perante o Banco Central. Nada obstante, não há ainda definição clara quanto ao órgão interno que terá a competência para a negociação do acordo.

A Circular busca estabelecer alguns incentivos à corrida pela delação, estipulando maiores vantagens para aqueles que cooperarem anteriormente ao conhecimento das autoridades a respeito do ilícito. Entretanto, essa tentativa de incrementar os benefícios ao delator que se adianta é apenas parcialmente bem-sucedida. Nos termos do art. 90, declarado cumprido o acordo, o signatário terá direito (i) à redução de dois terços das penalidades aplicáveis na esfera administrativa ou a extinção da ação punitiva da administração pública, na hipótese em que a proposta do acordo administrativo em processo de supervisão tiver sido apresentada sem que o Banco Central do Brasil tivesse conhecimento prévio da infração noticiada; ou (ii) à redução de um terço a três quintos das penas aplicáveis na esfera administrativa, na hipótese em que o Banco Central do Brasil tiver conhecimento prévio da infração noticiada.

Ocorre que, conforme mencionado, parte do incentivo à corrida pela leniência decorre do fato de que o benefício é essencialmente finito (em geral, porque apenas o primeiro terá direito a este), e que o primeiro a cooperar terá todos, ou a vasta maioria dos benefícios; já no caso em tela, a própria norma deixa clara a possibilidade de que mais de um particular obtenham os benefícios quanto a um mesmo ilícito, ainda que só ao primeiro se resguarde a isenção total das penalidades. Essa hipótese se afasta da ideia de leniência *plus*, pois não incentiva a delação quanto a ilícitos desconhecidos pelas autoridades, e cria riscos para que sejam celebrados excessivos acordos tendo como objeto um mesmo fato.

A falta de incentivos à corrida pela delação já havia sido apontada pelo Ministério Público Federal por meio da Nota Técnica nº 4/2017 – 5ª

CCR/MPF, que teve como objeto a análise da MPv nº 784/2017. Afirmou-se naquela ocasião:

> [n]ão obstante os acertos, [a MPv nº 784/2017] previu possibilidade de benefício específico a outras instituições envolvidas nas práticas objeto de acordo de leniência, que não conseguiram se qualificar em primeiro lugar, o que alarga o instituto, desvirtuando sua finalidade, a qual é, do ponto de vista estatal, obter, com celeridade e maior certeza, informações e provas de ilícitos, e não recuperação patrimonial ou atenuação de penas a arrependidos. O objetivo da leniência não é tão somente trazer benefícios ao infrator arrependido. Trata-se de técnica especial de investigação, que visa permitir que o Estado se valha da colaboração ativa e voluntária de infrator, que, antes de iniciada uma investigação ou, ainda que iniciada, mas em seu curso, traga relevantes e inéditas informações sobre práticas delitivas, autoria e materialidade, além de indicação de meios probatórios, pois por vezes o desbaratamento de tais ilícitos é tarefa complexa, que envolve atuação ilícita coordenada e organizada, com liame de confiança e sigilo entre os infratores.

Ainda, como anteriormente mencionado, há que ser considerada a falta de efeitos penais decorrentes da celebração dos acordos por pessoas físicas. Para Renata Victer e Thiago Bottino do Amaral,

> não se encontrou qualquer fundamento para que o acordo de supervisão, em todas as suas características, idêntico ao acordo de leniência previsto na Lei Antitruste, não possua, de forma simétrica, o mesmo efeito no que tange à extinção da punibilidade penal. Nessa linha, podemos afirmar que a Lei nº 13.506/2017 não se harmoniza com a interpretação sistemática do nosso ordenamento jurídico, uma vez que crimes contra a ordem econômica, cujo bem jurídico mediato tutelado é semelhante aos crimes contra o mercado de capitais, terão tratamento diferenciado no que tange aos reflexos penais da celebração do acordo de leniência, podendo, em última análise, levantar dúvidas quanto à observância do princípio da isonomia.[513]

Fragiliza a perspectiva de propostas de tal acordo o fato de o Banco Central ou a CVM estarem obrigados a informar ao *Parquet* (art. 31, §2º) quaisquer evidências de crimes, quando da propositura do acordo.[514]

---

[513] AMARAL, Thiago Bottino Do; VICTER, R. M. Incentivos à cooperação e o Acordo de Supervisão no âmbito dos processos administrativos sancionadores na CVM. *Revista de Estudos Criminais*, v. 69, p. 139-169, 2018, p. 167.

[514] Art. 31, §2º: O disposto no §1º do art. 30 desta Lei não prejudica o dever legal de o Banco Central do Brasil realizar comunicação aos órgãos públicos competentes, nos termos do

Isto pode vir a dissuadir particulares quanto à celebração desses acordos, considerando-se que eles podem gerar a autoincriminação sem qualquer contrapartida (já que as negociações para a mitigação das sanções administrativas podem falhar). O fato de o acordo dessa lei alcançar as pessoas físicas, nesse caso, pode inclusive mostrar-se contraproducente, na medida em que, se o indivíduo deve, para aderir ao acordo junto ao Banco Central, admitir sua participação em ilícito, e isto poderá vir a ser usado contra ele, o temor de produzir prova contra si mesmo pode inviabilizar parte significativa dos ajustes.[515]

Embora a ideia de integração dentre as esferas sancionadoras seja salutar, não parece ser essa a melhor forma de oportunizar a troca de informações entre os interessados, especialmente porque não há qualquer garantia, até o momento, de que os particulares não serão apenados com base nas provas que eles mesmos apresentaram ao Banco Central ou CVM, [516] ainda que frustrada a tentativa de celebração de acordos.

---

art. 9º da Lei Complementar nº 105, de 10 de janeiro de 2001, tão logo recebida a proposta de acordo administrativo em processo de supervisão.
O artigo 9º da LC nº 105/2001 diz o seguinte: "[q]uando, no exercício de suas atribuições, o Banco Central do Brasil e a Comissão de Valores Mobiliários verificarem a ocorrência de crime definido em lei ou como de ação pública, ou indícios da prática de tais crimes, informarão ao Ministério Público, juntando à comunicação os documentos necessários à apuração ou comprovação dos fatos". Essa inoponibilidade do sigilo ao Ministério Público, acrescido ao dever de informar sobre as investigações, não estava contemplada na redação originária da MPv nº 784/2017, que originou tais acordos. O *Parquet*, expressamente, consignou que deveriam ser resguardadas as suas competências persecutórias, Nota Técnica nº 4/2017 – 5ª CCR/MPF, o que aparentemente foi acatado pelo legislador quando da edição da Lei nº 13.506/2017.

[515] "Não obstante as diferenças anteriormente apontadas entre os ilícitos penais e administrativos, em razão da identidade entre as condutas, tende-se a acreditar que o acordo de supervisão não alcançará os efeitos desejados quanto à adesão dos sujeitos ativos dos ilícitos supramencionados, uma vez que a confissão e o oferecimento de provas como condição necessária para a celebração do acordo implicarão em uma provável condenação na esfera penal" (AMARAL, Thiago Bottino do; VICTER, R. M. Incentivos à cooperação e o Acordo de Supervisão no âmbito dos processos administrativos sancionadores na CVM. *Revista de Estudos Criminais*, v. 69, p. 139-169, 2018, p. 155).

[516] A CVM possui acordos de cooperação técnica tanto com o Ministério Público Federal quanto com o Tribunal de Contas da União.
O primeiro deles tem, dentre seus objetivos, "o fornecimento e o intercambio de informações, documentos, estudos e trabalhos técnicos relacionados à regulação e à fiscalização do mercado de valores mobiliários, bem como à prevenção, apuração ou repressão de práticas lesivas a tal mercado ou aos seus respectivos participantes, respeitadas as prerrogativas e atribuições legais cometidas à CVM e ao MPF e observadas as regras de sigilo constantes da legislação aplicável". Segundo o acordo, "[o]bservados os termos da legislação aplicável e as esferas de atribuições das Partes, a CVM enviará ao MPF as informações, os documentos e os elementos probatórios que forem obtidos no âmbito das apurações administrativas que realizar e dos procedimentos administrativos que instaurar relativamente a possíveis condutas lesivas ao mercado de capitais (...)" (item 2.1). Nos termos do item 2.3, há

Por último, vale mencionar que o acordo de leniência do sistema financeiro convive com outro instrumento de consensualidade previsto nessa mesma norma: o chamado termo de compromisso, semelhante em sua formulação ao TCC do direito da concorrência. Resta saber se, igualmente, no campo de aplicação da Lei nº 13.506/2017, haverá a adequada dosimetria de incentivos entre os instrumentos do acordo de leniência e do termo de compromisso.

O art. 11 desse último diploma contempla acordo que pode ser celebrado, pelo Banco Central do Brasil, em juízo de conveniência e oportunidade, pelo qual ele poderia deixar de instaurar ou suspender, em qualquer fase que preceda a tomada da decisão de primeira instância, o processo administrativo de sua competência, caso o investigado se obrigue a, cumulativamente: (i) cessar a prática sob investigação ou os seus efeitos lesivos; (ii) corrigir as irregularidades apontadas e indenizar os prejuízos; (iii) cumprir as demais condições que forem acordadas no caso concreto, com obrigatório recolhimento de contribuição pecuniária. A lei veda a celebração desses termos para infrações graves, previstas no seu art. 4º.[517]

O termo poderá prever cláusula penal para a hipótese de total ou parcial inadimplemento das obrigações compromissadas, para a hipótese de mora do devedor ou para a garantia especial de determinada cláusula, e, embora sua proposta seja sigilosa, o art. 13 determina que ele deve ser publicado, de forma clara e suficiente para compreensão

---

previsão de reciprocidade do MPF, que deverá enviar elementos probatórios a que tiver acesso para a CVM.
No termo celebrado entre CVM e TCU, por sua vez, consta como forma de cooperação o intercâmbio de informações entre os dois entes. O Plano de Trabalho da CVM, referente ao acordo celebrado com aquela Corte de Contas, dispõe como metas e serem atingidas, dentre outras, a identificação de vínculos entre investigados, viabilizando procedimentos sancionadores em face de participantes de mercado que, de outra maneira, não seriam alcançados; a celeridade processual, com resposta mais rápida ao mercado e aumento do efeito educacional (dissuasor) das sanções; e a diminuição dos custos diretos e indiretos dos procedimentos de investigação, por meio da automação e otimização das pesquisas.

[517] Art. 4º Constituem infrações graves aquelas infrações que produzam ou possam produzir quaisquer dos seguintes efeitos:
I – causar dano à liquidez, à solvência ou à higidez ou assumir risco incompatível com a estrutura patrimonial de pessoa mencionada no caput do art. 2o desta Lei;
II – contribuir para gerar indisciplina no mercado financeiro ou para afetar a estabilidade ou o funcionamento regular do Sistema Financeiro Nacional, do Sistema de Consórcios, do Sistema de Pagamentos Brasileiro ou do mercado de capitais;
III – dificultar o conhecimento da real situação patrimonial ou financeira de pessoa mencionada no caput do art. 2º desta Lei;
IV – afetar severamente a finalidade e a continuidade das atividades ou das operações no âmbito do Sistema Financeiro Nacional, do Sistema de Consórcios ou do Sistema de Pagamentos Brasileiro.

de suas cláusulas, no sítio eletrônico do Banco Central do Brasil, no prazo de cinco dias de sua assinatura.

Também nesses termos de compromisso existe obrigatoriedade de que o Banco Central do Brasil comunique ao Ministério Público e aos demais órgãos públicos competentes a existência de ilícitos, e há previsão expressa de que o *Parquet* possa requisitar informações ou acessar suas bases de dados do Banco Central sobre os termos de compromisso celebrados.

O termo de compromisso do sistema financeiro,[518] tal como o do CADE, em princípio, surtirá efeitos apenas no âmbito do próprio Banco Central do Brasil. No entanto, diferentemente do que ocorre no cenário concorrencial, a Lei nº 13.506/2017 expressamente afirma que sua celebração não importa em confissão quanto à matéria de fato, nem em reconhecimento da ilicitude da conduta analisada (art. 14, parágrafo único), o que pode torná-lo, nesse ponto, mais atrativo que o acordo de leniência.[519]

---

[518] É bom dizer que a Lei nº 6.385/1976, após alterações realizadas pela Lei nº 9.457/1997, também contempla a possibilidade de celebração de termo de compromisso pela CVM, em qualquer fase do processo administrativo, com a finalidade de obrigar o compromissário a cessar a prática de atividades ou atos considerados ilícitos, e corrigir as irregularidades apontadas, inclusive indenizando os prejuízos. Sua celebração, consoante o art. 11, §6º, não importará confissão quanto à matéria de fato, nem reconhecimento de ilicitude da conduta analisada.

[519] Essas preocupações são aplicáveis, também, aos TCCs previstos na legislação da CVM. A respeito, são pertinentes as considerações de Thiago Bottino do Amaral e Renata Bastos Maccacchero Victer quanto à efetiva atratividade dos acordos no Sistema Financeiro, em face do baixo índice de imposição de sanções nesse setor: "Diante dos dados citados, por meio dos quais se extrai que (i) a maioria dos casos de insider trading são resolvidos por meio da celebração de Termo de Compromisso com a CVM, os quais não implicam em admissão de culpa; e (ii) existe uma grande desproporção entre a prática do ilícito e a sua punição ou celebração de acordo em âmbito administrativo e o número de casos que são objeto de persecução criminal, pergunta-se: Qual seria o incentivo para que um acusado da prática de insider trading celebrasse o acordo de supervisão, confessando a sua culpa e fornecendo provas robustas para a persecução penal se, como visto pelos dados já colacionados, o custo do cometimento do crime é baixo, pois a probabilidade de ser processado e condenado criminalmente é diminuta?" (AMARAL, Thiago Bottino do; VICTER, R. M. Incentivos à cooperação e o Acordo de Supervisão no âmbito dos processos administrativos sancionadores na CVM. *Revista de Estudos Criminais*, v. 69, p. 139-169, 2018, p. 156). Foi o que igualmente observaram Patricia Agra e Guilherme Pimenta, ao comentarem o projeto de lei que culminou na edição da Lei nº 13.506/2017: "A não extensão dos benefícios do ajuste à esfera penal é um aspecto que pode afetar significativamente a atratividade do Acordo Administrativo no âmbito do BC e da CVM. Considerando que as condutas sob competência desses órgãos podem envolver pessoas físicas, a responsabilidade penal é sempre um foco de preocupação. Neste sentido, a celebração do Acordo Administrativo, que exige confissão, resulta em uma prova que pode ser utilizada no âmbito criminal, aumentando o risco de condenação em processo penal sobre a mesma conduta. Ademais, mantendo-se o Acordo Administrativo exigindo confissão sem a devida proteção criminal, fica reduzida ainda sua atratividade em relação ao Termo de Compromisso, também instituído pelo PL, que não exige a confissão,

5.4 Conclusões parciais do capítulo: os acordos das Leis nº 12.529/2011, nº 12.846/2013 e 13.506/2017 são, de fato, acordos de leniência?

Partindo-se da constatação de que o legislador nacional, de fato, desejou implementar programas de leniência em todos os três campos mencionados, e apresentados os contornos dos três instrumentos normativos que tratam do tema no ordenamento jurídico brasileiro, deve-se agora considerar se, efetivamente, tal objetivo foi alcançado.

Para esse mister, necessário considerar que, segundo Isabela Ferrari,

> [t]ransplantes jurídicos são, portanto, transplantes de ideias, que costumam acontecer através da reprodução parcial do texto dos ordenamentos alienígenas. Entretanto, mais do que a forma como se expressam (texto), o que interessa são as ideias em jogo: são elas que precisam migrar de um ambiente a outro, mantendo o seu núcleo (ou esqueleto) intacto. Qualquer alteração nesse núcleo essencial descaracteriza o transplante de ideias, apresentando-se, pois, como a criação de novas ideias, ainda que com inspiração alienígena.[520]

No que concerne ao tema ora desenvolvido, isso significa que apenas poderá ser denominado *acordo de leniência*, no ordenamento nacional, algo que guarde o núcleo essencial do instituto-paradigma.

Entende-se, para os propósitos do presente trabalho, ser o núcleo dos acordos de leniência o que segue: a criação de um mecanismo de incentivo – por meio de uma sanção premial baseada na lógica do dilema do prisioneiro – que motive membros de uma colusão a delatarem suas atividades, fornecendo ao Poder Público provas sobre o ilícito. Não se trata, pois, da mera premiação dos ofensores, eis que ela pode almejar resultado diverso (redução do tempo nos processos administrativos e ações judiciais, pagamento voluntário de sanções pecuniárias, reparação do dano, etc.).

---

o que pode gerar conflito entre os instrumentos" (AGRA, Patricia; PIMENTA, Guilherme. Acordos de Leniência no âmbito do Banco Central e da CVM. Disponível em: https://www.jota.info/opiniao-e-analise/artigos/acordos-de-leniencia-no-ambito-do-banco-central-e-da-cvm-17112017. Acesso em: 18 maio 2018).

[520] FERRARI, Isabela Rossi Cortes. Transadministrativismo: dinâmica e complexidade. 2017. 197f. Dissertação (Mestrado em Direito) – Universidade do Estado do Rio de Janeiro, Rio de Janeiro, 2017, p. 47.

O que é (ou deve ser) contingente, nos acordos de leniência, não é sua matriz econômica, fundada na teoria dos jogos, e sim a dosimetria de incentivos para atingir o objetivo almejado. Esta sim variará de acordo com elementos como (i) a presença de sanções penais para os ilícitos associativos; (ii) a confiabilidade e forma de atuação das instituições num país; e (iii) eventuais custos extrajurídicos da delação, como a reprovação social.

Todos os aspectos dos acordos (atratividade e segurança jurídica), examinados no Capítulo 2, sob essa perspectiva, consistem em *meios* para a obtenção de um desenho normativo e institucional que replique, tanto quanto possível, o referido modelo da teoria dos jogos.[521]

Resta perquirir, se, dentro dessa concepção, de fato, houve o referido transplante normativo, tal como quis o legislador. Responder a essa indagação não é tarefa simples.

De um lado, todos os três acordos de leniência analisados guardam aspectos que, à primeira vista, os aproximam do *tipo ideal*, ou seja, da ideia básica que permeia esse instituto. Destaca-se, nesse sentido, o fato de todos apresentarem como características: *(i)* a previsão de que o beneficiário seja o primeiro a cooperar; *(ii)* a condição de que o particular admita sua participação no ilícito; e, principalmente *(iii)* o requisito de cooperação plena e contínua com o processo, do qual resultem informações e documentos que comprovem a infração sob investigação.

De outro, todavia, nos dois acordos de positivação mais recente – Lei Anticorrupção e Lei nº 13.506/2017 –, existe um fator de preocupação, que pode vir a desnaturar o instituto jurídico. Trata-se da inclusão, nos textos de ambas as normas, da previsão de que a condição de identificação dos demais envolvidos na infração se dará "quando couber" (art. 16, I da Lei nº 13.846/2013 e art. 30, I da Lei nº 13.506/2017). Do art. 30, I do Decreto nº 8.420/2015, decorre aparente mitigação da necessidade de primazia do particular colaborador.[522]

---

[521] Por isso, embora sejam relevantes para a efetividade dos acordos, aspectos como o nível de sigilo e o *quantum* de redução das sanções não são considerados fundantes para a existência de um acordo de leniência. São, como dito, meios para que este se apresente útil aos fins para que foi desenhado. Uma coisa é perquirir o que é um acordo de leniência. Outra, se a sua normatização *in concreto* apresenta os incentivos aptos a gerar a delação.

[522] A tentativa de criação de modalidade de acordo de leniência que não limita o acesso de ofensores às mitigações nele oferecidas não é inédita na experiência nacional. Durante certo tempo as alterações temporárias decorrentes do advento da MPv nº 7030/2015 fizeram com que, na Lei nº 12.846/2013, sequer houvesse a previsão de que o agente devesse ser o primeiro a cooperar com o Estado: a medida provisória revogou, durante a sua vigência, o art. 16, §1º, I, que prevê o requisito de que "a pessoa jurídica seja a primeira a se manifestar

Embora a interpretação desses dispositivos legais ainda não esteja clara – mormente porque, até o momento, a CGU, em conjunto com a AGU, assinou apenas seis acordos de leniência com empresas investigadas pela prática dos atos lesivos previstos na Lei Anticorrupção e dos ilícitos administrativos previstos na Lei de Licitações[523] [524] –, pode-se tecer alguns comentários à luz do que já afirmou a CGU a respeito do tema.

O órgão, em seu Manual de Responsabilização dos Entes Privados, editado em dezembro de 2017, afirma que a condição de a pessoa jurídica ser a primeira a se manifestar, em relação às infrações previstas na Lei Anticorrupção que não demandam ação em conluio, "perde relevância, afinal nem todo ato de corrupção será levado a cabo por meio da prática de cartel ou conluio".[525] Esse posicionamento, que encontra alguma ressonância na doutrina,[526] traz riscos de descaracterizar o núcleo essencial dos acordos de leniência, tal como acima definido.[527]

---

sobre seu interesse em cooperar para a apuração do ato ilícito". Juntamente, a MPv nº 703/2015 tornou o primeiro a colaborar isento de todas as sanções pecuniárias decorrentes das infrações especificadas no acordo. Essa modificação, a princípio, visava a ampliar a possibilidade de que o Estado transacionasse com mais sociedades. Na exposição de motivos da MPv nº 703/2015, é explicado que a possibilidade de realização de acordo com mais de uma pessoa jurídica buscava alinhar a Lei Anticorrupção com as normas internacionais, "permitindo que apenas a primeira empresa a se manifestar pelo acordo possa obter a remissão total da multa". Ocorre que, embora seja verdade que, na formulação europeia dos acordos de leniência, é admissível a sua celebração com colaboradores subsequentes, essa possibilidade é vinculada à oferta de provas com valor acrescentado – ou seja, novas provas, antes desconhecidas. Essa condição, na redação da referida medida provisória, não estava explícita, tornando o critério para conceder leniência os demais colocados na "fila" excessivamente subjetivo.

[523] Consoante informações atualizadas até agosto de 2018, disponíveis em https://www.cgu.gov.br/assuntos/responsabilizacao-de-empresas/lei-anticorrupcao/acordo-leniencia.

[524] Em abril de 2019, AGU e CGU passaram a tornar públicos os documentos de todos os acordos de leniência firmados com pessoas jurídicas envolvidas em casos de corrupção. Disponível em: https://www.agu.gov.br/page/content/detail/id_conteudo/736617. Acesso em: 6 abr. 2019.

[525] Disponível em: http://www.cgu.gov.br/Publicacoes/atividade-disciplinar/arquivos/manual-de-responsabilizacao-de-entes-privados-dezembro-2017.pdf/view. Acesso em: 13 jan. 2018.

[526] SALES, Marlon Roberth; BANNWART JUNIOR, Clodomiro José. O Acordo de Leniência: uma análise de sua compatibilidade constitucional e legitimidade. *Revista do Direito Público*. Londrina, v. 10, n. 3, p. 31-50, set/dez.2015.

[527] Segundo narra André Gustavo Véras de Oliveira, em audiência pública realizada na Câmara dos Deputados, a CGU se manifestou no mesmo sentido, da extensão dos acordos aos demais colaboradores, dizendo, ainda, que a lei não condicionaria expressamente os acordos a novidades levadas pelos colaboradores à investigação: "[o] requisito da novidade não está presente nos acordos. É uma interpretação doutrinária dos membros do MP. Mas a lei não fala desse requisito". (CÂMARA DOS DEPUTADOS. Audiência Pública convocada pela deputada Moema Gramacho (PT-BA), realizada em 15.04.2015, *apud* OLIVEIRA, André Gustavo Véras. O acordo de leniência na Lei de Defesa da Concorrência e na Lei

A falta de condicionamento dos acordos à primazia na colaboração, ou mesmo à existência de um conluio, é elemento que pode inviabilizar por completo a corrida pela delação. Não há, em regra, motivos para o agente se apressar em delatar se ele pode ser abarcado pelos benefícios do acordo em momento subsequente, quando houver a certeza da necessidade de cooperar com o Estado. Tampouco há incentivo em se autodelatar na hipótese de ilícito unipessoal, caso não haja riscos de o Poder Público identificar a conduta ilícita por meios próprios.

Frise-se: um acordo que não pressupõe a delação de um conluio e a identificação dos demais coautores não pode ser considerado um acordo de leniência, pois perde seu elemento fundamental: a produção de um dilema do prisioneiro. Não é que acordos do tipo não possam ser celebrados; o que ora se defende é que serão institu *diverso*, que com os acordos de leniência não se confundem, embora possam coexistir com estes.

Para além disso, contudo, a leitura ensaiada pela CGU ainda traz grande potencial de produção de efeitos diametralmente opostos àqueles visados pelo instituto.

Como foi dito no Capítulo 3, os incentivos presentes nos cartéis não se transpõem de maneira perfeita para o campo da corrupção. A corrupção tampouco tem, como pressuposto necessário e ínsito à sua existência a multiplicidade de atores em ação concertada.

Em especial, nos moldes como tipificadas as condutas da Lei nº 12.846/2013, alguns atos de corrupção podem ser realizados por um único autor, ou mediante atuação conjunta de apenas dois sujeitos: o agente público, e o particular. Nesses dois casos, os incentivos gerados pela inclusão de acordos *ditos* de leniência podem ser perversos.

Em primeiro lugar, na hipótese de a infração contar com apenas um autor, há, na realidade, a positivação de um mecanismo de mitigação da sanção aplicável com apenas duas contrapartidas: (i) admissão do ilícito; e (ii) reparação do dano causado (*ex vi* do art. 16, §3º da Lei Anticorrupção). Se, à primeira vista, essas consequências poderiam se apresentar como suficientemente vantajosas ao Estado, essa impressão pode não sobreviver a uma análise mais detida.

Como explica Nicolo Zingales,

> O mecanismo da leniência, de fato, não faria sentido para crimes pessoais. O argumento óbvio é que, se o indivíduo sabe que ele poderá se entregar

---

Anticorrupção diante da atual conjuntura da Petrobras. *Revista de Defesa da Concorrência*, v. 3, n. 2, p. 23, 2015).

às autoridades para evitar a punição, ele não será dissuadido de modo algum, porque ele saberá da possibilidade de contornar a norma que proíbe a conduta (tradução livre).[528]

Ou seja, o praticante de ato corrupto poderá se sentir ainda mais motivado a continuar a delinquir. Numa análise custo-benefício, os custos potenciais do descobrimento do ilícito diminuem, pois, o infrator pode optar por confessar, e, com isso, obter a respectiva diminuição das sanções.[529] Essa situação se replica no caso da Lei nº 13.506/2017, em que igualmente há tipos administrativos de natureza unipessoal.

Já no segundo caso, em que participam do ato delitivo apenas um agente público e um particular, os potenciais efeitos perversos podem ser sentidos de forma diversa, mas igualmente incompatível com o modelo da teoria dos jogos que fundamenta a leniência. Para ilustrar o cenário, um exemplo pode ser proveitoso.

Imagine-se, o pagamento, por parte de uma sociedade, de propina para agente da Administração Pública, em troca de uma vantagem indevida – como uma licença ambiental, ausentes seus pressupostos legais. Nos moldes da legislação brasileira, tal como atualmente posta, apenas o particular terá a possibilidade de cooperar com as investigações, e, assim, se beneficiar com redução na sua apenação. O agente público, contudo, não tem incentivos claros para a delação, que se limita às pessoas jurídicas praticantes de atos tipificados pela Lei nº 12.846/2013.

Neste cenário, igualmente, não há como falar propriamente em uma corrida pela leniência, ou em dilema do prisioneiro. O particular não compete pelo primeiro lugar na fila pela delação, pois ele sabe que o agente público não tem incentivos para levar ao Poder Público o conhecimento sobre o ilícito.[530]

---

[528] ZINGALES, Nicolo. European and American Leniency Programmes: Two Models Towards Convergence? (2008). *Competition Law Review*, v. 5, n. 1, 2008. Disponível em: https://ssrn.com/abstract=1101803, p. 7-8.

[529] É o que também afirma OLIVEIRA, André Gustavo Véras. O acordo de leniência na Lei de Defesa da Concorrência e na Lei Anticorrupção diante da atual conjuntura da Petrobrás. *Revista de Defesa da Concorrência*, v. 3, n. 2, p. 23-24, 2015.

[530] Mais do que isso, porém, os estudos de Lambsdorff e Nell indicam potenciais efeitos pró-colusivos em acordos de leniência anticorrupção indevidamente formulados. Resumidamente, os mencionados autores indicam a possibilidade de que, numa situação em que um dos autores do ilícito tem muito a ganhar com o acordo de leniência, e o outro autor, muito a perder, pode ocorrer a estabilização do conluio. Trazendo o exemplo para o último caso narrado, pode ser que o particular utilize a ameaça de se autodelatar como meio de obrigar o agente público a cumprir sua parte no ilícito (*e.g.* conceder a licença ambiental indevida). Para lidar com esse problema, Lambsdorff e Nell propõem o pagamento de propinas seja combatido através de sanções assimétricas, como segue: "[p]ropomos o seguinte design

À luz dessas considerações, percebe-se uma possível tendência do legislador e administrador brasileiros de interpretar os acordos de leniência de forma destacada dos seus fundamentos teóricos.

É plausível supor que esse descompasso entre teoria e normatização/prática seja fruto de um dos fatores a seguir, ou mesmo de uma conjunção entre ambos. Seriam eles (i) a incompreensão dos fundamentos do acordo de leniência; ou (ii) a tentativa de enviesamento deste.[531]

Na primeira possibilidade, o legislador/administrador brasileiro, no transplante do instituto, pode ter falhado na identificação do *framework*, da moldura que delimita as características e funcionamento dos acordos de leniência. Retomando as lições de De Jong, Lalenis e Mamadouh,[532] mencionadas no início deste Capítulo, teria havido então um lapso na segunda etapa do transplante, que teria, por sua vez, impactado a terceira fase deste: a replicação do instituto no ordenamento brasileiro.

A *cultura jurídica*[533] brasileira pode motivar o legislador/administrador a interpretar o acordo de leniência à luz de outros instrumentos consensuais do Direito Administrativo nacional, como o TAC (Capítulo 3). A ideia de que os objetivos dos acordos substitutivos e integrativos nos processos administrativos sancionadores servem precipuamente à readequação do comportamento do particular, à reparação do dano

---

assimétrico: sanções criminais previstas para aceitação de subornos devem ser baixas, e aquelas para o fornecimento de tratamento favorável indevido (por exemplo, a celebração de um contrato público) para particular, altas; por sua vez, as penalidades previstas para o pagamento de subornos devem ser graves, enquanto aquelas para aceitar o tratamento (ilícito) favorável, brandas. Além disso, mostramos que um subornado apenas deve receber uma leniência ex-ante caso que ele não tenha correspondido à própria, enquanto um subornador só terá leniência se ele se auto-relatar depois de ter recebido o tratamento favorável do subornado". LAMBSDORFF, Johann; NELL, Mathias. Fighting corruption with asymmetric penalties and leniency. CEGE *Discussion Paper*, p. 4. 2007.

[531] É claro que esses podem não ser os únicos motivos que levariam ao enviesamento dos acordos de leniência. Não se pode afastar sua utilização, por exemplo, também de forma conscientemente indevida, para benefício de certos particulares.

[532] DE JONG, Martin; LALENIS, Konstantinos; MAMADOUH, V. D. (Ed.). The Theory and Practice of Institutional Transplantation: Experiences with the transfer of policy institutions. *Springer Science & Business Media*, 2002, p. 25

[533] O termo cultura jurídica é polissêmico. O conceito aqui empregado é o de cultura jurídica interna desenvolvido por Friedman, segundo o qual "[a] cultura jurídica significa simplesmente as ideias, valores, opiniões e atitudes de alguma população em matéria de direito e sistemas jurídicos. Vale a pena distinguir entre uma cultura jurídica externa e interna. A cultura jurídica externa é a cultura legal da população em geral; A cultura jurídica interna é legal cultura de iniciados – advogados, juristas, juízes, professores de direito" (FRIEDMAN, Lawrence M. *The legal system*: A social science perspective. Russell Sage Foundation, 1975. 223-224).

ao erário, e ao abreviamento do tempo processual, pode estar sendo encampada também nos acordos de leniência.[534] O alargamento dos espaços de atuação dos acordos de leniência para cenários em que estes, em tese, não seriam o melhor instrumento a ser adotado pode partir, igualmente, do desejo de ampliação dos instrumentos de atuação do aplicador da norma. A inexistência de outros institutos bilaterais normatizados pode ter o condão de incentivar o administrador a celebrar TACs mascarados de acordos de leniência.

Entretanto, entende-se que a utilização de outras vias de consensualização nas normas mencionadas não deve ser fruto de ampliação do campo de incidência dos acordos de leniência. Deve haver honestidade quantos aos fins almejados pela legislação: se a ideia não é estabelecer um acordo de leniência, deve o formulador do (novo?) instituto explicar sua *ratio* norteadora, seus objetivos, e ficar atento, também nesse caso, aos incentivos que produz.

---

[534] São úteis, nesse ponto, as lições de Pierre Legrand. Embora o autor utilizasse a necessidade de se considerar o contexto histórico e cultural do intérprete da norma transplantada para criticar a possibilidade de que tais transplantes, de fato, ocorram, o conceito de transplantes como *ideias* (e não normas ou instituições *per se*), proposto por Isabela Ferrari parece suprir as críticas do autor, ao mesmo tempo que autoriza o uso de suas considerações contextualistas no caso concreto. Para Pierre Legrand, "[o] significado de uma norma, todavia, não é inteiramente fornecido pela norma em si. A norma nunca é auto-explicativa. (...) Mas o significado é também – e talvez principalmente – uma função da aplicação da norma pelo seu intérprete, da concretização ou representação nos eventos que a norma deve reger. Essa atribuição de significado é predisposta pela forma como o intérprete entende o contexto no qual a norma surge, e pela maneira como ele enquadra suas perguntas, processo esse largamente determinado por quem é e onde está o intérprete, e, portanto, quais ele quer e espera (inconscientemente?) que as respostas sejam. Assim, o significado de uma norma é uma função das suposições epistemológicas do intérprete, que são histórica e culturalmente condicionadas" (LEGRAND, Pierre. What 'Legal Transplants'?. In NELKEN, David; FEEST, Johannes (Ed.). Adapting legal cultures. *Bloomsbury Publishing,*, p. 57-58 2001).

CAPÍTULO 6

DIFICULDADES INSTITUCIONAIS NA IMPLEMENTAÇÃO DE UM MODELO DE PROGRAMA DE LENIÊNCIA EFICIENTE

Apresentados os aspectos normativos dos acordos de leniência, o presente Capítulo abordará mais detidamente no seu contexto institucional.

Viu-se, até o momento, que os acordos de leniência, para serem efetivos, demandam uma dosimetria de incentivos que vai além da mera prescrição normativa do instituto.[535][536]

Essa dosimetria deve levar em conta que excessivas facilidades ou riscos para o particular-beneficiário ou para o Poder Público, na celebração do acordo, podem inutilizar o instrumento. Caso seja seu manejo pelo Estado seja demasiadamente simples, despido de uma fiscalização posterior quanto ao cumprimento pelo particular, é possível que seu uso imoderado leve a uma deslegitimação do instituto e à impunidade dos agentes infratores. Já o acesso desimpedido de particulares ao acordo pode torná-lo instrumento indutor da atividade delitiva, e não fator de instabilidade do conluio.[537]

---

[535] Evidentemente, não se pode simplificar a realidade a ponto de olvidar que outros fatores também influenciam na realização da atividade delitiva, para além do arcabouço jurídico. O Direito é apenas um dos elementos considerados pelo agente, para além da política, economia, etc.

[536] MARRARA, Thiago. *Sistema brasileiro de defesa da concorrência*: organização, processos e acordos administrativos. São Paulo: Atlas, 2015. p. 339.

[537] Basta pensar no caso de todos os agentes de um cartel obterem acesso à leniência, e assim nenhum sofra sanção. Ou, ainda, na hipótese de exploração indevida desses acordos pelos delatores (exagerando ou mesmo forjando a participação de terceiros com a finalidade de serem beneficiados pelo acordo).

Por outro lado, ainda que conte com benefícios significativos na teoria, um acordo pode não ser concretamente atrativo. Em vista disso, um programa de leniência, para que tenha efetividade, deve harmonizar-se e adequar-se ao cenário jurídico em que se situa. Precisa contar com fatores normativos e institucionais que transmitam previsibilidade, segurança e vantajosidade ao instrumento, para que os agentes privados possam realizar o sopesamento quanto aos custos e benefícios envolvidos na autodelação.

É aí, então, que reside o ponto frágil do instrumento, em suas diversas facetas, tal como presente no ordenamento jurídico brasileiro – e, especialmente, no que tange à Lei Anticorrupção. Esta, de forma mais intensa, parece pecar na definição mais clara quanto à amplitude de seu alcance, à competência para a sua celebração, e às consequências da celebração do acordo, tendo em vista a pluralidade de instrumentos normativos, de autoridades e de instituições, no ordenamento pátrio, encarregadas de controlar a probidade administrativa.

O objetivo deste capítulo é, brevemente, destrinchar alguns dos problemas referidos, tendo em conta tudo o que foi até agora explorado.

6.1 Conflitos normativos e institucionais nos acordos de leniência do Direito brasileiro

À luz do que foi exposto nos capítulos antecedentes, os acordos de leniência no Brasil têm um duplo desafio: a harmonização normativa das diferentes esferas de responsabilidade a que podem se sujeitar os potenciais signatários, e a cooperação institucional entre as diferentes autoridades titulares de poder sancionador cujas competências se entrelaçam.[538]

---

[538] Confira-se o que observou a OCDE, quanto ao tema: "O aperfeiçoamento da transparência e da responsabilização são fundamentais para abordar as causas enraizadas da corrupção. *O Brasil já tem uma lei da transparência, mas, apesar dos progressos no nível federal, sua implantação não é uniforme em todos os estados e municípios. Informações essenciais sobre contratos de fornecimento, cuja divulgação é obrigatória de acordo com a lei, nem sempre são apresentadas (Mohallem e Ragazzo, 2017). Além disso, instituições responsáveis pelo combate à corrupção poderiam colaborar melhor, às vezes, apesar da Estratégia Nacional de Combate à Corrupção e à Lavagem de Dinheiro (ENCCLA) (Mohallem e Ragazzo, 2017).* Ao mesmo tempo, os recentes progressos em expor e abrir processos judiciais para as acusações de corrupção são notáveis e mostram a força do judiciário no Brasil. Os esforços de combate à corrupção devem incluir uma avaliação completa das leis de contratação pública, em particular o modo com que suas muitas complexidades e isenções afetam a integridade dos processos de licitação e a concorrência. Essa revisão também deve cobrir o risco de conluio em licitações públicas, que é substancial. A redução do conluio reduzirá os preços pagos pelas autoridades públicas e as oportunidades de corromper o processo (OCDE, 2010b; OCDE, 2014). As regras relativas aos conflitos de

As dificuldades do modelo de controle consagrado no ordenamento nacional em atuar em conjunto e estabelecer um efetivo compartilhamento de experiências e informações – o que prejudica a própria atuação das instituições envolvidas – é explicitada por Fernando Filgueiras, em estudo específico:

> Os atores dessas instituições da burocracia de controle não se percebem como parte do mesmo cluster organizacional, da mesma ecologia processual em torno de um sistema de accountability. Essa falta de identidade coletiva, enquanto partes de um processo em comum, levaria a uma duplicação de estruturas, com a criação de procedimentos e até mesmo de órgãos paralelos, em vez de aprofundar as interações de forma coordenada entre as instituições que já existem.
> Os problemas de coordenação decorrem de reforço mútuo entre os fatores sistêmicos e os fatores exógenos e endógenos às organizações. Os fatores endógenos criaram amplas capacidades para todas as organizações da burocracia do controle. Um contexto de maior autonomia institucional, associado com uma sociedade dividida e regida pela desconfiança institucional, promove incentivos para que cada uma das organizações da burocracia do controle se beneficie do contexto, ao reduzir os incentivos para a cooperação e a coordenação institucional. O resultado desse processo é um conflito institucional no interior do sistema de accountability, de forma que as organizações lutam por poder e recursos, o que diminui a margem de cooperação. A mudança no sistema de instituições de accountability no Brasil não foi acompanhada de mudança ecológica, em que a interação entre essas instituições não é capaz de produzir ações coordenadas e cooperativas, não assegurando um sequenciamento racional de atividades destinadas ao aprimoramento da accountability. Cada organização das burocracias de controle compõe uma "ilha de excelência" autônoma e dotada de alta capacidade. Essas organizações retêm informações, lutam na esfera pública e transformam o

---

interesse, incompatibilidades e imparcialidade nas contratações públicas poderiam ser otimizadas e fortalecidas. O uso obrigatório de órgãos de compra centralizados, os quais estão menos propensos à corrupção, poderia ser expandido juntamente com o treinamento sistemático dos servidores responsáveis pelas contratações públicas sobre estruturação eficaz das licitações e detecção eficaz de práticas de conluio (OCDE, 2012b). *Os procedimentos de denúncia estão presentemente prejudicados por competências sobrepostas e sistemas paralelos para ofensas semelhantes, dificultando a proteção eficaz dos denunciantes. A maioria dos países da OCDE possui leis dedicadas para proteção dos denunciantes, mas o Brasil não* (OCDE, 2016c). Em relação à propina do exterior, o Brasil tem aumentado significativamente sua capacidade de investigar de modo proativo o recebimento de propinas do exterior, em cooperação próxima e em coordenação com outros participantes da Convenção Anticorrupção da OCDE (OCDE, 2017e) (OCDE. Relatórios Econômicos da OCDE: Brasil 2018 p. 36. Disponível em: https://www.oecd.org/eco/surveys/Brazil-2018-OECD-economic-survey-overview-Portuguese.pdf. Acesso em: 22 fev. 2019. Grifei).

controle em recursos políticos. Organizam-se internamente e estruturam ações que impactam diretamente a administração pública e o sistema político.[539]

Com efeito, em todos os três sistemas de leniência positivados expressamente no ordenamento, de alguma forma, o mencionado descompasso se faz presente.

No âmbito do CADE, indubitavelmente, a política de acordos de leniência está mais avançada que nos outros dois diplomas legais, o que somente foi possível após o progressivo aprimoramento do programa, que é, de todos, o mais antigo. Foram, como dito (Capítulo 5), incrementados os incentivos para a propositura dos acordos por particulares, aumentando-se o escopo das mitigações das penas para outros tipos legais.

Também foram feitas alterações no próprio modelo institucional dos acordos. Estes passaram a ser de competência exclusiva daquela autarquia (e não de órgão do Poder Executivo). Ao mesmo tempo, foram feitos arranjos para separar as fases de negociação e aplicação dos acordos, incrementando a segurança dos proponentes, tanto em razão da existência de mandatos para os agentes incumbidos daquelas funções, quanto pelas inúmeras garantias de sigilo dos dados compartilhados.

Mesmo assim, o fato de a persecução penal dos agentes privados ser competência institucional do Ministério Público abriu, notoriamente, margem a questionamentos quanto aos efeitos penais abarcados pelas tratativas.

Para parte da doutrina, a celebração de acordo que contemplasse aspectos penais representaria uma infringência sobre as atribuições constitucionais no Ministério Público, único titular da ação penal pública, e, como tal, habilitado para verificar a ocorrência ou não de fato típico criminal.[540] Outra parcela da literatura, entretanto, atenta para a

---

[539] FILGUEIRAS, Fernando. Burocracias do controle, controle da burocracia e accountability no Brasil. In: PIRES, Roberto R. C.; LOTTA, Gabriela; OLIVEIRA, Vanessa Elias de (Org.). *Burocracia e políticas públicas no Brasil*: interseções analíticas. Brasília: IPEA, 2018. v. 1. p. 355-382, p. 372-373.

[540] "Por força das relevantes consequências supra-apontadas, que revestem a repercussão processual penal do novel instituto, fica patenteado que para a admissibilidade penal do acordo de leniência deve ser ouvido previamente o Ministério Público, na medida em que, como referido, a avença administrativa poderá por decorrência imediata obstacularizar a formação da opinio delicti que cabe tão-somente a essa instituição, consubstanciando severa restrição a um poder/dever que lhe é constitucionalmente cominado com exclusividade, ao coatar a propositura da ação penal pública" (MAIA. Rodolfo Tigre. *Tutela Penal da Ordem Econômica*: o crime de formação de cartel. São Paulo: Malheiros, 2008, p. 235). Neste sentido também SIQUEIRA, Flávio Augusto Maretti Sgrilli. Acordo de leniência e seus reflexos

unicidade do Estado e para a necessidade de tutela à confiança legítima do signatário que se autodelata,[541] defende, por isso, que os acordos, mesmo sem qualquer intervenção ministerial, deveriam resguardar os colaboradores da persecução criminal.[542]

Aqui não se trata, em sua essência, de um problema único do sistema brasileiro, mas apenas de uma consequência da divergência entre o modelo paradigmático norte-americano e o adotado em uma pluralidade de outros sistemas.

Em geral, como mencionado, o transplante do instituto e sua implementação nos ordenamentos nacionais ocorrem a partir da matriz

---

penais. *Revista Magister de Direito Penal e Processual Penal*, Porto Alegre, v.12, n.68, p. 32-39, out./nov. 2015.

[541] "Portanto, a apresentação de denúncia em face do leniente, sendo utilizadas as provas coletadas com o auxílio deste para tanto, configura nítida incoerência do sistema pensado no panorama global, eis que, o mesmo Estado que permite por meio da Legislação Antitruste vigente, proíbe através da atuação do Ministério Público. Essa verdadeira desordem legal – marcada pela concomitante permissão e proibição de uma hipótese legalmente prevista – enseja inexorável quadro de insegurança jurídica, e, na perspectiva específica do Acordo de Leniência, decreta a condenação do instituto ao fracasso. Isto ocorre porque a atratividade que emana do Acordo para fins de cooptar proponentes restará, posteriormente, rechaçada pelo Ministério Público e o sujeito da conduta cartelizadora será, de qualquer maneira, processado e punido criminalmente. Vale ressaltar que, para agravamento da situação, ele será processado e punido com base em provas que ele mesmo coletou, quando, ainda, acreditava na obtenção do benefício prometido, a ele, pelo Estado. O Estado é uno e dividido nas entidades que o servem. A atuação do Poder Legislativo, portanto, não está submetida à anuência do Ministério Público, mas tem, sim, como único interventor o Chefe do Poder Executivo no exercício do veto. Uma vez concluído, adequadamente, o processo de formação de uma norma e a mesma ter entrado em vigor, não há meios para debater sua validade, a não ser, a partir de suposta dissonância com o regramento constitucional mediante Ação Direta de Inconstitucionalidade" (LAMY, Anna Carolina Pereira Cesarino Faraco. *Reflexos do acordo de leniência no processo penal:* a implementação do instituto ao direito penal econômico brasileiro e a necessária adaptação ao regramento constitucional. Rio de Janeiro: Lumen Juris, 2014. p. 187-188.)

[542] Confira-se o entendimento externado pelo Ministério Público Federal, por meio do Estudo Técnico nº 01/2017 – 5 ª CCR: "Deve-se aqui insistir, com finalidade heurística, inclusive: como o acordo de leniência é aplicável, no microssistema legal anticorrupção, a ilícitos e infrações, que conceitualmente, por sua própria natureza, são necessária e essencialmente crimes, delitos ou ilícitos penais, não se afigura possível negociar o *disclosure* de fatos e provas e as sanções aplicáveis ou benefícios em contrapartida, sem que haja, em qualquer etapa, a participação efetiva e indispensável do titular exclusivo da ação penal, o *dominus litis*. Logo, ao Ministério Público ostenta a capacidade funcional mais apurada para avaliar a utilidade e conveniência dos fatos e provas revelados pelo interessado em cooperar, ainda que se trate de pessoa jurídica, não sendo concebível que o Estado – considerado como unidade, apesar de sua fragmentação orgânica e funcional – possa relacionar-se com infrator em flagrante desvantagem, eis que de modo marcadamente parcial e limitado, já que a Administração Pública, no uso de suas faculdades sancionadoras, alcança apenas os ilícitos de cunho administrativo e, quando o caso, civil-administrativo, não estando apta a valorar a relevância penal de informações, seu ineditismo, suas implicações ou sua utilidade provável em investigação ou processo criminal que esteja até, eventualmente, em curso e sob sigilo" (Estudo Técnico nº 01/2017 – 5 ª CCR, p. 67).

norte-americana – que apresenta elementos estruturais, normativos e institucionais próprios –, sem a devida adaptação para a realidade local.[543] No Brasil, e na maior parte dos países europeus, há autoridades específicas e apartadas para a persecução de ilícitos relacionados a violações à livre concorrência, separadas dos entes estatais competentes para a investigação de outras modalidades de delitos. Por vezes (como é o caso do próprio Brasil), incidem esferas de responsabilização múltiplas sobre um mesmo ilícito, o que atrai a atuação de mais de um ente estatal.

Nos Estados Unidos, a seu turno, a regra é a centralização das competências relativas a ilícitos (penais) como cartéis no mesmo órgão (em geral o *Department of Justice*), responsável pela aplicação de normas antitruste como o *Sherman Act, Clayton Act*, e o *Federal Trade Commission Act*.[544] Também naquele país, a maior facilidade no manejo de instrumentos de consensualidade faz com que eventuais distorções nas penalidades (por exemplo, em razão da incidência de vários tipos penais distintos) possam ser supridas através de transações com o órgão acusatório.

Esse mesmo fenômeno é indicado por Wouter Wils, que afirma:

> em algumas jurisdições, a investigação de violações antitruste e sua persecução são realizadas por autoridades separadas. Um problema pode então surgir na medida em que a autoridade acusadora resiste a desistir do seu poder discricionário e se a tornar vinculada pelas decisões da autoridade investigadora sobre os pedidos de leniência. Este problema pode ser superado ao envolver a autoridade promotora na introdução e aplicação do programa de leniência ou impondo-o através de um ato legislativo superior, tornando-o vinculativo para a autoridade promotora (tradução livre).[545]

No caso do programa de leniência antitruste, foi exatamente essa a resposta institucional dada pelo CADE, que dirimiu potenciais dúvidas quanto à higidez das repercussões penais do seu programa de

---

[543] AURIOL, Emmanuelle *et al*. Deterring corruption and cartels: in search of a coherent approach. *Toulouse School of Economics* (TSE), 2016. Disponível em: https://www.tse-fr.eu/sites/default/files/TSE/documents/doc/wp/2016/wp_tse_728.pdf. Acesso em: 20 jul. 2017.

[544] ŠORF, Jiří. *Leniency policy*, p. 65. Disponível em: https://dspace.cuni.cz/handle/20.500.11956/42206.

[545] WILS, Wouter. Leniency in Antitrust Enforcement: Theory and Practice. *25th Conference on New Political Economy Frontiers of EC Antitrust Enforcement*: The More Economic Approach. Saarbrücken, out. 2006. Disponível em: : http://papers.ssrn.com/sol3/cf_dev/AbsByAuth.cfm?per_id=456087. Acesso em: 04 nov. 2017.

leniência ao envolver sempre o *Parquet* nas tratativas para os acordos com repercussões criminais.[546] Outras perplexidades, contudo, mantêm-se, notadamente nos programas de leniência de positivação mais recente. É que, quanto às outras duas modalidades de acordos, a relação entre o papel do Ministério Público na persecução cível e criminal e as outras instâncias de responsabilidade, especialmente administrativa, são ainda problemas sem maiores definições. E, quanto aos programas do CADE, da Lei Anticorrupção e do sistema financeiro nacional, em conjunto, pode-se questionar ainda como se daria o relacionamento entre os diversos instrumentos de leniência, quando sobrepostos ou colidentes.

Todas essas dificuldades supracitadas geram incentivos que podem desmotivar ou mesmo inviabilizar o uso efetivo dessa ferramenta tal como prevista na legislação anticorrupção. E se, do ponto de vista do

---

[546] Fernando Antônio de Alencar Alves de Oliveira Júnior esclarece que "[j]á no primeiro acordo de leniência do SBDC, o qual se referia ao chamado 'Cartel de Vigilantes' [processo administrativo nº 08012.001826/2003-10], em 2003, houve a participação do *Parquet* como interveniente e, desde então, a consulta ao órgão ministerial tem sido mantida" (OLIVEIRA JÚNIOR, Fernando Antônio de Alencar Alves de. Os (indispensáveis) instrumentos consensuais no controle de condutas do direito antitruste brasileiro: a experiência do CADE com o termo de compromisso de cessação e o acordo de leniência. In: *Lei anticorrupção e temas de compliance*. 2. ed. Salvador: JusPodivm, 2017. p. 375-406, p. 396). No mesmo sentido, LIMA, Márcio Barra. A atuação do Ministério Público Federal junto ao CADE. *Revista de Defesa da Concorrência*, v. 6, n. 1, p. 5-23, 2018, p. 19: "Impende destacar que embora a Lei nº 12.529/2011 não estabeleça a participação do Ministério Público na celebração de acordos de leniência, o fato de tal instrumento poder acarretar imunidade penal (extinção da pretensão punitiva estatal) referente aos crimes contra a ordem econômica e eventuais crimes conexos (consoante reza o art. 87 da Lei de Defesa da Concorrência) levou o CADE a adotar como praxe a participação ministerial (através do órgão do Ministério Público detentor da atribuição criminal correlata) em tais procedimentos, enquanto interveniente-anuente, visto que é o Ministério Público o titular privativo da ação penal pública. Neste sentido, a cooperação entre as autoridades administrativa e criminal se tem mostrado bastante eficaz, conferindo maior segurança jurídica ao acordo de leniência, ao mesmo tempo que facilita a investigação criminal dos crimes contra a concorrência. Contudo, a despeito da necessária participação do 'MP criminal' (promotor ou procurador da república naturais do caso concreto) na negociação e aperfeiçoamento/assinatura do acordo de leniência, o Representante do MPF junto ao CADE não participa deste procedimento".
A CGU, aparentemente, vem tentando implementar prática semelhante nas celebrações dos acordos de sua competência. No acordo de leniência firmado com as agências de publicidade MullenLowe Brasil e FCB Brasil, o MPF figurou como interveniente, conforme noticiado. Na ocasião, a então Advogada-Geral da União teria afirmado que a celebração conjunta "representa uma efetiva integração entre os órgãos que estão envolvidos nessa política de leniência. Ele retrata, também, que estamos caminhando no rumo adequado, ao dialogar entre as principais instâncias. O grande avanço foi na perspectiva da segurança jurídica. O ideal é que todos trabalhemos juntos desde o início do procedimento. O isolamento não faz a política de combate à corrupção caminhar" (CGU e AGU assinam acordo de leniência com as agências MullenLowe e FCB Brasil. Disponível em: http://www.cgu.gov.br/noticias/2018/04/cgu-e-agu-assinam-acordo-de-leniencia-com-as-agencias-mullen-lowe-e-fcb-brasil. Acesso em: 20 mar. 2019).

particular proponente, tais incertezas podem desincentivar a procura pela colaboração, dado o risco de atuação contraditória da Administração Pública, sob a perspectiva do Estado também existem desvantagens, pois a ação desarticulada pode gerar a multiplicidade de investigações ou processos administrativos e judiciais inúteis, todos com igual objetivo de fiscalizar um mesmo ilícito. Pode, ademais, culminar na celebração de acordos de leniência infrutíferos, caso um ente administrativo não envolvido nas tratativas já possua o material que está sendo ofertado pelo potencial colaborador. Um dos fins almejados pelos acordos, nesse viés, não seria alcançado: a diminuição dos custos da persecução punitiva para o Poder Público.[547]

Sob este prisma, ainda que se entenda, como propõem Mariana Mota Prado et al.,[548] que a multiplicidade de órgãos de controle existente no sistema jurídico brasileiro possa ter uma faceta benéfica, na medida em que geraria oportunidades para a atuação cooperativa ou complementar entre entes fiscalizadores, no caso específico do acordo de leniência parece haver riscos de configurar-se justamente o efeito oposto.

Explica-se. Segundo aquelas autoras, a existência de uma rede entrelaçada de normas e entes encarregados da tutela do patrimônio público e da probidade administrativa, a que denominaram multiplicidade institucional, permitiria uma atuação mais eficiente, uma vez que criaria "caminhos alternativos" para a responsabilização por condutas ilícitas. Potenciais atuações contraditórias entre esses entes, por isso, na sua concepção, não seriam *per se* deletérias, podendo, ao revés, significar um desafio às expectativas sociais de impunidade, e um incremento no resultado global do controle:

> Como Clemens e Cook explicam, a falta de alternativas [institucionais] podem gerar regularidades na ação social, que são então naturalizadas. No caso brasileiro, esses padrões estabelecidos incluem a expectativa que os esforços contra a corrupção não terão êxito e que os indivíduos

---

[547] "É que, racionalmente, mas também sob a ótica jurídica comum, a múltipla incidência de esferas autônomas de responsabilização pode converter-se em um elemento de incerteza, a impedir a formalização de tais acordos, ou favorecer o uso oportunista dos resultados obtidos (o que se aproxima do chamado free rider), causando a violação da boa-fé e da confiança, como princípios regentes da conduta estatal, e a ruptura dos pressupostos relacionais, lógicos, morais e sistêmicos do instituto" (Estudo Técnico nº 01/2017 – 5ª CCR do Ministério Público Federal, p. 46).

[548] PRADO, Mariana Mota; CARSON, Lindsey D. and Correa, Izabela. The Brazilian Clean Company Act: Using Institutional Multiplicity for Effective Punishment (October 13, 2015). *Osgoode Legal Studies Research Paper* nº 48/2015. Disponível em: http://ssrn.com/abstract=2673799. Acesso em: 28 set. 2016.

e as empresas, especialmente os que ocupam cargos de poder, continuarão a participar atividades corruptas com impunidade. Neste contexto, a criação ou existência de caminhos institucionais alternativos para responsabilizar os atores corruptos pode gerar contradições que desestabilizam essas regularidades de ação. Mais especificamente, a multiplicidade institucional tem o potencial de gerar uma contradição, isto é, as regularidades comportamentais observadas em uma instituição são desafiadas por padrões de comportamento contraditórios seguidos por outra instituição (tradução livre).[549]

Para as autoras supracitadas, instituições historicamente inativas no combate à corrupção podem, ao observar outras instituições atuando proativamente, alterar o próprio comportamento. A multiplicidade institucional poderia garantir maior efetividade no controle dos ilícitos contra a Administração ao aumentar as chances de que o comportamento corrupto seja identificado:

[a] suposição é que a sobreposição institucional pode aumentar a eficácia geral da 'rede' de instituições de prestação de contas, evitando mecanismos de autofortalecimento ou culturas institucionais corruptas e promovendo a concorrência institucional (tradução livre).[550] [551]

Apesar disso, admitem que haveria efeitos indesejados dessa prática, mormente em se tratando de países em desenvolvimento. Dentre as principais consequências deletérias, estaria a multiplicação também dos custos, decorrentes da superposição institucional, e a "compartimentalização do conhecimento jurídico", equivalente à

---

[549] PRADO, Mariana Mota; CARSON, Lindsey D.; CORREA, Izabela. The Brazilian Clean Company Act: Using Institutional Multiplicity for Effective Punishment (October 13, 2015). *Osgoode Legal Studies Research Paper* n. 48/2015. Disponível em: https://ssrn.com/abstract=2673799. Acesso em: 05 nov. 2017.

[550] PRADO, Mariana Mota; CARSON, Lindsey D.; CORREA, Izabela. The Brazilian Clean Company Act: Using Institutional Multiplicity for Effective Punishment (October 13, 2015). *Osgoode Legal Studies Research Paper* nº 48/2015. Disponível em: https://ssrn.com/abstract=2673799. Acesso em: 05 nov. 2017.

[551] No mesmo sentido, observe-se o que indica Gustavo Justino de Oliveira: "[e]m relação às vantagens, complementação significa que a multiplicidade institucional abre espaço para uma diversidade de métodos e possibilita a especialização das entidades de controle que se complementam para o deslinde e punição dos atos de corrupção. Por sua vez, compensação significa que a multiplicidade institucional permite a detecção e correção de falhas ou omissões de um órgão de controle sobre a atuação de outro órgão. Em suma, ambas são vantagens da multiplicidade institucional que diminuem as possibilidades de falha do sistema de combate à corrupção" (OLIVEIRA, Gustavo Justino de. Controladoria-Geral da União: uma agência anticorrupção? In: PEREZ, Marcos Augusto; SOUZA, Rodrigo Pagani de (coord.). *Controle da administração pública*. Belo Horizonte: Fórum, 2017. p. 323-331, p. 329).

necessidade de que vários entes lidem, de forma concomitante, mas não integrada, com os mesmos documentos, fatos e provas, sem a necessária interlocução.[552][553]

Ainda assim, para elas, há exemplos práticos na história brasileira que demonstrariam os méritos da estratégia. São eles (i) a chamada "máfia das ambulâncias", cujo esquema num primeiro momento não foi identificado pelas auditorias do TCU, mas que foi apontado posteriormente pela CGU,[554] e (ii) o caso dos desvios na construção do Tribunal Regional do Trabalho da 2ª Região, em que a morosidade do TCU na identificação das irregularidades da obra teria sido em parte suprida pela atuação do Ministério Público Federal.[555]

A ideia de que a atuação simultânea de diversas autoridades estatais pode otimizar a tutela de determinados bens jurídicos,[556] todavia,

---

[552] PRADO, Mariana Mota; CARSON, Lindsey D.; CORREA, Izabela. The Brazilian Clean Company Act: Using Institutional Multiplicity for Effective Punishment (October 13, 2015). *Osgoode Legal Studies Research Paper* nº 48/2015. Disponível em: https://ssrn.com/abstract=2673799p. 52. Acesso em: 05 nov. 2017.

[553] Essa dificuldade de integração dentre vários atores competentes é sentida especialmente no tocante ao combate à corrupção. A preocupação com o exercício concomitante de funções semelhantes ou interconectadas por diversos entes estatais já foi externada pela Transparência Internacional. A organização indicou que o "alto grau de descentralização e a fraca supervisão" seriam desafios do combate à corrupção no cenário brasileiro (Transparency International. Brazil: overview of corruption and anticorruption, 2016. Disponível em: https://www.transparency.org/files/content/corruptionqas/Brazil_overview_of_corruption_and_anticorruption_2016.pdf. p. 2. Acesso em: 15 jan. 2018). Esse, como dito, não é um problema exclusivo do ordenamento brasileiro; a aquela organização internacional acenou para o mesmo desafio no Reino Unido, previamente à elaboração de plano nacional para a coordenação dos esforços anticorrupção: "apesar de uma maior colaboração interinstitucional, ainda não existe um ponto focal institucional para liderar [o combate à corrupção] e é argumentável que a dispersão da responsabilidade entre tantas organizações leva a duplicação de esforços e torna difícil desenvolver uma abordagem global, consistente e coerente para combater a corrupção" (tradução livre). Transparency International. *Corruption in the UK*: overview and policy recommendations, 2011, p. 14.

[554] Sobre o esquema de desvios, que envolvia o pagamento de propinas em trocas de emendas parlamentares, veja-se http://congressoemfoco.uol.com.br/noticias/entenda-o-caso-o-que-foi-a-operacao-sanguessuga/.

[555] Sobre o caso, veja-se, por exemplo, http://politica.estadao.com.br/noticias/geral,para-lembrar-o-escandalo-de-superfaturamento-na-construcao-do-forum-trabalhista-de-sao-paulo,10000001753.

[556] Essa estratégia é sintetizada por Bendor como segue: "[o] argumento mais básico a favor da redundância [institucional] baseia-se na praticidade de aumentar a confiabilidade do sistema sem aumentar a confiabilidade de seus elementos constituintes. A duplicação é um substituto para peças perfeitas. Nas burocracias, as partes mais importantes são decisores; daí é a falibilidade dos decisores que justifica a redundância organizacional. E, como argumentamos na introdução, o erro, devido às capacidades limitadas da mente humana, é uma ameaça sempre presente" (tradução livre) (BENDOR, Jonathan B. *Parallel systems*: Redundancy in government. Univ of California Press, 1985. p. 295). O autor, todavia, não é inteiramente otimista quanto à eficiência da multiplicidade institucional, especialmente à luz das considerações da economia comportamental. A ideia de redundância como algo

e como dito pelos próprios autores mencionados, não prescinde de uma prévia harmonização entre as atividades de cada uma das instituições pertinentes, sob pena de a confusão entre instâncias incrementar os custos (econômicos, políticos, jurídicos e de capital humano) da persecução estatal,[557] diminuindo as vantagens sociais trazidas pelo combate aos ilícitos contra a Administração.[558]

Trazendo o debate para o tema ora em estudo, esta problemática incide ainda mais intensamente sobre os acordos de leniência, que dependem, para o seu sucesso, de uma garantia de previsibilidade e transparência que é dificultada pela existência de múltiplos atores. E, mesmo que se lograsse a harmonização completa do sistema, a complexidade, morosidade e os custos decorrentes do envolvimento de diversos órgãos, entes e autoridades durante as negociações não

---

potencialmente positivo pode ser vista também em LANDAU, Martin. Redundancy, rationality, and the problem of duplication and overlap. *Public Administration Review*, v. 29, n. 4, p. 346-358, 1969.

[557] Nas palavras de Fernando Filgueiras, ao tratar da figura do controle: "para além da interpretação das regras em função da ambiguidade institucional, da estratégia dos agentes, de conjunturas críticas ou contextos políticos que delineiam a mudança, é necessário considerar, também, as interações das instituições entre si, no contexto de complexo sistema de competências e organizações, em que situações de conflito e cooperação institucional importam para o resultado da mudança. (...) Essas interações podem se expressar na formação de coalizão organizacional, em que instituições se unem por um objetivo comum. Ou pode resultar em uma competição institucional que comprometa o impacto do processo de desenvolvimento de cada uma das instituições desse cluster organizacional. O desenvolvimento desse conhecimento comum e o controle da informação tornam-se, portanto, essenciais para constituir coalizões organizacionais, que acarretem a mudança ou que solidifiquem um status quo que reduz o impacto das mudanças em uma instituição ou até mesmo vete essas mudanças (Galvin, 2012)" (FILGUEIRAS, Fernando. Burocracias do controle, controle da burocracia e accountability no Brasil. In: PIRES, Roberto R. C.; LOTTA, Gabriela; OLIVEIRA, Vanessa Elias de (Org.). *Burocracia e políticas públicas no Brasil*: interseções analíticas. Brasília: IPEA, 2018. v. 1, p. 355-382).

[558] "Em relação à avaliação realizada pela OEA (2012, p. 38-39) sobre o funcionamento da CGU no Brasil, interessante ponto foi levantado: entre os 441 servidores públicos demitidos por razões relacionadas à corrupção, entre 1993 e 2005, apenas um terço deles foram alvos de persecução criminal. Isso sinaliza a necessidade de uma maior coordenação entre os órgãos públicos responsáveis por processos disciplinares e o Ministério Público, para que esses casos de servidores públicos condenados, administrativamente, por atos de corrupção, sejam também responsabilizados na esfera judicial. Um mecanismo de cooperação que vem sendo muito empregado, por outro lado, são as forças-tarefas, que vêm aumentando significativamente o *enforcement* no combate à corrupção no Brasil. A Operação Lava-Jato constituiu um marco na história das investigações dos crimes de colarinho branco, chegando a R$ 3,1 bilhões recuperados e mais de 100 condenações em primeira instância. São dados que resultam em otimismo em relação à redução da impunidade no Brasil" (MOHALLEM, Michael; RAGAZZO, Carlos Emmanuel Joppert. *Diagnóstico institucional*: primeiros passos para um plano nacional anticorrupção. Rio de Janeiro: Escola de Direito do Rio de Janeiro da Fundação Getúlio Vargas, 2017. 159 p, p. 94. Disponível em: http://bibliotecadigital.fgv.br/dspace/handle/10438/18167. Acesso em: 03 dez. 2017.

necessariamente permitiriam que o uso dessa ferramenta fosse tão eficaz como previsto pela literatura econômica.

Desse modo, se por um lado a presença de múltiplos atores[559] pode ser benéfica para lidar com falhas de órgãos específicos, e até mesmo para evitar-se a captura,[560] essa mesma característica pode não se coadunar, especificamente, com o objetivo e a teoria fundantes dos acordos de leniência.

Alguns exemplos podem aclarar esse ponto. Sob o prisma da segurança jurídica, um dos maiores problemas relativos à forma como foi estipulado o programa de leniência da Lei nº 12.846/2013 corresponde à previsão lacônica quanto a elementos primordiais, tais como com *quem*, de fato, deve-se celebrar o acordo.

Nesse sentido, foi mencionado que, no bojo da Lei Anticorrupção, não há um ente específico que concentra todo o poder sancionador e toda a competência para a celebração dos acordos de leniência. Ao contrário, o poder sancionador se divide em vários órgãos e instituições distintos (tribunais de contas, *Parquet*, Administração Pública lesada, etc.), e a

---

[559] Daí não se extrai que os eventuais problemas causados pela superposição normativa e institucional em matéria anticorrupção se restrinjam aos acordos de leniência. Especialmente em matéria anticorrupção, Ragazzo e Mohallem, debruçando-se sobre a Estratégia Nacional de Combate à Corrupção e à Lavagem de Dinheiro – ENCLLA, centro de coordenação para discussões e desenvolvimento de ações destinadas ao combate à corrupção, comparativamente ao *UK Anti-Corruption Plan*, plano análogo desenvolvido pelo Reino Unido, apontam para a necessidade de incremento da coordenação e da sistematização, por meio de (i) aprimoramento institucional da ENCCLA, com alocação de funcionários e orçamento próprio, de forma a tornar o órgão permanente e específico para a função; (ii) indicação de autoridade para ocupar o cargo de responsável pela coordenação dos esforços contra a corrupção; e (iii) sofisticação do documento de metas em relatórios semestrais, que devem ser publicados, indicando os avanços alcançados e os obstáculos enfrentados, de forma a viabilizar o acompanhamento e o controle social por parte de organizações não governamentais. (MOHALLEM, Michael; RAGAZZO, Carlos Emmanuel Joppert. *Diagnóstico institucional*: primeiros passos para um plano nacional anticorrupção. Rio de Janeiro: Escola de Direito do Rio de Janeiro da Fundação Getúlio Vargas, 2017. 159 p. Disponível em: http://bibliotecadigital.fgv.br/dspace/handle/10438/18167. Acesso em: 03 dez. 2017).

[560] Nas palavras de Carlos Ari Sundfeld, a captura "se manifesta com a assunção pelo órgão regulador dos valores e interesses do regulado, como se fossem os interesses gerais da coletividade, e pela aceitação dos problemas destes atores como problemas incontornáveis e empecedores da implementação dos objetivos eleitos pelo setor. Trata-se quase de um efeito colateral da permanente interlocução com estes atores" (SUNDFELD, Carlos Ari. Direito Administrativo Econômico. São Paulo: SBDP, 2000. p. 89). Carpenter e Moss definem a captura como o resultado ou processo pelo qual a regulamentação, na lei ou na aplicação, é consistente ou repetidamente dirigida para longe do interesse público e para perto dos interesses da indústria regulamentada, por meio da intenção e da ação da própria indústria (CARPENTER, Daniel; MOSS, David A. (Ed.). *Preventing regulatory capture*: special interest influence and how to limit it. Cambridge University Press, 2013. p. 13. Sobre o tema, veja-se o clássico texto de STIGLER, George J. Theory of Economic Regulation. *Bell Journal of Economics and Management Science*, v.1, 1971.

competência para operar o programa de leniência é pulverizada dentre as autoridades máximas de cada órgão ou entidade pública (art. 16 da Lei nº 12.846/2013) – o que, em sua literalidade, poderia significar a possibilidade de que qualquer unidade de competência venha a celebrar esses acordos.[561] A lei, nas palavras de Thiago Marrara,

> não conferiu grande atenção aos problemas de articulação organizacional e processual, deixando de lado os problemas de atos infrativos com efeitos lesivos e complexos. A legislação não faz uma diferenciação entre a celebração isolada e a celebração conjunta de acordos de leniência, não trata da cooperação entre entes lesados simultaneamente por uma mesma prática infrativa, nem cuida da cooperação entre entidades responsáveis por diferentes tipos de responsabilização.[562]

A partir daí, alguns problemas se apresentam. Internamente à Lei Anticorrupção, não há definição prévia na norma sobre de quem seria a competência para celebrar acordo de leniência tendo por objeto a prática de ilícitos que ao mesmo tempo afetem bens jurídicos de dois ou mais entes federativos. Tampouco consta a indicação de como proceder para integrar as diferentes autoridades envolvidas num caso como esse: em tese, seria necessário que cada um dos órgãos/entes envolvidos se articulasse para garantir a atuação coesa, garantindo a segurança dos acordos contra eventuais questionamentos judiciais, bem como o sigilo das informações apresentadas.

Dificilmente, todavia, haverá condições de que esses entes (federais, estaduais, distritais e municipais) realizem tratativas prévias entre si, com a edição de regulação que cuide desse cenário de atuação conjunta (deveria a Administração Pública federal buscar a edição de memorandos de entendimento com todas as Administrações estaduais e municipais?).[563] Ademais, não se pode afastar a hipótese de que o

---

[561] Alguns autores defendem a necessidade de que os estados e municípios repliquem a lógica de delegação dessa competência para os órgãos de controle interno, semelhantemente ao que ocorre na esfera federal (ver PETRELLUZZI, Marco Vinicio; RIZEK JUNIOR, Rubens Naman. *Lei Anticorrupção*: origens, comentários e análise da legislação correlata. São Paulo: Saraiva, 2014, p. 95). Isto já foi implementado, por exemplo, pelo Município de São Paulo que, ao editar regulamento próprio para a lei anticorrupção (Decreto nº 55.107/14), delegou a competência para a celebração de acordos de leniência à Controladoria-Geral do Município, centralizando a aplicação da lei em um único órgão.

[562] DI PIETRO, Maria Sylvia Zanella; MARRARA, Thiago (Coord.). *Lei anticorrupção comentada*. Belo Horizonte: Fórum, 2017, p. 209.

[563] Tem havido um esforço no sentido da celebração de acordos de cooperação entre os entes envolvidos na aplicação da legislação anticorrupção e anticartéis brasileira, conforme apontado no item 7.2, abaixo. Contudo, mesmo esta salutar prática não é capaz de solucionar

proponente da leniência seja o primeiro a colaborar perante um ente administrativo, mas não em face de outro, o que em tese não permitiria os efeitos da leniência quanto a essa segunda esfera administrativa – frisando-se que a literalidade da norma jurídica em exame não contempla a adesão ou intervenção de outras autoridades nos acordos de leniência celebrados por terceiros.[564]

Já no que se refere à relação daquela norma com outras cujos conteúdos se superponham, há que se questionar de quem seria a competência para a celebração de acordo de leniência tratando de ato que configure simultaneamente ilícito concorrencial e ato de corrupção, ou que envolva ato de corrupção e ofensa ao sistema financeiro nacional. Inexiste previsão normativa que dê conta de harmonizar os sistemas de leniência diversos, que podem perfeitamente colidir entre si, criando incentivos perversos que impeçam a celebração de quaisquer dos três instrumentos consensuais.[565]

---

o problema, tendo em vista não só a impossibilidade de articulação apriorística de todos os entes competentes nos termos da legislação atual, como também a complexidade inerente à coexistência de um sem-número de instrumentos de cooperação interconectados entre si.

[564] No Estado do Rio de Janeiro, foram editadas duas normas pertinentes ao tema. De um lado, tem-se a Lei nº 7.989, de 14 de junho de 2018, que, dentre outros pontos, criou a Controladoria-Geral do Estado do Rio de Janeiro, com competência para celebrar, no âmbito do Poder Executivo Estadual, acordos de leniência fundados na Lei Anticorrupção. De outro, tem-se o Decreto nº 46.366, de 19 de julho de 2018, que regulamenta, no âmbito do poder executivo estadual, a Lei nº 12.846/2013, e dispõe, ao que interessa no momento, sobre a possibilidade de o Controlador-Geral do Estado "aderir aos acordos de leniência já firmados por outras instituições públicas que permitam a obtenção de informações sobre atos lesivos praticados em face de órgãos ou entidades do Poder Executivo estadual se estiverem presentes as condições previstas no artigo 49 deste Decreto" (art. 46, §1º).

[565] Ana Frazão alerta para o mesmo problema potencial: "(...) é fundamental assegurar harmonia e congruência entre as iniciativas do Estado a exemplo dos acordos de leniência na seara anticorrupção, sob pena de não se gerar os devidos incentivos para a cooperação. Tal ponto é especialmente importante em se tratando dos atos de corrupção, em relação aos quais são diversas as autoridades a participarem dos acordos. Relembre-se, aqui, que atos de corrupção podem tanto ser investigados pelo Ministério Público na seara criminal e, assim, levados ao Judiciário, quanto pela Controladoria-Geral da União, responsável pela apuração, processo e julgamento das infrações administrativas da Lei Anticorrupção. É possível, ainda, que o agente seja réu de processo com base na Lei de Improbidade Administrativa, respondendo, portanto na esfera cível. Dessa maneira, há que se criar um sistema coerente que possa endereçar não apenas a responsabilidade administrativa em ambas as searas, mas igualmente a responsabilidade criminal. Em um passo seguinte, há que se pensar em que medida não é necessário que até mesmo a questão da responsabilidade civil faça igualmente parte dos referidos acordos, a fim de evitar distorções em que o leniente seja o maior prejudicado em supervenientes ações de indenização, como as que ocorreram no caso da Siemens, quando o estado de São Paulo e o Ministério Público de São Paulo ingressaram com pedidos de reparação civil em razão dos danos sofridos ao erário em razão de cartel em licitações de trem, tendo em vista a divulgação do acordo de leniência da empresa realizado no âmbito de inquérito administrativo no CADE". FRAZÃO, Ana.

A edição e aplicação intensa da Lei nº 12.846/2013, sob esse último aspecto, pode inclusive ser fator de desmotivação para a corrida pela delação do programa de leniência do CADE. Uma sociedade que, no bojo da sua prática cartelizada, incorre em atos lesivos à Administração, e que confesse perante a autoridade, será beneficiada pela isenção ou redução das penalidades administrativas concorrenciais (e as pessoas físicas, quanto aos crimes diretamente relacionados ao ilícito de competência do CADE). Todavia, caso não seja contemplada com alguma mitigação também em relação à Lei Anticorrupção, corre riscos de ter suas atividades econômicas seriamente comprometidas, por meio da aplicação das sanções desse último diploma. Poderia haver, para alguns potenciais colaboradores, a diminuição, por essa lógica, dos incentivos para reportar a sua conduta o quanto antes às autoridades, eis que seriam aumentados, sobremodo, os riscos decorrentes da colaboração com o CADE.

Desses cenários, perfeitamente plausíveis, percebe-se que a opção nacional pela multiplicação das esferas de responsabilização, em oposição a um modelo centralizador,[566] constitui um fator complicador

---

Direito antitruste e direito anticorrupção: pontes para um necessário diálogo. In: FRAZÃO, Ana (Org.). *Constituição, Empresa e Mercado*. Brasília: FD/UnB, 2017. p. 26.

[566] Há casos no direito comparado em que foram criadas agências anticorrupção justamente com a finalidade de centralizar as competências investigativas e sancionatórias quanto aos atos lesivos à Administração Pública. São denominadas agências anticorrupção instituições encarregadas de forma específica para o combate à corrupção. O modelo, inaugurado a partir de experiências internacionais tidas como frutíferas, como as de Singapura (Corrupt Pratices Investigation Bureau) e Hong Kong (Independent Comission Against Corruption), embora apresente variações quanto à forma de implementação e atribuições institucionais, pode ser identificado através dos seguintes aspectos: (i) independência política do ente; (ii) competências amplas tanto em matérias preventivas quanto repressivas à corrupção; e (iii) possibilidade de cooperação e integração com outros entes nacionais e internacionais que exerçam funções relativas aos esforços anticorrupção. A CGU, como ressalta Gustavo Justino de Oliveira, não goza nem da independência institucional (sendo órgão da Administração Pública direta), nem do monopólio ou concentração prioritária das funções que perpassam o combate à corrupção. Diz o autor que, "[p]or tudo isso, o sistema brasileiro de combate à corrupção caracteriza-se como um sistema multiagências, uma vez que há efetiva multiplicidade institucional no desempenho das atividades de fiscalização, investigação e punição da corrupção". OLIVEIRA, Gustavo Justino de. Controladoria-Geral da União: uma agência anticorrupção? In: PEREZ, Marcos Augusto; SOUZA, Rodrigo Pagani de (coord.). *Controle da administração pública*. Belo Horizonte: Fórum, 2017, p. 323-331. Veja-se também DOIG, Alan. *Good government and sustainable anti-corruption strategies*: A role for independent anti-corruption agencies?. Public Administration and Development, v. 15, n. 2, p. 151-165, 1995; SOUSA, Luis de. Anti-corruption agencies: between empowerment and irrelevance. Crime, law and social change, v. 53, n. 1, p. 14, 2010; MONTEIRO. Fernando Mendes. *Anti-Corruption Agencies*: solution or modern panacea. Lessons from ongoing experiences. Minerva Program: George Washington University. 2014. Apesar de algumas experiências comparadas apontarem para benefícios na criação de uma agência centralizadora das competências anticorrupção (para uma narrativa pormenorizada a respeito, ver KLITGAARD, Robert.

para a implementação ótima dos programas de leniência positivados, e que não pode, por isso mesmo, ser relegado a segundo plano. Esta temática se insere no contexto de dois fenômenos que são conhecidos no Direito Administrativo nacional: (i) o caráter reativo da produção normativa, marcada pela tentativa imediatista de implementação de nova legislação como resposta a problemas práticos, mas sem o devido cuidado na sua prévia discussão e harmonização com o sistema (processo em que se inclui a Lei Anticorrupção),[567] e (ii) a ausência de um devido sopesamento entre o binômio administração-controle no Poder Público, agravado pela aparente inexistência de um projeto de controle da Administração Pública coeso e predeterminado.[568]

Controlling corruption. Univ of California Press, 1988), há igualmente casos de insucesso da mesma estratégia. A Transparência Internacional, nesse viés, já indicou que "[e]xistem argumentos importantes a favor e contra a criação de uma agência dedicada à luta contra a corrupção (ACA). Evidências de outros países sugerem que a existência de uma agência anticorrupção não é suficiente para combater a corrupção com sucesso e, de fato, muitas agências anticorrupção 'não conseguem reduzir a venalidade do setor público em todas, exceto algumas circunstâncias especiais'. As ACAs só podem ser bem-sucedidas quando seu trabalho é conduzido por vontade política firme e a ACA é sustentada pela independência total" (tradução livre. TRANSPARENCY INTERNATIONAL. Corruption in the UK: overview and policy recommendations, 2011). Ver também OECD (2013), Specialised Anti-Corruption Institutions: Review of Models: Second Edition, OECD Publishing. Disponível em: http://dx.doi.org/10.1787/9789264187207-en. Acesso em: 10 jun. 2017.

[567] "(...) o Legislativo desempenhou importante função de editar leis que criaram novas ações, procedimentos, sanções, competências fiscalizatórias e sancionatórias, bem como outras ferramentas de efetivação do controle da Administração Pública. De um modo geral, essa legislação de controle adveio com a redemocratização. Porém, em grande medida esse arcabouço normativo resulta de um estilo de produção normativa, a *'legislação reativa'*. Diante de denúncias e crises de ética na esfera administrativa, o legislador tende a reagir aprovando a primeira proposta de lei que pareça sanear os costumes da Administração Pública. Exemplo categórico é o da Lei de Improbidade Administrativa (Lei nº 8.429/92), um claro posicionamento do Legislativo frente ao Caso Collor. Ou a Lei Anticorrupção (Lei nº 12.846/13), editada em consequência dos movimentos de junho de 2013. Em cenários mais sensíveis, que envolvem comoção da opinião pública, uma redação legislativa mais contundente e moralizante que enalteça a cultura do controle tende a prevalecer. Em prol da probidade administrativa, do interesse público, da ética pública e de outros valores tão relevantes quanto juridicamente indeterminados, são compiladas impressões em forma de instrumentos jurídicos para satisfazer em grau máximo o ideal de controle. Muitas – senão todas – as soluções jurídicas contidas na legislação de controle traduzem o voluntarismo do seu elaborador, aliado à cultura do controle a qualquer custo, sem análise prévia da real efetividade das medidas tomadas e dos custos envolvidos, vem como dos impactos sobre a governabilidade e sobre o pouco de segurança jurídica que ainda resta" (MARQUES NETO, Floriano Peixoto de Azevedo; PALMA, Juliana Bonacorsi de. Os sete impasses do controle da administração pública no Brasil. In: PEREZ, Marcos Augusto; SOUZA, Rodrigo Pagani de (coord.). *Controle da administração pública*. Belo Horizonte: Fórum, 2017. p. 22).

[568] "A Assembleia Nacional Constituinte não tinha um projeto com relação ao controle da Administração Pública mas apenas duas grandes diretrizes que se aplicam: (i) ampliação das instâncias de controle e (ii) robustecimento do controle da Administração Pública. Não se verificou um projeto de organização institucional para exercício harmônico das funções públicas, como a definição de que a Polícia investiga e o Ministério Público acusa

Como bem exposto por Floriano de Azevedo Marques Neto e Juliana Bonacorsi de Palma, um dos resultados práticos dessa conjunção de fatores é a ocorrência de conflitos competenciais que ensejam verdadeiras disputas de poder entre entes de controle, com resultados potencialmente perversos para a Administração Pública e para o cidadão. Esse seria exatamente o impasse que estaria ocorrendo nos acordos de leniência da Lei Anticorrupção:

> Logo após a edição da Lei Anticorrupção, uma disputa institucional entre Controladoria-Geral da União e Ministério Público Federal se instaurou em torno da titularidade do instrumento do acordo de leniência. Por um lado, a CGU com base no texto da lei afirmava ser, por determinação legal, titular da competência para celebração do acordo de leniência. Por outro lado, o MPF se insurgia contra essa interpretação, reafirmando a sua posição de liderança nas investigações de combate à corrupção. Mais do que a titularidade da competência para celebração de acordo de leniência, estava em jogo o poder institucional, ou seja, qual instituição dispõe de maior pode e, assim, colocar-se-ia à frente das demais nas atividades de investigação. Diante dessa disputa, o acordo de leniência da Lei Anticorrupção restava inutilizado, pois o acordo celebrado no âmbito da CGU não interdita a atuação do MP. Valendo-se da confissão da pessoa jurídica no acordo de leniência, o MP pode ajuizar ação civil pública ou ação de improbidade administrativa em face do leniente. Do mesmo modo, poderia o MP firmar um acordo (por exemplo, no bojo de uma delação premiada ou de um termo de ajustamento de conduta) e depois a CGU vir a declarar a empresa acoimada pelo *Parquet* como inidônea, por exemplo.[569][570]

(ainda que esta sequência seja hoje desafiada). Desse modo, a Constituição Federal não estabelece qualquer ordem de primazia no exercício da competência de controle do Poder Público entre as diversas instituições que concorrem entre si. Esse impasse pode gerara sérias consequências, comprometendo-se a segurança jurídica, a qualidade das apurações e a capacidade de a Administração efetivamente cumprir com suas missões públicas" (MARQUES NETO, Floriano Peixoto de Azevedo; PALMA, Juliana Bonacorsi de. Os sete impasses do controle da administração pública no Brasil. In: PEREZ, Marcos Augusto; SOUZA, Rodrigo Pagani de (coord.). *Controle da administração pública*. Belo Horizonte: Fórum, 2017, p. 32).

[569] MARQUES NETO, Floriano Peixoto de Azevedo; PALMA, Juliana Bonacorsi de. Os sete impasses do controle da administração pública no Brasil. In: PEREZ, Marcos Augusto; SOUZA, Rodrigo Pagani de (coord.). *Controle da administração pública*. Belo Horizonte: Fórum, 2017. p. 32

[570] Na mesma linha, é o que sustenta Carlos Ari Sundfeld: "[p]ara combater desvios, nosso direito público se valeu de leis autônomas e sobrepostas para distribuir as competências de investigação e de punição entre muitas autoridades, estas também sobrepostas. A ideia era fazer com que a atuação concomitante de controladores autônomos diminuísse o risco de os infratores escaparem ilesos. O ministério público pode ajuizar ações penais e cíveis, com base nas leis penais, na lei da improbidade ou na lei anticorrupção. Essas duas últimas leis preveem indenização, multas e proibição temporária de as empresas infratoras contratarem

A superação do entrave exposto acima, ainda para os autores, não viria de uma única medida. Passaria, necessariamente, pelo amadurecimento institucional dos controladores para que estes buscassem agir eficiente e cooperativamente, bem como por uma mudança cultural quanto ao controle da Administração Pública. Na síntese de Ragazzo e Mohallem:

> Apesar das alterações legislativas recentes, fica claro que há espaço para melhorias nos mecanismos institucionais necessários para garantir a sua efetiva implementação. E isso é diferente de afirmar que faltam instituições encarregadas de combate à corrupção no Brasil. Ministério Público, Polícia Federal, Controladoria-Geral da União, tribunais de contas são só alguns dos órgãos com essa competência. Da mesma forma que se multiplicaram legislações com efeitos sobre a corrupção, também se tornou, cada vez mais, uma empreitada verdadeiramente multi-institucional. Os esforços de cooperação entre as instituições relevantes se tornam, assim, cada vez mais fundamentais. Dependem delas a coordenação das ações, que se evite repetições e desperdícios e que se empreenda a necessária abordagem multissetorial e multifocal, alcançando todos os níveis da Federação, em ações priorizadas. Não basta que apenas aqueles órgãos com maior destaque na mídia, como o MPF, atuem no combate à corrupção — é necessária *uma whole of government approach*.[571]

É mister deixar claro, entretanto, que os desentendimentos ocorridos entre as autoridades não necessariamente denotam uma tentativa racional de diminuir a utilidade dessa ferramenta, ou de deslegitimá-la. Cada um dos entes pode, simplesmente, estar colocando à frente dos demais interesses em jogo (ou tentando resguardar) a sua própria competência, por entenderem-na insuficientemente tutelada

---

com a administração. Em paralelo, o tribunal de contas da União (TCU), usando sua própria lei, também pode impor a proibição de contratar. Mas isso não é tudo. A lei anticorrupção e as várias leis de licitação (a 8.666/93, a lei do pregão, a lei do regime diferenciado de contratações e a recente lei das estatais) dão a autoridades administrativas poderes de sancionar particulares, com multas e até inidoneidade. Como a prioridade dessas leis era só multiplicar os controles, elas não quiseram articular as competências todas. A aposta era que os próprios acusados se defenderiam, em cada caso, contra eventuais incoerências ou excessos das autoridades. Com isso o legislador subestimou o risco de os controladores entrarem em conflito e, querendo ou não, sabotarem uns aos outros". (SUNDFELD, CARLOS ARI. *Controle sabotando o controle*. JOTA. Coluna Controle Público, São Paulo, 22 mar. 2017)

[571] MOHALLEM, Michael; RAGAZZO, Carlos Emmanuel Joppert. *Diagnóstico institucional*: primeiros passos para um plano nacional anticorrupção. Rio de Janeiro: Escola de Direito do Rio de Janeiro da Fundação Getúlio Vargas, 2017. 159 p, p. 146. Disponível em: http://bibliotecadigital.fgv.br/dspace/handle/10438/18167. Acesso em: 03 dez. 2017.

(ou mesmo preterida),[572] ou em razão de alguma sorte de "visão de túnel" quanto a ela.[573] [574] O TCU, por essa lógica, buscaria tutelar o ressarcimento ao erário, ainda que isto pudesse obstaculizar em alguma o efetivo cumprimento ou a celebração de novos acordos, enquanto o Ministério Público teria sempre em mente eventuais choques entre os programas de leniência e suas competências constitucionais em matéria criminal e cível. Os reveses institucionais poderiam, ademais, sobrevir de certa incompreensão sobre os fundamentos teóricos do próprio instituto da leniência, em razão da sua relativa novidade no pensamento e prática jurídica brasileira.

Veja-se que o debate em tela não é meramente teórico: tanto TCU quanto MPF já se manifestaram no sentido de que o acordo de leniência celebrado pela CGU deveria contar com a participação, nas negociações, de representantes de cada um desses órgãos.

O TCU, como mencionado, editou inclusive a (hoje revogada) Instrução Normativa nº 74/2015, que será objeto de debate mais à frente.

No que tange ao Ministério Público Federal, vale frisar a existência do Estudo Técnico nº 01/2017 – 5ª CCR.[575] Segundo tal estudo, por conta da transversalidade do programa de leniência prevista na Lei Anticorrupção, decorrente da "heterogeneidade das situações em que estão a pessoa jurídica infratora, como parte privada disposta a

---

[572] Em comunicação proferida pelo Ministro Benjamin Zymler sobre as conclusões do Grupo de Trabalho instituído pela Portaria-TCU nº 55/2014, com o objetivo de, em conjunto com a CGU, "buscar soluções para que a aplicação da Lei nº 12.846/2013 (Lei Anticorrupção) ocorra em harmonia com as competências do Tribunal de Contas da União", o Ministro destacou "o fato de ter sido noticiado na mídia a instituição de grupo de trabalho para regular eventuais acordos de leniência com empresas investigadas na operação investigatória denominada 'Lava Jato'", que seria integrada pela AGU, CGU, CADE e MPF. Segundo o Ministro "chama a atenção o fato de o Tribunal de Contas da União não ter sido convidado a integrar tal grupo". (Disponível em: http://www.tcu.gov.br/Consultas/Juris/Docs/CONSES/TCU_ATA_0_N_2014_49.pdf.)

[573] "Exceto pelos poucos profissionais que crescem além de seu campo, o mundo real é visto como [quem está em] um submarino através de um periscópio cuja direção é fixa e imutável" (MOSHER, Frederick C. *Democracy and the public service*. Oxford University Press on Demand, 1982. p.118.)

[574] Não se pode, contudo, desprezar o possível aporte da *public choice theory* como norte para a análise das decisões administrativas. Segundo alertam Mercuro e Medema, os agentes públicos, enquanto maximizadores do próprio bem-estar, podem ter incentivos para, quanto em competição com outros burocratas por financiamento, poder ou reconhecimento, agirem de maneira mais expansionista do o necessário para a tutela do interesse público (ver MERCURO, Nicholas; MEDEMA, Steven G. *Economics and the Law:* From Posner to Postmodernism and Beyond. 2. ed. Princeton: Princeton University Press, 2006., p. 186-191). Trata-se de perspectiva eminentemente pessimista da ação estatal.

[575] Disponível em: http://www.mpf.mp.br/atuacao-tematica/ccr5/coordenacao/grupos-de-trabalho/comissao-leniencia-colaboracao-premiada/docs/Estudo%20Tecnico%2001-2017.pdf.

colaborar, de um lado, e a Administração Pública, de outro", a negociação de um acordo deveria contemplar um termo único, transversal, que considerasse "os interesses dos celebrantes e, especialmente, os do ente estatal considerado amplamente e não em razão de cada uma de suas expressões funcionais ou orgânica". A possibilidade de repercussões penais desses instrumentos, aliada à eventualidade de a cooperação demandar ações controladas, quebras de sigilos, e buscas e apreensões, tornaria premente a participação do *Parquet* na celebração dos acordos, de modo a conferir a estes a devida segurança jurídica.[576]

Apesar da crítica que ora se coloca, o sistema dito multiagências, mesmo que potencialmente mais complexo quanto à sua implementação, não é, *per se*, necessariamente ilegítimo, podendo oferecer resultados benéficos. Aparentemente, já houve pelo menos um momento, sob a égide da Lei Anticorrupção, em que o mesmo aspecto de justaposição institucional gerou, à primeira vista, efeito positivo. Trata-se da não homologação de acordo de leniência negociado entre CGU, AGU, Petrobrás, MPF e as sociedades SBM Offshore SBM Holding, pela 5ª Câmara de Coordenação e Revisão do Ministério Público Federal – 5ª CCR/MPF, em setembro de 2016.[577]

---

[576] Estudo Técnico nº 01/2017 – 5 ª CCR, Ministério Público Federal, p. 61-62. Mais à frente, reitera-se a imprescindibilidade da participação do MPF, na visão ministerial: "À luz dos ditames constitucionais, portanto, não há qualquer perspectiva lógica e sistemicamente adequada que indique como proceder à celebração de acordos de leniência sem a participação efetiva do Ministério Público. Medida oposta, que busque afastar o acompanhamento e o controle ativo ministerial durante a negociação e formalização de avença deste tipo, em caso de sua condução e realização isolada por órgãos de controle do Poder Executivo, por exemplo, debilita e atinge indevida e ilegitimamente a persecução penal do Estado. Nos termos do artigo 129, I, da Constituição Federal, o Ministério Público é o dominus litis da ação penal, de modo que toda e qualquer providência, em sede de apuração de ilícitos e infrações de qualquer natureza, que tenha, direta ou reflexamente, repercussão de caráter penal, depende da participação efetiva do órgão acusatório. Na esfera do direito sancionador anticorrupção, por seu turno, é certa a repercussão criminal dos fatos apurados, dada a própria natureza de tais ilícitos, como se verifica de simples leitura do texto do artigo 5º e incisos da LAC, na descrição tipológica das condutas abrangidas. As irregularidades e atos lesivos ali relacionados, praticados em prejuízo da Administração Pública nacional ou estrangeira, não deixarão de poder configurar, também e invariavelmente, ilícitos penais, cuja titularidade exclusiva para imposição das competentes sanções é do Ministério Público e do Judiciário, sendo inadmissível que sejam postos à margem das fases de detecção e seleção d casos atribuídos a seu exercício funcional típico, o qual, dada a independência que os distingue institucionalmente, é juridicamente estabelecido e operado pela autodeterminação interna do próprio sistema de Justiça, que, sem outra subordinação, além das constitucionais e legais, define e afirma suas competências, sob pena de subversão do princípio democrático da separação dos poderes" (p. 64).

[577] O acordo em questão foi apenas chancelado pelo MPF em 2018. Veja-se: Depois de três anos, SBM Offshore fecha acordo de leniência com governo. Disponível em: https://www.conjur.com.br/2018-jul-26/sbm-offshore-fecha-acordo-leniencia-governo-federal; e MPF firma novo acordo de leniência com a SBM Offshore. Disponível em: http://www.mpf.mp.br/

Nos termos da decisão, ao menos na visão dos Subprocuradores-Gerais da República que analisaram a minuta, haveria algumas desconformidades no acordo proposto. Indicou-se, a saber: (i) a quitação total à pessoa jurídica sem que houvesse apuração do dado ao erário de fato produzido; (ii) a ausência de claros benefícios para a investigação decorrentes do acordo; e (iii) ausência de efetivo reconhecimento da prática de ilícitos pela signatária.[578] [579]

Após a avaliação negativa do *Parquet*, o acordo de leniência em questão voltou a ser discutido, inclusive no âmbito do TCU.[580] Ainda que o imbróglio sirva mais uma vez para ilustrar a falta de harmonização institucional decorrente da disciplina lacônica da Lei Anticorrupção, naquele caso concreto, pelo menos à luz das considerações do Ministério Público Federal, não ficava claro o necessário rigor com os critérios e fundamentos do programa de leniência. E, como dito ao longo do presente estudo, um dos objetivos primários dos acordos de leniência é justamente a obtenção de informações que de outro modo estariam inacessíveis ao Estado.

Outro ponto digno de nota é que esse precedente indica uma tentativa, ainda estágio inicial, de coordenação entre as instâncias de controle interessadas, com a participação de múltiplos atores na mesa

---

rj/sala-de-imprensa/noticias-rj/mpf-firma-novo-acordo-de-leniencia-com-a-sbm-offshore. Acesso em: 10 mar. 2019.

[578] A íntegra dos votos está disponível em: http://www.mpf.mp.br/pgr/documentos/acordo_leniencia_smb.pdf. Acesso em: 08 jan. 2018).

[579] Em nota à imprensa disponibilizada pela CGU a respeito das conclusões da 5ª CCR/MPF, o órgão justificou sua posição, reafirmando que, no seu entender, o acordo teria observado integralmente os requisitos legais, mas que disse também que: "[o] Ministério da Transparência reconhece a inequívoca competência do Ministério Público em rever os termos no acordo de leniência no âmbito de suas competências, seja com base no seu poder de investigação criminal, na Lei de Improbidade, na Lei de Organização Criminosa, na Lei da Ação Civil Pública e outros normativos jurídicos. Na mesma linha de entendimento, o Ministério também reconhece as competências constitucionais do Tribunal de Contas da União, tendo disponibilizado total acesso aos autos, com vista ao integral acompanhamento dos procedimentos adotados. Neste momento, equipes do TCU encontram-se no MTFC realizando análise de procedimentos de Acordo de Leniência, um deles inclusive, o da SBM". Disponível em: http://www.cgu.gov.br/noticias/2016/09/nota-a-imprensa-acordo-de-leniencia-com-a-sbm-offshore.

[580] Em fevereiro de 2017, o então Ministro Transparência, Fiscalização e Controle, Torquato Jardim, concedeu entrevista na qual manifestava que o acordo sairia do papel "algum dia", bem como que "um dos motivos do impasse é que cada instituição envolvida aplica a leniência de determinada forma: a Controladoria-Geral da União (termo que ele ainda utiliza, apesar da mudança que criou o Ministério da Transparência) pode abrandar multas ou atenuar a proibição de que a empresa envolvida feche novos contratos com a administração pública, enquanto a AGU tenta ressarcir os cofres públicos e o MPF quer responsabilizar os envolvidos". Reportagem disponível em: https://www.conjur.com.br/2017-fev-22/descompasso-entre-mpf-cgu-agu-freia-leniencia-lava-jato.

de negociações, mesmo no silêncio da lei (CGU, AGU, MPF e o ente estatal lesado, *in casu*, a Petrobras).[581] Efetivamente, as muitas instituições envolvidas parecem estar incorporando, cada vez mais, a ideia de que para o sucesso dos programas de leniência é imprescindível uma atuação coerente e coordenada da Administração Pública, sob pena de inutilizar-se o instituto. As tentativas em questão não são, em absoluto, indenes de falhas, consistindo apenas em passos iniciais.

É possível indicar, nesse viés, pelo menos três movimentos com esse objetivo cuja análise mais pormenorizada parece pertinente:

(i) A edição da Portaria Interministerial nº 2.278/2016, entre a CGU e a AGU, que busca coordenar a atuação dos dois órgãos durante a negociação dos acordos de leniência de competência do primeiro ente;
(ii) A crescente preocupação do TCU em resguardar a lógica premial dos acordos de leniência também nos processos administrativos de sua competência;
(iii) A prática adotada pelo Ministério Público Federal, no sentido de celebrar, ele mesmo, acordos *sui generis* (a que denominou, também de "leniência") que englobem outras esferas de responsabilização que pudessem infirmar a atratividade do programa de leniência da CGU (*e.g.* sanções decorrentes da Lei de Improbidade Administrativa, efeitos criminais, e interface com outros entes de controle, como o CADE).

Mostra-se útil discorrer brevemente sobre cada um desses esforços supramencionados.

---

[581] Em seu *site*, a CGU disponibilizou um "passo a passo" dos seus acordos de leniência, no qual explica sua relação com as demais instituições, às quais se refere como seus "parceiros constitucionais". Segundo o guia da CGU, "[a]pesar de o legislador atribuir a responsabilidade pela realização dos acordos de leniência somente à CGU, esta tem atuado em conjunto e de forma coordenada com outras instituições. Nesse sentido, em primeiro lugar, a CGU viabilizou o acesso integral do processo de negociação às equipes de auditoria do TCU. Assim, para cada caso de negociação, a equipe técnica do TCU, credenciada e comprometida com confidencialidade, tem acesso *on line* a todos os documentos relacionados à negociação, o que permite um acompanhamento contínuo de cada etapa do processo. Em segundo lugar, considerando especialmente a atribuição da AGU para a propositura de ações de improbidade em relação aos ilícitos objeto dos possíveis acordos, ambas as instituições firmaram portaria conjunta para regular os trâmites procedimentais do acordo e para permitir a participação da AGU nas comissões de negociação, o que garante maior segurança jurídica a todo o processo. Há que ressaltar que a CGU se encontra à disposição do MPF e do TCU para formalizar mecanismos para o mesmo fim, inclusive para ensejar a participação de seus integrantes nas comissões de negociação" Disponível em: http://www.cgu.gov.br/assuntos/responsabilizacao-de-empresas/lei-anticorrupcao/acordo-leniencia/passo-a-passo. Acesso em: 10 nov. 2017.

6.1.1 A Portaria Interministerial nº 2.278/2016

Apesar de não haver, na Lei nº 12.846/2013, alusão à participação da AGU nos acordos de leniência de atribuição da CGU, a íntima relação entre os interesses e competências institucionais desses dois órgãos levou à celebração conjunta da Portaria Interministerial nº 2.278/2016, que revogou a parte relativa aos acordos de leniência anteriormente regulada pela Portaria CGU nº 910/2015.

Noutras palavras, a CGU substituiu, dessa forma, anterior normatização, editada unilateralmente, por um diploma que deixasse mais clara a forma de cooperação interinstitucional a ser realizada, e que explicitasse, aprioristicamente, que um representante indicado pela AGU deveria compor a mesa de negociações do programa de leniência anticorrupção, aumentando a segurança jurídica dos proponentes desses acordos ao menos quanto aos efeitos e vinculação daqueles dois órgãos.

No anterior modelo, a Portaria CGU nº 910/2015 indicava que, uma vez apresentada a proposta de acordo de leniência, o Secretário-Executivo da CGU designaria, por despacho, comissão responsável pela condução da negociação do acordo, composta por no mínimo dois servidores públicos efetivos e estáveis (art. 29, I).

Em contraste, o atual sistema da Portaria Interministerial nº 2.278/2016 determina que o Secretário-Executivo da CGU, após recebida a proposta de acordo de leniência, comunicará à Advocacia-Geral da União, que indicará um ou mais advogados públicos para comporem a comissão de negociação de eventual acordo de leniência, juntamente com, no mínimo, dois servidores públicos efetivos e estáveis da CGU (art. 3º, §2º e art. 4º, I da Portaria). O Secretário-Executivo da CGU poderá ainda solicitar a indicação de servidor ou empregado do órgão ou entidade lesados para integrar a comissão.

É interessante ver que a norma em comento realizou certa divisão de tarefas internamente à comissão de negociação, em razão das atribuições institucionais precípuas de cada órgão, atribuindo aos membros indicados pela AGU a avaliação concernente à vantagem e procedência da proposta da empresa em face da possibilidade de propositura de eventuais ações judiciais (art. 5º, §4º). A mesma norma também permite, aparentemente, que a celebração do acordo seja rechaçada pela AGU, o que, pelo menos à luz da redação do seu art. 7º, parágrafo único da, culminaria na sua não celebração também pela CGU.[582]

---

[582] Art. 7º O relatório a que se refere o inciso VI do caput do art. 5º desta Portaria será enviado concomitantemente ao Ministro da Transparência, Fiscalização e Controladoria-Geral da União – CGU e ao Advogado-Geral da União com informações sobre a admissão do ilícito,

Conquanto esta não seja a forma de organização institucional que melhor maximize a segurança jurídica das partes envolvidas (que, idealmente, deveria contar com agentes pré-determinados e não indicados caso a caso, e que gozassem de maior distanciamento quanto a eventuais influências políticas),[583] a participação ativa da AGU serve para assegurar o particular-proponente quanto a eventuais questionamentos judiciais e interpretações conflitantes entre aquele órgão e a CGU.[584]

Desde o primeiro caso de acordo de leniência celebrado desde o início da vigência da Lei Anticorrupção (que tem como signatária a sociedade UTC Engenharia),[585] os termos celebrados em âmbito federal

---

a colaboração efetiva da pessoa jurídica, o compromisso de compliance e, se for o caso, também, a quantificação da multa e a reparação do dano.
Parágrafo único. A decisão sobre a celebração do acordo de leniência caberá ao Ministro da Transparência, Fiscalização e Controladoria-Geral da União – CGU e ao Advogado-Geral da União.

[583] É o que também ressaltam Mohallem e Ragazzo: "a partir de nova troca de comando no governo federal, a CGU foi mais uma vez renomeada. A partir da Medida Provisória nº 726/2016, convertida na Lei nº 13.266/2016, passou a se chamar Ministério da Fiscalização, Controle e Transparência, embora as disposições legais aplicáveis continuem semelhantes. Não se sugere, no entanto, que as formas de atuação desse órgão não tenham evoluído ao longo dos últimos quinze anos. De fato, ampliou suas funções para incluir, além do combate à corrupção stricto sensu, o monitoramento de políticas públicas, a promoção da transparência e a mobilização da sociedade civil, pela capacitação de organizações para o exercício do controle social. Soma-se a estas um papel político, de defensor não só da Lei de Acesso à Informação, como também do financiamento público eleitoral (Loureiro et al., 2012, p. 65). Além disso, assumiu importante papel relacionado a iniciativas internacionais, como a do Governo Aberto, que será detalhada nos próximos capítulos. A questão é que essas transformações não implicaram uma institucionalização que viesse a proteger a CGU de eventuais oscilações políticas. Exemplo disso foi o temor que a sua renomeação, em 2016, implicasse seu enfraquecimento institucional ou a perda de suas funções (Freire, 2016). A preocupação sinalizada pela OEA (2012, p. 15), de que sejam garantidos os recursos financeiros e humanos necessários ao funcionamento da CGU, sinaliza que essas oscilações políticas podem se manifestar pela mais discreta via da atribuição orçamentária" (MOHALLEM, Michael; RAGAZZO, Carlos Emmanuel Joppert. *Diagnóstico institucional:* primeiros passos para um plano nacional anticorrupção. Rio de Janeiro: Escola de Direito do Rio de Janeiro da Fundação Getúlio Vargas, 2017. 159 p, p. 44. Disponível em: http://bibliotecadigital.fgv.br/dspace/handle/10438/18167. Acesso em: 03 dez. 2017).

[584] "Essa atuação conjunta da CGU e da AGU visa, em última instância, dar maior segurança jurídica ao instituto do Acordo de Leniência e aos que colaboram com a persecução do Estado, amplificando as descobertas de ilícitos, mas alcançando também outras esferas de responsabilidade (cível e administrativa), pois mesmo não sendo possível vincular a atuação de outros órgãos – MP e TCU – há uma mitigação dos riscos de aplicação de sanções aos colaboradores em outras esferas, já que há cláusulas nos acordos que preveem a possibilidade de adesão de outras autoridades ao acordo (com compromisso de não utilização das provas contra os colaboradores), além do estabelecimento do dever à União de defender os termos do Acordo em qualquer esfera ou grau de jurisdição" (Parecer nº 00287/2018/CONJUR-CGU/CGU/AGU).

[585] Outros acordos foram celebrados até o momento, com a denominação de "leniência", mas que, por não terem seguido o rito estipulado pelo art. 16 da Lei Anticorrupção, não podem ser considerados de fato manifestações do programa de leniência daquela norma. É o que

pela CGU vêm sendo assinados de maneira conjunta pela CGU e pela AGU, consoante ao que dispõe a Portaria Interministerial nº 2.278/2016.[586]

6.1.2 A posição do TCU quanto aos acordos de leniência e colaborações premiadas

O silêncio da Lei Anticorrupção sobre a necessidade de manifestação das Cortes de Contas anteriormente à celebração dos acordos ensejou acirradas discussões doutrinárias e práticas.

A interpretação do TCU quanto às suas próprias competências gerou a edição, por este último órgão, da Instrução Normativa nº 74/2015, hoje já revogada.[587] [588] Entendendo-se competente para realizar, previamente à celebração dos acordos pela CGU, a fiscalização destes, o TCU disciplinou um procedimento de acompanhamento dos acordos de leniência. Segundo as considerações que embasavam a referida Instrução

---

vem ocorrendo quanto aos acordos celebrados exclusivamente com o Ministério Público Federal.

[586] Os acordos celebrados podem ser conferidos no sítio eletrônico da CGU. Até o presente momento, foram celebrados 6 acordos com pessoas jurídicas de direito privado, resultando na recuperação de R$6,06 bilhões aos cofres públicos brasileiros. A CGU informa, ainda, que há mais 19 acordos em andamento, que não podem ser divulgados até sua conclusão, como medida para o alcance do resultado útil das investigações (Disponível em https://www.cgu.gov.br/assuntos/responsabilizacao-de-empresas/lei-anticorrupcao/acordo-leniencia. Acesso em 02.03.2019). Mais recentemente, viu-se, ainda, a tentativa de incorporar o Ministério Público como interveniente nos acordos, a exemplo do que foi feito na negociação travada com as agências de publicidade MullenLowe Brasil e FCB Brasil.

[587] A norma foi expressamente revogada pela Instrução Normativa nº 83/2018.

[588] Para uma análise pormenorizada sobre as competências do TCU, veja-se: ROSILHO, André Janjácomo. *Controle da Administração Pública pelo Tribunal de Contas da União*. 2016. 358 f. Tese (Doutorado) – Faculdade de Direito, Universidade de São Paulo, 2016. Na opinião do autor: "[s]e no âmbito do seu regimento interno o Tribunal praticamente se restringiu a repetir o teor da LOTCU [Lei Orgânica do TCU], há casos em que a Corte de Contas, via edição de instruções normativas, acabou expandindo seu campo de atuação no ambiente sancionatório para além dos limites que lhe foram fixados pela legislação. Refiro-me especificamente à IN 47, editada em 11 de fevereiro de 2015 e voltada à disciplina do processo de celebração do acordo de leniência a que se refere a lei 12.846, de 1º de agosto de 2013 – Lei Anticorrupção. (...). Decorre da Constituição (arts. 70 e 71) e das normas da LOTCU a competência do Tribunal para: 1) requisitar para exame o acordo de leniência celebrado; 2) emitir declaração sobre a validade do acordo; e 3) aplicar sanções legais aos responsáveis na hipótese de considerar a existência de irregularidade no acordo. Isso não quer dizer, contudo, que o TCU teria competência própria para anular acordos de leniência já celebrados. (...) O que se nota é que o Tribunal, calcado em motivação justa (disciplinar procedimento voltado a fiscalizar acordo sobre tema que tangencia suas competências), acabou editando diploma normativo que, na prática, 'deu' ao TCU poder que não lhe for a conferido pela Constituição, pela LOTCU ou pela Lei Anticorrupção (aprovar ou rejeitar minutas de acordos de leniência, participar da elaboração dos seus termos, etc.). Tudo indica, assim, que o Tribunal tenha se valido da zona de incerteza criada pela legislação para 'interpretá-la' de modo a fortalecê-lo" (p. 191-194).

Normativa, o processo de celebração dos acordos de leniência estaria abarcado pelas competências do TCU "por não afastar a reparação de dano ao erário".[589] De acordo com aquela Instrução Normativa, a autoridade responsável pela celebração do acordo de leniência deveria encaminhar ao TCU a documentação arrolada naquela norma antes da efetivação do acordo,[590] no que se incluía a manifestação da pessoa jurídica interessada em cooperar e a proposta de acordo com os termos negociados pelas partes. Havia também disposição de que deveriam ser encaminhados ao TCU, na forma e nos prazos estabelecidos pelo Relator do processo, "quaisquer outros que sejam necessários ao acompanhamento e à fiscalização dos acordos de leniência celebrados pela administração pública federal" (art. 2º, §2º da IN nº 74/2015).

A discussão tornou-se ainda mais complexa quando sobreveio alteração (atualmente não mais vigente) da Lei Anticorrupção por meio da Medida Provisória nº 703/2015, cuja redação dispunha que o acordo seria encaminhado ao respectivo Tribunal de Contas após ter sido assinado, para que a Corte de Contas pudesse, então, instaurar procedimento administrativo contra a pessoa jurídica celebrante, para

---

[589] O jornal *Folha de S. Paulo* noticiou impasse entre TCU e Ministério Público Federal no tocante aos acordos de leniência, mais especificamente em relação ao cálculo dos danos ao erário a serem ressarcidos. Houve, segundo a reportagem, divergências entre os valores calculados pelo MPF e aqueles apurados pelo TCU (Impasse entre TCU e procuradores ameaça acordos com empresas. *Folha de São Paulo*, 13 out. 2016. Disponível em: http://www1.folha.uol.com.br/mercado/2016/10/1822317-impasse-entre-tcu-e-procuradores-ameaca-acordos-com-empresas.shtml. Acesso em: 18 out. 2016).

[590] Parte das objeções direcionadas à atuação preventiva ou concomitante do TCU quanto aos acordos de leniência são assim sintetizadas por Francisco Alves: "o ato de celebração do acordo de leniência não é apto a gerar, por si só, perda, extravio ou outra irregularidade de que resulte prejuízo ao erário público, uma vez que não é possível, por meio dele, reduzir ou isentar a pessoa jurídica do pagamento do dano causado à administração pública em virtude do ato ilícito praticado. (...) Ademais, o TCU não controla a legalidade do processo administrativo de aplicação da sanção, ou seja os diversos atos praticados no âmbito da competência sancionatória atribuída à administração pública. (...) Além de ter fixado indevidamente a jurisdição do TCU sobre os acordos de leniência, a Instrução Normativa-TCU 74/2015 instituiu modalidade de controle prévio, o qual se mostra incompatível com o regime constitucional vigente" (ALVES, Francisco S. M. Análise da Juridicidade do Controle dos Acordos de Leniência da Lei Anticorrupção Empresarial pelo Tribunal de Contas da União. *Revista da AGU*, v. 17, n. 2, 2018, p. 170-173). Em sentido diverso, compreendendo que "o TCU, no âmbito de suas competências constitucionais e legais, não apenas é legítimo para exercer o controle dos acordos de leniência firmados na esfera federal, como, por meio de sua atuação integrativa e colaborativa com os demais órgãos, exerce importante papel para o êxito do instituto", veja-se ALBUQUERQUE, Marcio André Santos de. *O papel do Tribunal de Contas da União nos acordos de leniência firmados sob a égide da Lei 12.846, de 1º de agosto de 2013*. 2017. 91 f. Dissertação (Mestrado Profissional em Administração Pública) – Instituto Brasileiro de Direito Público (IDP), Brasília, 2017.

apurar prejuízo ao erário, caso entendesse que o valor constante do acordo não atenderia à reparação integral do dano. A determinação do TCU quanto ao encaminhamento àquela Corte de todas as informações referentes à negociação de possíveis acordos de leniência em curso na CGU no prazo de vinte e quatro horas, como "cópias das atas de reuniões e de todos os documentos produzidos até o momento, incluindo, se for o caso, cópia integral dos processos administrativos (...)",[591] culminou, por parte da CGU, na impetração do Mandado de Segurança nº 34031-DF, de Relatoria do Min. Gilmar Mendes, no Supremo Tribunal Federal. Naqueles autos, houve a concessão da medida liminar, suspendendo-se a determinação de apresentação imediata dos documentos requisitados. Todavia, ante a revogação do ato tido por coator, o *writ* foi julgado prejudicado.[592]

A Instrução Normativa nº 74/2015 transformou, na prática, a aprovação, pelo TCU, de cada uma das etapas da celebração dos acordos – etapas essas delineadas pelo próprio TCU– em condição de eficácia para a etapa subsequente das tratativas realizadas pela CGU.[593] [594] O art. 4º do diploma, por sua vez, afirmava que o descumprimento dos prazos para a submissão da documentação referente à negociação dos acordos, assinados no art. 2º da instrução normativa, sujeitava a autoridade à multa prevista no art. 58, inciso IV, da Lei nº 8.443/92.[595]

---

[591] MS 34031 MC, Relator: Min. GILMAR MENDES, julgado em 22.02.2016, publicado em Processo Eletrônico DJe-036 Divulg 25.02.2016 Public 26.02.2016.
[592] Esse tema será retomado no Capítulo 6.
[593] Art. 3º A apreciação do Tribunal sobre as etapas que compõem a celebração de acordos de leniência, descritas no art. 1º, dar-se-á em Sessão Plenária Extraordinária Reservada e constituirá condição necessária para a eficácia dos atos subsequentes.
[594] Para Valdir Moysés Simão e Marcelo Pontes Vianna, o TCU, "desejando ou não", moveu para si, o protagonismo nos acordos, em razão dessa norma (SIMÃO, Valdir Moysés; VIANNA, Marcelo Pontes. *O acordo de leniência na lei anticorrupção:* histórico, desafios e perspectivas. São Paulo: Trevisan, 2017. p.180)
[595] Esses dispositivos, e mesmo a própria edição da norma em exame, foram objeto de críticas pela doutrina. André Rosilho, por exemplo, assevera que "[o] Tribunal tem competência para fiscalizar atos e contratos (art. 71, IX e X e §§1º e 2º da Constituição). Não lhe compete, contudo, fiscalizar (e muito menos aprovar ou rejeitar) minutas de acordos que sequer foram publicadas, sob pena de imiscuir-se em seara própria do Executivo (praticar atos, celebrar contratos e formular acordos). Não é por outra razão que a Lei de Licitações, em seu art. 113, diz que os tribunais de contas poderão solicitar para exame 'cópia de edital de licitação já publicado' (e não minuta de edital em processo de elaboração). O TCU é instituição de controle (em regra a posteriori); não é instância de revisão geral de atividades administrativas" (ROSILHO, André. Poder Regulamentar do TCU e o Acordo de Leniência da Lei Anticorrupção *in Direito do Estado*, ano 2016, n.133. Disponível em: http://www.direitodoestado.com.br/colunistas/Andre-Rosilho/poder-regulamentar-do-tcu-e-o-acordo-de-leniencia-da-lei-anticorrupcao. Acesso em: 14 ago. 2017.

Fundado nesse mesmo entendimento, o TCU tem manifestado convicção no sentido de que lhe seria possível "verificar a legalidade, a legitimidade e a economicidade dos acordos de leniência" (Acórdão nº 1207/2015-Plenário).

No Acórdão nº 0824/2015-Plenário,[596] a Corte sustentou que essa análise perpassaria a verificação sobre a efetiva colaboração da pessoa jurídica, o cumprimento dos requisitos legais para a celebração contidos na Lei Anticorrupção e o risco de a realização do acordo representar prejuízo para as investigações em outras esferas de responsabilidade. Mais recentemente, a mesma Corte de Contas reiterou a sua posição quanto à inoponibilidade a si própria das cláusulas de sigilo pactuadas em colaborações premiadas e acordos de leniência ao TCU.[597]

Como consequência, foi noticiado na imprensa que, em sessão sigilosa, o TCU teria determinado à CGU a alteração de termos de acordos de leniência então em negociação com empreiteiras. Conforme relatado, o TCU teria entendido pela existência de inconsistências entre as minutas e os requisitos legais para a celebração desses acordos, como o fato de as pessoas jurídicas terem sido procuradas pela CGU (e não o contrário), a limitação do tempo de cooperação ao prazo de dois anos e a ausência de verificação do critério de primazia.[598]

Na atual conjuntura, aparentando maior consciência quanto às finalidades e requisitos dos acordos de leniência, o TCU revogou a normatização anterior, que condicionava a eficácia de cada fase de

---

Ana Paula de Barcellos faz uma pertinente crítica quanto à legalidade da IN nº 74/2015, tendo em vista considerar que os acordos de leniência não envolvem a utilização de recursos públicos federais. Seriam atos de natureza sancionadora cuja realização não se enquadraria dentre as vocações constitucionais dos tribunais de contas. (BARCELLOS, Ana Paula de. *Submissão de acordos de leniência ao TCU necessita de esclarecimentos*. CONJUR, São Paulo, 23 de fevereiro de 2015. Disponível em: http://www.conjur.com.br/2015-fev-23/ana-barcellos-submissao-acordos-leniencia-tcu-gera-duvidas. Acesso em: 23 set. 2016.

[596] Tribunal de Contas da União. TC 003.166/2015-5. Natureza: Representação. Unidade: Controladoria-Geral da União (CGU). Interessados: Procuradoria-Geral da República (PGR); Advocacia-Geral da União (AGU); e Conselho Administrativo de Defesa Econômica (CADE). Disponível em: http://www.tcu.gov.br/Consultas/Juris/Docs/judoc/Acord/20150507/AC_0824_13_15_P.do. Acesso em: 5 out. 2016.

[597] O Enunciado constante do Boletim de Jurisprudência nº 195 de 2017, e fruto do entendimento externado no Acórdão 2342/2017 Plenário (Relator Ministro-Substituto Augusto Sherman) é o seguinte: "A existência de cláusulas em acordos de leniência ou de colaboração premiada que vedem o compartilhamento de provas neles produzidas para utilização nas esferas cíveis e administrativas em prejuízo do colaborador não afasta as competências constitucionais e legais do TCU e, portanto, não impede que a Corte de Contas proceda à citação do colaborador, com fundamento em tais provas, para que responda por eventuais danos causados ao erário".

[598] Disponível em: http://politica.estadao.com.br/noticias/geral,tcu-manda-governo-mudar-leniencia-com-empreiteiras,70001703319. Acesso em: 3 jan. 2018.

negociação ao aval da Corte de Contas e adentrava sobremaneira no *iter* a ser observado na celebração dos acordos.[599]

A Instrução Normativa nº 83/2018, mais recente, determina que a autoridade celebrante dos acordos de leniência deverá, em até cinco dias úteis, informar ao TCU a instauração de processo administrativo específico de reparação integral do dano de que trata o art. 13 da Lei nº 12.846/2013, bem como de procedimento administrativo para celebração do acordo de leniência previsto no art. 16 do referido diploma legal. Reguarda, ainda, a possibilidade de que o TCU requeira a qualquer tempo, a fim instruir os processos de controle externo, informações e documentos relativos às fases do acordo de leniência, assentando, igualmente, que "as autoridades celebrantes do acordo de leniência poderão ser responsabilizadas pela inclusão de cláusulas ou condições que limitem ou dificultem a atuação do Tribunal de Contas da União, bem como a eficácia e a execução de suas decisões, nos termos da Lei 8.443, de 1992" (arts. 2º e 4º da Instrução Normativa nº 83/2018).

Ainda que a nova regulamentação não seja isenta de críticas – porquanto nada dispõe sobre as consequências da celebração dos acordos, no âmbito da competência sancionatória do TCU[600] –, é positivo que tenha sido previsto (ainda que em termos genéricos) o sigilo das informações disponibilizadas ao órgão (art. 2º, §2º).

Remanesce, todavia, o entendimento, exposto nas *consideranda* da norma, segundo o qual "a celebração de acordos de leniência por órgãos e entidades da Administração Pública federal é ato administrativo sujeito à jurisdição do Tribunal de Contas da União quanto a sua legalidade, legitimidade e economicidade, nos termos do art. 70 da Constituição Federal".

A despeito disso, é possível apontar para uma crescente preocupação por parte do TCU em atuar de modo a salvaguardar a segurança

---

[599] A antiga regulamentação previa, em seu art. 3º, que "[a] apreciação do Tribunal sobre as etapas que compõem a celebração de acordos de leniência, descritas no art. 1º, dar-se-á em Sessão Plenária Extraordinária Reservada e constituirá condição necessária para a eficácia dos atos subsequentes".

[600] A discussão é especialmente relevante tendo em vista a gravidade potencial das sanções de competência do TCU. Em decisão monocrática na Medida Cautelar em Mandado de Segurança nº 35.435, o Ministro Gilmar Mendes concedeu liminar para impedir a decretação de inidoneidade da sociedade impetrante pelo Tribunal de Contas, ao argumento de que, tendo o TCU outros mecanismos sancionadores à sua disposição, não seria razoável "a sujeição da impetrante à sanção de inidoneidade [que] poderia inviabilizar suas atividades, inclusive o cumprimento do acordo" (Disponível em: https://www.conjur.com.br/2018-abr-16/gilmar-suspende-declaracao-inidoneidade-andrade-gutierrez. Acesso em: 3 fev. 2019).

jurídica e a exequibilidade dos acordos de competência federal, evitando a aplicação de sanções que conflitem com esse mister. Nesse particular, o Tribunal externou que:

> 1. Os princípios da segurança jurídica e da proteção da confiança exigem que as instituições estatais atentem para o compromisso assumido nos acordos de colaboração e leniência celebrados com outros órgãos, considerando que a sanção premial estipulada é a contraprestação ao adimplemento da obrigação por parte do colaborador.
> 2. Além do nível de gravidade dos ilícitos, da materialidade envolvida, do grau de culpabilidade do agente e das circunstâncias do caso concreto, o Tribunal pode considerar na dosimetria da pena o fornecimento de informações que venham a contribuir com as apurações e o reconhecimento da participação nos ilícitos.
> 3. Com fundamento no art. 157, *caput*, do Regimento Interno, o Tribunal de Contas da União pode sobrestar a apreciação da matéria e, consequentemente, a aplicação da sanção de inidoneidade até que as empresas que celebraram acordo de leniência firmem novo compromisso junto ao Ministério Público Federal no intuito de contribuir com as apurações do processo de controle externo.[601]

Em seu voto, o relator do processo em questão teceu uma série de comentários a respeito da necessidade de atuação coesa dos órgãos de controle, e afirmou que, apesar de não haver previsão normativa expressa nesse sentido, o fornecimento de informações que contribuam para a apuração do Tribunal de Contas, juntamente com o reconhecimento, pelo agente privado, da sua participação nos ilícitos, deve ser considerado

---

[601] Acórdão 483/2017 – Plenário, Relator Bruno Dantas. Nesse acórdão, o TCU deliberou e assentou o seguinte:
"9.2. sobrestar, com fundamento no art. 157, *caput*, do Regimento Interno do TCU, até a análise das medidas mencionadas no subitem 9.4.1, a apreciação acerca da responsabilidade das empresas Construções e Comércio Camargo Corrêa S.A. (61.522.512/0001-02), Construtora Andrade Gutierrez S.A. (17.262.213/0001-94) e Construtora Norberto Odebrecht S.A. (15.102.288/0001-82) na irregularidade de fraude à licitação, bem como a aplicação da sanção de inidoneidade a elas, em virtude da contribuição junto ao Ministério Público Federal, conforme certidão encaminhada a este Tribunal pela Força-Tarefa Operação Lava Jato (peça 339);
(...)
9.4. deixar assente que:
9.4.1. a manutenção do sobrestamento mencionado no subitem 9.2 depende da apresentação, pelo Ministério Público Federal, de compromisso firmado pelas empresas em que sejam especificadas as medidas de colaboração que possam contribuir com os respectivos processos de controle externo deste Tribunal;
9.4.2. por ocasião da análise das medidas especificadas no acordo junto ao Ministério Público Federal, conforme o subitem 9.4.1, este Tribunal deliberará sobre possíveis sanções premiais a serem concedidas, conforme o caso".

pelo TCU como fator atenuante no estabelecimento das penalidades aplicadas. Essa conclusão seria extraída de interpretação sistemática do ordenamento, e da menor culpabilidade do agente nesse caso.[602] De igual modo, ainda na visão do relator, deve-se considerar a "necessidade de não se inviabilizarem as atividades econômicas justamente da empresa que mais colaborou com as apurações", do que decorre a logicamente que

> a sanção de inidoneidade [aplicável ao colaborador] deve ser substancialmente reduzida, caso seja mantida para se preservar a função retributiva da pena. A lógica adjacente deve ser a de que o colaborador não pode estar nas mesmas condições do não colaborador, mas também não pode equiparar-se àquele que, desde o início, optou por não delinquir.

Acrescentou-se, no mesmo voto, a possibilidade de concessão, ao colaborador, do benefício de suspensão da aplicação da pena de inidoneidade, ainda que inexistente autorização específica na Lei Orgânica para essa medida. Acenou-se também para que o tribunal avaliasse a possibilidade de efetuar a cobrança dos valores devidos a título de ressarcimento ao erário de maneira diferenciada no caso dessas sociedades colaboradoras.[603]

Em troca, a sociedade assumiria compromisso "de não obstar o exercício das funções do Tribunal e o desenvolvimento do processo de controle externo, admitindo adotar postura cooperativa", contemplando obrigações como as de (i) admitir sua participação nas irregularidades

---

[602] No mesmo sentido, doutrinariamente, defende Francisco Alves que "o TCU pode considerar a colaboração da pessoa jurídica perante a administração pública, caso o elemento aportado em face do acordo de leniência seja útil ao desenvolvimento de seus processos de controle externo. Nesse caso, o Tribunal pode levar em conta a conduta da empresa na dosimetria de suas sanções, podendo, inclusive, se for o caso, decidir por não aplicá-la" (ALVES, Francisco S. M. Análise da Juridicidade do Controle dos Acordos de Leniência da Lei Anticorrupção Empresarial pelo Tribunal de Contas da União. *Revista da AGU*, v. 17, n. 2, 2018, p. 175).

[603] Os benefícios elencados como possibilidade para essa cobrança diferenciada foram: a) benefício de ordem na cobrança da dívida nas tomadas de contas especiais em que empresas colaboradoras respondam solidariamente pelo débito junto a outras empresas; b) reconhecimento da boa-fé, com seus naturais efeitos de extinção dos juros de mora sobre o montante da dívida (Regimento Interno do TCU, art. 202); c) ressarcimento da dívida mediante parcelamento delineado de forma a respeitar a capacidade real de pagamento das empresas (*ability to pay*), a qual deverá ser atestada mediante procedimento analítico efetuado por agentes independentes de notório renome internacional; d) abatimento, em cada uma das primeiras parcelas da dívida, dos valores já antecipados no âmbito do acordo celebrado pelo Ministério Público Federal, os quais passam a funcionar como um fundo reparador, providências que acarretarão o diferimento do início do recolhimento do débito; e e) supressão da multa proporcional ao débito, a qual, de outra forma, poderia alcançar até 100% do valor atualizado do débito (Lei Orgânica do TCU, art. 57).

e apresentar a documentação fiscal e contábil que lhe seja requerida com a finalidade de estimar os valores desviados; (ii) não recorrer, no âmbito do processo de controle externo, das decisões que vierem a ser proferidas; (iii) recolher sua quota-parte no débito solidário a partir da decisão que o determinar, respeitada sua capacidade real de pagamento.

Em vista disso, percebe-se que há, claramente, tentativas de acomodação, pelo TCU, da lógica premial dos acordos de leniência, ensaiando formas de conciliar suas competências constitucionais com a utilidade de se assegurar a cooperação de agentes que praticaram atos contra a Administração Pública. Contudo, a exata medida e forma de participação dos Tribunais de Contas na concretização do programa de leniência anticorrupção ainda permanece em aberto.

Se, por um lado, a prévia submissão dos acordos à chancela da Corte de Contas excede as competências constitucionais do TCU, além correr o risco de aumentar a morosidade, complexidade e riscos da adesão pelo particular,[604] não se pode ignorar que alguma medida de participação da Corte de Contas nos acordos da CGU poderia ser salutar para incrementar a confiabilidade e atratividade do instituto.[605]

Sem embargo, o silêncio da Lei nº 12.846/2013 sobre os efeitos dos acordos noutras esferas de responsabilização pode trazer questionamentos. A tentativa de o TCU aferir a vantagem, efetiva colaboração e a presença dos requisitos legais para a celebração dos acordos pela CGU poderia culminar na substituição da vontade do ente legalmente competente para essas tratativas pela interpretação conferida unicamente por aquele tribunal de contas.

Outra possível objeção poderia se dar quanto à aplicação de medidas pelo Tribunal que não figurem claramente em norma prévia, como a de suspensão da aplicação da penalidade, conforme sugerida pelo citado acórdão.

---

[604] Alerta Márcio de Aguiar Ribeiro: "[o] normativo unilateralmente editado pelo TCU estabelece rito complexo e intrincado, com a adoção de trâmite que não condiz com a realidade negocial que é ínsita aos acordos de leniência, representando significativa morosidade ao curso da negociação, com a consequente diminuição do estímulo à leniência. Basta imaginar que, nos termos em que propostos. A mera manifestação da pessoa jurídica interessada em cooperar com a apuração dos ilícitos, ato jurídico pré-negocial, deveria ser submetida a julgamento do órgão plenário do TCU, apreciação que constituiria, inclusive, condição necessária para eficácia dos atos subsequentes". (RIBEIRO, Márcio de Aguiar. *Responsabilização administrativa de pessoas jurídicas à luz da lei anticorrupção empresarial*. Belo Horizonte: Fórum, 2017, p. 249).

[605] O art. 46 da Lei nº 8.443/1992 estipula que, comprovada a fraude à licitação, "o Tribunal declarará a inidoneidade do licitante fraudador para participar, por até cinco anos, de licitação na Administração Pública Federal".

Apenas para citar um dos potenciais pontos de indagação, tem-se que a Lei Anticorrupção traz como um dos efeitos da celebração do acordo de leniência a interrupção do prazo prescricional dos atos ilícitos previstos naquela lei, mas nada fala sobre o que ocorreria nas demais searas em que possível o sancionamento. Saliente-se que, conquanto haja posicionamento quanto à imprescritibilidade do dano ao erário, em razão do art. 37, §5º da Constituição Federal, o próprio TCU já assentou que a sua pretensão punitiva estaria subordinada ao prazo geral de prescrição do art. 205 do Código Civil (Acórdão nº 1441/2016 – TCU – Plenário).

6.1.3 Os acordos celebrados pelo Ministério Público Federal

Um dos pontos mais interessantes e importantes da atual conjuntura dos acordos de leniência anticorrupção brasileiros diz respeito à recente tendência do Ministério Público Federal de assinar instrumentos bilaterais com colaboradores particulares, com requisitos e lógica subjacente semelhantes aos programas de leniência, mas sem fundamento legal direto e explícito.

Razões para que o *Parquet* lance mão desse tipo de abordagem vão desde a disputa pelo protagonismo institucional acima mencionada até a necessidade de se garantir a atratividade e segurança da colaboração *lato sensu* de indivíduos e pessoas jurídicas com investigações estatais.

Em especial, a Lei de Improbidade Administrativa, ao mesmo tempo que se entrelaça de maneira íntima com a Lei Anticorrupção (na medida em que ambas tutelam, em grande parte, os mesmos bens jurídicos, ainda que sob regimes de responsabilização distintos), apresenta desincentivos claros e significativos para a adesão ao programa de leniência da Lei nº 12.846/2013, com penas como multas de até três vezes o valor do acréscimo patrimonial (no caso de enriquecimento ilícito) ou duas vezes o valor do dano, proibição de contratar com o Poder Público, suspensão de direitos políticos, etc.[606]

---

[606] Lembre-se que a Lei de Improbidade Administrativa em princípio incide tanto sobre o particular, pessoa física, quanto jurídica. Confira-se:
PROCESSUAL CIVIL. AÇÃO CIVIL PÚBLICA. IMPROBIDADE ADMINISTRATIVA. AUSÊNCIA DE NULIDADE PROCESSUAL. PESSOA JURÍDICA. LEGITIMIDADE PASSIVA. REEXAME DE MATÉRIA FÁTICA. SÚMULA 7/STJ. PRESCRIÇÃO. NÃO-OCORRÊNCIA. 1. O Ministério Público Federal propôs Ação Civil Pública contra a empresa OAS, recorrente, e o ex-prefeito do Município de Magé/RJ, por suposto cometimento de improbidade administrativa consubstanciada na contratação de obras que não foram realizadas, não obstante terem sido pagas com verbas repassadas com convênios federais.

Na falta de um único programa que pudesse dar conta das repercussões negativas para o delator em todas as áreas de responsabilização – criminal, cível e administrativa –, e que atraísse as pessoas físicas para as negociações, os acordos com o Ministério Público surgiram como uma forma de atenuar os naturais temores dos proponentes quanto aos potenciais riscos de persecução penal e de improbidade administrativa decorrentes do compartilhamento de informações com as investigações estatais. E é indicação da falta de segurança jurídica e atratividade trazidas pela Lei Anticorrupção o fato de que mais acordos com o *Parquet* federal foram celebrados do que com a própria CGU, até o presente momento.[607] [608]

Embora não tenha surgido, como dito, de nenhum dos três programas de leniência expressamente previstos em lei,[609] o Ministério Público buscou conferir alguma previsibilidade para a adesão a esse tipo de tratativas por pessoas jurídicas e naturais. Assim é que a Orientação

---

(...) 5. O sujeito particular submetido à lei que tutela a probidade administrativa, por sua vez, pode ser pessoa física ou jurídica. Com relação a esta última somente se afiguram incompatíveis as sanções de perda da função pública e suspensão dos direitos políticos. (REsp 1.038.762/RJ, rel. Min. Herman Benjamin, julgado em 18.08.2009)

[607] Houve, até o momento, apenas um acordo de leniência fechado pela CGU, tendo como beneficiária a sociedade UTC engenharia. Recentemente, noticiou-se que as tratativas entre CGU e outras pessoas jurídicas, que já haviam celebrado termos *sui generis* com o MPF, teriam sido encerradas, retomando-se as investigações da CGU em face dessas sociedades (Disponível em: https://oglobo.globo.com/brasil/governo-poe-fim-negociacao-de-leniencia-de-seis-empresas-21949674.) Em contraste, o sítio eletrônico do MPF indica a atual existência de quatorze acordos realizados com o órgão ministerial (como se verifica em: http://www.mpf.mp.br/atuacao-tematica/ccr5/coordenacao/colaboracoes-premiadas-e-acordos-de-leniencia).

[608] Todavia, tal como observa Erik Noleta Kirk Palma Lima, "o acordo de leniência, além de se restringir as pessoas jurídicas, está lastreado em responsabilidade objetiva, nos termos do art. 2º, da Lei Anticorrupção. Por outro lado, a colaboração premiada, ligada a pessoas físicas no âmbito criminal, ocorre em um ambiente de responsabilização subjetiva. O fato de o MPF atuar com propriedade na colaboração premiada não implica necessariamente em uma ótima atuação nos acordos de leniência, em que pese existir essa possibilidade" (LIMA, Erik Noleta Kirk Palma. Política de Leniência e a segurança jurídica conferida pela Advocacia-Geral da União. *Publicações da Escola da AGU*, v. 10, n. 03, 2018).

[609] Sobre o tema, coloca Marco André Albuquerque: "(...) não há previsão na Lei 12.846/2013 ou no Decreto 8.420/2015 para atuação do MPF nos acordos de leniência. A única menção ao ministério público estava na MP 703/2015, que perdeu eficácia pelo decurso do prazo, (...) A competência para o MPF celebrar acordos de leniência foi exaustivamente discutida pela 5a Câmara de Coordenação e Revisão do MPF ao apreciar o Inquérito Civil 1.30.001.001111/2014-42, oportunidade em que analisou a legalidade do acordo de leniência firmado entre autoridades brasileiras, Petrobras, SBM Offshore e SBM Holding, com participação do MPF no Rio de Janeiro, do Ministério da Transparência e Controladoria Geral da União e da Advocacia-Geral da União" (ALBUQUERQUE, Marco A. S. de. *O papel do Tribunal De Contas Da União nos acordos de leniência firmados sob a égide da lei 12.846, de 1o de agosto de 2013.* 2017. 91 f. Dissertação (Mestrado em Direito Público) – Instituto Brasileiro de Direito Público (IDP), Brasília, 2017, p. 33.

nº 07/2017 da 5ª Câmara de Coordenação e Revisão do Ministério Público Federal detalha os procedimentos utilizados pelo *Parquet* federal para a utilização do instrumento que foi por ele denominado de "acordo de leniência",[610] à luz das práticas desenvolvidas pelo órgão. Dentre as suas *consideranda*, a instituição frisa a "necessidade de divulgar os parâmetros que vêm sendo exigidos para a homologação de acordos de leniência firmados pelo Ministério Público Federal".

Especialmente elucidativos, para a discussão ora proposta, são os fundamentos jurídicos indicados para embasar a possibilidade de celebração desses instrumentos pelo *Parquet* federal. De acordo com o documento em questão, seriam os seguintes dispositivos, espalhados pelo ordenamento jurídico pátrio, os autorizadores do exercício desse mister pelo órgão ministerial:

> (i) O art. 129, inciso I, da Constituição Federal, que afirma ser a função institucional do Ministério Público promover, privativamente, a ação penal pública, na forma da lei;
> (ii) O art. 5º, §6º, da Lei 7.347/85, que trata da competência dos órgãos públicos legitimados à propositura das ações civis públicas para celebrarem os termos de ajustamento de conduta;
> (iii) O art. 26 da Convenção de Palermo (Decreto nº 5.015/2004) e o art. 37 da Convenção de Mérida (Decreto nº 5.687/2006), ambos internalizados pelo Brasil e que dizem respeito, respectivamente, ao combate ao crime organizado e ao combate à corrupção. Os dispositivos indicados contêm recomendações para que os Estados signatários implementem meios de cooperação com acusados ou participantes dos delitos;
> (iv) Os arts. 3º, §2º e §3º, do Código de Processo Civil, que prezam pela priorização da resolução consensual dos conflitos, através da adoção de meios como a conciliação e a mediação;
> (v) O art. 840, do Código Civil, que aduz ser lícito aos interessados prevenirem ou terminarem o litígio mediante concessões mútuas, e o art. 932, III, do mesmo diploma, que cuida da responsabilidade civil do empregador por danos causados por seus empregados, serviçais e prepostos, no exercício do trabalho que lhes competir, ou em razão dele;
> (vi) Os arts. 16 a 21 da Lei nº 12.846/2013, que abarcam os acordos de leniência e as ações de responsabilização pelos atos lesivos tipificados na norma. Desses, destaca-se o art. 19, que autoriza a União, os Estados, o Distrito Federal e os Municípios, bem como o Ministério Público, a ajuizarem ação judicial em face das pessoas jurídicas infratoras, com

---

[610] Já a Orientação Conjunta nº 1/2018, elaborada pelas 2ª e 5ª Câmaras de Coordenação e Revisão do Ministério Público Federal, trata das diretrizes a serem observadas na celebração dos acordos de colaboração premiada.

objetivo de aplicação das sanções de perdimento dos bens, direitos ou valores, suspensão ou interdição parcial de atividades, dissolução compulsória da pessoa jurídica e proibição de receber incentivos, subsídios, subvenções, doações ou empréstimos de órgãos ou entidades públicas e de instituições financeiras públicas ou controladas pelo poder público, pelo prazo mínimo de um e máximo de cinco anos,[611] e (vii) A Lei nº 13.140/2015, que dispõe sobre a mediação entre particulares como meio de solução de controvérsias e sobre a autocomposição de conflitos no âmbito da Administração Pública.

É cediço que nenhuma das normas acima transcritas permite, pelo menos em sua leitura literal, o manejo dos acordos de leniência pelo Ministério Público:[612] eventual interpretação autorizativa apenas poderia

---

[611] Consoante ao art. 20, nas ações ajuizadas pelo Ministério Público poderão ser abarcadas as sanções previstas no art. 6º da Lei nº 12.846/2013, em regra aplicadas administrativamente, desde que constatada a omissão das autoridades competentes para promover a responsabilização administrativa.

[612] Nada obstante, o já citado Estudo Técnico nº 01/2017 – 5ª CCR parece indicar que ao menos parte dos membros do Ministério Público Federal entende que interpretação teleológica da Lei Anticorrupção autorizaria aquele órgão a celebrar os acordos de leniência consagrados no referido diploma. Confira-se o trecho em questão: "Portanto, para além de tudo quanto já afirmado acima, sobre sua atribuição criminal típica e exclusiva, seu perfil generalista e suas competências requisitórias, que lhe conferem caráter apropriado e abrangente para celebrar negócios jurídicos transversais, também sob o prisma da eficiência e com arrimo na proporcionalidade – guias necessários à construção hermenêutica consistente –, pode-se afirmar que o Ministério Público detém legitimidade para celebrar o acordo de leniência, nos mesmos moldes que a lei autoriza a autoridade administrativa a fazer. E assim deve ser porque ao órgão ministerial foi, inclusive, conferida a atuação subsidiária pela própria LAC – como guardião e garante –, quando verificada a omissão da autoridade administrativa, como deflui dos termos do artigo 20 da LAC. A legitimidade do Ministério Público decorre ainda de sua posição institucional de independência, em relação às autoridades administrativas, livre de qualquer intervenção hierárquica sobre sua atuação finalística, o que decorre de seu perfil constitucional autônomo, fundado nas prerrogativas que asseguram a seus Membros independência funcional, inamovibilidade e vitaliciedade (CF, 127, §1º e 128, §5º). A isto, adiciona-se rigoroso regime jurídico de impedimentos e vedações (art. 128, §5º, II, da CF), que, valendo-se da proibição de atividades incompatíveis com as funções institucionais, de caráter público ou privado, paradoxalmente amplia e reforça o âmbito material de atuação funcional dos órgãos do Ministério Público, pela garantia ampliada de isenção e imparcialidade de seus Membros. Ademais, do perfil generalista que caracteriza o Ministério Público, traçado nos termos do artigo 129 da Constituição, impende referir, em destaque heurístico, porque correlatos ao exercício funcional em sede de combate à corrupção e à defesa do erário e da moralidade administrativa, os seguintes poderes-deveres: a) promoção privativa da ação penal pública, na forma da lei; b) zelo pelo efetivo respeito dos Poderes Públicos e dos serviços de relevância pública aos direitos assegurados na Constituição, promovendo as medidas necessárias a sua garantia; c) promoção do inquérito civil e da ação civil pública, para a proteção do patrimônio público e social, do meio ambiente e de outros interesses difusos e coletivos; d) expedição de notificações nos procedimentos administrativos de sua competência, requisitando informações e documentos para instruí-los, na forma da lei complementar respectiva; e) exercício do controle externo da atividade policial, na forma da lei complementar que regular sua organização, atribuições e estatuto;

decorrer de esforço hermenêutico que levasse em consideração, de um lado, a eventual existência de poderes implícitos (*implied powers*)[613] do *Parquet* (decorrentes da tendência consensualizante da Administração Pública contemporânea e das competências constitucionais do Ministério Púiblico), e, de outro, o fato de a ausência de previsão normativa sobre o papel do *Parquet* nas negociações e transações dar ensejo a posicionamentos contraditórios do Estado perante o colaborador.

Mesmo assim, a criação de um sistema dito de leniência (ainda que extremamente atrativo) que não goze de bases legais claras pode ter dificuldades em atender os pressupostos de segurança jurídica elencados no Capítulo 2, porquanto esse instrumento consensual, ausente a sua positivação, naturalmente se sujeita de forma mais intensa a potenciais questionamentos vindos de outros entes estatais.

Em especial, considerando-se que o escopo dos acordos celebrados pelo *Parquet* espraia para os atos lesivos tipificados pela Lei de Improbidade Administrativa, multiplicam-se os riscos de impugnações, à luz da vedação existente no art. 17, §1º daquela lei às transações referentes às ações de improbidade.[614]

Embora os alvos da aplicação de uma e outra norma não sejam impecavelmente os mesmos – já que a Lei de Improbidade tem como foco primário o agente público, mediante responsabilização subjetiva, enquanto que a Lei Anticorrupção se volta para a responsabilização objetiva da pessoa jurídica – existem espaços de justaposição quanto ao

---

f) requisitação de diligências investigatórias e a instauração de inquérito policial, indicados os fundamentos jurídicos de suas manifestações processuais. Justamente em razão deste perfil institucional, com outorga de garantias para uma atuação independente, vinculada estritamente ao atendimento de interesses públicos e sociais, não há motivo jurídico razoável nem socialmente aceitável para que se interdite ao Ministério Público a possibilidade de também firmar acordo de leniência no âmbito de atuação específico da LAC, ademais da desejável extensão do objeto e alcance subjetivo de tais avenças, dada a transversalidade requerida em contextos práticos relevantes, como explicitado no item anterior" (páginas 75-76).

[613] A teoria dos poderes implícitos foi desenvolvida pela jurisprudência da Suprema Corte norte-americana, em especial, no caso McCulloch v. Maryland, quando o Justice John Marshall proferiu a seguinte conhecida frase: "que os fins sejam legítimos, que seja no âmbito da Constituição, e todos os meios apropriados, que são claramente adotados para esse fim, que não são proibidos, mas consistentes com a letra e o espírito da constituição, são constitucionais".

[614] E, repita-se, não é raro que um ato tipificado pela Lei nº 12.846/2013 seja a um só tempo ato lesivo à Administração Pública nos termos dessa norma e ato de improbidade administrativa previsto na Lei nº 8. 429/1992. Exemplo dessa hipótese é a hipótese de pagamento de propinas para agentes públicos, que corresponde à conduta vedada pelo art. 5º, I da Lei Anticorrupção, sob o prisma de quem oferece a vantagem indevida, e pelo art. 9º, I da Lei de Improbidade Administrativa, para quem a aceita.

bem jurídico tutelado, e é certo que a pessoa jurídica, tal como a física, beneficiária da vantagem indevida, pode ser ré em ação de improbidade. Ademais, como afirmado, os incentivos referentes às pessoas físicas são importantes para os acordos de leniência mesmo quando os indivíduos não são contemplados diretamente por esse benefício, uma vez que pessoas jurídicas agem por meio de pessoas naturais.

Ocorre que, como a Lei de nº 8.429/1992 em princípio, pela sua interpretação literal, veda a possibilidade de transação, acordo ou conciliação nas ações de improbidade, surge relevante impasse: realizado o acordo de leniência, possivelmente estaria delineada a carga probatória necessária para que se proponham ações de improbidade que contemplem a responsabilização civil da sociedade signatária, juntamente com seus dirigentes e empregados.

Por isso mesmo, a MPV nº 703/2015 tentou, em sua curta vigência, revogar o mencionado dispositivo, permitindo esse tipo de transação. À falta de nova disposição legal, autorizativa da transação das ações de improbidade, algumas formas de compatibilização da legislação já foram propostas pela literatura.

Para Emerson Garcia e Rogério Pacheco Alves, embora permaneça, em princípio, hígida a proibição de transacionar decorrente do art. 17, §1º da Lei de Improbidade, a superveniência de norma especial autorizativa, consubstanciada no art. 16 da Lei nº 12.846/2013, teria trazido permissivo legal aos acordos no âmbito do que os autores denominam "microssistema de tutela coletiva do patrimônio público". No entanto, para os mesmos professores, "o acordo beneficiará apenas a pessoa jurídica, não o agente público, que responderá integralmente por sua conduta nos termos da Lei de Improbidade Administrativa".[615]

Não se pode ignorar, entretanto, e como dizem os próprios autores, que o art. 30 da Lei Anticorrupção resguarda a possibilidade de responsabilização por atos de improbidade, de modo que, pela literalidade da norma, seria em tese possível que, mesmo após a celebração de acordo, houvesse de todo modo o ajuizamento de ação de improbidade administrativa. Segundo, novamente, Emerson Garcia e Rogério Pacheco Alves:

> O não "afetar" significa tanto a não interferência relativamente aos processos judiciais por improbidade administrativa já em curso quando da entrada de vigência da Lei, quanto a inexistência de qualquer prejuízo

---

[615] GARCIA, Emerson; ALVES, Rogério Pacheco. *Improbidade administrativa*. 9. ed. São Paulo: Saraiva, 2017, p. 920.

à plena incidência da Lei nº 8.429/92 sempre que a conduta também caracterizar ato de improbidade administrativa. A conclusão se vê também reforçada pelo art. 18 da Lei Anticorrupção, na linha de que "na esfera administrativa, a responsabilidade da pessoa jurídica não afasta a possibilidade de sua responsabilização na esfera judicial".[616]

Na visão de Sebastião Tojal,[617] permitir-se a coexistência entre as duas normas (Lei de Improbidade Administrativa e Lei Anticorrupção) consagraria situação de *bis in idem*[618] às pessoas jurídicas afetadas, de modo que, também para ele, essa segunda lei teria natureza especial em

---

[616] *Idem*.

[617] TOJAL, Sebastião Botto de Barros. Interpretação do artigo 30 da Lei 12.846/2013. *Revista dos Tribunais*, v. 947, p. 281 e ss, 2014: "conforme mencionado, tendo em vista o caráter de especialidade da Lei 12.846/2013 no tocante aos atos cometidos contra a Administração Pública, mediante um novo regime de responsabilização, agora independente de culpa e, por conseguinte, das penas impostas, deve-se registrar que o art. 3.º desta Lei estabelece que a responsabilidade da pessoa jurídica não exclui a responsabilidade individual dos seus dirigentes ou administradores ou de qualquer pessoa natural, autora, coautora ou partícipe do ato ilícito. Ademais, o §2.º do referido artigo, dispõe que os dirigentes ou administradores somente serão responsabilizados por ilícitos na medida da sua culpabilidade. (...) A interpretação sistêmica indica que as pessoas físicas deverão responder pelos seus atos conforme as disposições correspondentes previstas na Lei 8.429/1992, a qual prevê o regime subjetivo de responsabilização pelas condutas análogas às previstas na Lei Anticorrupção. Dessa forma, nota-se, claramente, a convergência entre a Lei Anticorrupção e a Lei de Improbidade, bem como a nítida derrogação da aplicação das disposições da Lei 8.429/1992 às pessoas jurídicas, as quais passaram agora a ter um regime objetivo de responsabilização sob um rol taxativo de condutas e penalidades previstas na Lei 12.846/2013. Por outro giro semântico: pode-se afirmar agora que a Lei de Improbidade aplica-se somente às pessoas naturais, agentes públicos ou não". Em sentido contrário, veja-se FLEURY, Felipe Blanco Garcia Guimarães. *As infrações e sanções administrativas aplicáveis a licitações e contratos* (Leis 8.666/93, 10.520/02, 12.462/11 e Lei 12.846/13). 2016. 182 f. Dissertação (Mestrado em Direito) – Pontifícia Universidade Católica de São Paulo, São Paulo, 2016, p. 87.

[618] Fábio Medina Osório explica que "[a] ideia básica do non bis in idem é que ninguém pode ser condenado duas ou mais vezes por um mesmo fato. Já foi definida essa norma como 'princípio geral de direito', que, com base nos princípios da proporcionalidade e coisa julgada, proíbe a aplicação de dois ou mais procedimentos, seja em uma ou mais ordens sancionadoras, nos quais se dê uma identidade de sujeitos, fatos e fundamentos (...). Um dos principais efeitos do non bis in idem é a vedação de duplicidade de sanções por um mesmo fato em matéria de concurso aparente de normas sancionadoras ou concurso de ilícitos". De acordo com o autor, essa garantia "resulta articulada e integrada no sistema constitucional, abrigando precisamente um conjunto já referido de valores constitucionais superiores, entre os quais assumem importância notável os da segurança jurídica, da racionalidade, da coerência, da boa-fé e, muito especialmente, da justiça, aí incluída, acrescento, a culpabilidade. Esse princípio de vedação ao bis in idem se reconduz com força ao postulado da proporcionalidade, que permeia todo o Estado Democrático de Direito, nele se integrando e dele derivando. Suas dimensões são formais e materiais, com alcances potencialmente distintos, mesmo porque o Direito ostenta vertentes processuais e materiais que se integram". (OSÓRIO, Fábio Medina. *Direito Administrativo Sancionador*. São Paulo, Revista dos Tribunais, 2009, p. 279-292).

relação à segunda no ponto específico concernente à responsabilização de pessoas jurídicas.

Apesar dessas indicações doutrinárias – e da posição externada pela Administração Pública Federal a respeito[619] –, nada garante que semelhante entendimento seja encampado pela jurisprudência, a qual, instada a se manifestar sobre a incidência justaposta da Lei de Improbidade e das leis dos Tribunais de Contas, já afirmou que ali não haveria que se falar em *bis in idem*.[620] [621]

---

[619] "8.7. As PARTES reconhecem que as RESPONSÁVEIS COLABORADORAS não deverão se sujeitar a pagamentos em duplicidade nos ressarcimentos relacionados aos atos lesivos descritos nos ANEXOS II, II-A e II-B, e relativos aos contratos listados nos ANEXOS III e III-A do presente Acordo, devendo as INSTITUIÇÕES CELEBRANTES adotar as medidas cabíveis perante outros órgãos, entes e entidades da Administração Pública interessados a fim de assegurar que a veiculação de pretensões autônomas por esses órgãos, entes e entidades não enseje pagamento em duplicidade. 8.8. As INSTITUIÇÕES CELEBRANTES concordam que dos valores ajustados a título de ressarcimento, em decorrência da responsabilização pelos atos lesivos descritos nos ANEXOS II, II-A e II-B e contratos listados nos ANEXOS III e III-A do presente Acordo, serão abatidos valores pagos pela RESPONSÁVEL COLABORADORA a esse título, por força de outros procedimentos, em favor da mesma vítima e desde que em relação aos mesmos atos lesivos. 8.8.1. Consideram-se, para fins da cláusula 8.8, todos os valores destinados às respectivas vítimas em razão de decisão judicial definitiva ou decisão do TRIBUNAL DE CONTAS DA UNIÃO – TCU com efeitos imediatos, bloqueio cautelar (enquanto bloqueado) ou transação sobre o quantum debeatur decorrente do fato objeto da referida imputação, desde que relacionados aos mesmos atos lesivos descritos nos ANEXOS II, II-A e II-B e contratos listados nos ANEXOS III e III-A do presente Acordo. 8.9. Nos pagamentos decorrentes dos fatos previstos nos ANEXOS II, II-A e II-B que envolvam interesse de órgãos e entes estaduais, distritais ou municipais, a RESPONSÁVEL COLABORADORA poderá solicitar às INSTITUIÇÕES CELEBRANTES o abatimento do valor proporcional à reparação devida ao ente federativo lesado no convênio ou em instrumentos congêneres listados nos ANEXOS III e III-A do presente Acordo, caso fique demonstrado que os respectivos valores excedam a parcela devida aos entes federais lesados, conforme a metodologia estabelecida neste Acordo. 8.9.1. O abatimento também poderá ser solicitado quando for necessário para evitar o risco de que ocorra a responsabilização em duplicidade da RESPONSÁVEL COLABORADORA pelos mesmos fatos. (...)".

[620] REsp 1135858/TO, Rel. Ministro Humberto Martins, Segunda Turma, julgado em 22.09.2009, DJe 05.10.2009

[621] O Superior Tribunal de Justiça entendeu não configurar *bis in idem* a "coexistência de título executivo extrajudicial (acórdão do TCU) e sentença condenatória em ação civil pública de improbidade administrativa que determinam o ressarcimento ao erário e se referem ao mesmo fato, desde que seja observada a dedução do valor da obrigação que primeiramente foi executada no momento da execução do título remanescente. Conforme sedimentada jurisprudência do STJ, nos casos em que fica demonstrada a existência de prejuízo ao erário, a sanção de ressarcimento, prevista no art. 12 da Lei n. 8.429/92, é imperiosa, constituindo consequência necessária do reconhecimento da improbidade administrativa (AgRg no AREsp 606.352-SP, Segunda Turma, DJe 10/2/2016; REsp 1.376.481-RN, Segunda Turma, DJe 22/10/2015). Ademais, as instâncias judicial e administrativa não se confundem, razão pela qual a fiscalização do TCU não inibe a propositura da ação civil pública. Assim, é possível a formação de dois títulos executivos, devendo ser observada a devida dedução do valor da obrigação que primeiramente foi executada no momento da execução do título remanescente. Precedente citado do STJ: REsp 1.135.858-TO, Segunda Turma, DJe 5/10/2009. Precedente citado do STF: MS 26.969-DF, Primeira Turma, DJe 12/12/2014. (REsp 1.413.674-SE, Rel.

Adicionalmente a essas perplexidades, outros problemas exsurgem, que podem igualmente infirmar as tentativas do MPF de oferecer segurança jurídica apta a garantir a colaboração dos agentes. Um dos principais é que, enquanto alterações em legislação não prescindem de certo debate político e do devido processo legislativo, atos normativos editados pelo Poder Executivo ou órgãos da Administração de forma direta são muito mais maleáveis, o que pode deixar os particulares vulneráveis a modificações de entendimento que alterem os critérios para a obtenção dos benefícios, ou as próprias consequências desses acordos.

De todo modo, com o fito de conferir mais transparência ao acordo firmado pelo *Parquet*, a Orientação estabelece que negociações, tratativas e formalização do acordo de leniência devem ser realizadas por membro do MPF detentor da atribuição para a propositura da ação de improbidade ou da ação civil pública prevista na Lei nº 12.846/2013.

Como forma de incremento da atratividade do instrumento, Ministério Público Federal admite a possibilidade de que pessoas físicas participem dos seus acordos, relacionando o seu uso na esfera cível à existência de colaboração premiada no âmbito criminal.[622] Nos termos

---

Min. Olindo Menezes (Desembargador Convocado do TRF 1ª Região), Rel. para o acórdão Min. Benedito Gonçalves, julgado em 17/5/2016, DJe 31/5/2016)" (Informativo STJ nº 0584 de 27 de maio a 10 de junho de 2016). Por outro lado, a independência das instâncias de responsabilização já foi objeto de relativização pelo Supremo Tribunal Federal, quando este considerou que o arquivamento de processo administrativo pelo Banco Central implicava a ausência de justa causa para o oferecimento de denúncia: "EMENTA: HABEAS CORPUS. PENAL. PROCESSO PENAL. CRIME CONTRA O SISTEMA FINANCEIRO NACIONAL. REPRESENTAÇÃO. DENÚNCIA. PROCESSO ADMINISTRATIVO. ARQUIVAMENTO. AÇÃO PENAL. FALTA DE JUSTA CAUSA. Denúncia por crime contra o Sistema Financeiro Nacional oferecida com base exclusiva na representação do BANCO CENTRAL. Posterior decisão do BANCO determinando o arquivamento do processo administrativo, que motivou a representação. A instituição bancária constatou que a dívida, caracterizadora do ilícito, foi objeto de repactuação nos autos de execução judicial. O Conselho de Recursos do Sistema Financeiro Nacional referendou essa decisão. O Ministério Público, antes do oferecimento da denúncia, deveria ter promovido a adequada investigação criminal. Precisava, no mínimo, apurar a existência do nexo causal e do elemento subjetivo do tipo. E não basear-se apenas na representação do BANCO CENTRAL. Com a decisão do BANCO, ocorreu a falta de justa causa para prosseguir com a ação penal, por evidente atipicidade do fato. Não é, portanto, a independência das instâncias administrativa e penal que está em questão. HABEAS deferido" (HC 81324, Relator(a): Min. NELSON JOBIM, Segunda Turma, julgado em 12.03.2002, DJ 23-08-2002 PP-00114 EMENT VOL-02079-01 PP-00186).

[622] Há expressa hipótese de inclusão de cláusula que permita a adesão ao acordo, durante prazo específico, por parte de empresas do grupo, diretores, empregados e prepostos da empresa envolvidos nas práticas objeto do acordo de leniência, mediante assinatura dos respectivos termos e posterior aceitação pelo membro oficiante. É importante lembrar que a colaboração criminal da Lei nº é cercada de 12.850/2013 é cercada de critérios próprios, dentre os quais se destaca a necessidade de homologação judicial, o que não ocorre nos acordos de leniência. Há precedente de homologação parcial de acordo celebrado pelo MPF,

do documento, na hipótese de haver interesse de pessoas naturais na celebração de acordo de colaboração premiada, o início das negociações do acordo de leniência deve se dar *concomitante* ou *posteriormente* à negociação do acordo de colaboração premiada, no âmbito criminal.

O acordo com o Ministério Público pressupõe, segundo explicita o documento, a existência de três elementos demonstradores da existência de interesse público, denominados pelo documento como *oportunidade, efetividade* e *utilidade*. É considerado indicativo da *oportunidade* a circunstância de a pessoa jurídica ser a primeira empresa a revelar os fatos *desconhecidos* à investigação; os fatores de *efetividade* e *utilidade*, por sua vez, são descritos conjuntamente como a "capacidade real de contribuição da colaboradora à investigação, por meio do fornecimento de elementos concretos que possam servir de prova, devendo ficar explicitados quantos e quais são os fatos ilícitos e pessoas envolvidas, que ainda não sejam de conhecimento do Ministério Público Federal, bem como quais são os meios pelos quais se fará a respectiva prova".

O *standard* probatório do Ministério Público, ao menos à luz do que determina a Orientação, é alto: não basta, nos termos do diploma, que os fatos e provas sejam novos. Eles precisam, ademais, ser aptos a revelar e a desmantelar organização criminosa.

Outro ponto digno de nota é a consagração expressa, dentre as possíveis obrigações da parte interessada em colaborar, da necessidade de implementação do programa de *compliance* (programa de integridade delineado no art. 41 e seguintes do Decreto nº 8.420/2015) e de se submeter a auditoria externa, às suas expensas, se for o caso.

Em que pese a previsão da primazia para a oferta de informações acima citada se coadune, à primeira vista, com a ideia de que os acordos de leniência devem incentivar a corrida pela negociação, aproximando-se de uma hipótese de dilema do prisioneiro, ao semear desconfianças entre membros de uma mesma associação ilícita, a Orientação não é explícita em dizer que uma segunda (ou terceira, quarta, etc.) sociedade ou pessoa física a oferecer novos fatos sobre o mesmo ilícito não será também contemplada pelo instrumento. Desse modo, pelo menos parte da força motriz que levaria à procura *o mais cedo possível* pelas negociações com o MPF não estaria presente, pois não há garantias de que o benefício a ser potencialmente concedido é, em sua natureza, *finito*.[623]

---

apenas no que tange aos seus efeitos penais (Processo nº 0036028-88.2017.4.01.3400, JFDF, 10ª Vara Federal. A decisão encontra-se disponível em: https://www.jota.info/wp-content/uploads/2017/10/JBS.pdf. Acesso em: 14 abr. 2018).

[623] Relembre-se, quanto ao tema, o que foi discutido no Capítulo 5, acima.

Sob a perspectiva do beneficiário em potencial, os possíveis efeitos positivos decorrentes do acordo são descritos como "compromissos" do Ministério Público Federal. São eles: (i) realizar gestões junto a outras autoridades e entidades públicas buscando sua adesão ao acordo de leniência ou a formalização de seus próprios acordos, desde que compatíveis com o do MPF; (ii) estipular benefícios e, se for o caso, não propor qualquer ação de natureza cível ou sancionatória, inclusive ações de improbidade administrativa, pelos fatos ou condutas revelados em decorrência do acordo de leniência, contra a colaboradora, enquanto cumpridas integralmente as cláusulas estabelecidas no acordo; (iii) dentre os benefícios, se for o caso, requerer a suspensão de ações que já tiverem sido propostas ou requerer a prolação de decisão com efeitos meramente declaratórios; (iv) defender perante terceiros a validade e eficácia de todos os termos e condições do acordo.

Quanto à proteção das comunicações e informações fornecidas pelas pessoas físicas e jurídicas para a negociação dos acordos, há previsão de que, anteriormente às tratativas, deverá haver a celebração de "Termo de Confidencialidade" e que o procedimento administrativo daí resultante deverá ser mantido em sigilo durante toda a fase de negociação e, após a assinatura, até o momento fixado no próprio acordo como ideal para levantamento do sigilo.

Outra medida de cunho protetivo ao proponente-colaborador é a indicação de que as negociações deverão ser realizadas por mais de um membro do MPF e que incluam, preferencialmente, representantes de ambas as áreas de atuação envolvidas no acordo (isto é, criminal e improbidade administrativa).

A Orientação dispõe, por fim, sobre a interação com outros órgãos e entes de controle, tais como Ministério da Transparência, Fiscalização e Controle, Advocacia-Geral da União, CADE, Tribunal de Contas da União. Contém previsão de cláusula permissiva da adesão ao acordo por outros órgãos da Administração Pública, além, é claro, de outros Ministérios Públicos ou de outros órgãos, desde que estes se comprometam a respeitar os termos do instrumento. Havendo a referida adesão, passa a ser possível o compartilhamento das provas e informações obtidas por meio do acordo.

À luz de tudo isso, embora não seja possível aferir a atratividade dos termos acima de forma apriorística, alguns comentários se fazem pertinentes quanto a este ponto específico.

O primeiro deles é que a celebração desses termos tem, de fato, ocorrido, ainda que, como visto, sejam nebulosas as competências normativas da instituição para a negociação desse tipo de instrumento.[624][625] Entretanto, a mera existência de acordos nestes termos não é

---

[624] Os precedentes de celebração de acordos de leniência podem ser acessados em:http://www.mpf.mp.br/atuacao-tematica/ccr5/coordenacao/colaboracoes-premiadas-e-acordos-de-leniencia.

[625] Um desses instrumentos pode ser acessado em sua íntegra no *site* do MPF:http://www.mpf.mp.br/df/sala-de-imprensa/docs/acordo-leniencia. Nele, o *Parquet* se compromete a (i) "A empreender diálogo ativo com outras autoridades ou entidades públicas com as quais a COLABORADORA venha a entabular tratativas para a celebração de acordos tendo como objeto os mesmos fatos revelados no âmbito deste Acordo, tais como o Ministério da Transparência, Fiscalização e Controle (MTFC, antiga Controladoria Geral da União – CGU), autoridades dos Estados e Municípios competentes para a instauração dos processos de responsabilização nos termos da Lei 12.846/13, Tribunal de Contas da União, dos Estados e dos Municípios, o Conselho Administrativo de Defesa Econômica – CADE, Advocacia Geral da União – AGU e as advocacias públicas dos Estados e Municípios, e empresas públicas e sociedades de economia mista, bem como autoridades estrangeiras, inclusive o Departamento de Justiça dos EUA e a Securites and Exchange Commission dos EUA, no que couber, para a realização de acordos semelhantes com esses órgãos, inclusive com a consideração da data da assinatura desse Acordo de Leniência para efeitos de termo de "marker" perante aqueles órgãos, se as empresas do grupo econômico da COLABORADORA ainda não o tiverem obtido, inclusive com o objetivo de evitar o ressarcimento em duplicidade no tocante ao valor pago por meio deste Acordo"; (ii) "A emitir certidão ou prestar informação, perante órgãos ou autoridades mencionadas na alínea anterior ou autoridades estrangeiras, da extensão da cooperação da COLABORADORA, incluindo o grau de relevância dos fatos revelados, a utilidade para a identificação dos demais envolvidos em atos ilícitos e para a obtenção célere de informações, documentos e elementos comprobatórios, bem como outros elementos que forem pertinentes para a celebração de acordos no âmbito desses órgãos ou entidades com vistas à concessão do benefício correspondente. Sem prejuízo de refletir o integral valor da colaboração, a certidão preservará o sigilo decorrente do presente Acordo de Leniência sobre os fatos revelados, sempre que tais fatos ou parte do Acordo ainda estejam mantidos sob sigilo"; (iii) "A não propor qualquer ação de natureza criminal contra os Aderentes por suas condutas reveladas em decorrência deste Acordo, ou constantes dos anexos, inclusive documentos, provas, dados de corroboração, sistemas eletrônicos, bases de dados, entrevistas e depoimentos prestados, salvo de acordo com as regras deste próprio Acordo, e desde que tais condutas reveladas também sejam objeto do acordo de colaboração premiada ou de Termo de Adesão de Preposto ao Acordo de Leniência"; (iv) "A não propor qualquer ação de natureza cível ou sancionatória, inclusive ações de improbidade administrativa, pelas condutas reveladas em decorrência deste Acordo de Leniência, contra a COLABORADORA, empresas de seu grupo econômico, Aderentes, enquanto cumpridas integralmente as cláusulas estabelecidas neste Acordo, salvo se, por necessidade de interromper a prescrição, for oferecida com pedido exclusivamente declaratório, caso em que, em seguida à propositura, far-se-á requerimento de suspensão de seu trâmite, nos termos do §3º da presente cláusula"; (v) "A empreender diálogo ativo com os órgãos públicos, empresas públicas e sociedades de economia mista para que retirem quaisquer eventuais restrições cadastrais à COLABORADORA que sejam relacionadas aos fatos objeto deste Acordo ou à sua celebração"; (vi) "A prestar declarações a terceiros, conforme solicitado pela COLABORADORA, atestando o conteúdo e/ou cumprimento dos compromissos assumidos por ela e pelas empresas de seu grupo econômico, quando necessárias para permitir a celebração ou manutenção de contratos com tais terceiros, sejam privados, inclusive instituições financeiras e seguradoras, ou adquirentes de ativos da Colaboradora, e órgãos e entidades públicas, ficando a COLABORADORA desde já autorizada a dar publicidade a estas declarações sem que seja considerada violação de dever de sigilo decorrente do presente Acordo de Leniência"; (vii) "A defender perante terceiros a validade

suficiente para afirmar que se logrou a presença de incentivos ótimos no referido instrumento. Uma coisa é a busca da cooperação por indivíduos e empresas que se percebam às vésperas da apenação, premidos de temores relacionados ao contexto atual de foco em grandes operações de repressão à corrupção. Outra, muito diferente, é a procura pelos acordos muito antes de qualquer instauração de procedimentos investigatórios, e a criação de instabilidades e de mútuas desconfianças no bojo de uma organização criminosa. Nada garante, assim, a longevidade desse tipo de ferramenta específica, nos moldes como hoje se apresenta, como elemento dissuasório da própria atividade ilícita.

Ainda que a proteção contra a propositura de ações de improbidade administrativas e ações civis públicas não seja, absolutamente, vantagem desprezível, e que a eventual possibilidade de celebração de colaborações na esfera penal esteja contemplada pelo acordo elaborado pelo Ministério Público, não há qualquer garantia, ao particular, de que outros entes igualmente detentores de poder de polícia ou pretensão ressarcitória aderirão aos termos negociados. Existindo um ilícito que perpasse a esfera federal e algum Estado da federação, o Ministério Público estadual (ou outro ente de controle do Poder Público) eventualmente poderia continuar suas investigações e ajuizar ações contra os envolvidos. Já o ente administrativo lesado poderá buscar a reparação dos danos, ausente a sua adesão aos termos, principalmente, aos valores estipulados pelo órgão ministerial como devidos.

Tampouco estão claras, *a priori*, quais seriam as consequências de o Ministério Público Federal entender cabível a "leniência" nos termos por ele desenvolvidos, mas a CGU não. Seria o caso de a pessoa jurídica ser apenada com base na Lei nº 12.846/2013, com a imposição de multas e das demais penalidades administrativas ali presentes, mas beneficiada das reduções referentes à Lei de Improbidade descritas na Orientação nº 07/2017?

---

e eficácia de todos os termos e condições deste Acordo para todos os fins"; (viii) A peticionar em qualquer instância judicial ou administrativa, objetivando a validade e a eficácia do presente Acordo, podendo usar de todos os meios processuais admissíveis"; (ix) "A envidar os melhores esforços de seus integrantes visando a demonstrar a autoridades estrangeiras com possíveis atribuições sobre os fatos relevantes no âmbito deste Acordo, que os valores e condições pactuados com a COLABORADORA são adequados para a reparação dos ilícitos verificados"; (x) "A requerer em juízo, por meio de seus procuradores com atribuição para os processos, o levantamento de eventuais medidas cautelares patrimoniais ou garantias cautelares sobre bens e ativos das empresas e pessoas vinculadas à COLABORADORA". Nas ações de improbidade em curso, compromete-se a, como autor ou fiscal da lei, requerer a suspensão do processo até o final cumprimento do acordo, e, uma vez cumprido, a sua extinção definitiva, ou, alternativamente, o reconhecimento de efeito apenas declaratório em sentenças relacionadas a atos de improbidade administrativa, sem aplicação de sanções.

Há de se questionar, ainda, os efeitos da celebração desses acordos sobre os demais programas de leniência – notadamente os do CADE e da Lei Anticorrupção. É possível que o agente seja o primeiro a compartilhar informações com o Ministério Público, mas não com o CADE ou com a CGU, por exemplo. Poderiam esses entes então aderir ao acordo do ente ministerial e deixar de exercer suas competências sancionatórias, ausente qualquer previsão legal autorizativa específica a respeito? Não causaria isto um possível desarranjo dos incentivos explicitados pela legislação que embasa os respectivos acordos de leniência de cada um desses entes, fazendo cair por terra elementos como a primazia, ou desconfigurando instrumentos já bem consagrados, como a fila de espera dos acordos do CADE?[626]

Observe-se, nessa linha, que o CADE goza da competência para celebrar acordos bilaterais a que a CGU não pode, em tese, acessar.

---

[626] Na prática, nada obstante as críticas ora levantadas, é preciso dizer que a AGU e a CGU, ao celebrarem acordos de leniência conjuntos, já acataram termos firmados pelo MPF. Neste sentido, confira-se a nota emitida quando da celebração de acordo com a Andrade Gutierrez, no bojo do Processo nº 00190.024632/2015-63: "O acordo firmado pela CGU e AGU reconhece o termo de leniência celebrado pela Andrade Gutierrez com o Ministério Público Federal (MPF), no valor de R$ 1 bilhão, homologado pela 13ª Vara da Justiça Federal em 2016, que permitiu a alavancagem da Operação Lava Jato em diferentes frentes investigativas. Dessa forma, o total de R$ 1,49 bilhão fixado no acordo de leniência da CGU e AGU recepcionará os valores do termo celebrado com o MPF. O montante calculado pelos órgãos federais foi realizado de forma detalhada e técnica, conforme metodologia de apuração da multa publicada na Instrução Normativa nº 2/2018. Os recursos serão integralmente destinados aos entes federais lesados, incluindo principalmente a Petrobras. O novo acordo amplia o escopo, tanto em número de contratos quanto em valor recuperado. Dessa forma, há previsão de que todos os novos pagamentos sejam feitos no âmbito do atual acordo. O acordo com a CGU e AGU incentiva, ainda, a colaboração da empresa com outras esferas da União e órgãos de defesa nos Estados. Pelo acordo serão extintos os processos administrativos de responsabilização e as ações de improbidade contra a Andrade Gutierrez, atualmente promovidos pela CGU e AGU em razão dos fatos investigados, uma vez que o termo alcançou solução mais célere, abrangente e eficiente em relação aos temas tratados nessas ações. O acordo preserva integralmente as atribuições do Tribunal de Contas da União (TCU) para ressarcimento de eventuais prejuízos apurados futuramente. Em caso de inadimplemento ou descumprimento do acordo pela empresa, haverá perda integral dos benefícios pactuados, vencimento e execução antecipada da dívida, entre outras penalidades, assegurado ao Poder Público a utilização integral do acervo de provas fornecido" (CGU e AGU assinam acordo de leniência de R$ 1,49 bilhão com a Andrade Gutierrez. Disponível em: https://www.cgu.gov.br/noticias/2018/12/cgu-e-agu-assinam-acordo-de-leniencia-de-r-1-49-bilhao-com-a-andrade-gutierrez. Acesso em: 7 fev. 2019.). Confira-se trecho pertinente do acordo: "8.3. Tendo em vista o disposto no item 7.1, e considerando que os fatos objeto do Acordo da PRIMEIRA RESPONSÁVEL COLABORADORA com o Ministério Público Federal (MPF) também integram o presente Acordo, será deduzido do valor definido neste Acordo de Leniência o montante da dívida já assumida pela PRIMEIRA RESPONSÁVEL COLABORADORA junto ao MPF, incluindo as três parcelas vencidas e já pagas, devidas, respectivamente, em 28/06/2016, 28/06/2017 e 28/06/2018, as quais, para esses fins, serão atualizadas até a data-base utilizada para fixação do valor de que trata a Cláusula 8.2 e conforme Anexo IV".

Como visto, não existe equivalente, na Lei Anticorrupção, aos TCCs. Então até se poderia em tese pensar na possibilidade de o CADE assumir compromisso de celebrar TCC, na impossibilidade ou inaplicabilidade do seu próprio programa de leniência. Mas o que dizer da CGU, nessa mesma circunstância?

Igualmente, a inexistência de positivação em lei sobre as hipóteses e efeitos dessas transações com o Ministério Público podem gerar, ao fim em ao cabo, aplicação desigual (ou que aparente ser desigual para entes públicos e privados externos ao acordo) às pessoas naturais e jurídicas candidatas aos benefícios. Parte relevante da aderência dos colaboradores aos termos pactuados, e mesmo da procura por tais instrumentos, guarda correlação com a sua legitimidade, e com a confiabilidade nutrida pelo ente administrativo celebrante.

Cumpre mencionar, quanto a isto, que algumas condições estipuladas nos acordos já negociados pelo MPF não foram replicadas em todos os termos. Notadamente, no bojo do instrumento celebrado com as sociedades SOG Óleo e Gás S.A., SETEC Tecnologia S.A., e outras,[627] encontra-se cláusula que permite o abatimento do *quantum* devido pelas signatárias a depender do resultado prático da colaboração prestada, *verbis*:

> Cláusula 7ª. As COLABORADORAS comprometem-se a:
> (...)
> j) pagar multa compensatória cível em decorrência das infrações e ilícitos narrados nos anexos a este Termo de Leniência no valor de R$ 15.000.000,00 (quinze milhões de reais), cujo valor será destinado:
> I. 50% (cinquenta porcento) para a empresa Petróleo Brasileiro S.A., independentemente do disposto na cláusula 5ª, parágrafo único, deste Termo de Leniência;
> II. 50% (cinquenta porcento) para o Fundo Penitenciário Nacional (Lei Complementar nº 79, de 7 de janeiro de 1994).
> §1ºAs COLABORADORAS abaterão, até o valor total de R$ 10.000.000,00 (dez milhões de reais), R$ 1.000.000,00 (um milhão de reais) do valor da multa compensatória prevista na alínea "j" desta cláusula para cada R$ 10.000.000,00 (dez milhões de reais) apreendidos, sequestrados ou perdidos em favor da União Federal em decorrência exclusiva de seu auxílio previsto neste acordo.

---

[627] Íntegra disponível em: https://www.conjur.com.br/dl/17dez-leniencia.pdf. Acesso em: 05 jan. 2017.

Não há cláusula semelhante no acordo celebrado, por exemplo, com J&F Investimentos S.A.,[628] em que se impôs "a título de multa e valor mínimo de ressarcimento, no prazo de 25 (vinte e cinco) anos, o total de R$ 10.300.000.000,00 (dez bilhões e trezentos milhões de reais)" (cláusula 16).[629]

Vale dizer que, nos termos da própria Orientação editada pelo MPF, nada disso daria quitação relativa ao dano ao erário apurada, sendo eventual quantia endereçada ao ressarcimento considerada mera antecipação de pagamentos (item 10).

Segundo entendimento externado por Valdir Moysés Simão e Marcelo Pontes Vianna, não haveria, nos acordos já celebrados, identificação clara da metodologia utilizada para a quantificação da multa pecuniária aplicada. Quanto ao caso específico da "cláusula de sucesso" transcrita acima, sustentam os autores o uso desse incentivo poderia apresentar resultados positivos, a exemplo de mecanismos de recompensa bem-sucedidos existentes em outros ordenamentos jurídicos (como as *qui tam actions* do *False Claims Act* norte-americano).[630] Sua implementação, entretanto, tal como a dos próprios acordos de leniência, demandaria transparência e previsibilidade, com o acesso garantido a todos os signatários.[631]

---

[628] Íntegra disponível em: http://www.mpf.mp.br/df/sala-de-imprensa/docs/acordo-leniencia. Acesso em: 05 jan. 2017.

[629] Esses valores foram divididos na seguinte proporção: (i) um bilhão, setecentos e cinquenta milhões de reais para Banco Nacional de Desenvolvimento Econômico e Social – BNDES; (ii) um bilhão, setecentos e cinquenta milhões de reais para a União; (iii) um bilhão, setecentos e cinquenta milhões de reais para a Fundação dos Economiários Federais – FUNCEF; (iv) um bilhão, setecentos e cinquenta milhões de reais para a Fundação Petrobrás de Seguridade Social – PETROS; (v) quinhentos milhões de reais para a Caixa Econômica Federal; (vi) quinhentos milhões de reais para o Fundo de Garantia do Tempo de Serviço – FGTS; (vii) dois bilhões e trezentos milhões de reais para a execução de projetos sociais, em áreas temáticas relacionadas em apêndice do acordo

[630] *Grosso modo*, são as *qui tam actions* consistem em instrumento de incentivo à figura do *whistleblower* – ou seja, do delator não envolvido na prática ilícita – e da participação da sociedade civil no combate à corrupção. No sistema consagrado pelo *False Claims Act*, um particular com conhecimento sobre atos lesivos perpetrados contra o erário pode ajuizar ação na qual busca justamente o ressarcimento dos danos à Administração Pública, e que, em consequência do seu êxito, pode reter parte do valor recuperado. Sobre o tema, veja-se KIM, Sang Beck. *Dangling the Carrot, Sharpening the Stick*: How an Amnesty Program and Qui Tam Actions Could Strengthen Korea's Anti-Corruption Efforts. Nw. J. Int'l L. & Bus., v. 36, p. 235, 2016.

[631] "Entendemos ser medida que merece debate no Brasil, considerando a efetividade que tem tido em outros países há diversos anos (o FCA dos Estados Unidos data de 1863). Na linha dos programas de leniência, parece ser instrumento que auxilia o Estado no combate à corrupção. Entretanto, em exame superficial, parece-nos que a implementação deveria se dar no âmbito dos mesmos pré-requisitos de transparência e previsibilidade que se espera de um programa de leniência. A oferta de tal possibilidade para todos os eventuais interessados

Em suma, conquanto seja notável o esforço da instituição em promover um instrumento sólido, com vantagens palpáveis, requisitos delineados e segurança em sua celebração, a falta de previsão normativa dessa competência gera, inescapavelmente, insegurança quanto à sua higidez perante outros entes de controle, e possíveis ressonâncias, inclusive, nos programas de leniência expressamente positivados.

Tanto é assim que já existem precedentes de conflitos entre órgãos distintos, cada qual com o seu posicionamento divergente quanto à possibilidade ou não de celebração de acordos de leniência independentemente da incidência de algum dos programas previstos em lei *stricto sensu*.

A esse respeito, vale destacar decisão da 3ª Turma do Tribunal Regional Federal da 4ª Região que consignou a impossibilidade de celebração desse tipo de acordo sem a CGU.[632]

---

poderia tornar a ferramenta ainda mais efetiva". E continuam: "No caso do Grupo SOG, pode ser sido mecanismo que tinha por objetivo incutir nas pessoas jurídicas signatárias o desejo de envidar ainda mais esforços na obtenção de informações para o MPF. Apesar de não termos como aquilatar com precisão o sucesso da medida, sabe-se pela imprensa que a colaboração prestada pelo Grupo SOG forneceu elevado número de provas do cartel de empresas que atuava nas licitações da Petrobras". (SIMÃO, Valdir Moysés; VIANNA, Marcelo Pontes. *O acordo de leniência na lei anticorrupção*: histórico, desafios e perspectivas. São Paulo: Trevisan, 2017, p. 171-172).

[632] A decisão, pela sua pertinência, merece ter sua ementa transcrita: "EMENTA: DIREITO ADMINISTRATIVO. AGRAVO DE INSTRUMENTO. AÇÃO DE IMPROBIDADE ADMINISTRATIVA. LEI DE IMPROBIDADE ADMINISTRATIVA. LEI ANTICORRUPÇÃO. MICROSSISTEMA. ACORDO DE LENIÊNCIA. VÍCIO DE COMPETÊNCIA. INDISPONIBILIDADE DE BENS. DETERMINADA. (...) Não há antinomia ab-rogante entre os artigos 1º e 2º da Lei nº 8.249/1992 e o artigo 1º da Lei nº 12.846/2013, pois, naquela, justamente o legislador pátrio objetivou responsabilizar subjetivamente o agente ímprobo, e nesta, o *mens legislatoris* foi a responsabilização objetiva da pessoa jurídica envolvida nos atos de corrupção. 6. No entanto, há que se buscar, pela interpretação sistemática dos diplomas legais no microssistema em que inserido, como demonstrado, além de unicidade e coerência, atualidade, ou seja, adequação interpretativa à dinâmica própria do direito, à luz de sua própria evolução. 7. Por isso, na hipótese de o Poder Público não dispor de elementos que permitam comprovar a responsabilidade da pessoa jurídica por atos de corrupção, o interesse público conduzirá à negociação de acordo de leniência objetivando obter informações sobre a autoria e a materialidade dos atos investigados, permitindo que o Estado prossiga exercendo legitimamente sua pretensão punitiva. 8. Nem seria coerente que o mesmo sistema jurídico admita, de um lado, a transação na LAC e a impeça, de outro, na LIA, até porque atos de corrupção são, em regra, mais gravosos que determinados atos de improbidade administrativa, como por exemplo, aqueles que atentem contra princípios, sem lesão ao erário ou enriquecimento ilícito.(...)10. A autoridade competente para firmar o acordo de leniência, no âmbito do Poder Executivo Federal é a Controladoria Geral da União (CGU). 11. Não há impedimentos para que haja a participação de outros órgãos da administração pública federal no acordo de leniência como a Advocacia-Geral da União, o Ministério Público Federal e o Tribunal de Contas da União, havendo, portanto, a necessidade de uma atuação harmônica e cooperativa desses referidos entes públicos. 12. O acordo de leniência firmado pelo Grupo Odebrecht no âmbito administrativo necessita ser re-ratificado pelo ente competente, com participação dos demais entes, levando-se

Trata-se de agravo de instrumento interposto pela União contra decisão que, em ação de improbidade administrativa, decidira afastar o bloqueio cautelar de bens de um grupo econômico, ao argumento de que havia sido celebrado acordo com o Ministério Público Federal que contemplava as sanções previstas na Lei de Improbidade Administrativa.

A decisão agravada havia acatado o pedido, afirmando que, sendo a Administração Pública una, seria contraditório, e atentatório à confiança legítima do particular, que a União requeresse o bloqueio de bens quando o Ministério Público havia se comprometido a pugnar pelo seu levantamento.[633] O Tribunal, em sentido contrário, nos termos do voto da relatora, asseverou inicialmente haver "fundadas e relevantes dúvidas sobre a validade e eficácia" do acordo de leniência em comento.

A Turma afirmou, também, que não haveria antinomia ou ab-rogação entre as normas contidas na Lei Anticorrupção e na Lei de Improbidade Administrativa, cujos objetivos seriam diversos: a primeira teria como escopo a responsabilização objetiva da pessoa jurídica, enquanto a segunda abrangeria a responsabilidade subjetiva pelos atos de improbidade. O art. 17, §1º da Lei nº 8.249/92, assim, em

---

em conta o ressarcimento ao erário e a multa, sob pena de não ensejar efeitos jurídicos válidos. 13. Enquanto não houver a re-ratificação do acordo de leniência, a empresa deverá permanecer na ação de improbidade, persistindo o interesse no bloqueio dos bens, não porque o MP não pode transacionar sobre as penas, mas porque o referido acordo possui vícios que precisam ser sanados para que resulte íntegra sua validade, gerando os efeitos previstos naquele ato negocial. 14. Provido o agravo de instrumento para determinar a indisponibilidade de bens das empresas pertencentes ao Grupo Odebrecht". (TRF4, AG 5023972-66.2017.404.0000, Terceira Turma, Relatora Vânia Hack de Almeida, juntado aos autos em 24.08.2017)

[633] Cita-se o trecho pertinente: "O Estado, ou melhor, a Administração Pública é una, e sua subdivisão, ainda que sob o prisma da independência funcional de seus agentes, deve levar em conta que o administrado não pode ficar à mercê de conflito de atribuições internas à pessoa política com quem mantém relações, quer de natureza contratual, quer de natureza legal. Nesse contexto, ao celebrar o acordo de leniência, o Ministério Público Federal age em prol do interesse primário – e não secundário – da Administração Pública, que, no caso, pertence à União. Assim, defendendo interesses em nome da pessoa política – o que não se assimila à advocacia prestada a ente público – soa, no mínimo, contraditório a insurgência da Advocacia-Geral da União contra o cumprimento do acordo, cujo fim precípuo é, justamente, facilitar o ressarcimento do dano. Assim, manter o bloqueio implicaria negar eficácia a acordo celebrado com base em legislação técnica, por mera dissidência entre órgãos que compõem o Estado em si (unitariamente concebido), dando ensejo, no mais, a comportamento contraditório por parte da Administração Pública: *nemo potest venire contra factum proprium*. (...) Do ponto de vista dos particulares, o Ministério Público da União e a Advocacia-Geral da União são indistinguíveis, são o ente União e não o pulmão esquerdo e o direito de um organismo. O particular transacionou com o ente, não com os órgãos. Por isso, a transação entre o Ministério Público Federal e as pessoas que representam o conjunto de Empresas Odebrecht é válido, vigente, imperativo, alcançando todos os órgãos da União, mesmo os que manifestam resistência"

princípio, obstaria a realização de transação que tivesse por finalidade mitigar a aplicação da Lei de Improbidade Administrativa. Para os julgadores, todavia, seria necessário buscar a interpretação sistemática do ordenamento, já que se mostraria incoerente a existência simultânea de admissão de acordo de leniência no âmbito de uma dessas normas, e a vedação *tout court* da transação em outra, inclusive tendo em conta que atos de improbidade sem lesão ao erário seriam menos gravosos que aqueles atos lesivos contemplados na Lei nº 12.846/2013. Seria importante, por isso, a atuação coesa dos órgãos de controle envolvidos – notadamente CGU, AGU, TCU e MPF.

O Tribunal, resumidamente, pois, entendeu que seria teoricamente legítima a possibilidade de incidência dos acordos de leniência sobre atos de improbidade, mas desde que os acordos de leniência contassem com a participação da CGU, cuja competência se extrai diretamente do texto legal. Por fim, os julgadores buscaram consagrar uma solução aparentemente conciliatória, não declarando a nulidade do instrumento em exame, ao afirmarem a existência de vício sanável mediante a ratificação pela CGU.[634]

Uma outra ocorrência relevante para o presente estudo consiste em notícia de que o Ministério Público do Estado de São Paulo teria rejeitado a adesão a esse mesmo acordo de leniência celebrado com o *Parquet* federal, por entender, dentre outros pontos, haver vício de competência consubstanciado na celebração desse instrumento direta e exclusivamente com o MPF.[635]

A celebração de acordos com o Ministério Público, nessas circunstâncias, não apresenta o mesmo nível de proteção conferido com a intervenção do *Parquet* no programa de leniência concorrencial. É que, enquanto nessa segunda hipótese os efeitos penais, administrativos e patrimoniais da colaboração encontram-se expressamente previstos na legislação que trata do programa de leniência, no primeiro caso eventual extensão das isenções e mitigações para além daquelas elencadas na Lei Anticorrupção (abarcado a seara criminal e a seara cível, por exemplo)

---

[634] Em entrevista recente, a Advogada-Geral da União, Grace Mendonça, afirmou a possibilidade de que a AGU viesse a questionar acordos celebrados pelo Ministério Público sem a sua participação, ressaltando que, diante de "situação concreta de que, ainda que tivermos um acordo de leniência celebrado pelo MPF, os cofres da União permanecem lesados, temos o dever de ofício de buscar a reparação dos prejuízos causados". A reportagem citou exemplificativamente exatamente o caso que ora se comenta. Disponível em: http://epoca.globo.com/economia/noticia/2017/09/agu-insiste-em-participar-dos-acordos-de-leniencia-fechados-pelo-ministerio-publico-federal.html.

[635] Disponível em: https://g1.globo.com/sao-paulo/noticia/mp-rejeita-acordo-de-leniencia-feito-na-lava-jato-sobre-propina-de-obras-em-sp.ghtml.

não passarão de criação administrativa ou infralegal, que certamente não oferece o mesmo nível de proteção.[636]

Para contornar esse potencial desincentivo à leniência anticorrupção, seria desejável a realização de uma reforma legislativa que dispusesse claramente sobre os efeitos penais desses acordos, esclarecendo ademais se o sigilo das informações apresentadas para a celebração do termo seria eventualmente oponível a outras esferas estatais.

Na falta disto, outra possível solução seria a edição de normas conjuntas entre o Ministério Público e os agentes competentes para a celebração dos acordos de leniência, prevendo a comunicação prévia ao *Parquet* – garantida a confidencialidade – de forma a se certificar da conveniência da celebração do ajuste, de um lado, e da possibilidade de celebração de instrumentos consensuais outros com o Ministério Público,

---

[636] Outro conflito institucional digno de nota, relativo aos efeitos dos acordos de leniência e, mais especificamente, da destinação a ser dada aos valores arrecadados pelo Ministério Público em razão da celebração desses acordos, diz respeito à tentativa de criação de fundo privado, gerido pelo próprio *parquet*, para a aplicação desses recursos. A ausência de interpretação uníssona, dentro do próprio MPF, quanto às potencialidades dos seus acordos é vista na ADPF 568, sob relatoria do Min. Alexandre de Moraes, na qual requer a Procuradora-Geral da República, Raquel Dodge, a declaração de nulidade da decisão judicial de homologação do "Acordo de Assunção de Compromissos, firmado entre o Ministério Público Federal e a Petróleo Brasileiro S/A – Petrobrás, relacionado ao Non Prosecution Agreement entre Petrobrás e DoJ e à cease-and-desist order da SEC, e do próprio Acordo estabelecido entre a empresa Petrobrás e o Ministério Público Federal, sem prejuízo de que a Petrobrás adote outras medidas para cumprimento do acordo de Non Prosecution Agreement entre Petrobrás e DoJ e à cease-and-desist order da SEC, celebrado com as autoridades norte-americanas". O pedido da Procuradora-Geral se baseia no entendimento de que a 13ª Vara Federal de Curitiba, responsável pelos julgamentos da Operação Lava Jato, não possui competência para homologar o acordo celebrado, como o fez. A PGR argumenta, ademais, que "a legislação penal brasileira regula com clareza a destinação de recursos desviados dos cofres públicos e limita a aplicação discricionária desses valores. Devem, primeiramente, recompor o patrimônio da vítima; destinar-se à própria União nos casos em que o crime é federal e não se trata de ressarcimento; destinar-se a fundos específicos, como é o caso do Funpen ou do Fundo de Direitos Difusos".
A ADPF segue com julgamento do mérito pendente, mas o pedido liminar de suspensão dos acordos firmados entre os Procuradores da República do Estado do Paraná e autoridades norte-americanas foi concedido pelo Min. Alexandre de Moraes, que considerou, em análise preliminar, "'duvidosa' a criação e constituição de fundação privada para gerir recursos derivados de pagamento de multa às autoridades brasileiras, que ao ingressarem nos cofres públicos da União passaram a ser públicos, e cuja destinação dependeria de lei orçamentária editada pelo Congresso Nacional". Disponível em: http://www.stf.jus.br/portal/cms/verNoticiaDetalhe.asp?idConteudo=405926. Acesso em: 4 abr. 2019.
Além da ADPF 568, partidos políticos com representação no Congresso ajuizaram uma outra ADPF (569), que requer ao STF que fixe à União a competência para destinar os "valores referentes a restituições, multas e sanções análogas, decorrentes de condenações criminais, colaborações premiadas e aqueles frutos de repatriação ou de multas oriundas de acordos celebrados no Brasil ou no exterior". Disponível em: https://www.jota.info/stf/do-supremo/dodge-pede-ao-stf-para-anular-homologacao-de-acordo-da-forca-tarefa-com--petrobras-12032019. Acesso em: 13 mar. 2019.

como forma de aumentar a atratividade do acordo, especialmente, às pessoas físicas. Mesmo que essa medida não configurasse total proteção em face de denúncias criminais posteriores, serviria como aclaramento da postura institucional do *Parquet* em face desses acordos.

6.2 Os conflitos entre os acordos de leniência positivados no ordenamento brasileiro

A sucessiva multiplicação de esferas de responsabilização – sem o correspondente esforço de adequação no funcionamento e competências institucionais – reverbera também na atual conjuntura normativa, em que convivem pelo menos três sistemas de leniência autônomos (acrescidos dos instrumentos *sui generis* celebrados pelo MPF nos termos acima). Cada um desses programas de leniência tem objeto próprio, mas já foi dito que ocasionalmente seus rumos podem colidir, afetando mutuamente os incentivos de atratividade e segurança jurídica, preestabelecidos normativamente.

A coexistência de uma multiplicidade de programas de leniência não é inédita na experiência estrangeira. Dois exemplos, nessa linha, podem ser apresentados: o sistema norte-americano de leniência antitruste, que, como mencionado acima, possui um entrelaçamento entre a leniência para pessoas jurídicas e para pessoas físicas, de modo a incrementar os incentivos para que a colaboração ocorresse o mais cedo possível,[637] e a sobreposição europeia de sistemas de leniência em âmbito nacional e supranacional.

No primeiro desses dois casos, os resultados, ao menos de acordo com o que observam as autoridades que aplicam o programa de leniência da defesa da concorrência nos Estados Unidos, seriam positivos, incrementando a atratividade geral do acordo ao fomentar ainda mais a corrida pela primazia na obtenção do benefício.[638]

Já no segundo caso, os efeitos da sobreposição competencial, ainda que não sejam totalmente conhecidos, já foram apontados como fator de aprofundamento da insegurança jurídica do programa comunitário de leniência. Existe, simultaneamente, e sem interseção para a celebração

---
[637] Esse paradigma em grande medida foi aproveitado também na importação do instrumento para a competência do CADE (vide Capítulo 5).
[638] WILS, Wouter. Leniency in Antitrust Enforcement: Theory and Practice. *25th Conference on New Political Economy Frontiers of EC Antitrust Enforcement*: The More Economic Approach. Saarbrücken, out., p. 39. 2006. Disponível em: http://papers.ssrn.com/sol3/cf_dev/AbsByAuth. cfm?per_id=456087. Acesso em 04 nov. 2017.

de acordos de leniência em conjunto, possibilidade de apenação na esfera comunitária e nos diferentes ordenamentos nacionais de cada um dos membros da União Europeia, individualmente considerados.

De acordo com a formulação inicial do programa comunitário, inexistiriam quaisquer efeitos cíveis benéficos decorrentes da colaboração. Ademais, a pessoa jurídica, na decisão da Comissão Europeia, constaria expressamente como uma das participantes do ilícito, atraindo para si a instauração de processos administrativos e judiciais no âmbito dos países:

> o facto de uma empresa beneficiar de um tratamento favorável em matéria de coimas não a exime das consequências no foro cível decorrentes da sua participação num acordo, decisão ou prática concertada ilícitos. A este propósito, se as informações prestadas pela empresa levarem a Comissão a adoptar uma decisão nos termos do nº 1 do artigo 85º do Tratado CE, a empresa isentada do pagamento da coima ou que beneficie de uma redução da mesma será também designada como tendo cometido uma infracção ao Tratado e a decisão em questão precisará o seu papel exacto na infracção. Da decisão constará igualmente que a empresa cooperou com a Comissão de forma a fundamentar a não aplicação ou a redução da coima.[639]

Essa circunstância gerava temores capazes de coibir a colaboração – e, consequentemente, as sociedades apenas buscavam propor acordos quando se viam na iminência de serem descobertas na prática de ilícitos anticoncorrenciais.[640] A reformulação do programa europeu mitigou em parte alguns dos problemas apontados, notadamente ao limitar a responsabilização civil dos signatários dos acordos por meio da Diretiva 2014/104/UE do Parlamento Europeu e do Conselho, de 26 de novembro de 2014. Essa norma determina aos Estados-membros que assegurem que o beneficiário da leniência seja solidariamente responsável "apenas se não puder ser obtida reparação integral das outras empresas implicadas na mesma infração ao direito da concorrência.".

A harmonização completa entre os sistemas nacionais e comunitários, contudo, ainda não foi alcançada,[641] e a literatura aponta riscos

---

[639] Comunicação da Comissão sobre a não aplicação ou a redução de coimas nos processos relativos a acordos, decisões e práticas concertadas de 1996, seção E, item 4.
[640] CRONER, Charlotta. *Leniency and Game Theory*. Disponível em: https://lup.lub.lu.se/student-papers/search/publication/1556795. *Passim*.
[641] YSEWYN, Johan; KAHMANN, Siobhan. The Decline and Fall of the Leniency Programme in Europe, February 2018. Concurrences Review, nº 1, p. 44-59, 2018.

de que a coexistência de vários programas de leniência com diferentes regras e procedimentos possa dissuadir candidatos de cartéis transfronteiriços.[642]

Embora existisse um programa-modelo desenvolvido pela Rede Europeia da Concorrência[643] (*European Competition Network*), formada pelas autoridades antitruste dos países-membros, tratava-se de mera sugestão, cujo acatamento pelos Estados era voluntário.

A presença simultânea de autoridades nacionais e comunitária de tutela da concorrência faz com que a pessoa jurídica que considera a possibilidade de delatar enfrente a difícil questão de decidir a qual das entidades se apresentar primeiro, sabendo, ainda, que a eventual divulgação da realização de um acordo em uma esfera pode gerar como consequência a instauração de investigações em outra.

Por isso mesmo, a recomendação do programa-modelo europeu da Rede Europeia da Concorrência é o de apresentação de pedidos de leniência pela sociedade a todas as autoridades teoricamente competentes para aplicar as disposições do art. 101 do Tratado da União Europeia e do Tratado sobre o Funcionamento da União Europeia, que cuida da tutela à concorrência.[644]

O mesmo programa-modelo estabelece ainda a possibilidade, para os ordenamentos que o adotarem, de uso de um sistema de aplicações simplificadas (*summary applications*), uma espécie de resumo dos fatos submetidos à Comissão Europeia que, ao ser enviado às autoridades nacionais de cada Estado, serviriam para o estabelecimento de um sistema de senhas naqueles países, que resguardasse a ordem em que os pedidos de leniência teriam ocorrido. Por esse sistema, as autoridades nacionais antitruste poderiam verificar a conveniência de requisitar mais informações ao particular e iniciar suas próprias investigações, resguardando o direito da primeira sociedade a obter a leniência.

---

[642] CRONER, Charlotta. *Leniency and Game Theory*, p. 26. Disponível em: https://lup.lub.lu.se/student-papers/search/publication/1556795.

[643] Disponível em: http://ec.europa.eu/competition/ecn/model_leniency_en.pdf. Acesso em: 20 jul. 2017.

[644] Consta da introdução do programa-modelo, no item 1: "Em um sistema de competências paralelas entre a Comissão Europeia (a seguir designada a Comissão) e as Autoridades Nacionais da Concorrência (a seguir designadas NCA), um pedido de indenização a uma autoridade não deve ser considerado como um pedido de indenização a outra autoridade. Por conseguinte, é do interesse do requerente solicitar a leniência a todas as Autoridades da Concorrência (doravante, as AC) que têm competência para aplicar o artigo 101 do Tratado sobre o Funcionamento da União Europeia (a seguir TFEU) no território afetado pela infração e que pode ser considerada bem colocada para agir contra a infração em questão" (tradução livre). Disponível em: http://ec.europa.eu/competition/ecn/mlp_revised_2012_en.pdf. Acesso em: 20 jul. 2017.

A importância (e complexidade) desse sistema de senhas integrado fica evidente à luz de precedente da Corte de Justiça da União Europeia,[645] em que se discutiu exatamente a relação existente entre os acordos de leniência comunitário e nacional.

A empresa italiana DHL Express havia apresentado pedidos de leniência à Comissão Europeia e à *Autorità Garante della Concorrenza e del Mercato* italiana. Conquanto tivesse sido a primeira a se apresentar em âmbito comunitário, a autoridade nacional italiana considerou em sua decisão (i) que a DHL não teria sido a primeira a se manifestar à *Autorità* (a primeira teria sido a empresa Schenker); (ii) que estaria comprovada a participação daquela empresa em cartel no setor de serviços de transporte rodoviário internacional de mercadorias; e (iii) que a DHL estaria sujeita ao pagamento de multas (embora de valor reduzido por conta da sua colaboração). A empresa recorreu ao Judiciário italiano com a finalidade de anular a decisão da autoridade nacional, alegando que a *Autorità* deixara de considerar que o pedido de leniência apresentado pela DHL à Comissão Europeia teria de dado antes da data do pedido da Schenker à autoridade italiana. O Conselho de Estado italiano, em razão desses fatos, pediu à Corte Europeia que interpretasse o direito comunitário para afirmar se haveria de fato relação entre os dois sistemas de leniência. Em sua decisão, a Corte consignou que as disposições do direito comunitário:

> (...) devem ser interpretadas no sentido de que, entre o pedido de imunidade que uma empresa apresentou ou se prepara para apresentar à Comissão e o pedido simplificado apresentado a uma autoridade nacional de concorrência em relação ao mesmo cartel, não existe um vínculo jurídico que obrigue essa autoridade a apreciar o pedido simplificado à luz do pedido de imunidade. A circunstância de o pedido simplificado refletir fielmente ou não o teor do pedido apresentado à Comissão não é, a este respeito, pertinente. Quando o pedido simplificado apresentado a uma autoridade nacional de concorrência tem um âmbito de aplicação material mais restrito do que o do pedido de imunidade apresentado à Comissão, essa autoridade nacional não é obrigada a contactar a

---

[645] Trata-se de Acórdão no processo C-428/14, DHL Express Srl e DHL Global Forwarding SpA v. Autorità Garante della Concorrenza e del Mercato, datado de 20 de janeiro de 2016. O comunicado de imprensa da Corte sobre o caso pode ser acessado em: https://curia.europa.eu/jcms/upload/docs/application/pdf/2016-01/cp160003pt.pdf. A íntegra da decisão está disponível em: http://curia.europa.eu/juris/document/document_print.jsf;jsessionid=9ea7d 2dc30ddf8605e9d8e69474489518a3fa404e454.e34KaxiLc3qMb40Rch0SaxuSb350?doclang= PT&text=&pageIndex=0&part=1&mode=DOC&docid=167321&occ=first&dir=&cid=768329. Acesso em: 28 jul. 2017.

Comissão ou a própria empresa, a fim de apurar se essa empresa constatou a existência de exemplos concretos de comportamentos ilegais no setor pretensamente abrangido pelo pedido de imunidade, mas não pelo pedido simplificado. 3) As disposições do direito da União, designadamente o artigo 101 TFUE e o Regulamento nº 1/2003, devem ser interpretadas no sentido de que não se opõem a que uma autoridade nacional de concorrência aceite, em circunstâncias como as do processo principal, um pedido simplificado de imunidade de uma empresa que apresentou à Comissão, não um pedido de imunidade total, mas um pedido de redução de coimas.

A conclusão a partir do julgado acima, então, é a de que a sociedade, no âmbito europeu, que pretendesse celebrar acordo de leniência deveria buscar antever os Estados nacionais que poderiam aplicar as normas comunitárias e submeter também a eles ao menos o pedido simplificado – sabendo, contudo, que as esferas de responsabilização naquele sistema são independentes e que a concessão de uma leniência não implicaria efeitos na(s) outra(s) eventualmente necessária(s) para resguardar a saúde econômica da empresa. Tratava-se de um evidente desincentivo para que se buscasse a cooperação com as autoridades públicas.

Tentando reduzir as incongruências e inseguranças resultantes da coexistência de múltiplas autoridades nacionais antitruste no cenário comunitário, em 2019, o Parlamento Europeu formulou nova diretiva (Diretiva EU nº 2019/1), cujo escopo é a atribuição de competência às autoridades de concorrência dos Estados-membros para aplicar as normas concorrenciais de forma mais eficaz.[646] Dentre as diretrizes estabelecidas, ficou determinado que deverá haver maior cooperação entre as autoridades nacionais e a Comissão Europeia, o que, espera-se, garantirá um melhor funcionamento aos mercados internos e ao europeu, de maneira geral.[647]

---

[646] A União Europeia atua de forma conjunta com seus países-membros, estabelecendo normas de cooperação que visam a proteção do mercado europeu contra ilícitos anticoncorrenciais. O entendimento é de que as economias dos Estados pertencentes à União Europeia estão imbricadas umas nas outras, de modo que atividades anticoncorrenciais cometidas contra um dos países podem afetar, direta ou indiretamente, os demais países do bloco europeu. Por esta razão, é preciso que as autoridades competentes dos Estados-membros atuem em cooperação. De certa forma, a atuação das agências reguladoras e tribunais de contas brasileiros é similar ao que ocorre no continente europeu. A Administração Pública, em suas diversas esferas de regulação, deve trabalhar conjuntamente para assegurar a máxima eficiência do livre mercado.

[647] A Diretriz UE nº 2019/1 afirma, por exemplo, que "[n]um sistema em que a Comissão e a ANC têm competência paralela para a aplicação dos artigos 101.o e 102.o do TFUE, é

A nova norma abarca expressamente a necessidade de homogeneidade e previsibilidade nas relações entre os diferentes programas de leniência – nacionais e supranacional – ao mesmo tempo que visa ao fortalecimento das autoridades antitruste de cada um dos Estados-membros.

Embora não se trate exatamente de um "balcão único de negociações", que centralizasse a celebração dos acordos concorrenciais em toda a União Europeia, a internalização das novas normas deve ser um passo na direção da racionalização dos acordos de leniência

---

necessária uma estreita cooperação entre as ANC e entre estas e a Comissão. Em especial, quando uma ANC realiza uma inspeção ou uma inquirição, em aplicação da sua legislação nacional, em nome de outra ANC, nos termos do artigo 22º, nº 1, do Regulamento (CE) n.o 1/2003, deverão ser autorizadas a presença e a assistência dos funcionários da autoridade requerente, de modo a aumentar a eficácia dessas inspeções e inquirições, disponibilizando recursos, conhecimentos e competências técnicas adicionais. As ANC deverão também ficar habilitadas a solicitar assistência a outras ANC no processo destinado a determinar se houve um incumprimento, por parte das empresas ou associações de empresas, das medidas de investigação e decisões tomadas pelas ANC requerentes"; que "Deverão ser criadas regras para que as ANC requeiram assistência mútua para a notificação de documentos relacionados com a aplicação dos artigos 101.o ou 102.o do TFUE numa base transfronteiriça às partes no processo ou a outras empresas, associações de empresas ou pessoas singulares que possam ser os destinatários de tais notificações. De igual modo, as ANC deverão poder solicitar a execução das decisões de aplicação de coimas ou sanções pecuniárias compulsórias por autoridades noutros Estados-membros, quando a autoridade requerente tiver envidado esforços razoáveis para se certificar de que a empresa contra a qual pode ser executada a coima ou a sanção pecuniária compulsória não dispõe de ativos suficientes no Estado-membro da autoridade requerente. Os Estados-membros deverão também prever que, em particular, caso a empresa contra a qual seja executória a coima ou a sanção pecuniária compulsória não esteja estabelecida no Estado-membro da autoridade requerente, a autoridade requerida pode executar tais decisões adotadas pela autoridade requerente, a pedido desta. Tal permitiria assegurar a aplicação eficaz dos artigos 101.o e 102.o do TFUE e contribuiria para o bom funcionamento do mercado interno. A fim de assegurar que as ANC afetem meios suficientes para tratar os pedidos de assistência mútua, e com vista a incentivar essa assistência, as autoridades requeridas deverão poder recuperar os custos em que incorreram. Essa assistência mútua não prejudica a aplicação da Decisão-Quadro 2005/214/JAI do Conselho"; e que "Para reforçar uma estreita cooperação no âmbito da Rede Europeia da Concorrência, a Comissão deverá manter, desenvolver, explorar e apoiar um sistema central de informação (Rede Europeia da Concorrência) em conformidade com as normas aplicáveis em matéria de confidencialidade, proteção e segurança dos dados. O funcionamento efetivo e eficaz da Rede Europeia da Concorrência depende da interoperabilidade. O orçamento geral da União deverá suportar os custos de manutenção, desenvolvimento, armazenamento, apoio ao utilizador e exploração do sistema da Rede Europeia da Concorrência, bem como outros custos administrativos suportados com o funcionamento da Rede Europeia da Concorrência, nomeadamente os custos relacionados com a organização de reuniões. Até 2020, foi previsto que os custos do Sistema da Rede Europeia da Concorrência sejam abrangidos pelo programa sobre soluções de interoperabilidade e quadros comuns para as administrações públicas, as empresas e os cidadãos europeus (Programa ISA2) criado pela Decisão (UE) 2015/2240 do Parlamento Europeu e do Conselho, sob reserva da disponibilidade dos recursos e dos critérios de admissibilidade e de definição de prioridades do programa".

europeus, em especial, por meio da positivação dos pedidos sumários de leniência.[648]

---

[648] "(60) Tendo em conta a competência partilhada entre a Comissão e as ANC no que respeita à aplicação dos artigos 101.o e 102.o do TFUE, é fundamental dispor de um sistema de pedidos sumários que funcione sem problemas. Os requerentes que tenham apresentado à Comissão um pedido de clemência relativamente a um alegado cartel secreto deverão poder apresentar um pedido sumário às ANC em relação ao mesmo cartel, contanto que o pedido à Comissão abranja mais de três Estados-membros como territórios afetados. Tal não prejudica a possibilidade de a Comissão tratar os casos caso estejam estreitamente relacionados com outras disposições da União que possam ser aplicadas exclusiva ou mais eficazmente pela Comissão, caso o interesse da União exija a adoção de uma decisão da Comissão para desenvolver a política da concorrência da União quando surja uma nova questão em matéria de concorrência, ou para assegurar uma aplicação eficaz das regras.
(61) O sistema de pedido sumário deverá permitir às empresas apresentarem um pedido de clemência às ANC que contenha informações limitadas, caso tenha sido apresentado um pedido completo à Comissão em relação a esse alegado cartel. Por conseguinte, as ANC deverão aceitar pedidos sumários que contenham um conjunto mínimo de informações relativamente ao alegado cartel para cada um dos elementos estabelecidos no artigo 22º, nº 2. Tal não prejudica a possibilidade de o requerente prestar informações mais detalhadas ulteriormente. A pedido do requerente de clemência, as ANC deverão fornecer-lhe um aviso de receção com indicação da data e hora da receção. Se uma ANC não tiver ainda recebido tal pedido de clemência de um outro requerente de clemência relativo ao mesmo alegado cartel secreto, e considerar que o pedido sumário preenche os requisitos do artigo 22º, nº 2, deverá informar o requerente em conformidade.
(62) O sistema de pedidos sumários tem por objetivo reduzir os encargos administrativos para os requerentes que apresentem um pedido de clemência à Comissão relativamente a um alegado cartel secreto que abranja mais de três Estados-membros como territórios afetados. Como nesses casos a Comissão recebe um pedido completo, deverá ser ela o principal interlocutor do requerente de clemência enquanto não for claro se instruirá o processo na totalidade ou em parte, nomeadamente ao dar instruções sobre a condução de uma eventual investigação interna ulterior por parte do requerente. A Comissão esforçar-se-á por decidir sobre esta questão num prazo razoável e informará as ANC em conformidade, sem prejuízo do disposto no artigo 11º, nº 6, do Regulamento (CE) nº 1/2003. Em circunstâncias excecionais, quando for estritamente necessário para a caracterização ou a atribuição do processo, uma ANC deverá poder solicitar ao requerente que apresente previamente um pedido completo. Esta possibilidade deverá ser utilizada muito raramente. Noutros casos, apenas deverá ser solicitado ao requerente que apresente um pedido completo a uma ANC que tenha recebido um pedido sumário, quando for claro que a Comissão não tenciona instruir o processo na totalidade ou em parte.
(63) Os requerentes deverão ter a possibilidade de apresentar pedidos completos de clemência às ANC às quais tenham apresentado pedidos sumários. Se apresentarem tais pedidos completos no prazo fixado pela ANC, as informações contidas nesses pedidos deverão ser consideradas como tendo sido transmitidas na data e hora de apresentação do pedido sumário, desde que este abranja os mesmos produtos e territórios afetados, bem como a mesma duração do alegado cartel, que o pedido de clemência apresentado à Comissão, que poderá ter sido atualizado. Deverá competir aos requerentes informarem as ANC a que tenham apresentado pedidos sumários se o alcance do seu pedido de clemência à Comissão sofrer alterações, atualizando assim os pedidos sumários. As ANC deverão poder verificar se o âmbito do pedido sumário corresponde ao âmbito do pedido de clemência apresentado à Comissão através da cooperação no âmbito da Rede Europeia da Concorrência."

É patente, portanto, que a confluência de mais de um programa de leniência para o mesmo fato ilícito pode interferir inadvertidamente nos incentivos (custos e benefícios) compreendidos em cada um deles. No Brasil, de forma análoga ao que ocorre no contexto comunitário europeu, uma prática infrativa pode resvalar em plúrimas esferas de responsabilização e, inclusive, programas de leniência. Especialmente quanto ao ilícito de cartel, este muitas vezes está associado a outras condutas reprováveis comumente referidas como atos de corrupção – como o pagamento de propinas (que envolveria o programa de leniência da Lei Anticorrupção), e a fraude a licitação pública. Nessa situação, incidiriam normas como o §5º, IV, d, da Lei nº 12.846/2013, e o art. 36, §3º, I, d, da Lei 12.529/2011.

Apesar de serem os dois programas de leniência – o de anticorrupção e o do CADE – teoricamente aplicáveis a essa mesma conduta (ou condutas inter-relacionadas), eles não são integrados, e a sua interconexão não é intuitiva. Todos os dois regramentos demandam a primazia daquele que pretende colaborar, mas nada garante que, ao buscar cada um dos entes competentes (CADE e CGU, por exemplo) a pessoa jurídica seja a primeira em um deles, mas não no outro. Apenas o sistema do CADE, relembre-se, prevê a concessão de senha para os subsequentes interessados. Ademais, e talvez um dos fatores que enseje maiores complicações, o programa do CADE oferece adesão a pessoas físicas, com resultantes implicações penais, o que não ocorre no bojo do programa de leniência da Lei Anticorrupção.

Alguns ordenamentos buscaram resolver o problema, gerado pela prática concomitante de atos de corrupção e de cartel, permitindo que signatários de acordos de leniência não sofram persecução quanto a crimes de corrupção conexos. A título ilustrativo, o sistema francês prevê a existência de um programa de leniência para o campo concorrencial, que segue as sugestões do programa-modelo europeu da Rede Europeia da Concorrência.[649] O *Code de Commerce* francês (Código Comercial) não conta com um programa de leniência para indivíduos, mas somente para pessoas jurídicas participantes em cartéis.[650] Existe uma diretriz geral da autoridade concorrencial daquele país[651] que afirma que

---

[649] O modelo está disponível em: http://ec.europa.eu/competition/ecn/model_leniency_en.pdf. Acesso em: 20 jul. 2017.

[650] Artigo L464-2.

[651] Communiqué de procédure du 3 avril 2015 relatif au programme de clémence français, parágrafo 53. Disponível em: http://www.autoritedelaconcurrence.fr/doc/cpro_autorite_clemence_revise.pdf. Acesso em: 28 jul. 2017.

a Autoridade considera que a leniência está entre as razões legítimas para não transmissão à acusação de um dossier em que os indivíduos, pertencentes à empresa que recebeu imunidade de multas, seriam suscetíveis de serem também objeto de sanções (tradução livre).

Nada impede, contudo, a persecução por vias alternativas, caso as provas sejam obtidas de maneira independente.[652]

Procurar blindar, *tout court*, os infratores de ilícitos concorrenciais das repercussões de seus atos de corrupção pode não ser desejável. A celebração de um acordo de leniência concorrencial não garante necessariamente a tomada de medidas saneadoras da pessoa jurídica quanto aos atos de corrupção (como a adoção de um programa de *compliance* ou a demissão dos agentes envolvidos no pagamento de propinas), o que poderia aumentar a possibilidade de reincidência.[653] Tampouco garante que haverá a punição dos agentes públicos eventualmente envolvidos nas atividades ilícitas, ou a reparação ao erário dos danos incorridos.

Por outro lado, a partilha de informações sem o devido cuidado entre as autoridades competentes para a persecução antitruste e anticorrupção pode, também, ocasionar efeitos indesejados, na medida em que diminuirá certamente os incentivos para a autodelação dos potenciais colaboradores.

Emmanuelle Auriol *et al*,[654] nesses moldes, resumem o dilema que se apresenta para as autoridades:

> problemas são criados se as autoridades interferirem [quanto aos atos de corrupção] (porque isso prejudicaria o programa de leniência); por outro lado, há problemas se eles permanecerem ausentes (porque isso prejudicaria o enforcement atinente à corrupção e a outros crimes econômicos) (tradução livre).

Prosseguem, afirmando que, embora a cartelização e corrupção sejam, muito frequentemente, investigadas e sancionadas por agências nacionais separadas, a íntima correlação entre as duas modalidades delitivas, associada à probabilidade de tais infracções ocorrerem

---

[652] LUZ, Reginaldo Diogo; SPAGNOLO, Giancarlo. *Leniency, collusion, corruption, and whistleblowing*. Luz, Reinaldo; Spagnolo, Giancarlo, Leniency, Collusion, Corruption, and Whistleblowing (April 18, 2016). SITE Working Paper Series nº 36. Disponível em: https://ssrn.com/abstract=2773671.

[653] AURIOL, Emmanuelle et al. Deterring corruption and cartels: in search of a coherent approach. *Toulouse School of Economics* (TSE), 2016. Disponível em: https://www.tse-fr.eu/sites/default/files/TSE/documents/doc/wp/2016/wp_tse_728.pdf. Acesso em: 20 jul. 2017.

[654] *Idem*.

em conjunto, faz com que a abordagem mais eficaz para proteger a integridade do processo de contratação pública seja a da cooperação entre as autoridades competentes, já que evidências de cartelização podem surgir durante investigações de corrupção e vice-versa.[655]

No Brasil, coordenar a atuação conjunta dos entes competentes para a aplicação da legislação antitruste e anticorrupção não é matéria simples. O próprio CADE admite, em seu Guia do Programa de Leniência Antistrute, que não há uma forma predefinida para que o potencial signatário escolha para qual das autoridades interessadas primeiro endereçará seu pedido de colaboração.[656]

Poder-se-ia cogitar, na hipótese de o indivíduo se aproximar da CGU (ou alguma outra autoridade contemplada pelo art. 16 da Lei nº 12.846/2013) para a celebração de acordo de leniência anticorrupção, mas com provas que também perfizessem ilícitos contra a ordem econômica, de aquele órgão instar o envolvimento também do CADE. Mesmo que, no campo concorrencial, a sociedade não fosse a primeira a se manifestar, ainda assim existiria, em princípio, a possibilidade ao menos de celebração de TCC (que, por sua vez também poderia ser em algumas hipóteses celebrado em conjunto com acordos na esfera penal junto ao *Parquet*), o que poderia resguardar a vantajosidade da cooperação com as duas autoridades de uma só vez.

No contexto inverso, todavia, em que o agente fosse o primeiro a manifestar interesse na colaboração com o CADE, mas não com a CGU, a situação seria mais complexa. Lembre-se que, em tese, não existem

---

[655] *Idem.*

[656] "Observa-se que na hipótese de a empresa ou pessoa física ter participado de ilícito envolvendo, concomitantemente, os crimes de cartel e outros ilícitos, não há regra legal pré-definida sobre qual órgão deve ser primeiramente procurado pelo proponente do acordo. Se o proponente buscar primeiramente a Superintendência-Geral do CADE, o CADE poderá realizar a coordenação com o Ministério Público, a CGU e/os outros órgãos investigadores, a pedido do proponente do Acordo de Leniência Antitruste. Já na hipótese de o proponente buscar primeiramente o Ministério Público, a CGU e/ou outros órgãos, esses também poderão, na sequência, buscar a SG/CADE para negociar o Acordo de Leniência Antitruste, a pedido do proponente do acordo. Todavia, observa-se que as negociações de acordo de leniência previstas na Lei nº 12.529/2011 e na Lei nº 12.846/2013 ocorrem no âmbito de autoridades distintas e as negociações são independentes entre si. A negociação e a assinatura de ambos os acordos de leniência, portanto, ocorrem a critério das autoridades competentes e não dependem da celebração ou de acordos com outras autoridades. Assim, embora a Superintendência-Geral do CADE possa auxiliar os proponentes do Acordo de Leniência nessa interlocução com a autoridade competente para a investigação de outros ilícitos, a negociação e a assinatura de eventuais acordos ocorrem a critério das autoridades competentes" (*Guia do Programa de Leniência Antistrute*, p. 22-23. Disponível em: http://www.cade.gov.br/acesso-a-informacao/publicacoes-institucionais/guias_do_cade/guia_programa-de-leniencia-do-cade-final.pdf. Acesso em: 03 dez. 2017).

instrumentos consensuais adicionais aos acordos de leniência na Lei nº 12.846/2013: a Lei Anticorrupção, ao contrário da Lei nº 12.529/2011 e das Leis nº 13.506/2017 e nº 6385/76, não contempla a possibilidade de celebração de TCCs. O agente privado, por isso, permaneceria sob o risco de aplicação das múltiplas penalidades contempladas na legislação anticorrupção, ainda que eventualmente mitigadas pela menor culpabilidade associada à cooperação (como seria o caso da aplicação do art. 7º, VII da Lei nº 12.846/2013, que afirma que na aplicação da sanção será levado em consideração, dentre outros fatores, a cooperação da pessoa jurídica para a apuração das infrações).

Mesmo assim, parece, ao menos à primeira vista, que o programa do CADE, atualmente, oferece vantagens que o tornariam mais atrativo como a primeira via de cooperação com o Estado, mormente porque, além de permitir a isenção total das penalidades administrativas concorrenciais quando a infração é desconhecida das autoridades, permite a negociação com pessoas físicas. Não se pode descartar, no entanto, a probabilidade de que este cenário sofra alteração acaso haja um *enforcement* intenso das disposições da Lei Anticorrupção que torne o risco de aplicação de suas sanções suficientemente gravoso.[657]

Para Giancarlo Spagnolo e Reinaldo Diogo Luz, na hipótese de entrecruzamento de várias modalidades de ilícitos, idealmente, a atuação conjunta dos agentes estatais competentes para a persecução deveria ser pautada em previsões normativas claras. Noutros termos, os autores entendem que seria necessária ou desejável a criação de um balcão único de negociações – *one-stop point* – envolvendo tanto os ilícitos concorrenciais quanto os de corrupção, pelo qual os proponentes se certificariam da vinculação de todas as autoridades administrativas interessadas contra a imposição de penalidades, a partir da celebração do acordo de leniência:

---

[657] Giancarlo Spagnolo e Reinaldo Diogo Luz, por exemplo, indicam que "[u]m membro de um cartel corrupto que sopra o apito no cartel [blows the whistle] e solicita a leniência à autoridade antitruste provavelmente terá que divulgar informações sobre a outra infração. Essas informações podem então ser utilizadas pelas autoridades responsáveis pela aplicação da lei para processar e punir o requerente. Assim, o risco de perseguição por outras infrações ligadas ao cartel (corrupção neste caso) pode reduzir a atratividade de denunciar o cartel (Leslie, 2006). Esse tipo de incerteza trabalha contra os objetivos de dissuasão da política de leniência e pode até estabilizar o cartel, fornecendo a seus membros uma ameaça crível a ser usada para evitar a traição entre eles" (Tradução livre. Disponível em: https://www.hhs.se/en/about-us/news/site-publications/2016/expanding-leniency-to-fight-collusion-and-corruption/. Acesso em: 20 ago. 2017).

[e]ste "balcão único" deve estar disponível para os candidatos em todas as agências de aplicação da lei e deve impedir que outras agências façam a persecução do requerente da leniência. Em outras palavras, quando alguém se aproxima – como indivíduo ou como representante de uma pessoa jurídica – de qualquer autoridade para denunciar crimes em que ele está envolvido, é importante que ele informe qualquer outro crime que ele conheça em troca de um tratamento mais brando. A fim de evitar conflitos entre as agências, a autoridade primeiro contatada pelo infrator deve ser obrigada a envolver imediatamente qualquer outra pessoa que possa ser competente em relação a outras possíveis infrações relatadas. O autor da auto-denúncia deve estar razoavelmente certo de que ele receberá clemência por todas as irregularidades relatadas, desde que ele atinja os requisitos legais para cada infração, obviamente (tradução livre).[658]

Já Auriol *et al.* recomendam, como solução para o problema da harmonização entre os dois sistemas, a possibilidade de que se incrementem as competências da autoridade antitruste em relação aos ilícitos de corrupção.[659] Nessa mesma linha, Alexandre Ditzel Faraco entende que a própria Lei nº 12.846/2011 daria azo a uma interpretação segundo a qual a celebração dos acordos junto ao CADE suplantaria a necessidade de recorrer-se concomitantemente à CGU, na medida em que o acordo com o CADE abarcaria todas as sanções aplicáveis quanto ao mesmo ilícito. Confira-se:

---

[658] Disponível em: https://www.hhs.se/en/about-us/news/site-publications/2016/expanding-leniency-to-fight-collusion-and-corruption/. Acesso em: 20 ago. 2017. No mesmo sentido, Leslie: "Dependendo do escopo de um cartel, uma empresa participante poderia buscar leniência em uma jurisdição e, possivelmente, abrir-se para a responsabilidade antitruste em dezenas de outras jurisdições. Esta possibilidade poderia dissuadir uma empresa que praticou a fixação de preços a confessar em qualquer jurisdição, do que resultaria que um cartel continuaria inabalável. Alguma forma de harmonização de leniência entre as jurisdições poderia remover esse desincentivo à deserção do cartel. Autoridades da concorrência já se envolvem em cooperação transfronteiriça em matéria de execução, tais como coordenação em buscas e apreensões contra suspeitos de membros do cartel. Talvez deva haver maior coordenação em relação à leniência também. Por exemplo, as agências poderiam considerar a possibilidade de um balcão único, na qual a primeira empresa a confessar a um organismo centralizado recebe clemência em qualquer jurisdição participante. Embora conceitualmente simples, tal abordagem levanta muitas questões complicadas, incluindo questões de preempção, da quantidade de evidência e de cooperação contínua que seriam necessárias, e quem teria autoridade para determinar se um requerente da leniência violou suas obrigações de modo que a leniência deveria ser revogada" (tradução livre. LESLIE, C. Editorial: antitrust leniency programmes. *Compet Law Rev*, v. 7, p. 175-179, 2011.).

[659] AURIOL, Emmanuelle et al. Deterring corruption and cartels: in search of a coherent approach. *Toulouse School of Economics* (TSE), 2016. Disponível em: https://www.tse-fr.eu/sites/default/files/TSE/documents/doc/wp/2016/wp_tse_728.pdf. Acesso em: 20 jul. 2017.

a celebração do acordo com o CADE sob a LDC, na hipótese estrita de cartel em licitação, deveria alcançar as punições previstas na LAC. Primeiro, pelas conclusões expostas, no sentido de que as sanções administrativas em questão não deveriam ser cumuladas, pois voltadas a punir os mesmos fatos e proteger os mesmos bens jurídicos. Por questão de congruência, ao se afastar integralmente a possibilidade de se aplicar uma dessas sanções, em razão dos benefícios da colaboração, estaria afastada também a sanção redundante. Trata-se de consequência necessária da compreensão dos níveis sobrepostos de sanções como níveis de redundância.

Mas para além disso, o próprio texto da LDC já estabeleceu expressa e inequivocamente essa consequência, ao prever que o acordo de leniência implica "a extinção da ação punitiva da administração pública" sem qualquer limitação à ação do CADE. Não deveria surpreender a afirmação de que a atuação do CADE pode restringir o exercício de competência punitiva de outro órgão da administração. Isso se coaduna com a visão das sobreposições aqui descritas como níveis de redundância. Ademais, a LDC vai muito além disso ao prever a extinção da punibilidade penal por ato de órgão administrativo que não é titular da ação penal.[660]

Em que pese a opinião do autor acima, não é possível desde já supor qual será a interpretação sistemática dos dois diplomas que prevalecerá na Administração Pública.

Daí se percebe que, se, por um lado, pode ser que a presença de mais de um acordo retroalimente a efetividade de ambos, por outro, pode ocorrer justamente o contrário, quando seus âmbitos de aplicação colidentes ou conflitantes tornem a aferição da vantajosidade envolvida na colaboração com o Estado excessivamente complexa. O medo de cooperar pode se tornar paralisante a ponto de a adesão a quaisquer dos sistemas não parecer a estratégia mais racional ao agente econômico envolvido, o que, em última análise poderia, ao invés de criar efeitos dissuasórios para a atividade delitiva, gerar um ambiente favorável à colusão.

---

[660] FARACO, Alexandre Ditzel. Lei de Defesa da Concorrência e Lei Anticorrupção: sobreposições e conflitos normativos. *Revista de Direito Público da Economia* – RDPE, Belo Horizonte, ano 15, n. 59, jul./set. 2017. Disponível em: http://www.bidforum.com.br/PDI0006.aspx?pdiCntd=248423. Acesso em: 21 dez. 2017.

CAPÍTULO 7

ALGUMAS PROPOSTAS DE ADEQUAÇÃO: É POSSÍVEL INCREMENTAR A ATRATIVIDADE E SEGURANÇA DOS ACORDOS DE LENIÊNCIA BRASILEIROS?

Verificou-se que os programas de leniência em uso no cenário brasileiro, em alguns pontos específicos, contradizem o modelo normativo apresentado na primeira parte deste trabalho, notadamente por não atingirem a devida dosimetria de incentivos para a cooperação dos particulares, no que toca ao binômio atratividade-segurança jurídica.[661]

O fato de os acordos existentes na legislação pátria ainda não apresentarem desenho ótimo, contudo, não infirma de todo a adoção e utilidade do instituto no ordenamento jurídico brasileiro. Como ficou claro da exposição das experiências norte-americana e europeia, grande parte dos sucessos na implementação da ferramenta no direito comparado ocorrem apenas após períodos de evolução regulatória e de tentativas e erros.

---

[661] Deve-se, contudo, apontar as dificuldades – e mesmo a indesejabilidade – de realizar comparações entre modelos descritivos e normativos. Valem, nesse contexto, as reflexões de Diogo Coutinho, que, afirma: "[p]ara Komesar, como se pode ver, decidir entre instituições encarregadas de decidir constitui um exercício de análise comparativo tão importante quanto a própria escolha dos fins últimos a serem perseguidos ou realizados. Isso se relaciona com o fato de que não faz sentido avaliar os atributos ou deficiências de uma instituição em abstrato, isto é, sem que tal instituição seja comparada ou confrontada com outras instituições ou processos institucionais. Para tanto, é preciso que haja um mínimo de comparabilidade, isto é, que as instituições objeto de comparação estejam submetidos a dinâmicas e contextos de política pública semelhantes. Komesar é contrário, por isso, a análises institucionais comparativas abstratas, que cotejam algo que existe (uma política pública que não funciona bem, por exemplo), com algo que não existe e, por isso, não tem ou pode ter sua efetividade avaliada senão idealmente" (COUTINHO, Diogo Rosenthal. O direito econômico e a construção institucional do desenvolvimento democrático. *Revista Estudos Institucionais* – REI, v. 2, n. 1, p. 214-262, 2016.)

É o que se extrai também do precedente nacional quanto à tutela da concorrência, em que o sistema hoje implementado pelo CADE, e reconhecido como de grande utilidade para o combate e prevenção de ilícitos contra a ordem econômica, sofreu sucessivas modificações em sua conformação até lograr atingir o patamar atual. No caso específico do CADE, é notável que não só alterações normativas, mas também adoção reiterada de práticas administrativas, aliadas a uma regulação clara e previsível quanto à interpretação e uso do instrumento pela autarquia, em muito contribuíram para o êxito de seu programa de leniência.

Nem todos os problemas já referidos apresentam soluções fáceis – o Brasil é relativamente pioneiro no manejo conjunto de acordos de leniência, tendo positivado programas em searas diversas do direito cuja aplicação demanda harmonização e, decerto, uma carga de experimentalismo.[662] Nesse sentido,

---

[662] Para Isabela Ferrari, "[o] fato de determinado modelo teórico não estar plenamente desenvolvido, por si só, não deve levar à conclusão pela negativa do transplante jurídico. Nesse caso, é necessário incluir, na reflexão acerca dos custos e benefícios da importação, considerações sobre as dificuldades que podem ser consequência do estágio de desenvolvimento da ideia jurídica que se pretenda importar. Adotar a ideia imperfeita pode parecer mais interessante do que tentar criar o panorama normativo no seio do próprio sistema jurídico ou continuar na inércia". (FERRARI, Isabela Rossi Cortes. *Transadministrativismo:* dinâmica e complexidade. 2017. 197f. Dissertação (Mestrado em Direito) – Universidade do Estado do Rio de Janeiro, Rio de Janeiro, 2017, p.134). A autora, citando as lições de Marcelo Neves, atenta para o fato de que, na importação de modelos teóricos inacabados, é útil que se mantenha uma postura de diálogo aberto entre os ordenamentos importador e exportador: "[a] manutenção de um canal aberto é interessante para a ordem jurídica importadora porque a exportadora, diante das imperfeições do modelo, possivelmente estará empreendendo esforços no sentido do aprimorá-lo, e o eventual produto desses esforços é um objeto potencial para importação. Da mesma forma, recomenda-se tal atitude para a ordem exportadora porque a importadora pode ajudar a desenvolver o aparato teórico que falta ao modelo inacabado, e o seu diferente 'limite de observação' (Neves) pode favorecer essa tarefa" (p. 135). Trazendo essas considerações para o cenário dos acordos de leniência brasileiros, é especialmente útil ao Legislador e administrador nacionais, em eventuais reformulações e ajustes do regramento atualmente existente, terem em conta as reformas implementadas no direito comparado. Pode-se citar, dentre essas reformas, (i) a limitação da responsabilidade civil dos colaboradores, implementada em alguma medida tanto pela União Europeia quanto pelos Estados Unidos; e (ii) o sistema de senhas integrado entre os acordos de leniência comunitário e nacionais proposto pela Rede Europeia da Concorrência. Mesmo nos ordenamentos em que a adoção dos acordos é mais madura, ainda se percebe a necessidade de constantes ajustes para fazer valer a correspondência entre pressupostos teóricos e incentivos concretos dos programas de leniência. Sendo o acordo de leniência um instituto de fundamentação teórica econômica, é possível aferir, através de análises empíricas, o incremento de sua eficácia a partir de modificações implementadas, o que facilitaria, por sua vez, a abordagem do (re)formulador do programa – para além de um tratamento apenas norteado pela lógica da tentativa e erro.

[a] transferência de políticas é melhor vista como um processo quase contínuo. Os atores políticos continuam a debater uns com os outros quanto à interpretação do transplante e como continuamente reformulá-lo (tradução livre).[663]

Se é verdade que parte das questões acima talvez só possa ser derradeiramente dirimida a partir de alterações em lei *strito sensu*,[664] [665] também o é que algumas dificuldades podem ser ao menos atenuadas a partir de medidas administrativas que visem a incrementar a utilidade e eficiência dos acordos de leniência.

Com efeito, não é crível supor que o Brasil vá alterar radicalmente a sua forma de controle administrativo, nem é esse um resultado necessariamente desejável. Como aduzem Mattei e Monti,

[c]om respeito à evolução dos sistemas legais, às inovações e as mudanças dependem fortemente do quadro institucional existente, bem como do contexto histórico. A análise comparativa das instituições mostra que os sistemas legais estão frequentemente presos em rotinas subóptimas, porque os custos de transação atribuídos à mudança são extremamente elevados. (...) Além disso, recentemente sugeriu-se que os sistemas

---

[663] DE JONG, Martin; LALENIS, Konstantinos; MAMADOUH, V. D. (Ed.). The Theory and Practice of Institutional Transplantation: Experiences with the transfer of policy institutions. *Springer Science & Business Media*, 2002, p. 25

[664] Como a expansão da atratividade dos acordos anticorrupção através da sua aplicabilidade também às pessoas físicas, talvez com efeitos na responsabilização penal dessas últimas, ou a sua integração com a Lei de Improbidade, com efeitos *ex lege* sobre as sanções dessa lei.

[665] Existem projetos de lei em tramitação com o objetivo de alterar o atual regramento dos acordos de leniência. Pode-se citar, ilustrativamente, o projeto de lei º 5.208/2016, que visa a alterar a Lei nº 12.846/2013, e a Lei nº 8.429/1992 para dispor sobre condições para celebração de acordos de leniência com pessoas físicas e pessoas jurídicas. Esse projeto foi apresentado por representantes da sociedade civil ao Congresso Nacional, e inclui medidas como "a homologação judicial dos acordos de leniência mediante procedimento judicial específico quando o Ministério Público e/ou a pessoa jurídica do ente da Federação, esta devidamente representada pela Advocacia Pública, pretender isentar a empresa infratora das sanções de natureza civil previstas na Lei Anticorrupção e na Lei nº 8.429, de 1992, ou abrir mão do ajuizamento de ações judiciais civis previstas nessas Leis para fins de defesa do patrimônio público" (nos termos da sua exposição de motivos); a completa isenção das penalidades administrativas; a possibilidade de repercussão na esfera da Lei de Improbidade, inclusive em relação às pessoas físicas, e a hipótese de o Ministério Público requerer a inclusão no acordo de leniência de cláusula em relação às pessoas físicas abrangendo as sanções cíveis previstas na Lei nº 8.429/1992 ou o perdão judicial ou a redução em até 2/3 (dois terços) a pena privativa de liberdade ou sua substituição por restritiva de direitos de representantes das pessoas jurídicas infratoras que tenham colaborado efetiva e voluntariamente com a investigação e com o processo criminal, observada a lei penal específica. Outra proposta em tramitação, já citada, consiste no projeto de lei do Senado Federal nº 283, de 2016, que trata dos acordos de leniência concorrenciais.

legais que enfrentam uma emergência – como a contaminação do sangue ou a proteção ambiental – tendem a reagir seguindo caminhos pré-estabelecidos, relativamente previsíveis, determinados por fatores profundamente inseridos nas respectivas culturas legais (Mattei 2001, Monti, 2001). Nesta perspectiva, a noção de eficiência comparativa ganha importância substancial: um determinado arranjo legal pode não ser o mais eficiente em um mundo teórico, mas pode ser o melhor alcançável à luz das restrições formais e informais existentes (tradução livre).[666]

Transpondo tais considerações para o caso concreto, é possível entender que um modelo de acordo de leniência, no contexto brasileiro, está de alguma forma limitado pela realidade institucional já posta. Os custos da alteração do modelo de controle, de multiagências para um centralizador, podem ser excessivos ou até mesmo inalcançáveis.[667]

Contudo, cientes dos objetivos, requisitos, e da teoria econômica que fundamenta a implementação desse instrumento, é possível às autoridades competentes para a sua celebração, e às outras, indiretamente envolvidas (como o Ministério Público, o TCU, a AGU, etc.), esforçarem-se por desenvolver um conjunto de regulações e práticas que maximizem as qualidades da legislação, ao mesmo tempo que demonstrem aos eventuais interessados a seriedade da Administração Pública em conferir o máximo de segurança jurídica e confiabilidade aos próprios acordos.

Assim é que muitas das atuais perplexidades podem ser pelo menos abrandadas por meio de uma combinação entre a edição de regulação e documentos autovinculantes com a consagração de um modelo de *praxis* administrativa voltada para a potencialização da segurança jurídica e institucional.

É possível tanto aumentar a atratividade do programa quanto a segurança jurídica dos particulares, e mesmo a sua eficiência, por desses dois vieses.

---

[666] MATTEI, Ugo; MONTI, Alberto. Comparative Law and Economics: Borrowing and Resistance. *Global Jurist Frontiers*, v. 1, n. 2, p. 6. 2001.

[667] Isso não significa que reformas institucionais sejam inviáveis, mas apenas que a sua realização requer especial cuidado em seus diagnósticos e prognósticos: "[n]ão se pode menosprezar, portanto, a persistência das instituições. Isso, em termos práticos, significa que modificações e reformas institucionais não podem ser feitas como quem 'escreve em uma página em branco'" isto é, devem levar em consideração os fatos de que as instituições atuais não desaparecem com facilidade e que deixam vestígios mesmo quando formalmente extintas e de que há sempre resistências e custos (econômico e políticos) que não podem ser ignorados quando se trata de erigir, modificar ou extinguir uma instituição" (COUTINHO, Diogo Rosenthal. O direito econômico e a construção institucional do desenvolvimento democrático. Revista Estudos Institucionais – Rei, v. 2, n. 1, p. 214-262, 2016.)

Não é necessário, em princípio, pois, fazer *tabula rasa* da legislação atualmente vigente para que se colham os frutos da boa implementação de programas de leniência – sobretudo, é imprescindível que se leve a sério a análise dos incentivos e impactos gerados por esse tipo de medida, sob pena de ela gerar efeitos sistêmicos perversos (para o Estado ou para indivíduos), ou passar a ser rechaçada pela sociedade.

Por derradeiro, e sob esta perspectiva, passa-se a elencar de forma breve algumas potenciais formas de ajuste dos programas de leniência previstas no ordenamento jurídico. A adoção de quaisquer medidas, contudo, não prescinde de uma análise pormenorizada e rigorosa sobre suas possíveis implicações sobre outras normas e instituições, sendo, por conseguinte, sempre desejável que se proceda à respectiva análise de impactos.

7.1 A prática administrativa como fator de incremento da segurança jurídica dos Acordos de Leniência brasileiros

Talvez a forma mais simples de as autoridades estatais incrementarem os incentivos para a cooperação seja através da assunção de uma atitude pró-consensual, pautada na transparência e confiabilidade no manejo dos acordos de leniência.

É necessário, novamente, insistir na afirmação quase óbvia de que, em se tratando de acordos de leniência, o elemento da previsibilidade da concessão do benefício se faz primordial, do que decorre a consequente necessidade de os agentes estatais atuarem de maneira constante na interpretação e aplicação dos institutos.[668] Apenas assim os agentes privados estarão confortáveis para munir o Estado de elementos probatórios em seu próprio desfavor, traindo seus comparsas e desestabilização as relações ilícitas.

No caso da experiência norte-americana, essa transparência se materializa por meio da elaboração pela Divisão Antitruste de manuais

---

[668] O imperativo de que a atuação da Administração Pública se dê de maneira coesa e coerente não representa qualquer novidade (veja-se, neste sentido, DALLARI, Adilson Abreu; FERRAZ. Processo Administrativo. São Paulo: Malheiros, 2001, p. 152; ARAGÃO, Alexandre Santos de. Teoria das autolimitações administrativas: atos próprios, confiança legítima e contradição entre órgãos administrativos. *Revista de Doutrina da 4ª Região*, n. 35, abr. 2010; SCHREIBER, Anderson. *A proibição de comportamento contraditório:* tutela da confiança e venire contra factum propium. 2012; BAPTISTA, Patrícia Ferreira. *Segurança Jurídica e Proteção da Confiança Legítima:* Análise Sistemática e Critérios de Aplicação no Direito Administrativo Brasileiro. Tese de Doutorado: Faculdade de Direito da Universidade de São Paulo, 2006.).

de políticas e *standards* de atuação, buscando explicitar os motivos, mas também o grau de discricionariedade, que move a atuação de seus agentes nas seguintes áreas: (1) normas para a deflagração de investigações; (2) critérios para a propositura de ação penal, quando for o caso;[669] (3) clareza quanto às prioridades na persecução; (4) publicidade quanto às políticas de negociação dos acordos entre acusação e defesa; (5) padrões nítidos sobre a condenação e dosimetria das penas; e (6) aplicação transparente do programa de leniência.[670][671]

Em especial quanto a esse último quesito, a Divisão Antitruste se empenha na produção de artigos que buscam tornar claras a prática, a aplicação e a interpretação das normas que dispõem sobre os acordos de leniência. Possui, também, uma política de leniência escrita e facilmente acessível por interessados, [672] o que inclui uma carta-modelo contendo as principais obrigações impostas aos particulares em função da celebração dos acordos, o nível de cooperação necessário e a forma de restituição às vítimas.[673] Representantes do órgão frequentemente realizam exposições e participam de seminários em âmbito nacional e internacional sobre o tema, palestrando para grupos de interesse como aplicadores do direito, outras agências e órgãos estatais, a mídia e associações comerciais e industriais.[674]

Do mesmo modo, o órgão fez o possível para reduzir (ou ao menos conferir a aparência de ter reduzido) a discricionariedade de seus agentes públicos. Para Hammond, os anos de experiência sob a égide do modelo inicial de acordos, que não obteve sucesso, e cujo fracasso é largamente atribuído à discricionariedade que então imperava na aplicação da leniência e nas suas consequências concretas, fez com que a Divisão prezasse a transparência e certeza, mesmo que isto significasse

---

[669] Deve-se lembrar que, nos EUA, a lógica do sistema penal não inclui o princípio da obrigatoriedade, havendo margem de discricionariedade para o órgão de acusação quanto ao prosseguimento ou não da persecução penal.
[670] HAMMOND, Scott D. *Cornerstones of an effective leniency program*. Chile, Santiago, set/2009.
[671] SPRATLING, Gary R. *Transparency in Enforcement Maximizes Cooperation from Antitrust Offenders*. Disponível em: http://www.usdoj.gov/atr/public/speeches/3952.htm. Acesso em: 22 jun. 2017.
[672] Documentos disponíveis em: http://www.usdoj.gov/atr/public/criminal/leniency.htm. Acesso em: 22 jun. 2017).
[673] SPRATLING, Gary R.; ARP, D. Jarrett. *The International Leniency Revolution:* The Transformation Of International Cartel Enforcement During The First Ten Years Of The United States' 1993 Corporate Amnesty/Immunity Policy. Disponível em: http://www.gibsondunn.com/fstore/documents/pubs/Spratling-Arp%20ABA2003_Paper.pdf. Acesso em: 22 jun. 2017.
[674] O próprio texto ora citado (HAMMOND, Scott D. *Cornerstones of an effective leniency program*. Chile, Santiago, set/2009) foi fruto de apresentação realizada em Santiago, Chile, em 2009.

não punir as empresas que desejaria, quando estas preenchessem os requisitos para a cooperação em troca do tratamento leniente.

No Brasil, o CADE vai na mesma linha, disponibilizando acordos-modelo,[675] estatísticas,[676] guias periodicamente atualizados[677] e até mesmo informações e esclarecimentos dirigidos à comunidade internacional, como no caso de seus relatórios à OCDE,[678] o que em parte tem contribuído para o considerável sucesso do programa.

Mais recentemente, a CGU tem tentado caminhar pela mesma via, tendo divulgado, por exemplo, um manual de responsabilização dos entes privados[679] que aclara a leitura feita por aquele órgão a respeito das próprias atribuições.

A CGU, em seu manual, e de forma acertada, indica, por exemplo, que a condição de a Administração Pública já dispor de elementos probatórios de autoria e materialidade retiraria o interesse estatal em pactuar leniência com a pessoa jurídica interessada – o que, como visto acima, não está claramente depreendido do texto da Lei Anticorrupção, ainda que seja um corolário lógico das finalidades dos programas de leniência.[680] Nesses casos, segundo a CGU, a colaboração seria em princípio considerada como elemento geral de atenuação da pena, *ex vi* do inciso VII, do art. 7º, daquele diploma.

Sem embargo, não basta a edição de guias e manuais e a aplicação transparente e previsível da norma, ainda que estes sejam fatores de grande relevância para o êxito de um programa de leniência. É

---

[675] O modelo pode ser acessado em: http://www.cade.gov.br/assuntos/programa-de-leniencia/modelo_acordo-de-leniencia_bilingue.pdf. Acesso em: 12 dez. 2017.
[676] Disponível em: http://www.cade.gov.br/assuntos/programa-de-leniencia, e atualizado a última vez em setembro de 2017. Acesso em: 12 dez. 2017.
[677] Disponível em: http://www.cade.gov.br/assuntos/programa-de-leniencia/modelo_acordo-de-leniencia_bilingue.pdf. Acesso em: 12 dez. 2017.
[678] Em 2016, por exemplo, o CADE enviou à OCDE o relatório denominado Programa de Leniência no Brasil – experiências recentes e lições aprendidas (no original, *Leniency Programme in Brazil – Recent experiences and lessons learned*, Disponível em: http://www.cade.gov.br/assuntos/programa-de-leniencia/publicacoes-relacionadas-a-acordo-de-leniencia/2016_ocde_leniency-in-brazil.pdf/view. Acesso em: 12 dez. 2017).
[679] Disponível em: http://www.cgu.gov.br/Publicacoes/atividade-disciplinar/arquivos/manual-de-responsabilizacao-de-entes-privados-dezembro-2017.pdf/view. Acesso em: 13 jan. 2018.
[680] Essa interpretação, além de decorrente da lógica econômica do instituto, guarda relação, do ponto de vista hermenêutico, com aquilo que Karl Larenz denomina de analogia legis, em que se realiza "a transposição de uma regra, dada na lei para a hipótese legal (A), ou para várias hipóteses semelhantes, numa outra hipótese B, não regulada na lei, 'semelhante' àquela. A transposição funda-se em que, devido à sua semelhança, ambas as hipóteses legais hão de ser identicamente valoradas nos aspectos decisivos para a valoração legal; quer dizer, funda-se na justiça de tratar igualmente aquilo que é igual". LARENZ, Karl. *Metodologia da Ciência do Direito*. Fundação Calouste Gulbenkian, Lisboa, 3. ed., 1997, tradução de José Lamego, p. 540 e seguintes.

imprescindível que a práxis do ente administrativo envolvido seja consentânea com os fundamentos teóricos e com os objetivos desse instituto específico.

Em resumo, é importante que as próprias autoridades envolvidas diretamente na aplicação dos acordos de leniência brasileiros tenham a correta dimensão dos fatores que fundamentaram a inclusão dessa ferramenta no direito administrativo, de modo a realizar sua interpretação e aplicação de forma harmônica com esses misteres.

Deve-se evitar o enfraquecimento dos incentivos relacionados a esse tipo de instrumento consensual, e, especialmente, a geração de incentivos perversos, que estimulem (ao invés de dissuadir) a atividade ilícita.[681]

Seria desejável que os órgãos responsáveis pela celebração dos acordos compreendessem, como parece já saber o CADE, que o escopo de aplicação dos acordos não necessariamente corresponderá à integralidade dos fatos típicos presentes na norma autorizativa. Nem todos os ilícitos ali previstos serão necessariamente compatíveis com os elementos fundantes dessa ferramenta e, especialmente, com a lógica decorrente do dilema do prisioneiro.[682] Como já frisado, o CADE restringe, como prática, a utilização do seu programa aos ilícitos de cartel, não aplicando essa modalidade de acordos para infrações perpetradas por um só agente.

---

[681] São úteis, neste momento, as lições de Alexandre Santos de Aragão, que elucida que "[t]oda aplicação de normas jurídicas gera uma atividade discricionária, pois sempre haverá mais de uma interpretação plausível a ser adotada. A escolha entre uma delas é uma atividade discricionária. Porém, os operadores do direito estão jungidos a aplicar uma entre as interpretações que sejam plausíveis de acordo com a ciência do direito" (ARAGÃO, Alexandre Santos de. Subjetividade judicial na ponderação de valores: alguns exageros na adoção indiscriminada da teoria dos princípios. *Revista de Direito Administrativo*, v. 267, p. 41-65, 2014).

[682] Não se pode, contudo, afirmar que tal interpretação restritiva das Leis nº 13.506/2017 e 12.846/2013, que limite a celebração de acordos apenas às hipóteses de conluio, será acatada pela doutrina e, especialmente, jurisprudência. Trata-se de interpretação das normas que não advém diretamente de sua literalidade, mas, em especial, de suas finalidades. Noutras palavras, o que se propõe é a *redução teleológica* dessas normas, tal como explicitada por Karl Larenz: "A regra legal, contra o seu sentido literal, mas de acordo com a teleologia imanente à lei, precisa de uma restrição que não está contida no texto legal. A integração de uma tal lacuna efetua-se acrescentando a restrição que é requerida em conformidade com o sentido. Visto que com isso a regra contida na lei, concebida demasiado amplamente segundo o seu sentido literal, se reconduz e é reduzida ao âmbito de aplicação que lhe corresponde segundo o fim da regulação ou a conexão de sentido da lei, falamos em 'redução teleológica' (...) se a redução está dirigida à própria teleologia da lei e se têm em conta as barreiras nela estabelecidas, então não é menos 'fiel à lei' do que qualquer interpretação teleológica" (LARENZ, Karl. *Metodologia da Ciência do Direito*, trad. José Lamego, Ed. Fundação Calouste Gulbenkian, 3. ed., Lisboa, 1997, p. 556).

Esse ponto é relevante quando se cogitam dos ilícitos tipificados nas Leis nº 12.846/2013, nº 8.666/1993 (e, na esfera de competências da CVM e Banco Central, a Lei nº 13.506/2017), tendo em vista que todas as três preveem condutas infrativas que não demandam intrinsecamente a pluralidade de agentes ofensores, hipóteses essas em que, consequentemente, parte das bases econômicas da leniência não estão presentes: não há corrida pela delação, nem efeito preventivo geral do comportamento delitivo, caso não haja pluralidade de agentes em conluio.

Relembre-se que a Lei Anticorrupção, ao tratar do assunto, afirma que a identificação dos coautores ocorrerá "quando couber" (art. 16, I) – o que foi replicado pelo art. 30, I Lei nº 13.506/2017. É claro que outra interpretação pode ser conferida ao mesmo dispositivo, afirmando-se que, em verdade, nem sempre a identificação será possível (se o agente não sabe quem era o seu comparsa, o que parece improvável) ou nem sempre haverá provas cabais do envolvimento de algum dos coautores do ilícito (na hipótese de que sucessivas interpostas pessoas na relação delitiva tornem a produção de provas sobre o agente que está na ponta, por exemplo, de um esquema de lavagem de dinheiro, muito difícil).

Um ponto em que a interpretação da CGU não parece se coadunar com os pressupostos dos acordos consiste na sua leitura do art. 30, I do Decreto nº 8.420/2015, que resguarda a necessidade da primazia do proponente apenas para *quando tal circunstância for relevante*. Para a CGU, isto significaria que acordos mais tardios, com um segundo ou terceiro proponente, seriam possíveis, considerando-se a relevância das provas apresentadas, a potencial materialidade da infração delatada, a magnitude do ato lesivo, a extensão do dano causado, o número de empresas envolvidas e a probabilidade de detecção do ilícito sem a denúncia ofertada pela empresa proponente.[683]

Ocorre que, para além dos problemas apontados no Capítulo 5, *supra*, esse tipo de exegese apresenta sérios riscos de tornar a celebração dos acordos de leniência atos eminentemente discricionários, e não tendencialmente vinculados, da Administração Pública,[684] o que, como

---

[683] Disponível em: http://www.cgu.gov.br/Publicacoes/atividade-disciplinar/arquivos/manual-de-responsabilizacao-de-entes-privados-dezembro-2017.pdf/view. Acesso em: 13 jan. 2018.

[684] Essa parece ser a interpretação da CGU, ao dizer que "Nesse sentido, a efetiva pactuação do acordo de leniência não pode ser entendida como direito subjetivo dos entes privados em face da administração pública, uma vez que se trata de mecanismo concebido em prol da apuração e do processo. Em outras palavras: a viabilidade do acordo de leniência vincula-se ao real interesse processual na produção célere de material probatório. Esse interesse é avaliado sob o crivo exclusivo do ente público processante, a partir da análise das informações e provas já coletadas nos autos do processo administrativo" Disponível em: http://www.cgu.gov.br/Publicacoes/atividade-disciplinar/arquivos/

ficou demonstrado a partir dos critérios elencados no Capítulo 2 e da experiência pioneira dos Estados Unidos, pode enfraquecer os incentivos para que os particulares cooperem mais e o quanto antes.

Havendo o cumprimento dos requisitos legais e lógicos desses acordos (no que se inclui a aferição da novidade das informações e da ausência de elementos autônomos de provas que permitam a persecução estatal), a melhor interpretação é a de que a Administração Pública *deverá* celebrar o acordo – nada obstante os três diplomas nacionais que preveem esse instituto todos utilizarem o vocábulo *poderá*.

Como aduz Thiago Marrara, tratando do caso da leniência do direito da concorrência, mas em lição aplicável a todo sistema de responsabilização que contemple o uso desse instrumento, a boa-fé processual demanda que as entidades competentes mantenham sua coerência quanto às hipóteses de cabimento dos acordos:

> [s]e as autoridades reconheceram que as condições de propositura do acordo foram respeitadas, a proposta restou admitida e se as autoridades negociaram as obrigações e chegaram a um consenso com o proponente a respeito do conteúdo obrigacional do acordo nos termos da lei, a possibilidade de não celebrá-lo representaria uma contradição administrativa inexplicável e imoral.[685]

---

manual-de-responsabilizacao-de-entes-privados-dezembro-2017.pdf/view. Acesso em: 13 jan. 2018. São pertinentes, igualmente, as considerações tecidas pela CGU em seu Manual de Responsabilização Administrativa de Pessoas Jurídicas, *in verbis*: "De certa maneira, o Decreto nº 8.420/2015 também relativizou a necessidade de o acordo ser celebrado tão só com a primeira pessoa jurídica a manifestar interesse em cooperar com a apuração do ilícito. Ao reproduzir o dispositivo original da LAC, o regulamento esclarece que o ineditismo da manifestação deveria ser observado 'quando tal circunstância for relevante'. Em que pese a possibilidade ali estabelecida, sua aplicação deve ser balizada com a observância de alguns fatores de limitação, sob pena de a pessoa jurídica acusada delatar casos de pequena expressão com a exclusiva finalidade de obter redução de penalidades de fatos mais gravosos. Assim, pode-se delimitar a pactuação do acordo posterior pelo acatamento, em especial, dos seguintes critérios: (i) a relevância das provas apresentadas pelo leniente plus; (ii) a potencial materialidade da infração delatada, devendo-se levar em consideração a magnitude do ato lesivo, a extensão do dano causado, o número de empresas envolvidas etc.; e (iii) a probabilidade de detecção do ilícito sem a denúncia ofertada pela empresa leniente. Cumpre ressaltar que o requisito em exame se aplica de maneira mais apropriada aos casos em que o conluio ou acerto envolvendo duas ou mais empresas se apresente como elemento essencial à configuração da infração, a exemplo do ato lesivo consubstanciado no art. 5º, IV, 'a', da Lei nº 12.846/2013: 'frustrar ou fraudar, mediante ajuste, combinação ou qualquer outro expediente, o caráter competitivo de procedimento licitatório público'. Em relação aos demais ilícitos, a presente condição perde relevância, afinal nem todo ato de corrupção será levado a cabo por meio da prática de cartel ou conluio. Justamente por isso, o Decreto nº 8.420/2015, em seu art. 30, expressamente prevê que a observância de tal requisito somente será necessária, quando tal circunstância for relevante" (p. 80).

[685] MARRARA, Thiago. *Sistema brasileiro de defesa da concorrência*: organização, processos e acordos administrativos. São Paulo: Atlas, 2015, p. 351. Em sentido contrário, entretanto,

Entende-se que houve, pois, uma ponderação apriorística do legislador nacional quanto à existência de interesse público na celebração de acordos de leniência quando presentes os requisitos legais.[686] [687] Caso contrário, a mitigação dessa circunstância poderá deslegitimar todo o sistema ao permitir a celebração do acordo com agentes que não correspondem exatamente aos critérios legais, permitindo que as autoridades na prática escolham com quem querem transacionar – o que, por sua vez, poderia resvalar no tratamento anti-isonômico dos colaboradores em potencial.[688]

Relembre-se que os acordos de leniência devem ser positivados e previstos *ex ante* e de forma geral a todos os interessados justamente porque somente assim os particulares terão incentivos suficientes para

---

Modesto Carvalhosa opina que a celebração do acordo não seria direito subjetivo da pessoa jurídica (CARVALHOSA, Modesto. *Considerações sobre a Lei anticorrupção das pessoas jurídicas*: Lei n. 12.846 de 2013).

[686] "Em razão dos imperativos de clareza e de determinabilidade impostos pelo princípio do Estado de Direito, o texto da norma constitui, em caso de conflito, o ponto de referência prioritário da aplicação do Direito, na medida em que ele fixa os limites das possibilidades lícitas de decisão. O texto não é a lei, mas, enquanto dado de partida do processo de interpretação, uma prefiguração da lei. (…) Não se pode ir contra a função limitadora do texto da lei invocando textos que não são textos de normas jurídicas" MÜLLER, Friedrich. *Discours de la méthode juridique*. Tradução de Olivier Jouanjan. Paris: Presses Universitaires de France – PUF, 1996. p. 238, 239 e 243. *Apud* ARAGÃO, Alexandre Santos de. Subjetividade judicial na ponderação de valores: alguns exageros na adoção indiscriminada da teoria dos princípios. *Revista de Direito Administrativo*, v. 267, p. 41-65, 2014.

[687] Daí não decorre que toda a atuação administrativa nos acordos de leniência é vinculada. A norma dá (necessários) espaços de discricionariedade para a aferição de elementos como o *quantum* probatório a ser exigido, a suficiência da cooperação do particular, e a existência ou não de provas aptas a assegurar uma apenação. Esses elementos não podem ser predefinidos pelo legislador, tendo em vista a impossibilidade de que se estabeleçam tais critérios em abstrato, de forma desvinculada da realidade. Todavia, mesmo em relação a tais ponto, o ideal seria a elaboração de documentos e regulamentos, na linha do que se defende no tópico abaixo, para que os administrados pudessem prever os *standards* norteadores da atividade administrativa.

[688] Vale dizer que a valoração positiva da cooperação do particular, que tem como resultado a diminuição da lesividade social do ilícito ou a facilitação a recomposição dos danos, guarda também uma relação com o princípio da proporcionalidade. Como explica Fábio Medina Osório, "[t]ambém no sancionamento dos atos ilícitos, pelo ângulo do Direito Administrativo, haverá incidência da proporcionalidade, atenuando o rigor das sanções, notadamente no campo de sua obrigatória imposição, e isto está nas origens desse princípio, no próprio Direito Penal, onde o instituto ganhou notoriedade para fins de estancar sancionamentos demasiado severos ou rígidos, com ofensa aos direitos humanos. O princípio da proporcionalidade exige o exame da natureza do ataque ao bem juridicamente protegido e a sanção prevista a esse ataque. A sanção deve estar relacionada ao bem jurídico protegido. Há, sempre, uma cláusula de necessidade embutida nas medidas que buscam salvaguardar a segurança, a saúde ou a moral públicas". *Direito administrativo sancionador*. 2. ed. São Paulo: Revista dos Tribunais, 2005, p. 248 e 249.

se autodelatarem a ponto de isto desestabilizar as relações de confiança entre agentes em conluio.

Uma forma alternativa de compatibilização do dispositivo contido no art. 30, I do Decreto nº 8.420/2015 com os misteres do instituto seria interpretá-lo como um prenúncio da instituição de um sistema de senhas (usualmente referidos por sua denominação em inglês – *markers*). Explica-se: viu-se que em alguns sistemas de leniência, dentre os quais se incluem o norte-americano, o comunitário europeu e o próprio sistema do CADE, existe a previsão de que o agente que busca a leniência, mas que não é o primeiro a se manifestar quanto a isto perante a autoridade competente, receberá uma senha que designará o seu "lugar na fila" no caso de as negociações com o infrator que detém a primazia falharem.[689]

É bem possível que o primeiro indivíduo ou a primeira pessoa jurídica a buscar as autoridades estatais (ou supranacionais, no caso da Europa) não detenha informações de fato novas ou pertinentes; é possível, ademais, que o interessado desista das tratativas caso entenda que será exposto a demasiadas repercussões (inclusive no âmbito internacional, ou quanto à sua reputação no mercado). Poderá ser, contudo, que um segundo participante naquele mesmo ilícito venha a manifestar interesse na celebração de um acordo. Neste caso, nada impede que se celebre com este último a leniência, desde que atendidos os demais requisitos legais, pois, embora não seja propriamente o primeiro a buscar as autoridades, será esse novo sujeito o primeiro a se *qualificar* (terminologia usada pela Lei do CADE em seu art. 86, §1º, I) para tal.

A interpretação de que o decreto que regulamenta a Lei nº 12.846/2013 na esfera federal visou simplesmente explicitar que nem sempre o primeiro a manifestar seu interesse será beneficiado pela concessão da leniência – mas apenas o primeiro a efetivamente preencher

---

[689] O Regimento Interno do CADE dispõe que "Caso o proponente não seja o primeiro a comparecer perante a Superintendência-Geral ou, por outra razão, não haja mais disponibilidade para a propositura do acordo de leniência para a infração noticiada, o Superintendente-Geral, o Chefe de Gabinete ou outro servidor expressamente designado para essa finalidade, informará tal indisponibilidade ao proponente, podendo certificá-lo de que consta na fila de espera para eventual proposição de um acordo de leniência sobre a mesma infração noticiada" (art. 240).
Na eventualidade de a leniência de fato ser celebrada com o primeiro a buscar a Superintendência Geral, o art. 240, §4º determina que os pedidos de celebração dos demais agentes que estejam "na fila" serão convertidos em pedidos de negociação de Termos de Compromisso de Cessação – TCC: "Na hipótese do §3º deste artigo, os proponentes na fila de espera para negociação do acordo de leniência, detentores das certidões, serão encaminhados, caso seja de seu interesse, para a negociação de compromisso de cessação de que trata o art. 85 da Lei nº 12.529, de 2011, conforme ordem cronológica de chegada, nos termos do Art. 219 e seguintes deste Regimento Interno".

os critério legais para a concessão do benefício – parece ser a melhor forma de compatibilizá-lo, nesse quesito específico, com os fundamentos teóricos e lógicos dos programas de leniência, sob pena de se deixar uma margem de discricionariedade indevida e ilegítima para a escolha do destinatário da redução das penalidades, que diminua os incentivos decorrentes do paradigma do dilema do prisioneiro.

Para, além disso, outros elementos de praxe administrativa se mostram igualmente relevantes para a concretização das finalidades repressivas e preventivas do instituto em exame, em quaisquer de suas formulações no direito brasileiro. Dentre eles estão:

(i) O manejo cuidadoso das informações sigilosas compartilhadas entre o proponente e as autoridades, de maneira a se impedirem vazamentos que minem a confiabilidade do ente competente para a celebração dos acordos;
(ii) O célere processamento das informações e das negociações, para que o agente não permaneça por tempo irrazoável sem saber se fará jus ao benefício;
(iii) A estabilidade das comissões, servidores e equipes envolvidas nas tratativas, pois repetidas trocas durante as respectivas negociações aumentariam as chances de manipulação destas ou de vazamento de dados confidenciais;
(iv) A exigência de um *standard* probatório constante, sem o que a celebração dos acordos poderia se dar de maneira desigual para os proponentes sob circunstâncias semelhantes, quanto a ilícitos diversos;
(v) A fiscalização efetiva do cumprimento das obrigações pelos signatários, tendo-se em conta que o ente privado deve temer as consequências de não aderir aos termos pactuados, o que evitaria a reincidência;
(vi) A utilização de outros meios de investigação e persecução que não os acordos de leniência, para que o agente infrator entenda que há riscos de que sua atividade ilícita seja descoberta de maneira autônoma pelas autoridades, o que aumentaria os incentivos para que o particular seja o primeiro a delatar;
(vii) O envolvimento, quando possível, e de forma coesa, das autoridades públicas que possam ter interesse nas tratativas e cuja não participação possa gerar dúvidas quanto à validade ou eficácia dos acordos. Mais uma vez, quanto a isso, veja-se exemplo positivo da experiência do CADE, que envolve de forma previsível e constante o *Parquet* na realização de tais instrumentos, exatamente para evitar questionamentos posteriores quanto ao seu alcança e vinculação;
(viii) A prestação de contas e divulgação dos resultados dos acordos celebrados à sociedade, como forma de legitimação destes e da possibilidade de aferição de seus efeitos concretos e higidez na utilização pela Administração Pública.

7.2 A autovinculação administrativa através da edição de atos regulamentares

Em adição ao que foi exposto acima, é possível, e, certamente, desejável, que a Administração Pública vá além da simples atuação transparente e da publicação de guias e manuais que indiquem o seu *modus operandi* na celebração dos acordos de leniência, editando, para isso, normas secundárias que deem ainda maior segurança jurídica aos particulares interessados na colaboração.

Essa regulação – que pode ser unilateral ou formulada em conjunto por vários entes administrativos – poderia ter como alvo a harmonização entre as instâncias de responsabilização, a criação de mecanismos de compartilhamento de informação[690] e das respectivas garantias de sigilo, a publicização da metodologia de aplicação das isenções decorrentes dos acordos,[691] os critérios para a aferição do cumprimento efetivo das obrigações de colaboração, a estipulação apriorística dos servidores que comporão a mesa de negociações e sua forma de atuação, dentre outros pontos.

Algumas práticas adotadas pelo CADE, neste sentido, parecem indicar bons pontos de partida para a criação de semelhante arcabouço

---

[690] O CADE vem se empenhando nesse aspecto, tendo celebrado acordos de cooperação técnica, dentre outros, com o TCU (Processo TCU nº 033.823/2018-9); a CGU (Portaria Conjunta nº 4, de 30 de maio de 2018, que define os procedimentos de troca de dados e informações entre a Corregedoria-Geral da União do Ministério da Transparência e Controladoria-Geral da União – CGU e o Conselho Administrativo de Defesa Econômica – CADE, para a apuração de casos envolvendo o suborno transnacional, de que trata o artigo 9º da Lei nº 12.846, de 1º de agosto de 2013); a ANTT (Acordo de Cooperação Técnica nº 30, de 31 de dezembro de 2018); o Ministério da Fazenda (Acordo de Cooperação Técnica nº 4/2018); o INPI (Acordo de Cooperação Técnica nº 13/2018); CVM (Portaria Conjunta CADE/CVM nº 5, de 14 de agosto de 2018, que institui Grupo de Trabalho com a finalidade de implementar atuação conjunta e coordenada entre o CADE e a CVM); ANM e ANS. Além destes, são dignos de nota os acordos celebrados com Ministérios Públicos estaduais, a exemplo dos celebrados com o *parquet* de Tocantins, de São Paulo, de Sergipe, da Paraíba, de Santa Catarina, do Rio Grande do Sul, do Distrito Federal e dos Territórios, de Minas Gerais, e do Mato Grosso do Sul.
Já a CGU, além do acordo com o CADE (que se restringe, frise-se, às hipóteses de suborno transnacional), editou, com a ANVISA, a Portaria Conjunta nº 2, de 28 de março de 2018, que igualmente "define os procedimentos de troca de dados e informações entre a Corregedoria--Geral da União do Ministério da Transparência e Controladoria-Geral da União – CGU e a Agência Nacional de Vigilância Sanitária – ANVISA, para a apuração de casos envolvendo o suborno transnacional, de que trata o artigo 9º da Lei nº 12.846, de 1º de agosto de 2013".

[691] Vale destacar a existência, no âmbito da União, da Instrução Normativa CGU/AGU nº 2, de 16 de maio de 2018, que aprova metodologia de cálculo da multa administrativa prevista no art. 6º, inciso I, da Lei nº 12.846, de 1º de agosto de 2013, a ser aplicada no âmbito dos acordos de leniência firmados pelo Ministério da Transparência e Controladoria-Geral da União.

normativo. Um interessante exemplo nesse sentido é o da previsão, apenas no Regimento Interno daquela autarquia, do sistema de senhas (*markers*), com a finalidade de dar maior transparência e confiabilidade às suas negociações, mas também de permitir ao potencial colaborador buscar as autoridades o quanto antes – mesmo que não tenha em mãos todos os elementos necessários para comprovar a autoria e materialidade do ilícito concorrencial – o que incrementa o ímpeto para a "corrida" pela delação.

A criação de um sistema de senhas parece dispensar a necessidade de prévia disposição em lei *stricto sensu*, sendo uma medida passível de normatização pela via secundária, por consistir em decorrência natural da racionalidade que norteia os acordos de leniência.

Sabe-se que esse instrumento só poderá ser celebrado caso estejam cumulativamente presentes os seus requisitos legais. Desse modo, é lógico que, na hipótese de um proponente não cumprir com os critérios condicionantes do programa, a Administração Pública fica desimpedida para celebrar acordo com o proponente subsequente, caso este preencha todos os requisitos para tal. E será, por evidente, este "segundo" proponente o real detentor do critério da primazia.

O que o sistema de senhas faz, nessa perspectiva, é apenas estabelecer o *iter* e o meio pelo qual o Poder Público aferirá o critério da primazia – o que está dentro do escopo do seu poder regulamentar. Seria possível, e talvez indicado, portanto, que os sistemas da Lei Anticorrupção[692] e da Lei nº 13.506/2017 adotassem prática semelhante, estipulando desde já como se dará a ordem de chegada na fila para a delação.

Outra potencial utilidade da adoção da sistemática das senhas é a de permitir alguma dose de interação institucional, especialmente dentre os entes competentes para a celebração dos programas de leniência previstos no ordenamento nacional.[693] A criação de um balcão único

---

[692] No caso da Lei Anticorrupção, contudo, não se pode esquecer que a sua aplicação se dá de forma descentralizada, o que demandaria edição de norma com esse conteúdo por cada um dos entes competentes.

[693] O caso do Reino Unido é exemplo de uma integração institucional mais madura que a atual praxe brasileira para a realização dos acordos de leniência: "No Reino Unido, a aplicação da lei da concorrência baseia-se num regime de simultaneidade em que vários reguladores setoriais, juntamente com a CMA [Competition & Markets Authority], têm poderes de regulação da concorrência nos respectivos setores. Regulatores setoriais que são membros da Rede de Competição do Reino Unido incluem, entre outros, Ofcom, Ofgem, Autoridade de Conduta Financeira, etc. No ano passado, a CMA lançou uma consulta sobre o tratamento de pedidos de leniência entre a CMA e esses reguladores setoriais. Após esta consulta, a CMA publicou uma nova nota informativa sobre os pedidos de leniência de cartéis. Inicialmente,

de pedidos de senhas (mesmo que, após esse primeiro momento, cada uma das negociações seguisse seus rumos distintos e independentes), nos moldes que o programa-modelo da União Europeia pretende implementar, poderia já ser um fator de diminuição da complexidade envolvida em realizar aplicações para cada uma das autoridades potencialmente competentes para a celebração dos acordos.

Ainda outra medida já implementada pelo CADE consiste na celebração memorandos de entendimento juntamente com o Ministério Público, os quais incrementam a atratividade do TCC concorrencial ao viabilizarem a negociação também de instrumentos penais com pessoas físicas. Relembre-se que os TCCs em regra apenas possuem repercussões administrativas, de modo análogo aos acordos de leniência anticorrupção e do sistema financeiro.

Semelhantemente, seria possível pensar na criação de instrumentos normativos conjuntos, entre as autoridades responsáveis pela celebração dos acordos de leniência anticorrupção ou do sistema financeiro nacional, que oportunizassem a participação ou atuação paralela do *Parquet* no sentido de garantir mitigações das penalidades também para os indivíduos, na seara penal. Alguns dos grandes benefícios da edição desses documentos seriam (i) assegurar ao particular que haveria um esforço no sentido de reduzir também as suas penalidades; (ii) criar um mecanismo apriorístico de cooperação e coordenação, com a indicação clara de quem seriam os responsáveis pelas tratativas em todas as esferas interessadas, e as respectivas etapas e requisitos para as negociações; e (iii) assegurar o sigilo dos dados compartilhados, evitando que a auto delação tenha efeitos adversos inadvertidos.

---

o sistema de leniência baseava-se em arranjos informais que funcionavam caso a caso e envolviam a operação de um sistema de "fila única", no qual os solicitantes só precisavam se candidatar a uma autoridade para garantir seu lugar na fila de espera. Para limitar a incerteza e evitar inconsistências, a nota informativa esclarece os acordos entre a CMA e os reguladores setoriais e estabelece a CMA como o primeiro ponto de contato para todos os solicitantes de leniência, independentemente do setor em que operam. O candidato deve abordar a CMA. No caso de ser feita uma solicitação a um regulador setorial, o regulador direcionará imediatamente o solicitante para a CMA. Este sistema baseia-se na estreita cooperação entre a CMA e os reguladores setoriais. A decisão final sobre o prêmio de leniência é tomada pela autoridade à qual o caso foi alocado" (ZENGER, Hans. Rebates and Competition Law: An Overview of EU and National Law. *EU Competition Case Law Digest*, Institute of Competition Law, 2014).

Seria possível, ilustrativamente, cogitar-se, em tese, de uma atuação harmoniosa entre Banco Central e Ministério Público,[694] [695] de modo a permitir a celebração dos acordos de leniência da Lei nº 13.506/2017 de modo simultâneo à colaboração criminal prevista no art. 25, §2º da Lei nº 7.492/1986, que define os crimes contra o sistema financeiro nacional. Segundo esse último dispositivo, na hipótese de crimes cometidos em coautoria, o coautor ou partícipe que, por meio de confissão espontânea, revelar à autoridade policial ou judicial toda a trama delituosa, terá a sua pena reduzida de um a dois terços. Todavia, repita-se, essa atuação, idealmente, deveria vir pré-estabelecida em documentos e normas, de modo que o particular possa prever a forma como se dará a cooperação entre os entes estatais.

Na mesma linha, é de se pensar em outros instrumentos normativos conjuntos que igualmente poderiam ser úteis para a criação de um ambiente mais atrativo e seguro para os acordos de leniência, como um diploma que estabelecesse (por exemplo, mediante alteração do

---

[694] Para o Ministério Público, como explicitado pela Nota Técnica nº 4/2017 – 5ª CCR/MPF, "o modelo racional e ideal, à luz da Constituição Federal, é o estabelecimento de uma relação de cooperação interinstitucional entre o Banco Central e a Comissão de Valores Mobiliários e o Ministério Público Federal – único titular das ações penais públicas que envolvem crimes contra o Sistema Financeiro Nacional (art. 129, I, da Constituição Federal) –, pois, sem a intervenção do órgão ministerial nas negociações dos termos de compromisso e acordos de leniência, eventuais condutas delituosas cometidas pelos responsáveis das instituições envolvidas podem não vir a ser detectadas adequadamente ou sequer conhecidas pelo Estado, através de seus órgãos de persecução, dada a possibilidade de que seja imposto sigilo a tais avenças, a critério da autoridade administrativa, como se deduz dos artigos 14 e 31 acima transcritos. E, a *contrario sensu*, sob a ótica da defesa, a restrição de tais acordos ao âmbito administrativo sancionador não lhes oferece a devida atratividade, do ponto de vista sistêmico e prático, nem dá, aos infratores, segurança jurídica para a eles aderirem, já que continuam sujeitos a punições diversas, em esferas concorrentes e autônomas de responsabilização (ainda que interdependentes), com o inconveniente de terem, no mínimo, facilitado a comprovação dos fatos irregulares praticados e, eventualmente, oferecido as provas correlatas".

[695] Sobre a competência do MP e do BACEN, veja-se o que coloca Henrique Cataldi Fernandes: "(...) a competência para as apurações nos crimes de Ação Penal Pública Incondicionada continua sendo de competência exclusiva do Ministério Público Estadual ou Federal. Os efeitos das infrações tipificadas no bojo do artigo 03º, incisos I ao XVII não permanecem restritamente ligados ao âmbito administrativo, podendo sofrer reflexos na esfera criminal, aplicação da lei de improbidade administrativa ou até mesmo a aplicação direta da Lei 12.846/13 (anticorrupção). O Ministério Público terá livre acesso a todo e qualquer dado ligado às autarquias (CVM ou ao BACEN), buscando contribuir com as investigações na esfera Criminal, porém, poderá haver uma discussão entre estes órgãos sobre os limites de atuação de promotores e procuradores nos acordos formalizados no âmbito administrativo" (FERNANDES, Henrique Cataldi. O acordo de leniência formalizado pelo Banco Central e a CVM. Considerações sobre a Lei 13.506/2017. Disponível em: https://www.jota.info/opiniao-e-analise/artigos/o-acordo-de-leniencia-formalizado-pelo-banco-central-e-cvm-22122017. Acesso em: 2 mar. 2019).

Regimento Interno do CADE) a possibilidade de celebração de TCC com o CADE para aqueles que tivessem aderido ao programa de leniência de alguma das outras duas normas.

Essas medidas – sempre antecedidas da devida análise de impacto –, embora certamente não servissem para extirpar todas as dificuldades decorrentes da atual positivação dos programas de leniência nacionais, poderiam significar um passo na direção de assegurar-se ao particular um ambiente cooperativo mais seguro, em que colaborar com o Estado de fato parecesse a melhor das opções racionais.

CONCLUSÃO

Viu-se, do perfil dos acordos de leniência traçado acima que, embora sejam, por um lado, instrumentos inseridos no processo de consensualização das relações entre Administração Pública e administrados, por outro, se revestem de características específicas. Trata-se de uma consensualidade *qualificada*, na medida em que a teoria econômica que a fundamenta pressupõe a existência de requisitos e finalidades próprias para a sua utilização ótima.

Quanto ao seu propósito, servem a deslindar condutas lesivas específicas – crimes ou ilícitos administrativos organizados, altamente complexos, praticados por múltiplos agentes em conluio, de natureza eminentemente econômica e cujos resultados (e vítimas) difusos não permitem em regra aos Estados utilizar métodos tradicionais de investigação.

Já no tocante aos seus requisitos, o que torna os acordos de leniência especiais, *vis-à-vis* outros institutos jurídicos semelhantes, é que a colaboração realizada pelo particular em troca de benefícios (*i.e.* mitigações nas penas, ou mesmo recompensas) se dá num ambiente competitivo. Há uma corrida pela obtenção da leniência, pois ela é finita, e apenas concedida àqueles que preenchem determinados requisitos – em geral, ser o primeiro a se manifestar, apresentar provas robustas de autoria e materialidade, identificar seus comparsas, cooperar de forma contínua e plena, etc. Consequentemente, é estabelecido um ambiente de desconfiança entre os copartícipes de delitos em conluio, análoga àquele do jogo econômico do dilema do prisioneiro, e cuja pretensão é a de fazer com que os conspiradores se delatem uns aos outros.

A ideia é que um programa de leniência efetivo tem como consequência o *compartilhamento de informações*, além da confissão do próprio agente que coopera, dificultando a criação de vínculos de confiança entre os infratores e facilitando a atividade fiscalizadora estatal.

Por esse motivo, os acordos servem a uma dupla função: desestabilizam as relações de confiança entre os coautores desses delitos, aumentando os custos para a colusão e gerando, como decorrência, um efeito dissuasório na criação de cartéis e afins, ao mesmo tempo que municiam o Estado com maiores e melhores informações a respeito desses ilícitos, otimizando a sua atuação punitiva, e aperfeiçoando a repressão a essas infrações associativas.

Essa então é premissa básica dos acordos de leniência, que, revestindo-se de natureza instrumental, e sob o manto das ditas sanções premiais, pretendem incrementar o poder investigativo, e, por essa via, também o potencial de prevenção geral das normas sancionadoras.

Os pressupostos jurídicos, fáticos e institucionais que permitem aos programas de leniência obter resultados eficientes podem ser resumidos no binômio *atratividade-segurança*.

É necessário, sob esse prisma, que a cooperação do agente com o Estado se consubstancie na melhor escolha dentre aquelas racionalmente disponíveis. Para que a delação de fato pareça a estratégia mais benéfica (*i.e.* a estratégia dominante), o agente não apenas deve ver mais vantagens em colaborar do que em permanecer atrelado à prática delitiva, mas também sentir-se seguro quanto à exequibilidade do acordo por parte do Estado.

Nesse ponto, o prognóstico que atualmente se delineia no que tange à importação do instituto em exame pelo Legislador nacional e sua respectiva regulamentação e aplicação pelas autoridades administrativas é tendencialmente negativo. Apenas a experiência demonstrada pelo CADE parece se coadunar melhor com a racionalidade econômica que permeia esse tipo de acordo, à luz da literatura econômica, mormente porque, além de sucessivas alterações normativas que permitiram a evolução do instituto no cenário concorrencial brasileiro, o próprio CADE adotou práticas institucionais que incrementaram a atratividade e segurança jurídica desses acordos. Foi o que se observou quanto à restrição da aplicabilidade do programa de leniência antitruste apenas para as hipóteses de cartéis, e ao envolvimento constante do Ministério Público nas tratativas, ambas praxes administrativas consentâneas com as finalidades desse instrumento.

Nos demais sistemas, consagrados respectivamente pela Lei nº 12.846/2013 e na Lei nº 13.506/2017, observam-se inconsistências no desenho normativo e institucional adotado pelos diplomas em questão, cujas deficiências tampouco parecem ter sido, até o momento, totalmente dirimidas através seja de práticas administrativas consistentes, seja de edição de normas secundárias que aclarem a exatamente (i) quais os ilícitos administrativos passíveis de serem contemplados nos acordos de leniência, (ii) com quem precisamente os agentes delatores deverão negociar; (iii) qual o *standard* da cooperação e provas exigido para que o Estado entenda vantajosa a celebração do termo; (iv) como se dará o compartilhamento de informações entre as autoridades estatais interessadas na conduta; e (v) quais, exatamente, seriam os resultados, tanto benéficos, quanto possivelmente deletérios, dessa cooperação.

Os problemas acima delineados podem ser atribuídos, em grande medida, à existência de uma superposição de instâncias sancionadoras e entes competentes para a penalização, que não foi acompanhada da necessária de harmonização das normas e atribuições administrativas incidentes sobre as mesmas condutas.

Sintomático, nesse sentido, que o Ministério Público tenha editado a Orientação nº 07/2017, tratando do uso, pelo *Parquet*, de mecanismo assemelhando à leniência, com o fim de dirimir certas lacunas legislativas, à revelia de previsão legislativa expressa para tal. Essa medida apenas reitera a falta de sistematicidade do ordenamento nacional, ao mesmo tempo que denota a dificuldade de concretização de um dos pilares dos acordos de leniência, nomeadamente, o da segurança jurídica.

Na atual conjuntura, por isso, parece distante, ao menos para os acordos previstos na legislação anticorrupção e do sistema financeiro, o objetivo final de desestabilização das relações ilícitas, em regra, almejado pelos programas de leniência. A celebração desses acordos, neste momento, apresenta riscos de sujeitar o particular a mais riscos que vantagens, ao mesmo tempo que, sob a perspectiva das autoridades estatais, não estão claros os requisitos e fins atrelados ao uso da ferramenta.

A possibilidade de que se celebrem acordos sem o correspondente delineamento dos incentivos para o Estado – como a diminuição dos custos de persecução e das assimetrias de informação, e configuração de um cenário adversarial entre os infratores em conluio – abre margem para a utilização enviesada e/ou anti-isonômica destes.

Em suma, para que se colham os resultados esperados através da criação de programas de leniência, é necessário que as autoridades encampem a sua racionalidade e fundamentação econômicas, uma vez que, caso contrário, se assume o risco de criação de incentivos perversos e efeitos sistêmicos negativos que, inclusive, incitem a realização de atos ilícitos em colusão.

A necessidade de ajustes na atual sistemática não significa, contudo, que os acordos de leniência não possam ou não devam ser implementados na ordem jurídica nacional. A experiência estrangeira, e mesmo o histórico do CADE no Brasil, demonstram que a formulação de programas de leniência não prescinde de uma prévia evolução institucional e normativa, calcada em certa dose de experimentalismo. Embora não representem resolução completa dos problemas indicados ao longo do trabalho, entende-se que algumas medidas poderiam contribuir para que o regramento dos acordos de leniência atualmente vigente tivesse sua atratividade e segurança incrementados.

Em especial, (i) o aumento do nível de coordenação entre as instituições com competências fiscalizadoras e sancionadoras; (ii) a criação de regulação que torne o atuar administrativo mais previsível e transparente; e (iii) a adoção de práticas coerentes e reiteradas pelas autoridades, podem tornar a procura pela colaboração mais racional e atrativa para os agentes envolvidos, enquanto não realizadas reformas legislativas e estruturais mais profundas.

REFERÊNCIAS

ABBINK, Klaus; SERRA, Danila. *Anti-Corruption Policies:* Lessons from the Lab (October 13, 2011). Disponível em: https://ssrn.com/abstract=1971779.

ABDOU, Tamara Ghassan. A coexistência do termo de compromisso de cessação de prática e o programa de leniência: possibilidade ou mera ilusão?. Disponível em: http://www.publicadireito.com.br/artigos/?cod=c66b42fcd7e375b4, p. 6.

ABRAMO, Claudio Weber. Percepções pantanosas: a dificuldade de medir a corrupção. *In*: Novos Estudos – CEBRAP, n. 73, 2005.

ACEMOGLU, Daron; VERDIER, Thierry. The choice between market failures and corruption. *American Economic Review*. 2000.

AGRA, Patricia; PIMENTA, Guilherme. Acordos de Leniência no âmbito do Banco Central e da CVM. Disponível em: https://www.jota.info/opiniao-e-analise/artigos/acordos-de-leniencia-no-ambito-do-banco-central-e-da-cvm-17112017. Acesso em: 18 maio 2018.

ALBUQUERQUE, Marcelo Schirmer. *A Garantia de não auto-incriminação:* Extensão e Limites. Belo Horizonte: Del Rey, 2008.

ALBUQUERQUE, Marco A. S. de. *O papel do Tribunal De Contas Da União nos acordos de leniência firmados sob a égide da lei 12.846, de 1o de agosto de 2013*. 2017. 91 f. Dissertação (Mestrado em Direito Público) – Instituto Brasileiro de Direito Público (IDP), Brasília, 2017.

ALMEIDA, Fernando Dias Menezes de. Mecanismos de consenso na Administração Pública. *In*: ARAGÃO, Alexandre Santos de; MARQUES NETO, Floriano de Azevedo (Coord.). *Direito administrativo e seus novos paradigmas*. Belo Horizonte: Fórum, 2017.

ALSCHULER, Albert W. Plea bargaining and its history. *Law and Society Review*, v. 13, 1979.

ALVES, Francisco S. M. Análise da juridicidade do controle dos Acordos de Leniência da Lei Anticorrupção Empresarial pelo Tribunal de Contas da União. *Revista da AGU*, v. 17, n. 2, 2018.

AMARAL, Thiago Bottino do. Colaboração premiada e incentivos à cooperação no processo penal: uma análise crítica dos acordos firmados na "Operação Lava Jato". *Revista Brasileira de Ciências Criminais*, n. 122, p. 359-390, 2016.

AMARAL, Thiago Bottino do; VICTER, R. M. Incentivos à cooperação e o Acordo de Supervisão no âmbito dos processos administrativos sancionadores na CVM. *Revista de Estudos Criminais*, v. 69, p. 139-169, 2018.

ANDREONI, James; HARBAUGH, William; VESTERLUND, Lise. The carrot or the stick: Rewards, punishments, and cooperation. *American Economic Review*, v. 93, n. 3, 2003.

APESTEGUIA, Jose; DUFWENBERG, Martin; SELTEN, Reinhard. Blowing the whistle. *Economic Theory*, v. 31, n. 1, p. 143-166, 2007.

ARAGÃO, Alexandre Santos de. *Agências Reguladoras e a Evolução do Direito Administrativo Econômico*. Rio de Janeiro: Forense, 2004.

ARAGÃO, Alexandre Santos de. *A consensualidade no direito administrativo:* acordos regulatórios e contratos administrativos, 2005. Disponível em: http://www2.senado.leg.br/bdsf/bitstream/handle/id/850/R167-18.pdf.

ARIELY, Dan. *A mais pura verdade sobre a desonestidade:* por que mentimos para todo mundo: inclusive para nós mesmos. Rio de Janeiro: Elsevier, 2012.

ATHAYDE, Amanda y FIDELIS, Andressa Lin. *Nearly 16 years of Leniency program in Brazil:* breakthroughs and challenges in cartel prosecution; Competition Policy International, 2016. Disponível em: https://www.competitionpolicyinternational.com/wp-content/uploads/2016/06/Amanda-Andressa.final_.pdf.

AURIOL, Emmanuelle et al. Deterring corruption and cartels: in search of a coherent approach. *Toulouse School of Economics (TSE)*, 2016. Disponível em: https://www.tse-fr.eu/sites/default/files/TSE/documents/doc/wp/2016/wp_tse_728.pdf. Acesso em: 20 jul. 2017.

AVRITZER, Leonardo; FILGUEIRAS, Fernando. *Corrupção e Sistema Político no Brasil*. Rio de Janeiro: Civilização Brasileira, 2011.

BALCH, George I. The stick, the carrot, and other strategies: A theoretical analysis of governmental intervention. *Law & Policy*, v. 2, n. 1, 1980.

BANDEIRA DE MELLO, Celso Antônio. *Curso de direito administrativo*. São Paulo: Malheiros, 2009.

BAPTISTA, Patrícia. Transformações do Direito Administrativo: 15 anos depois – reflexões críticas e desafios para os próximos quinze anos. *In*: BRANDÃO, Rodrigo; BAPTISTA, P. (Org.). *Direito Público:* livro em comemoração aos 80 anos da Faculdade de Direito da UERJ. 1. ed. Rio de Janeiro: Freitas Bastos, 2015.

BATISTA JÚNIOR, Onofre Alves. *Transações administrativas:* um contributo ao estudo do contrato administrativo como mecanismo de prevenção e terminação de litígios e como alternativa à atuação administrativa autoritária, no contexto de uma administração pública mais democrática. São Paulo: Quartier Latin, 2007.

BARCELLOS, Ana Paula de. *Submissão de acordos de leniência ao TCU necessita de esclarecimentos*. CONJUR, São Paulo, 23 de fevereiro de 2015. Disponível em: http://www.conjur.com.br/2015-fev-23/ana-barcellos-submissao-acordos-leniencia-tcu-gera-duvidas. Acesso em: 23 set. 2016.

BARROSO, Luís Roberto. A razão sem voto: o Supremo Tribunal Federal e o governo da maioria. *Revista Brasileira de Políticas Públicas*, v. 5, n. 2, 2015.

BAUMAN, Zygmunt. *Liquid Modernity*. Polity Press 65 Bridge Street Cambridge CB2 1UR, UK, Foreword to the 2012, Edition: Liquid Modernity Revisited.

BEATON-WELLS, Caron; TRAN, Christopher (Ed.). *Anti-cartel Enforcement in a Contemporary Age:* Leniency Religion. Bloomsbury Publishing, 2015.

BECCARIA, Cesare. *Dos delitos e das penas*. Rev. Trad. de J. Cretella Jr. e Agnes Cretella. São Paulo: Revista dos Tribunais, 2006.

BECKER, Gary S. *Crime and Punishment: An Economic Approach*, 76 J. POL. ECON. 169 (1968).

BECKER, Gary S. The economic way of looking at life. *Nobel Prize Lecture*, 1992.

BEHAVIOURAL INSIGHTS TEAM. *Corruption:* Can a behavioural approach shift the dial?. Disponível em: http://www.behaviouralinsights.co.uk/international/corruption-can-a-behavioural-approach-shift-the-dial/.

BERLIN, Maria ; QIN, Bei ; SPAGNOLO, Giancarlo. *Leniency, Asymmetric Punishment and Corruption:* Evidence from China (January 17, 2018). Disponível em: https://ssrn.com/abstract=2718181.

BERTONCINI, Mateus Eduardo Siqueira Nunes; CAMBI, Eduardo Augusto Salomão. *Atividade empresarial e corrupção: crítica ao modelo de acordo de leniência previsto na Lei 12.846/2013.* Disponível em: http://www.ceaf.mppr.mp.br/arquivos/File/Teses_2015/MateusBertoncini_EduardoCambi_Atividade_empresarial_corrupcao_critica_ao_modelo_de_acordo_de_leniencia_previsto_Lei_12846_2013.pdf.

BIGONI, Maria et al. Fines, leniency, and rewards in antitrust. *The RAND Journal of Economics*, v. 43, n. 2, p. 368-390, 2012.

BINENBOJM, Gustavo. *Poder de polícia, ordenação, regulação*: transformações político-jurídicas, econômicas e institucionais do direito administrativo ordenador. Belo Horizonte: Fórum, 2016.

BLUM, Ulrich; STEINAT, Nicole; VELTINS, Michael. On the rationale of leniency programs: a game-theoretical analysis. *European Journal of Law and Economics*, v. 25, n. 3, 2008.

BORGES, Jorge Luis. *Del Rigor en la Ciencia.* Disponível em: http://www.mi.sanu.ac.rs/~kosta/O%20strogosti%20u%20nauci.pdf.

BUCCIROSSI, Paolo et al. Counterproductive Leniency Programs against Corruption. *In: Econometric Society World Congress 2000 Contributed Papers.* Econometric Society, 2000.

BURLANDO, Alfredo; MOTTA, Alberto. *Can Self Reporting Reduce Corruption in Law Enforcement?* (January 20, 2012). Disponível em: https://ssrn.com/abstract=1987306.

CADE. Combate a cartéis e programa de leniência. *Coleção SDE/CADE* nº 01/2009. 3. ed. Brasília, 2009.

CALABRESI, Guido. *The future of law and economics:* essays in reform and recollection. Yale University Press, 2016.

CAMPOS, Patrícia Toledo de. Comentários à Lei nº 12.846/2013 – lei anticorrupção. *Revista Digital de Direito Administrativo*, v. 2, n. 1, p. 160-185, 2014.

CARDOSO, David Pereira. *Os Acordos Substitutivos da Sanção Administrativa.* Universidade Federal do Paraná. Setor de Ciências Jurídicas. Programa de Pós-Graduação em Direito. 2016.

CARMELIET, Tine. *A critical analysis of the procedural fairness of the leniency instrument:* finding the right balance between efficiency and justice in EU competition law. Disponível em: https://www.law.kuleuven.be/jura/art/50n2/carmeliet.pdf. Acesso em: 12 jun. 2017.

CARSON, Lindsey D. *Deterring Corruption:* Beyond Rational Choice Theory 23-24 (Nov. 6, 2014). Disponível em: http://papers.ssrn.com/sol3/papers.cfm?abstract_id=2520280. Acesso em: 29 set. 2016.

CARUSO, Antonio. Leniency Programmes and Protection of Confidentiality: The Experience of the European Commission, *Journal of European Competition Law & Practice*, v. 1, Issue 6, 1 December 2010. Disponível em: https://doi.org/10.1093/jeclap/lpq059.

CARVALHO, Paulo Roberto Galvão de. Legislação Anticorrupção no Mundo: análise comparativa entre a lei anticorrupção brasileira, o Foreign Corrupt Practices Act norte-americano e o Bribery Act do Reino Unido. *In*: SOUZA, Jorge Munhoz; QUEIROZ, Ronaldo Pinheiro de. *Lei Anticorrupção*. Salvador: JusPodivm, 2015.

CARVALHO, Victor Aguiar de. Corrupção nas contratações públicas: dois instrumentos analíticos para a detecção de indevidos incentivos. *Revista Eletrônica da PGE-RJ*, v. 1, p. 1-22, 2018.

CARVALHOSA, Modesto Souza Barros. *Considerações sobre a Lei anticorrupção das pessoas jurídicas:* Lei nº 12.846/2013. Thomson Reuters Revista dos Tribunais, 2015.

CASELTA, Daniel. Um regulamento à espera de uma lei: resolução do Cade sobre sigilo de documentos. Disponível em: https://www.jota.info/tributos-e-empresas/concorrencia/um-regulamento-a-espera-de-uma-lei-resolucao-do-cade-sobre-sigilo-de-documentos-20092018. Acesso em: 10 fev. 2019.

CASSESE, Sabino. *A crise do Estado*. Campinas: Saberes, 2010.

CASTELO BRANCO, Fernando. Reflexões sobre o acordo de leniência: moralidade e eficácia na apuração dos crimes de cartel. *In*: VILARDI, Celso Sanchez, *et al*. *Crimes Econômicos e Processo Penal*. São Paulo: Saraiva, 2008.

CAUFFMAN, Caroline. The Interaction of Leniency Programmes and Actions for Damages (October 10, 2011). Maastricht Faculty of Law Working Paper No 2011/34. Final version published as Cauffman, C. (2011). The Interrelationship between Leniency and Damages Actions. *Competition Law Review*. Disponível em: https://ssrn.com/abstract=1941692.

CHEN, Zhijun; REY, Patrick. On the design of leniency programs. *The Journal of Law and Economics*, v. 56, n. 4. 2013.

CHEVALLIER, Jacques. *O Estado pós-moderno*. Tradução: Marçal Justen Filho. Belo Horizonte: Fórum, 2009.

COLEMAN, Jules L. Efficiency, utility, and wealth maximization. *In*: *Hofstra Law Review*, n. 510. Hempstead: Hofstra University, 1979-1980.

COLINO, Sandra Marco. *Cartels and Anti-competitive Agreements*. Routledge, 2017.

COSTA, Helena Regina Lobo da. Direito administrativo sancionador e direito penal: a necessidade de desenvolvimento de uma política sancionadora integrada *In*: *Direito administrativo sancionador*. São Paulo: Quartier Latin, 2015.

COUTINHO, Diogo R. O Direito Econômico e a Construção Institucional do Desenvolvimento Democrático. *REI - Revista Estudos Institucionais*, v. 2, n. 1, 2016.

COUTINHO, Diogo R. O direito nas políticas públicas. *In*: MARQUES, Eduardo; FARIA, Carlos Aurélio Pimenta de (Org.). *Política pública como campo disciplinar*. Rio de Janeiro/ São Paulo: Ed. Unesp, Ed. Fiocruz, p. 181-200, 2013.

CRONER, Charlotta. *Leniency and Game Theory*. Disponível em: https://lup.lub.lu.se/student-papers/search/publication/1556795.

CRUDDEN, Christopher; KING, Jeff. *The Dark Side of Nudging:* The Ethics, Political Economy, and Law of Libertarian Paternalism (November 3, 2015).

CUNHA FILHO, Alexandre Jorge Carneiro da; ISSA, Rafael Hamze; SCHWIND, Rafael Wallbach (Org.). *Lei de Introdução às Normas do Direito Brasileiro*: anotada, São Paulo: Quartier Latin, 2019.

DAVIS, Kevin E. *Civil Remedies for Corruption in Government Contracting:* Zero Tolerance Versus Proportional Liability (April 22, 2009).

DAWOOD, Yasmin. Classifying Corruption (February 25, 2014). *Duke Journal of Constitutional Law & Public Policy*, 2014, Forthcoming. Disponível em: https://ssrn.com/abstract=2401297.

DE JONG, Martin; LALENIS, Konstantinos; MAMADOUH, V. D. (Ed.). The Theory and Practice of Institutional Transplantation: Experiences with the transfer of policy institutions. *Springer Science & Business Media*, 2002.

DEL DEBBIO, Alessandra, Bruno Carneiro Maeda, e Carlos Henrique da Silva Ayres (Coord.). *Comentários ao Projeto de Lei nº 6.826/2010*. IBRADEMP – Instituto Brasileiro de Direito Empresarial; Comitê Anticorrupção e Compliance. São Paulo, 27 de outubro de 2011, 41 p. (PDF). Fonte: Comissão Especial – Atos contra a Administração Pública, PL 6.826/10.

DESBROSSE, Pierre. *Les programmes de Clémence à l'épreuve de la globalisation des marchés*. Disponível em: https://www.cairn.info/revue-internationale-de-droit-economique-2010-2-page-211.htm#no136. Acesso em: 2 ago. 2017.

DI PIETRO, Maria Sylvia Zanella; MARRARA, Thiago (Coord.). *Lei anticorrupção comentada*. Belo Horizonte: Fórum, 2017.

DOBBIN, Frank; SIMMONS, Beth; GARRETT, Geoffrey. The global diffusion of public policies: Social construction, coercion, competition, or learning?. *Annu. Rev. Sociol.*, v. 33, 2007.

DOUGLAS, Maynard W. *Inside Plea Bargaining:* the language of negotiation. Plenum Press: New York e London, 1984.

DRACO, Bruno De Luca. Acordos de Leniência - breve estudo comparativo. *Revista do IBRAC – Direito da Concorrência, Consumo e Comércio Internacional*, v. 14, jan. 2007.

DUFWENBERG, Martin; SPAGNOLO, Giancarlo. Legalizing Bribe Giving (November 2012). *CEPR Discussion Paper* n. DP9236. Disponível em: https://ssrn.com/abstract=2210205.

ESCRITÓRIO DAS NAÇÕES UNIDAS SOBRE DROGAS E CRIME (UNODC). *Corrupção e Desenvolvimento*. Disponível em: http://www.unodc.org/documents/lpo-brazil/Topics_corruption/Campanha-2013/CORRUPCAO_E_DESENVOLVIMENTO.pdf.

FARACO, Alexandre Ditzel. Lei de Defesa da Concorrência e Lei Anticorrupção: sobreposições e conflitos normativos. *Revista de Direito Público da Economia – RDPE*, Belo Horizonte, ano 15, n. 59, jul./set. 2017. Disponível em: http://www.bidforum.com.br/PDI0006.aspx?pdiCntd=248423. Acesso em: 21 dez. 2017.

FARBER, Daniel A.; FRICKEY, Philip P. *Law and public choice:* a critical introduction. University of Chicago Press, 1991.

FEIS, Nicholas M. De; PATTERSON, Philip C. Limits in New FCPA Leniency Program May Hinder Effectiveness. *New York Law Journal*, v. 255 - No. 79. Disponível em: https://dorlaw.com/wp-content/uploads/2016/04/070041624-2016-FCPA-Leniency.pdf. Acesso em: 20 out. 2016.

FELDENS, Luciano; MADRUGA, Antenor. Cooperação da Pessoa Jurídica para Apuração do Ato de Corrupção: investigação privada? *Revista dos Tribunais*, v. 947, p. 73, set. 2014.

FÉLIX, Natália. *Direito concorrencial*: considerações sobre a repressão aos cartéis no Brasil. Disponível em: http://www.conjur.com.br/2008-jul-22/consideracoes_repressao_aos_cartéis_brasil. Acesso em: 13 nov. 2017.

FERNANDES, Henrique Cataldi. O acordo de leniência formalizado pelo Banco Central e a CVM. Considerações sobre a Lei 13.506/2017. Disponível em: https://www.jota.info/opiniao-e-analise/artigos/o-acordo-de-leniencia-formalizado-pelo-banco-central-e-cvm-22122017. Acesso em: 02 mar. 2019.

FERRAJOLI, Luigi. *Direito e Razão* – Teoria do Garantismo Penal. São Paulo: Revista dos Tribunais, 2002.

FERRARI, Eduardo Reale. Termos de compromisso de cessação (TCC) e seus reflexos no crime de cartel. *Boletim IBCCRIM* n. 190 – Setembro / 2008.

FERREIRA NETO, Amadeu de Souza. Programa de Leniência e a Lei nº 12.529/2011: avanços e desafios. *Revista do IBRAC* – Direito da Concorrência, Consumo e Comércio Internacional, v. 22, jul. 2012.

FILGUEIRAS, Fernando. Burocracias do controle, controle da burocracia e accountability no Brasil. *In*: PIRES, Roberto R. C.; LOTTA, Gabriela; OLIVEIRA, Vanessa Elias de (Org.). *Burocracia e políticas públicas no Brasil*: interseções analíticas. Brasília: IPEA, 2018. v. 1. p. 355-382.

FILGUEIRAS, Fernando de Barros. Notas críticas sobre o conceito de corrupção: um debate com juristas, sociólogos e economistas. *Revista de Informação Legislativa*, v. 41, n. 164, p. 125-148, out./dez. 2004

FISMAN, Raymond; MIGUEL, Edward. *Economic Gangsters*: corruption, violence, and the poverty of nations. Princeton University Press. Edição do Kindle.

FORGIONI, Paula A. *Os fundamentos do antitruste*. São Paulo: Revista dos Tribunais, 8. ed., 2015.

FORTINI, Cristina. A atividade sancionatória e a proposta da CVM para o acordo de supervisão. Disponível em: https://www.conjur.com.br/2018-jun-28/atividade-sancionatoria-proposta-cvm-acordo-supervisao?imprimir=1. Acesso em: 20 fev. 2019.

FORTINI, Cristina. Prova emprestada entre processos administrativos: o novo enunciado da CGU. Disponível em: https://www.conjur.com.br/2018-mar-08/prova-emprestada-entre-processos-administrativos-enunciado-cgu. Acesso em: 11 mar. 2019.

FORTINI, Cristiana; AVELAR, Mariana Magalhães. Lei Anticorrupção e programas de integridade em escritórios de advocacia. Disponível em: https://www.conjur.com.br/2018-nov-01/interesse-publico-lei-anticorrupcao-programas-integridade-escritorios. Acesso em: 02 mar. 2019.

FRAZÃO, Ana. Direito antitruste e direito anticorrupção: pontes para um necessário diálogo. *In*: FRAZÃO, Ana (Org.). *Constituição, Empresa e Mercado*. Brasília: FD/UnB, 2017.

FRASER, Stephen A. *Placing the Foreign Corrupt Practices Act on the Tracks in the Race for Amnesty*. 90 TEXAS L. REV. 1009, 2012.

FRIEDMAN, Lawrence M. *The legal system:* A social science perspective. Russell Sage Foundation, 1975.

GALDINO, Flávio. *Introdução à Teoria dos Custos dos Direitos.* Direitos não nascem em árvores. Rio de Janeiro: Lumen Juris, 2005.

GARCIA, Emerson; ALVES, Rogério Pacheco. *Improbidade administrativa.* 9. ed. São Paulo: Saraiva, 2017

GARCÍA DE ENTERRÍA, Eduardo; TOMÁS-RAMÓN, Fernández. *Curso de Direito Administrativo.* Trad. José Alberto Froes CA. v. II. São Paulo: Revista dos Tribunais, 2014.

GOMES, Rafael M. *et al.* Eficiência, atratividade e dissuasão de acordos de leniência e combate à corrupção: o caso da Operação Lava-Jato. Disponível em: https://econpolrg.files.wordpress.com/2018/07/eprg-wp-2018-83.pdf. Acesso em: 27 fev. 2019.

GRINOVER, Ada. O termo de ajustamento de conduta no âmbito da defesa da concorrência. *In: Revista do IBRAC* – Direito da Concorrência, Consumo e Comércio Internacional, v. 16, jan. 2009.

GUEDES, Demian. *Autoritarismo e Estado no Brasil* – tradição, transição e processo administrativo. Belo Horizonte: Letramento, 2016.

GUERRA, Sérgio; PALMA, Juliana Bonacorsi de. Art. 26 da LINDB – Novo regime jurídico de negociação com a Administração Pública. *Revista de Direito Administrativo,* Rio de Janeiro, p. 135-169, nov. 2018.

GUIMARÃES, Fernando Vernalha. *O Direito Administrativo do Medo:* a crise da ineficiência pelo controle. Disponível em: http://www.direitodoestado.com.br/colunistas/fernando-vernalha-guimaraes/o-direito-administrativo-do-medo-a-crise-da-ineficiencia-pelo-controle. Acesso em: 02 out. 2016.

GUIMARÃES, Denis. *Interface between the Brazilian Antitrust, Anti-Corruption, and Criminal Organization Laws:* The Leniency Agreements (Short Version) (March 5, 2017). Brazilian Antitrust Law (Law # 12,529/11): 5 years. Sao Paulo: IBRAC - Brazilian Institute of Studies on Competition, Consumer Affairs and International Trade, 2017. Disponível em: https://ssrn.com/abstract=2992175.

GUPTA, Sanjeev; ABED, George T.. *Governance, Corruption, and Economic Performance.* Intl Monetary Fund. Edição do Kindle.

GUTTUSO, Laura. From 'Mono' to 'Stereo': Fine-Tuning Leniency and Settlement Policies (September 01, 2015). *World Competition: Law and Economics Review,* v. 38, No. 3, 2015. Disponível em: https://ssrn.com/abstract=2666067. Acesso em: 28 jul. 2017.

HAMAGUCHI, Yasuyo; KAWAGOE, Toshiji; SHIBATA, Aiko. *An experimental study of leniency programs.* 2005. Disponível em: https://www.researchgate.net/publication/5020545_An_Experimental_Study_of_Leniency_Programs.

HAMMOND, Scott D. *Cornestones of an effective leniency program.* Chile, Santiago, set/2009.

HAMMOND, Scott D.; BARNETT, Belinda. *Frequently Asked Questions Regarding the Antitrust Division's Leniency Program and Model Leniency Letters.* November 19, 2008. Disponível em: http://www.usdoj.gov/atr/public/criminal/239583.htm. Acesso em: 20 jun. 2017.

HARRINGTON JR, Joseph E. et al. *The Impact of the Corporate Leniency Program on Cartel Formation and the Cartel Price Path*. 2005.

HEINZERLING, Lisa; ACKERMAN, Frank. *Pricing the priceless:* cost-benefit analysis of environmental protection. University of Pennsylvania Law Review, v. 150, n. 5, 2002.

HOLMES, Leslie. *Corruption:* A Very Short Introduction (Very Short Introductions). OUP Oxford. Edição do Kindle.

IACOBUCCI, Edward M. Cartel class actions and immunity programmes. *Journal of Antitrust Enforcement*, v. 1, n. 2. 2013.

JORDÃO, Eduardo. Por mais realismo no controle da administração pública. *Revista Colunistas de Direito do Estado*, ano 2016, n. 183. Disponível em: http://www.direitodoestado. com.br/colunistas/Eduardo-Jordao/por-mais-realismo-no-controle-da-administracao-publica. Acesso em: 2 out. 2016.

JUSTEN FILHO, Marçal. *Comentários à lei de licitações e contratos administrativos*. São Paulo: Revista dos Tribunais, 2016.

KAPLOW, Louis. On the meaning of horizontal agreements in competition law. *California Law Review*, p. 683-818, 2011. Disponível em: http://www.law.harvard.edu/programs/olin_center/papers/pdf/Kaplow_691.pdf.

KELSEN, Hans. *Teoria geral do direito e do Estado*. São Paulo: Martins Fontes, 2000.

KEMMERER, Alexandra; MÖLLERS Christoph; STEINBEIS Maximilian; WAGNER, Gerhard (eds.). Choice Architecture in Democracies, Exploring the Legitimacy of Nudging (Oxford/Baden-Baden: Hart and Nomos, 2015), Forthcoming; *U of Michigan Public Law Research Paper n. 485; Queen's University Belfast Law Research Paper n. 16*. Disponível em: http://ssrn.com/abstract=2685832.

KIM, Sang Beck. Dangling the Carrot, Sharpening the Stick: How an Amnesty Program and Qui Tam Actions Could Strengthen Korea's Anti-Corruption Efforts. *Nw. J. Int'l L. & Bus.*, v. 36, p. 235, 2016.

KOVACIC, WILLIAM. The Identification and Proof of Horizontal Agreements under the Antitrust Laws. *Antitrust Bulletin*, v. 38, n. 1, 1993.

LAMBSDORFF, Johann Graf. Behavioral and Experimental Economics as a Guidance to Anticorruption. *In*: D. Serra; L. Wantchekon (eds.) New Advances in Experimental Research on Corruption. *Research in Experimental Economics*. v. 15, Emerald Group Publishing: 279-299. Disponível em: http://www.icgg.org/literature/Lambsdorff_2012_Behavioral_ Economics_Inspires_Anticorruption.pdf. Acesso em: 10 out. 2016

LAMBSDORFF, Johann; NELL, Mathias. *Fighting corruption with asymmetric penalties and leniency*. Disponível em: https://www.econstor.eu/dspace/bitstream/10419/32012/1/5244 98032.pdf. Acesso em: 12 jun. 2017.

LAMY, Anna Carolina Pereira Cesarino Faraco. *Reflexos do acordo de leniência no processo penal:* a implementação do instituto ao direito penal econômico brasileiro e a necessária adaptação ao regramento constitucional. Rio de Janeiro: Lumen Juris, 2014.

LAMY, Anna Carolina Pereira Cesarino Faraco. *O acordo de leniência e sua (in)compatibilidade com o devido processo legal substantivo*. Dissertação (Mestrado em Direito) – Universidade Federal de Santa Catarina, 2014.

LANDAU, Martin. Redundancy, rationality, and the problem of duplication and overlap. *Public Administration Review*, v. 29, n. 4. 1969.

LANGER, Máximo. *From Legal Transplants to Legal Translations:* The Globalization of Plea Bargaining and the Americanization Thesis in Criminal Procedure, Harv. Int@l L.J.1, 2004.

LARA, Fabiano Teodoro de Rezende; LUZ, Reinaldo Diogo. Programa de Leniência na Lei Anticorrupção *In: Esfera pública, legitimidade e controle* [Recurso eletrônico on-line] organização CONPEDI/ UFMG/FUMEC/Dom Helder Câmara; Marcos Leite Garcia, Heron José de Santana Gordilho, Carlos Victor Muzzi Filho (Coord.)– Florianópolis: CONPEDI, 2015. Disponível em: https://www.conpedi.org.br/publicacoes/66fsl345/nlxnt420/m550LKq3E1EY1ICx.pdf. Acesso em: 3 jan. 2017.

LARENZ, Karl. *Metodologia da Ciência do Direito*. Trad. José Lamego, Ed. Fundação Calouste Gulbenkian, 3. ed., Lisboa, 1997.

LAZZARINI, Sérgio G. *Capitalismo de laços:* os donos do Brasil e suas conexões. Rio de Janeiro: Elsevier, 2011.

LEITE, Filipe Mendes Cavalcanti *et al. Entre política econômica e política Criminal:* a aplicabilidade do acordo de Leniência no sistema brasileiro de defesa da Concorrência. 2015.

LEITE, Glauco Costa. *Corrupção política:* mecanismos de combate e fatores estruturantes no sistema jurídico brasileiro. Belo Horizonte: Del Rey, 2016.

LEGRAND, Pierre. What 'Legal Transplants'?. *In*: NELKEN, David; FEEST, Johannes (Ed.). Adapting legal cultures. *Bloomsbury Publishing*, 2001.

LESLIE, Christopher R. Antitrust Amnesty, Game Theory, and Cartel Stability. *Journal of Corporation Law*, v. l. 31, p. 453-488, 2006. Disponível em: https://ssrn.com/abstract=924376. Acesso em: 20 maio 2017.

LESLIE, Christopher R. Trust, Distrust, and Antitrust. *Texas Law Review*, v. 82, No. 3, February 2004. Disponível em: https://ssrn.com/abstract=703202. Acesso em: 20 maio 2017.

LESLIE, Christopher R. Editorial: antitrust leniency programmes. *Compet Law Review*, v. 7, 2011.

LESLIE, Christopher R. Replicating the Success of Antitrust Amnesty. *Texas Law. Review. See Also*, v. 90, p. 171, 2011. Disponível em: http://www.texaslrev.com/wp-content/uploads/2015/08/Leslie-90-TLRSA-171.pdf.

LIMA, Erik Noleta Kirk Palma. Política de Leniência e a segurança jurídica conferida pela Advocacia-Geral da União. *Publicações da Escola da AGU*, v. 10, n. 03, 2018.

LIMA, Márcio Barra. A atuação do Ministério Público Federal junto ao CADE. *Revista de Defesa da Concorrência*, v. 6, n. 1, p. 5-23, 2018.

LOPES JR., Aury.; ROSA, Alexandre Morais da. *Saldão penal e a popularização da lógica da colaboração premiada pelo CNMP*. Consultor jurídico (São Paulo. Online), v. 1, p. 1-1, 2017. Disponível em: https://www.conjur.com.br/2017-set-22/limite-penal-saldao-penal-popularizacao-logica-colaboracao-premiada-cnmp. Acesso em: 02 nov. 2017.

LOPES JR., Aury. Adoção do plea bargaining no projeto "anticrime": remédio ou veneno?. Disponível em: https://www.conjur.com.br/2019-fev-22/limite-penal-adocao-plea-bargaining-projeto-anticrimeremedio-ou-veneno. Acesso em: 03 mar. 2019.

LOPES JUNIOR, Aury. *Direito Processual Penal e sua Conformidade Constitucional*. 7. ed. Rio de Janeiro: Lumen Juris, v. I. 2011.

LUZ, Reginaldo Diogo; SPAGNOLO, Giancarlo. *Leniency, collusion, corruption, and whistleblowing*. (April 18, 2016). SITE Working Paper Series nº 36. Disponível em: https://ssrn.com/abstract=2773671.

MAGALHÃES, João Marcelo Rego. Aspectos relevantes da lei anticorrupção empresarial brasileira (Lei nº 12.846/2013). *In*: *Revista Controle*, v. XI, nº 2, dez. 2013, Tribunal de Contas do Estado do Ceará. Disponível em: http://www.tce.ce.gov.br/. Acesso em: 12 out. 2014.

MAIA. Rodolfo Tigre. *Tutela Penal da Ordem Econômica*: o crime de formação de cartel. São Paulo: Malheiros, 2008.

MAMADOUH, Virginie; DE JONG, Martin; LALENIS, Konstantinos. An introduction to institutional transplantation. *In*: *The theory and practice of institutional transplantation*. Springer, Dordrecht, 2002.

MARQUES NETO, Floriano de Azevedo. O Poder Sancionador nas Agências Reguladoras. *In*: LANDAU, Elena (coord.). *Regulação Jurídica do Setor Elétrico*. Tomo II. Rio de Janeiro: Lumen Juris, 2011.

MARQUES NETO, Floriano de Azevedo; CYMBALISTA, Tatiana Matiello. Os acordos substitutivos do procedimento sancionatório e a sanção *In*: *Revista Brasileira de Direito Público – RBDP*, v. 8, n. 31, p. 51-68, out./dez. 2010.

MARQUES NETO, Floriano Peixoto de Azevedo; PALMA, Juliana Bonacorsi de. Os sete impasses do controle da administração pública no Brasil. *In*: PEREZ, Marcos Augusto; SOUZA, Rodrigo Pagani de (coord.). *Controle da administração pública*. Belo Horizonte: Fórum, 2017.

MARQUES NETO, Floriano Azevedo; MOREIRA, Egon Bockmann. Uma Lei para o Estado de Direito Contemporâneo. *In*: *Segurança Jurídica e qualidade das decisões públicas*: desafios de uma sociedade democrática – Estudos sobre o Projeto de Lei nº 349/2015, que inclui, na Lei de Introdução às Normas do Direito Brasileiro, disposições para aumentar a segurança jurídica e a eficiência na aplicação do direito público. Disponível em: http://antonioaugustoanastasia.com.br/wp-content/uploads/2015/09/segurancajuridica.pdf. Acesso em: 20 out. 2017.

MARKOVITS, Richard S. Second-Best Theory and Law and Economics: An Introduction, 73Chi. *Kent L. Rev*, v. 3, 1998.

MARRARA, Thiago. Acordos de leniência no processo administrativo brasileiro: modalidades, regime jurídico e problemas emergentes. *RDDA*, v. 2, n.2, 2015.

MARRARA, Thiago. *Lei anticorrupção permite que inimigo vire colega*. CONJUR, São Paulo, p. 1 - 1, 15 nov. 2013. Disponível em: http://www.conjur.com.br/2013-nov-15/thiago-marrara-lei-anticorrupcao-permite-inimigo-vire-colega. Acesso em: 23 set. 2016.

MARRARA, Thiago. *Sistema brasileiro de defesa da concorrência*: organização, processos e acordos administrativos. São Paulo: Atlas, 2015.

MARVÃO, Catarina Moura Pinto. *The EU Leniency Programme and Recidivism*, 2014. Disponível em: https://ssrn.com/abstract=2491172. Acesso em: 15 nov. 2017.

MARTINS, Frederico Bastos Pinheiro. Private enforcement de cartéis no Brasil: o problema do acesso à prova. *Revista de Defesa da Concorrência*, v. 6, n. 1, p. 55-87, 2018.

MARTINEZ, Ana Paula. Challenges Ahead of Leniency Programmes: The Brazilian Experience. *Journal of European Competition Law & Practice*, 2015.

MARTINEZ, Ana Paula. *Repressão a cartéis* – interface entre direito administrativo e direito penal. São Paulo: Singular, 2013.

MATTEI, Ugo; MONTI, Alberto. Comparative Law and Economics: Borrowing and Resistance. *Global Jurist Frontiers*, v. 1, n. 2, 2001.

MAZZILLI, Hugo Nigro. Compromisso de ajustamento de conduta: evolução e fragilidades e atuação do Ministério Público. In: *Revista de Direito Ambiental*, v. 41, jan./mar. 2006.

MEDEIROS, Alice Bernardo Voronoff de. *Por um discurso de justificação e aplicação para o direito administrativo sancionador no Brasil.* Tese (Doutorado em Direito Público) – Universidade do Estado do Rio de Janeiro, Faculdade de Direito. 2017.

MELLO, Shirlei Silmara de Freitas *et. al.* Acordo de Leniência: a lógica do consenso na proteção dos interesses difusos tutelados pela lei antitruste. *Revista da Faculdade de Direito de Uberlândia*, v. 36, 2008.

MENDES, Dany Rafael Fonseca; CONSTANTINO, Michel; HERRERA, Gabriel Paes. Balcão único para os primeiros a tocar o sino em acordos globais de leniência. *Revista do Direito Público*, v. 13, n. 3, p. 41-55, 2018

MENDONÇA, José Vicente Santos de. *Direito constitucional econômico:* a intervenção do Estado na economia à luz da razão pública e do pragmatismo. Belo Horizonte: Fórum, 2014.

MÉON, Pierre-Guillaume; WEILL, Laurent. "Is Corruption an Efficient Grease?" *World Development, Elsevier,* v. 38(3), 2010, p. 244-259, Março. Disponível em: http://www. suomenpankki.fi/pdf/160134.pdf. Acesso em: 12 out. 2016.

MERCURO, Nicholas; MEDEMA, Steven G. *Economics and the Law:* From Posner to Postmodernism and Beyond. 2. ed. Princeton: Princeton University Press, 2006.

MODESTO, Paulo. Notas para um debate sobre o princípio constitucional da eficiência. *In: Revista Diálogo Jurídico.* Salvador, CAJ – Centro de Atualização Jurídica, v. I, n. 2, maio, 2001.

MILLER, Colin. Plea Agreements as Constitutional Contracts. 2017. Disponível em: https://ssrn.com/abstract=2997499. Acesso em: 3 jul. 2019.

MOHALLEM, Michael; RAGAZZO, Carlos Emmanuel Joppert. *Diagnóstico institucional:* primeiros passos para um plano nacional anticorrupção. Rio de Janeiro: Escola de Direito do Rio de Janeiro da Fundação Getúlio Vargas, 2017. Disponível em: http://bibliotecadigital. fgv.br/dspace/handle/10438/18167. Acesso em: 3 dez. 2017.

MOTCHENKOVA, Evguenia. Effects of leniency programs on cartel stability. Tilburg University, *Department of Econometrics & OR and Center,* 2004.

MOTCHENKOVA, Evgenia *et al.* Adverse effects of corporate leniency programs in view of industry asymmetry. *Journal of Applied Economic Sciences*, v. 5, n. 2, p. 12, 2010.

MOREIRA, Egon Bockmann; BAGATIN, Andreia Cristina. Lei Anticorrupção e quatro de seus principais temas: responsabilidade objetiva, desconsideração societária, acordos de leniência e regulamentos administrativos. *Revista de Direito Público da Economia – RDPE*, Belo Horizonte, ano 12, n. 47, p. 55-84, jul./set. 2014.

MOREIRA NETO, Diogo de Figueiredo; FREITAS, Rafael Véras. A Juridicidade da Lei Anticorrupção. *Fórum Administrativo*, v. 156, p. 9-20, 2014.

MOREIRA NETO, Diogo de Figueiredo. O futuro das cláusulas exorbitantes nos contratos administrativos. In: ARAGÃO, Alexandre Santos de; MARQUES NETO, Floriano de Azevedo (Coord.). *Direito administrativo e seus novos paradigmas.* Belo Horizonte: Fórum, 2008.

MOSHER, Frederick C. *Democracy and the public service.* Oxford University Press on Demand, 1982.

MOTTA, Massimo; POLO, Michele (2003), Leniency Programs and Cartel Prosecution. *International Journal of Industrial Organization,* 21(3).

MOTTA, Massimo. *Competition Policy:* Theory and Practice. New York: Cambridge University Press. 2004.

NELL, Mathias. *Strategic aspects of voluntary disclosure programs for corruption offences*: Towards a design of good practice. Passauer Diskussionspapiere: Volkswirtschaftliche Reihe, 2007.

NETO, Diogo de Figueiredo Moreira; FREITAS, Rafael Véras de. A juridicidade da Lei Anticorrupção – Reflexões e interpretações prospectivas. *Revista Fórum Administrativo,* Belo Horizonte, ano 14, n. 156, 2014.

NYU School of Law. *Public Law Research Paper N. 09-22; NYU Law and Economics Research Paper No. 09-16; IILJ Working Paper No. 2009/4.* Disponível em: https://ssrn.com/abstract=1393326 or http://dx.doi.org/10.2139/ssrn.1393326.

NIETO GARCIA, Alejandro. Derecho Administrativo Sancionador. Madrid: Tecnos, 2012; TOMILLO; Manuel Gomez. Consideraciones em torno al campo limite entre el derecho administrativo sancionador y el derecho penal. *In: Revista Actualidad Penal,* n. 4, 2000.

N. K. Katyal. Conspiracy Theory, (2003) 112 *Yale Law Journal* 1307, at 1342-1350.

NÓBREGA, Antonio Carlos Vasconcelos. A Nova Lei de Responsabilização de Pessoas Jurídicas como Estrutura de Incentivos aos Agentes. *EALR,* v. 5, n. 1, p. 62-76, jan-jun, 2014.

NONINO, Marina Esteves. O Recrudescimento do Direito Administrativo Sancionador na Sociedade de Riscos. *Revista Percurso- Unicuritiba,* v. 2, n. 19, 2016. Disponível em: http://revista.unicuritiba.edu.br/index.php/percurso/article/viewFile/238/1334. Acesso em: 3 out. 2017.

O'BRIEN, Anne. Leadership of Leniency *in* BEATON-WELLS, Caron; TRAN, Christopher (coord.). *Anti-Cartel Enforcement in a Contemporary Age: Leniency Religion.* Oxford: Hart Publishing, 2015.

OCDE. *Organização para a Cooperação e Desenvolvimento Econômico.* Cartéis, seus danos e punições efetivas. p. 3. Disponível em: http://www.oecd.org/competition/cartels/1935129.pdf. Acesso em: 03 abr. 2017.

OCDE. *Latin American And Caribbean Competition Forum:* Session II: Leniency Programmes in Latin America and the Caribbean – Recent Experiences and Lessons Learned - Contribution from Brazil, 2016.

OCDE. *Using Leniency to Fight Hard Core Cartels.* Disponível em: http://www.oecd.org/daf/ca/1890449.pdf. Acesso em: 23 set. 2014.

OCDE. *Fighting Hard Core Cartels*: Harm, Effective Sanctions and Leniency Programmes, 2002. Disponível em: https://www.oecd.org/competition/cartels/1841891.pdf. Acesso em: 4 mar. 2017.

OCDE. *Report on Leniency Programs to Fight Hard-core Cartel*. Disponível em: http://www.oecd.org/LongAbstract/0,3425,en_2649_40381615_2474436_119666_1_1_1,00.html. Acesso em: 28 jul. 2017.

OLIVEIRA, Ana Carolina Carlos de. *Direito de intervenção e direito administrativo sancionador*: o pensamento de Hassemer e o direito penal brasileiro. 2012. Dissertação de Mestrado - Universidade de São Paulo (USP). Faculdade de Direito São Paulo.

OLIVEIRA, Gustavo Justino de. Controladoria-Geral da União: uma agência anticorrupção? *In*: PEREZ, Marcos Augusto; SOUZA, Rodrigo Pagani de (coord.). *Controle da administração pública*. Belo Horizonte: Fórum, 2017.

OLIVEIRA, Rafael Carvalho Rezende. *Acordos de leniência, assimetria normativa e insegurança jurídica*. Disponível em: http://www.direitodoestado.com.br/colunistas/rafael-carvalho-rezende-oliveira/acordos-de-leniencia-assimetria-normativa-e-inseguranca-juridica. Acesso em: 25 set. 2016.

OLIVEIRA, André Gustavo Véras. O acordo de leniência na Lei de Defesa da Concorrência e na Lei Anticorrupção diante da atual conjuntura da Petrobrás. *Revista de Defesa da Concorrência*, v. 3, n. 2, 2015.

OLIVEIRA JÚNIOR, Fernando Antônio de Alencar Alves de. Os (indispensáveis) instrumentos consensuais no controle de condutas do direito antitruste brasileiro: a experiência do Cade com o termo de compromisso de cessação e o acordo de leniência. *In*: *Lei anticorrupção e temas de compliance*. 2. ed. Salvador: JusPodivm, 2017.

OWEN, Bruce M. *Competition Policy in Latin America*. 2003. Disponível em: http://papers.ssrn.com/paper.taf?abstract_id=456441. Acesso em: 12 jun. 2017.

OPPENHEIM, Chesterfield. WESTON, Glen. E. McCARTHY, J. THOMAS. *Federal Antitrust Laws*: cases, texts and commentary. 4. ed. St. Paul: West Publishing Co., 1981.

OSÓRIO, Fabio Medina. *Direito Administrativo Sancionador*. São Paulo: Revista dos Tribunais, 2015.

PALMA, Juliana Bonacorsi de. *Sanção e Acordo na Administração Pública*. São Paulo: Malheiros, 2015.

PALMA, Juliana Bonacorsi de. Processo regulatório sancionador e consensualidade: análise do acordo substitutivo no âmbito da Anatel. *Revista de Direito de Informática e Telecomunicações – RDIT*, Belo Horizonte, ano 5, n. 8, p. 7-38, jan./jun. 2010.

PAGOTTO, Leopoldo Ubiratan Carreiro. *O combate à corrupção*: a contribuição do direito econômico. 2010. Tese de Doutorado. Universidade de São Paulo.

PARGENDLER, Mariana; SALAMA, Bruno Meyerhof. Direito e Consequência no Brasil: em busca de um discurso sobre o método. *In*: *Revista de Direito Administrativo*, v. 262, 2013.

PELLEGRINI, Lorenzo. Corruption, development and the environment. *Springer Science & Business Media*, 2011.

PEREIRA, Guilherme Teixeira. *Política de Combate a Cartel no Brasil – Uma Análise Jurídica do Acordo de Leniência e do Termo de Compromisso de Cessação de Prática*. Guilherme Teixeira Pereira. 2011.

PEREIRA FILHO, Venicio Branquinho. Programa de leniência no direito concorrencial brasileiro: uma análise de seus escopos e desafios. *Revista de Defesa da Concorrência*, v. 3, n. 2, 2015.

PETRELLUZZI, Marco Vinicio; RIZEK JUNIOR, Rubens Naman. *Lei Anticorrupção:* origens, comentários e análise da legislação correlata. São Paulo: Saraiva, 2014.

PICKER, Randal. *An Introduction to Game Theory and the Law.* Disponível em: http://chicagounbound.uchicago.edu/cgi/viewcontent.cgi?article=1049&context=law_and_economics, 1993.

PINHA, Lucas Campio. Qual a contribuição da Teoria dos Jogos para os programas de leniência? Uma análise aplicada ao contexto brasileiro. *Revista de Defesa da Concorrência,* v. 6, n. 1, p. 156-172, 2018.

PITTMAN, Russell W. *Three Economist's Tools for Antitrust Analysis:* A Non-Technical Introduction, 2017. Disponível em: https://ssrn.com/abstract=2898869. Acesso em: 10 out. 2017.

PRADO, Mariana Mota; CARSON, Lindsey D.; CORREA, Izabela. The Brazilian Clean Company Act: Using Institutional Multiplicity for Effective Punishment (October 13, 2015). *Osgoode Legal Studies Research Paper* No. 48/2015. Disponível em: https://ssrn.com/abstract=2673799, p. 42. Acesso em: 5 nov. 2017.

POGREBINSCHI, Thamy. *Pragmatismo:* teoria social e prática. Rio de Janeiro: Relume Dumará, 2005.

POSNER, Richard A. An Economic Approach to Legal Procedure and Judicial Administration. *The Journal of Legal Studies,* v. 2, n. 2, p. 399-458. The University of Chicago Press, 1973.

POSNER, Richard A. Values and consequences: An introduction to economic analysis of law. 1998. POWER, Timothy J.; TAYLOR, Matthew M. Accountability institutions and political corruption in Brazil. *In: Corruption and democracy in Brazil.* Indiana: University of Notre Dame Press, 2011.

POSNER, Richard A. *Law, Pragmatism and Democracy.* Cambridge: Harvard University Press, 2005.

RAGAZZO, Carlos Emmanuel Joppert; FRANCE, Guilherme de Jesus; VIANNA, Mariana Tavares de Carvalho. Regulação consensual: a experiência das agências reguladoras de infraestrutura com termos de ajustamento de conduta. *REI - Revista Estudos Institucionais,* v. 3, p. 89-122, 2017.

RAGAZZO, Carlos Emmanuel Joppert; SILVA, RM da. *Aspectos econômicos e jurídicos sobre cartéis na revenda de combustíveis:* uma agenda para investigações. SEAE/MF Documento de trabalho, n. 40, 2006.

R.C. Marshall; L.M. Marx. Participation in Multiple Cartels Through Time and the Potentially Strategic Use of leniency, paper presented at the Swedish Competition Authority's. 2015. *Pros and Cons seminar on leniency.* Disponível em: http://www.konkurrensverket.se/en/research/seminars/the-pros-andcons/leniency-and-criminalization-2015/.

REILLY, Peter R. *Incentivizing Corporate America to Eradicate Transnational Bribery Worldwide:* Federal Transparency and Voluntary Disclosure Under the Foreign Corrupt Practices Act. 2015. Disponível em: https://papers.ssrn.com/sol3/papers.cfm?abstract_id=2585789. Acesso em: 22 maio 2017.

REMEDIO, José Antonio; DA SILVA, Marcelo Rodrigues. Os acordos de leniência da Lei Anticorrupção e o uso da informação da empresa colaboradora como ativo na reparação integral do dano e no pagamento das sanções pecuniárias. *Revista da AGU,* v. 17, n. 3, 2018.

RIBEIRO, Leonardo Coelho. O direito administrativo como caixa de ferramentas e suas estratégias. *Revista de Direito Administrativo – RDA*, Rio de Janeiro, v. 272, p. 209-249, maio/ago. 2016.

RIBEIRO, Márcio de Aguiar. *Responsabilização administrativa de pessoas jurídicas à luz da lei anticorrupção empresarial*. Belo Horizonte: Fórum, 2017.

RIBEIRO, Amadeu; NOVIS, Maria Eugênia. Programa Brasileiro de Leniência: Evolução, Efetividade e Possíveis Aperfeiçoamentos. *Revista do IBRAC*, São Paulo, v. 17, 2010.

RIGHT, Joshua D., GINSBURG, Douglas H. Behavioral Law and Economics: Its Origins, Fatal Flaws, and Implications for Liberty (September 17, 2012). *Northwestern University Law Review*, v. 106, n. 3, 2012; *George Mason Law & Economics Research Paper* n. 12-63. Disponível em: http://ssrn.com/abstract=2147940.

RODRIGUES, Diogo Alencar Azevedo. *Os limites formais para a celebração do acordo de leniência sob a perspectiva das garantias do particular (Lei 12.84/2013)*. Dissertação (Mestrado em Direito) – Faculdade de Direito da Fundação Getúlio Vargas. Rio de Janeiro, 2015.

RODRIK, Dani. *Economics Rules:* The Rights and Wrongs of The Dismal Science. New York: W.W. Norton; 2015. Publisher's Version.

ROSE-ACKERMAN, Susan; TRUEX, Rory. Corruption and Policy Reform (February 17, 2012). *Yale Law & Economics Research Paper* n. 444. Disponível em: http://ssrn.com/abstract=2007152. Acesso em: 15 set. 2016.

ROSE-ACKERMAN, Susan. *The Challenge of Poor Governance and Corruption*. Disponível em: http://www.copenhagenconsensus.com/sites/default/files/cp-corruptionfinished.pdf. Acesso em: 10 out. 2016.

ROSE-ACKERMAN, Susan. Public choice, public law and public policy. In: *Keynote Address*, First World Meeting of the Public Choice Society. 2007.

ROSE-ACKERMAN, Susan. The law and economics of bribery and extortion. *Annual Review of Law and Social Science*, v. 6. 2010.

ROSILHO, André. Poder Regulamentar do TCU e o Acordo de Leniência da Lei Anticorrupção. *Direito do Estado*, ano 2016, n. 133. Disponível em: http://www.direitodoestado.com.br/colunistas/Andre-Rosilho/poder-regulamentar-do-tcu-e-o-acordo-de-leniencia-da-lei-anticorrupcao. Acesso em: 14 ago. 2017.

RUFINO, Victor Santos. *Os fundamentos da delação:* análise do programa de leniência do CADE à luz da teoria dos jogos. 2016. 101 f., il. Dissertação (Mestrado em Direito), Universidade de Brasília, Brasília, 2016.

SABET, Amr. Wickedness, Governance and Collective Sanctions: Can Corruption be Tamed? *In:* SALMINEN, Ari (Ed.). *Ethical Governance*: a citizen perspective. Vaasa, Finlândia: Vaasa University Press, 2010. p. 91-129.

SADDY, André; GRECO, Rodrigo. Termo de Ajustamento de Conduta em Procedimentos Sancionatórios Regulatórios. *Revista de Informação Legislativa*, v. 52, 206, 2015.

SALAMA, Bruno Meyerhof. *O que é Direito e Economia?*, p. 2. Disponível em: http://revistas.unifacs.br/index.php/redu/article/viewFile/2793/2033. Acesso em: 20 set. 2016.

SALES, Marlon Roberth; BANNWART JUNIOR, Clodomiro José. O Acordo de Leniência: uma análise de sua compatibilidade constitucional e legitimidade. *Revista do Direito Público*. Londrina, v.10, n.3, p.31-50, set/dez.2015.

SALOMÃO FILHO, Calixto. *Direito concorrencial*. São Paulo: Malheiros, 2013.

SAMPAIO, Patrícia Regina Pinheiro. A utilização do termo de compromisso de cessação de prática no combate aos cartéis. *Revista de Direito Administrativo*, v. 249, p. 245-265, 2008.

SAMPAIO, Denis. *A Verdade no Processo Penal* – A permanência do Sistema Inquisitorial através do discurso sobre a verdade real. Rio de Janeiro: Lumen Juris, 2010.

SANDEL, Michael J. *What money can't buy:* the moral limits of markets. Tanner Lectures on Human Values, v. 21, 2000.

SARMENTO, Daniel (org.). *Interesses Públicos versus Interesses Privados:* desconstruindo o princípio de supremacia do interesse público. Lumen Juris, 2005.

SCHIRATO, Vitor Rhein; PALMA, Juliana Bonacorsi de. Consenso e legalidade: vinculação da atividade administrativa consensual ao direito. *Revista Brasileira de Direito Público*, Belo Horizonte, v. 7, n. 27, out./dez. 2009.

SCHREIBER, Anderson. *Novos Paradigmas da responsabilidade civil:* da erosão dos filtros da reparação à diluição dos danos, p. 19-20, Atlas.

SCHUARTZ, Luis Fernando. Consequencialismo jurídico, racionalidade decisória e malandragem. *In*: MACEDO JUNIOR, R.P. (Org.) *Direito e interpretação:* racionalidades e instituições. São Paulo: Saraiva, 2011.

SCOTT, Robert E.; STUNTZ, William J. Plea bargaining as contract. *Yale lj*, v. 101, 1991.

SERRA, Danila; WANTCHEKON, Leonard. *Anticorruption Policies:* Lessons from the Lab. New Advances in Experimental Research on Corruption (Emerald Books), 2012.

SIMÃO, Valdir Moysés; VIANNA, Marcelo Pontes. *O acordo de leniência na lei anticorrupção:* histórico, desafios e perspectivas. São Paulo: Trevisan, 2017.

SIQUEIRA, Flávio Augusto Maretti Sgrilli. Acordo de leniência e seus reflexos penais. *Revista Magister de Direito Penal e Processual Penal*, Porto Alegre, v. 12, n. 68, p. 32-39, out./nov. 2015.

SLAUGHTER, Anne-Marie; ZARING, David T., *Extraterritoriality in a Globalized World*. Disponível em: https://ssrn.com/abstract=39380. Acesso em: 20 jan. 2018.

SOREIDE, Tina; ROSE-ACKERMAN, Susan. Corruption in State Administration (August 3, 2015). *Yale Law & Economics Research Paper* n. 529. Disponível em: http://ssrn.com/abstract=2639141. Acesso em: 21 set. 2016.

ŠORF, Jiří. *The Leniency policy*. p. 65. Disponível em: https://dspace.cuni.cz/handle/20.500.11956/42206.

SPAGNOLO, Giancarlo. *Divide et Impera:* Optimal Leniency Programs (December 2004). *CEPR Discussion Paper n. 4840*. Disponível em: https://ssrn.com/abstract=716143. Acesso em: 5 jul. 2016.

STEPHAN, Andreas. An Empirical Assessment of the European Leniency Notice. *Journal of Competition Law & Economics*, v. 5, n. 3, p. 537-561, Sept. 2009.

STEPHAN, Andreas. Leniency and Whistleblowers in Antitrust (August 2006). *CEPR Discussion Paper* n. 5794. Disponível em: https://ssrn.com/abstract=936400. Acesso em: 12 jun. 2017.

STEPHAN, Andreas. Optimal Leniency Programs (May 13, 2000). *FEEM Working Paper* n. 42.2000. Disponível em: https://ssrn.com/abstract=23509.

SPAGNOLO, Giancarlo; MARVÃO, Catarina Moura Pinto. Cartels and Leniency: Taking Stock of What We Learnt (September 9, 2016). SITE *Working Paper Series*, 39/2016. Disponível em: https://ssrn.com/abstract=2850498. Acesso em: 20 maio 2017.

SPAGNOLO, Giancarlo; MARVÃO, Catarina Moura Pinto. *Pros and cons of leniency, damages and screens*. 1 Competition Law & Policy Debate 47. 2015.

SPAGNOLO, Giancarlo; LUZ, Reinaldo Diogo. *Expanding Leniency to Fight Collusion and Corruption*. Disponível em: https://www.hhs.se/en/about-us/news/site-publications/2016/expanding-leniency-to-fight-collusion-and-corruption/. Acesso em: 12 jun. 2017.

SPRATLING, Gary R.; ARP, D. Jarrett. *The International Leniency Revolution:* The Transformation Of International Cartel Enforcement During The First Ten Years Of The United States' 1993 Corporate Amnesty/Immunity Policy. Disponível em: http://www.gibsondunn.com/fstore/documents/pubs/Spratling-Arp%20ABA2003_Paper.pdf. Acesso em: 20 jun. 2017.

SPRATLING, Gary R. *Transparency in Enforcement Maximizes Cooperation from Antitrust Offenders*. Disponível em: http://www.usdoj.gov/atr/public/speeches/3952.htm. Acesso em: 22 jun. 2017.

STEPHAN, Andreas. *Beyond the Cartel Law Handbook:* How Corruption, Social Norms and Collectivist Business Cultures can Undermine Conventional Enforcement Tools. 2008. Disponível em: https://papers.ssrn.com/sol3/papers.cfm?abstract_id=1277205. Acesso em: 12 jun. 2017.

STIGLER, George J. Theory of Economic Regulation. *Bell Journal of Economics and Management Science*, v. 1, 1971.

STRANG, Robert. *Plea Bargaining, Cooperation Agreements and Immunity Orders*. 2014. Disponível em: http://www.unafei.or.jp/english/pdf/RS_No92/No92_05VE_Strang1.pdf. Acesso em: 14 maio 2017.

SUNDFELD, Carlos Ari. *Direito administrativo para céticos*. 2. ed. São Paulo: Malheiros, 2014.

SUNDFELD, Carlos Ari; CÂMARA, Jacintho Arruda. O devido processo administrativo na execução de termo de ajustamento de conduta. *A&C - Revista de Direito Administrativo & Constitucional*, v. 8, n. 32, p. 115-120, 2008.

SUNSTEIN, Cass R. The Storrs Lectures: Behavioral Economics and Paternalism (November 29, 2012). *Yale Law Journal*. Disponível em: http://ssrn.com/abstract=2182619. Acesso em: 20 set. 2016.

TARUN, Robert W.; TOMCZAK, Peter P. *A Proposal for a United States Department of Justice Foreign Corrupt Practices Act Leniency Policy*. 47 AM. CRIM. L. REV. 153, 155, 2010.

THALER, Richard H.; SUNSTEIN, Cass R. *Nudge:* improving decisions about health, wealth and happiness. Penguin books, 2009.

TOJAL, Sebastião Botto de Barros. Interpretação do artigo 30 da Lei nº 12.846/2013. *Revista dos Tribunais*, v. 947, set. 2014

TRANSPARENCY INTERNATIONAL. Brazil: overview of corruption and anticorruption, 2016. Disponível em: https://www.transparency.org/files/content/corruptionqas/Brazil_overview_of_corruption_and_anticorruption_2016.pdf. p. 2. Acesso em: 15 jan. 2018.

UNCTAD. *Competition Guidelines:* Leniency Programmes. UNCTAD/DITC/CLP/2016/3. Disponível em: http://unctad.org/en/PublicationsLibrary/ditcclp2016d3_en.pdf.

VASCONCELLOS, Vinicius Gomes de. *Barganha e justiça criminal negocial:* análise das tendências de expansão dos espaços de consenso no processo penal brasileiro. São Paulo: IBCCRIM, 2015.

VICENTINI, Pedro. A confissão de culpa nos Termos de Compromisso de Cessação: requisito essencial ou prescindível, face ao programa de leniência. *Revista do IBRAC,* v. 17, n. 1, 2010.

VOGEL, Mary. The social origins of plea bargaining: An approach to the empirical study of discretionary leniency? *Journal of Law and Society,* v. 35, Suppl. 1, 06, 2008.

VOLKWEISS, Antônio Carlos Machado; TRINDADE, Manoel Gustavo Neubarth; FREITAS, Juarez. *Direito da regulação:* falhas de mercado. *Interesse Público – IP,* Belo Horizonte, ano 18, n. 95, jan./fev. 2016.

WILS, Wouter. Leniency in Antitrust Enforcement: Theory and Practice. *25th Conference on New Political Economy Frontiers of EC Antitrust Enforcement:* The More Economic Approach. Saarbrücken, out. 2006, p. 32. Disponível em: http://papers.ssrn.com/sol3/cf_dev/AbsByAuth.cfm?per_id=456087. Acesso em: 4 nov. 2017.

WILS, Wouter. *Efficiency and Justice in European Antitrust Enforcement.* Hart Publishing, 2008.

WILS, Wouter. *The Use of Leniency in EU Cartel Enforcement:* An Assessment after Twenty Years (June 10, 2016). *World Competition: Law and Economics Review,* v. 39, n. 3, 2016; King's College London Law School Research Paper n. 2016-29. Disponível em: https://ssrn.com/abstract=2793717.

WILS, Wouter. *Optimal Antitrust Fines: Theory and Practice.* World Competition, v. 29, n. 2, June 2006. Disponível em: https://ssrn.com/abstract=883102.

YSEWYN, Johan; KAHMANN, Siobhan. The Decline and Fall of the Leniency Programme in Europe, February 2018. *Concurrences Review,* nº 1, p. 44-59, 2018.

ZENGER, Hans. Rebates and Competition Law: An Overview of EU and National Law. *EU Competition Case Law Digest,* Institute of Competition Law, 2014.

ZINGALES, Nicolo. European and American Leniency Programmes: Two Models Towards Convergence? (2008). *Competition Law Review,* v. 5, n. 1, 2008. Disponível em: https://ssrn.com/abstract=1101803.

ZINNBAUER, Dieter. *Ambient Accountability* – Fighting Corruption When and Where it Happens (October 29, 2012). Disponível em: http://ssrn.com/abstract=2168063. Acesso em: 12 out. 2016.

Esta obra foi composta em fonte Palatino Linotype, corpo 10
e impressa em papel Offset 75g (miolo) e Supremo 250g (capa)
pela Gráfica Laser Plus.